Kommunalrecht Sachsen

Textsammlung

Neuauflage 2025

SV SAXONIA VERLAG für Recht, Wirtschaft und Kultur GmbH

Redaktion: Ass. iur. Frank Unger , Dipl. Jur. Insa Malberg

Redaktionsschluss: 29. November 2024

SV SAXONIA VERLAG für Recht, Wirtschaft und Kultur GmbH
Ludwig-Hartmann-Straße 40, 01277 Dresden
Tel. (0351) 485260, Fax (0351) 4852661
E-Mail: office@saxonia-verlag.de
Internet: http://www.laenderrecht.de

Druck: PRINT GROUP Sp. z o. o., ul. Księcia Witolda 7, 71-063 Szczecin (Polen)

ISBN: 978-3-949409-36-3

Inhaltsverzeichnis

A. Vorschriftenteil

I. Verfassung des Freistaates Sachsen

Vom 27. Mai 1992 (SächsGVBl. S. 243), geändert durch Gesetz vom 11. Juli 2013 (SächsGVBl. S. 502)

– Fassung ab 1. Januar 2014 – (Auszüge)

1. ABSCHNITT Die Grundlagen des Staates

Artikel 1

[1]Der Freistaat Sachsen ist ein Land der Bundesrepublik Deutschland. [2]Er ist ein demokratischer, dem Schutz der natürlichen Lebensgrundlagen und der Kultur verpflichteter sozialer Rechtsstaat.

Artikel 2

(1) Die Hauptstadt des Freistaates ist Dresden.
(2) Die Landesfarben sind Weiß und Grün.
(3) [1]Das Landeswappen zeigt im neunmal von Schwarz und Gold geteilten Feld einen schrägrechten grünen Rautenkranz. [2]Das Nähere bestimmt ein Gesetz.
(4) Im Siedlungsgebiet der Sorben können neben den Landesfarben und dem Landeswappen Farben und Wappen der Sorben, im schlesischen Teil des Landes die Farben und das Wappen Niederschlesiens, gleichberechtigt geführt werden.

Artikel 3

(1) [1]Alle Staatsgewalt geht vom Volk aus. [2]Sie wird vom Volk in Wahlen und Abstimmungen sowie durch besondere Organe der Gesetzgebung, der vollziehenden Gewalt und der Rechtsprechung ausgeübt.
(2) [1]Die Gesetzgebung steht dem Landtag oder unmittelbar dem Volk zu. [2]Die vollziehende Gewalt liegt in der Hand von Staatsregierung und Verwaltung. [3]Die Rechtsprechung wird durch unabhängige Richter ausgeübt.
(3) Die Gesetzgebung ist an die verfassungsmäßige Ordnung, die vollziehende Gewalt und die Rechtsprechung sind an Gesetz und Recht gebunden.

Artikel 4

(1) Alle nach der Verfassung durch das Volk vorzunehmenden Wahlen und Abstimmungen sind allgemein, unmittelbar, frei, gleich und geheim.
(2) Wahl- und stimmberechtigt sind alle Bürger, die im Land wohnen oder sich dort gewöhnlich aufhalten und am Tag der Wahl oder Abstimmung das 18. Lebensjahr vollendet haben.
(3) [1]Das Nähere bestimmen die Gesetze. [2]Dabei kann das Wahl- und Stimmrecht von einer bestimmten Dauer des Aufenthaltes im Land und, wenn die Wahl- und Stimmberechtigten mehrere Wohnungen innehaben, auch davon abhängig gemacht werden, dass ihre Hauptwohnung im Land liegt.

Artikel 5

(1) [1]Dem Volk des Freistaates Sachsen gehören Bürger deutscher, sorbischer und anderer Volkszugehörigkeit an. [2]Das Land erkennt das Recht auf die Heimat an.
(2) Das Land gewährleistet und schützt das Recht nationaler und ethnischer Minderheiten deutscher Staatsangehörigkeit auf Bewahrung ihrer Identität sowie auf Pflege ihrer Sprache, Religion, Kultur und Überlieferung.

(3) Das Land achtet die Interessen ausländischer Minderheiten, deren Angehörige sich rechtmäßig im Land aufhalten.

Artikel 6

(1) [1]Die im Land lebenden Bürger sorbischer Volkszugehörigkeit sind gleichberechtigter Teil des Staatsvolkes. [2]Das Land gewährleistet und schützt das Recht auf Bewahrung ihrer Identität sowie auf Pflege und Entwicklung ihrer angestammten Sprache, Kultur und Überlieferung, insbesondere durch Schulen, vorschulische und kulturelle Einrichtungen.
(2) [1]In der Landes- und Kommunalplanung sind die Lebensbedürfnisse des sorbischen Volkes zu berücksichtigen. [2]Der deutsch-sorbische Charakter des Siedlungsgebietes der sorbischen Volksgruppe ist zu erhalten.
(3) Die landesübergreifende Zusammenarbeit der Sorben, insbesondere in der Ober- und Niederlausitz, liegt im Interesse des Landes.

Artikel 7

(1) Das Land erkennt das Recht eines jeden Menschen auf ein menschenwürdiges Dasein, insbesondere auf Arbeit, auf angemessenen Wohnraum, auf angemessenen Lebensunterhalt, auf soziale Sicherung und auf Bildung, als Staatsziel an.
(2) Das Land bekennt sich zur Verpflichtung der Gemeinschaft, alte und behinderte Menschen zu unterstützen und auf die Gleichwertigkeit ihrer Lebensbedingungen hinzuwirken.

Artikel 8

Die Förderung der rechtlichen und tatsächlichen Gleichstellung von Frauen und Männern ist Aufgabe des Landes.

Artikel 9

(1) Das Land erkennt das Recht eines jeden Kindes auf eine gesunde seelische, geistige und körperliche Entwicklung an.
(2) Die Jugend ist vor sittlicher, geistiger und körperlicher Gefährdung besonders zu schützen.
(3) Das Land fördert den vorbeugenden Gesundheitsschutz für Kinder und Jugendliche sowie Einrichtungen zu ihrer Betreuung.

Artikel 10

(1) [1]Der Schutz der Umwelt als Lebensgrundlage ist, auch in Verantwortung für kommende Generationen, Pflicht des Landes und Verpflichtung aller im Land. [2]Das Land hat insbesondere den Boden, die Luft und das Wasser, Tiere und Pflanzen sowie die Landschaft als Ganzes einschließlich ihrer gewachsenen Siedlungsräume zu schützen. [3]Es hat auf den sparsamen Gebrauch und die Rückgewinnung von Rohstoffen und die sparsame Nutzung von Energie und Wasser hinzuwirken.
(2) [1]Anerkannte Naturschutzverbände haben das Recht, nach Maßgabe der Gesetze an umweltbedeutsamen Verwaltungsverfahren mitzuwirken. [2]Ihnen ist Klagebefugnis in Umweltbelangen einzuräumen; das Nähere bestimmt ein Gesetz.
(3) [1]Das Land erkennt das Recht auf Genuss der Naturschönheiten und Erholung in der freien Natur an, soweit dem nicht die Ziele nach Absatz 1 entgegenstehen. [2]Der Allgemeinheit ist in diesem Rahmen der Zugang zu Bergen, Wäldern, Feldern, Seen und Flüssen zu ermöglichen.

Artikel 11

(1) Das Land fördert das kulturelle, das künstlerische und wissenschaftliche Schaffen, die sportliche Betätigung sowie den Austausch auf diesen Gebieten.
(2) [1]Die Teilnahme an der Kultur in ihrer Vielfalt und am Sport ist dem gesamten Volk zu ermöglichen. [2]Zu diesem Zweck werden öffentlich zugängliche Museen, Bibliotheken, Archive, Gedenkstätten, Theater, Sportstätten, musikalische und weitere kulturelle Einrichtungen sowie allgemein zugängliche Universitäten, Hochschulen, Schulen und andere Bildungseinrichtungen unterhalten.

(3) [1]Denkmale und andere Kulturgüter stehen unter dem Schutz und der Pflege des Landes. [2]Für ihr Verbleiben in Sachsen setzt sich das Land ein.

Artikel 12

Das Land strebt grenzüberschreitende regionale Zusammenarbeit an, die auf den Ausbau nachbarschaftlicher Beziehungen, auf das Zusammenwachsen Europas und auf eine friedliche Entwicklung in der Welt gerichtet ist.

Artikel 13

Das Land hat die Pflicht, nach seinen Kräften die in dieser Verfassung niedergelegten Staatsziele anzustreben und sein Handeln danach auszurichten.

2. ABSCHNITT
Die Grundrechte

Artikel 14

(1) [1]Die Würde des Menschen ist unantastbar. [2]Sie zu achten und zu schützen ist Verpflichtung aller staatlichen Gewalt.
(2) Die Unantastbarkeit der Würde des Menschen ist Quelle aller Grundrechte.

Artikel 15

Jeder Mensch hat das Recht auf die freie Entfaltung seiner Persönlichkeit, soweit er nicht die Rechte anderer verletzt und nicht gegen die verfassungsmäßige Ordnung oder das Sittengesetz verstößt.

Artikel 16

(1) [1]Jeder Mensch hat das Recht auf Leben und körperliche Unversehrtheit. [2]Die Freiheit der Person ist unverletzlich. [3]In diese Rechte darf nur auf Grund eines Gesetzes eingegriffen werden.
(2) Niemand darf grausamer, unmenschlicher oder erniedrigender Behandlung oder Strafe und ohne seine freiwillige und ausdrückliche Zustimmung wissenschaftlichen oder anderen Experimenten unterworfen werden.

Artikel 17

(1) [1]Die Freiheit der Person kann nur auf Grund eines förmlichen Gesetzes und nur unter Beachtung der darin vorgeschriebenen Formen beschränkt werden. [2]Die betroffene Person muss unverzüglich über die Gründe der Freiheitsbeschränkung unterrichtet werden.
(2) [1]Über die Zulässigkeit und Fortdauer einer Freiheitsentziehung hat nur der Richter zu entscheiden. [2]Bei jeder nicht auf richterlicher Anordnung beruhenden Freiheitsentziehung ist unverzüglich eine richterliche Entscheidung herbeizuführen. [3]Die Polizei darf aus eigener Machtvollkommenheit niemanden länger als bis zum Ende des Tages nach dem Ergreifen in eigenem Gewahrsam halten. [4]Das Nähere bestimmt ein Gesetz.
(3) [1]Jede wegen des Verdachtes einer strafbaren Handlung vorläufig festgenommene Person ist spätestens am Tag nach der Festnahme dem Richter vorzuführen, der ihr die Gründe der Festnahme mitzuteilen, sie zu vernehmen und ihr Gelegenheit zu Einwendungen zu geben hat. [2]Der Richter hat unverzüglich entweder einen mit Gründen versehenen schriftlichen Haftbefehl zu erlassen oder die Freilassung anzuordnen.
(4) Von jeder richterlichen Entscheidung über die Anordnung oder Fortdauer einer Freiheitsentziehung ist unverzüglich eine Vertrauensperson oder ein Familienmitglied der festgehaltenen Person zu benachrichtigen.

Artikel 18

(1) Alle Menschen sind vor dem Gesetz gleich.
(2) Frauen und Männer sind gleichberechtigt.
(3) Niemand darf wegen seines Geschlechtes, seiner Abstammung, seiner Rasse, seiner Sprache, seiner Heimat und Herkunft, seines Glaubens, seiner religiösen oder politischen Anschauungen benachteiligt oder bevorzugt werden.

Artikel 19

(1) Die Freiheit des Glaubens, des Gewissens und die Freiheit des religiösen und weltanschaulichen Bekenntnisses sind unverletzlich.
(2) Die ungestörte Religionsausübung wird gewährleistet.

Artikel 20

(1) [1]Jede Person hat das Recht, ihre Meinung in Wort, Schrift und Bild frei zu äußern und zu verbreiten und sich aus allgemein zugänglichen Quellen ungehindert zu unterrichten. [2]Die Pressefreiheit und die Freiheit der Berichterstattung durch Rundfunk und Film werden gewährleistet. [3]Eine Zensur findet nicht statt.
(2) Unbeschadet des Rechtes, Rundfunk in privater Trägerschaft zu betreiben, werden Bestand und Entwicklung des öffentlich-rechtlichen Rundfunks gewährleistet.
(3) Diese Rechte finden ihre Schranken in den Vorschriften der allgemeinen Gesetze, den gesetzlichen Bestimmungen zum Schutz der Jugend und in dem Recht der persönlichen Ehre.

Artikel 21

[1]Kunst und Wissenschaft, Forschung und Lehre sind frei. [2]Die Freiheit der Lehre entbindet nicht von der Treue zur Verfassung.

Artikel 22

(1) Ehe und Familie stehen unter dem besonderen Schutz des Landes.
(2) Wer in häuslicher Gemeinschaft Kinder erzieht oder für Hilfsbedürftige sorgt, verdient Förderung und Entlastung.
(3) [1]Pflege und Erziehung der Kinder sind das natürliche Recht der Eltern und die zuerst ihnen obliegende Pflicht. [2]Über ihre Betätigung wacht das Land.
(4) Gegen den Willen der Erziehungsberechtigten dürfen Kinder nur auf Grund eines Gesetzes von der Familie getrennt werden, wenn die Erziehungsberechtigten versagen oder wenn die Kinder aus anderen Gründen zu verwahrlosen drohen.
(5) Jede Mutter hat Anspruch auf den Schutz und die Fürsorge der Gemeinschaft.

Artikel 23

(1) Alle haben das Recht, sich ohne Anmeldung oder Erlaubnis friedlich und ohne Waffen zu versammeln.
(2) Für Versammlungen unter freiem Himmel kann dieses Recht durch Gesetz oder auf Grund eines Gesetzes beschränkt werden.

Artikel 24

(1) Alle Bürger haben das Recht, Vereinigungen zu bilden.
(2) Vereinigungen, deren Zwecke oder deren Tätigkeit den Strafgesetzen zuwiderlaufen oder die sich gegen die verfassungsmäßige Ordnung oder gegen den Gedanken der Völkerverständigung richten, sind verboten.

Artikel 25

[1]Das Recht, zur Wahrung und Förderung der Arbeits- und Wirtschaftsbedingungen Vereinigungen zu bilden, ist für jede Person und für alle Berufe gewährleistet. [2]Abreden, die dieses Recht einschränken oder zu behindern suchen, sind nichtig; hierauf gerichtete Maßnahmen sind rechtswidrig.

Artikel 26

[1]In Betrieben, Dienststellen und Einrichtungen des Landes sind Vertretungsorgane der Beschäftigten zu bilden. [2]Diese haben nach Maßgabe der Gesetze das Recht auf Mitbestimmung.

Artikel 27

(1) Das Briefgeheimnis sowie das Post- und Fernmeldegeheimnis sind unverletzlich.
(2) [1]Beschränkungen dürfen nur auf Grund eines Gesetzes angeordnet werden. [2]Dient die Beschränkung dem Schutz der freiheitlichen demokratischen Grundordnung oder des Be-

standes oder der Sicherung des Bundes oder eines Landes, so kann das Gesetz bestimmen, dass sie dem Betroffenen nicht mitgeteilt wird und dass an die Stelle des Rechtsweges die Nachprüfung durch von der Volksvertretung bestellte Organe und Hilfsorgane tritt. [3]Für diesen Fall ist vorzusehen, dass die Beschränkungsmaßnahmen dem Betroffenen nach ihrem Abschluss mitzuteilen sind, wenn eine Gefährdung des Zweckes der Beschränkung ausgeschlossen werden kann.

Artikel 28

(1) [1]Beruf und Arbeitsplatz können frei gewählt werden, soweit Bundesrecht nicht entgegensteht. [2]Die Berufsausübung kann durch Gesetz oder auf Grund eines Gesetzes geregelt werden.
(2) Erwerbsmäßige Kinderarbeit ist grundsätzlich verboten.
(3) Niemand darf zu einer bestimmten Arbeit gezwungen werden, außer im Rahmen einer herkömmlichen allgemeinen, für alle gleichen öffentlichen Dienstleistungspflicht.

Artikel 29

(1) Alle Bürger haben das Recht, die Ausbildungsstätte frei zu wählen.
(2) Alle Bürger haben das Recht auf gleichen Zugang zu den öffentlichen Bildungseinrichtungen.

Artikel 30

(1) Die Wohnung ist unverletzlich.
(2) Durchsuchungen dürfen nur durch den Richter, bei Gefahr im Verzug auch durch die in den Gesetzen vorgesehenen anderen Organe angeordnet und nur in der dort vorgeschriebenen Form durchgeführt werden.
(3) Eingriffe und Beschränkungen dürfen im Übrigen nur zur Abwehr einer gemeinen Gefahr oder einer Lebensgefahr für einzelne Personen, auf Grund eines Gesetzes auch zur Verhütung dringender Gefahren für die öffentliche Sicherheit und Ordnung, insbesondere zur Behebung der Raumnot, zur Bekämpfung von Seuchengefahr oder zum Schutz gefährdeter Jugendlicher vorgenommen werden.

Artikel 31

(1) [1]Das Eigentum und das Erbrecht werden gewährleistet. [2]Inhalt und Schranken werden durch die Gesetze bestimmt.
(2) [1]Eigentum verpflichtet. [2]Sein Gebrauch soll zugleich dem Wohl der Allgemeinheit dienen, insbesondere die natürlichen Lebensgrundlagen schonen.

Artikel 32

(1) [1]Eine Enteignung ist nur zum Wohl der Allgemeinheit zulässig. [2]Sie darf nur durch Gesetz oder auf Grund eines Gesetzes erfolgen, das Art und Ausmaß der Entschädigung regelt.
(2) Grund und Boden, Naturschätze und Produktionsmittel können zum Zweck der Vergesellschaftung durch ein Gesetz, das Art und Ausmaß der Entschädigung regelt, in Gemeineigentum oder in andere Formen der Gemeinwirtschaft überführt werden.
(3) Die Entschädigung ist unter gerechter Abwägung der Interessen der Allgemeinheit und der Beteiligten zu bestimmen.

Artikel 33

[1]Jeder Mensch hat das Recht, über die Erhebung, Verwendung und Weitergabe seiner personenbezogenen Daten selbst zu bestimmen. [2]Sie dürfen ohne freiwillige und ausdrückliche Zustimmung der berechtigten Person nicht erhoben, gespeichert, verwendet oder weitergegeben werden. [3]In dieses Recht darf nur durch Gesetz oder auf Grund eines Gesetzes eingegriffen werden.

Artikel 34

Jede Person hat das Recht auf Auskunft über die Daten, welche die natürliche Umwelt in ihrem Lebensraum betreffen, soweit sie durch das Land erhoben oder gespeichert worden sind und soweit nicht Bundesrecht, rechtlich geschützte Interessen Dritter oder überwiegende Belange der Allgemeinheit entgegenstehen.

Artikel 35

[1]Jede Person hat das Recht, sich einzeln oder in Gemeinschaft mit anderen schriftlich mit Bitten oder Beschwerden an die zuständigen Stellen und an die Volksvertretung zu wenden. [2]Es besteht Anspruch auf begründeten Bescheid in angemessener Frist.

Artikel 36

Die in dieser Verfassung niedergelegten Grundrechte binden Gesetzgebung, vollziehende Gewalt und Rechtsprechung als unmittelbar geltendes Recht.

Artikel 37

(1) [1]Soweit nach dieser Verfassung ein Grundrecht durch Gesetz oder auf Grund eines Gesetzes eingeschränkt werden kann, muss das Gesetz allgemein und nicht nur für den Einzelfall gelten. [2]Außerdem muss das Gesetz das Grundrecht unter Angabe des Artikels nennen.
(2) In keinem Fall darf ein Grundrecht in seinem Wesensgehalt angetastet werden.
(3) Die Grundrechte gelten auch für juristische Personen mit Sitz innerhalb der Bundesrepublik Deutschland, soweit sie ihrem Wesen nach auf diese anwendbar sind.

Artikel 38

[1]Wird jemand durch die öffentliche Gewalt in seinen Rechten verletzt, so steht ihm der Rechtsweg offen. [2]Soweit eine andere Zuständigkeit nicht begründet ist, ist der ordentliche Rechtsweg gegeben. [3]Artikel 27 Absatz 2 Satz 2 bleibt unberührt.

[...]

7. ABSCHNITT
Die Verwaltung

Artikel 82

(1) [1]Die Verwaltung wird durch die Staatsregierung, die ihr unterstellten Behörden und durch die Träger der Selbstverwaltung ausgeübt. [2]Sie ist dem Wohl der Allgemeinheit verpflichtet und dient dem Menschen.
(2) [1]Träger der Selbstverwaltung sind die Gemeinden, die Landkreise und andere Gemeindeverbände. [2]Ihnen ist das Recht gewährleistet, ihre Angelegenheiten im Rahmen der Gesetze unter eigener Verantwortung zu regeln.
(3) Andere öffentlich-rechtliche Körperschaften, Anstalten und Stiftungen sind nach Maßgabe der Gesetze Träger der Selbstverwaltung.

Artikel 83

(1) [1]Aufbau, räumliche Gliederung und Zuständigkeiten der Landesverwaltung werden durch Gesetz geregelt. [2]Aufgaben, die von den nachgeordneten Verwaltungsbehörden zuverlässig und zweckmäßig erfüllt werden können, sind diesen zuzuweisen.
(2) [1]Die Einrichtung der staatlichen Behörden im Einzelnen obliegt der Staatsregierung. [2]Sie kann Staatsminister hierzu ermächtigen.
(3) [1]Der Freistaat unterhält keinen Geheimdienst mit polizeilichen Befugnissen. [2]Der Einsatz nachrichtendienstlicher Mittel unterliegt einer Nachprüfung durch von der Volksvertretung bestellte Organe und Hilfsorgane, sofern dieser Einsatz nicht der richterlichen Kontrolle unterlegen hat. [3]Das Nähere bestimmt das Gesetz.

Artikel 84

(1) [1]Die Gemeinden sind in ihrem Gebiet die Träger der öffentlichen Aufgaben, soweit nicht bestimmte Aufgaben im öffentlichen Interesse durch Gesetz anderen Stellen übertragen sind. [2]Die Gemeindeverbände haben innerhalb ihrer Zuständigkeit die gleiche Stellung.

(2) Bevor durch Gesetz oder Rechtsverordnung allgemeine Fragen geregelt werden, welche die Gemeinden und Gemeindeverbände berühren, sind diese oder ihre Zusammenschlüsse rechtzeitig zu hören.

Artikel 85

(1) [1]Den kommunalen Trägern der Selbstverwaltung kann durch Gesetz die Erledigung bestimmter Aufgaben übertragen werden. [2]Sie sollen ihnen übertragen werden, wenn sie von ihnen zuverlässig und zweckmäßig erfüllt werden können. [3]Dabei sind Bestimmungen über die Deckung der Kosten zu treffen.
(2) [1]Führt die Übertragung der Aufgaben zu einer Mehrbelastung der kommunalen Träger der Selbstverwaltung, so ist ein entsprechender finanzieller Ausgleich zu schaffen. [2]Dies gilt auch, wenn freiwillige Aufgaben in Pflichtaufgaben umgewandelt werden oder wenn der Freistaat Sachsen durch ein Gesetz oder auf Grund eines Gesetzes nachträglich eine finanzielle Mehrbelastung bei der Erledigung übertragener oder bestehender Aufgaben unmittelbar verursacht.
(3) Bei Übertragung öffentlicher Aufgaben kann sich der Freistaat ein Weisungsrecht nach näherer gesetzlicher Vorschrift vorbehalten.

Artikel 86

(1) [1]In den Gemeinden und Landkreisen muss das Volk eine gewählte Vertretung haben. [2]In kleinen Gemeinden kann an die Stelle einer gewählten Vertretung die Gemeindeversammlung treten.
(2) In den Gemeinden wirken die Einwohner an der Selbstverwaltung mit, insbesondere durch Übernahme von Ehrenämtern.
(3) Das Nähere bestimmt ein Gesetz.

Artikel 87

(1) Der Freistaat sorgt dafür, dass die kommunalen Träger der Selbstverwaltung ihre Aufgaben erfüllen können.
(2) Die Gemeinden und Landkreise haben das Recht, eigene Steuern und andere Abgaben nach Maßgabe der Gesetze zu erheben.
(3) Die Gemeinden und Landkreise werden unter Berücksichtigung der Aufgaben des Freistaates im Rahmen übergemeindlichen Finanzausgleiches an dessen Steuereinnahmen beteiligt.
(4) Das Nähere bestimmt ein Gesetz.

Artikel 88

(1) Das Gebiet von Gemeinden und Landkreisen kann aus Gründen des Wohles der Allgemeinheit geändert werden.
(2) [1]Das Gemeindegebiet kann durch Vereinbarung der beteiligten Gemeinden mit staatlicher Genehmigung, durch Gesetz oder auf Grund eines Gesetzes geändert werden. [2]Die Auflösung von Gemeinden gegen deren Willen bedarf eines Gesetzes. [3]Vor einer Gebietsänderung muss die Bevölkerung der unmittelbar betroffenen Gebiete gehört werden.
(3) [1]Das Gebiet von Landkreisen kann durch Gesetz oder auf Grund eines Gesetzes geändert werden. [2]Die Auflösung von Landkreisen bedarf eines Gesetzes.
(4) Das Nähere bestimmt ein Gesetz.

Artikel 89

(1) Der Freistaat überwacht die Gesetzmäßigkeit der Verwaltung der Gemeinden, der Landkreise und der anderen Gemeindeverbände.
(2) Durch Gesetz kann bestimmt werden, dass die Übernahme von Schuldverpflichtungen und Gewährschaften sowie die Veräußerung von Vermögen von der Zustimmung der mit der Überwachung betrauten Behörde abhängig gemacht und dass diese Zustimmung unter dem Gesichtspunkt einer geordneten Wirtschaftsführung erteilt oder versagt werden kann.

Artikel 90

Die kommunalen Träger der Selbstverwaltung können den Verfassungsgerichtshof mit der Behauptung anrufen, dass ein Gesetz die

Bestimmungen des Artikels 82 Absatz 2 oder der Artikel 84 bis 89 verletze.

Artikel 91

(1) Die Ausübung hoheitsrechtlicher Befugnisse ist als ständige Aufgabe in der Regel Angehörigen des öffentlichen Dienstes zu übertragen, die in einem öffentlich-rechtlichen Dienst- und Treueverhältnis stehen.
(2) Alle Bürger haben nach ihrer Eignung, Befähigung und fachlichen Leistung gleichen Zugang zu jedem öffentlichen Amt.

Artikel 92

(1) Die Bediensteten des Freistaates und der Träger der Selbstverwaltung sind Diener des ganzen Volkes, nicht einer Partei oder sonstigen Gruppe, und haben ihr Amt und ihre Aufgaben unparteiisch und ohne Ansehen der Person nur nach sachlichen Gesichtspunkten auszuüben.
(2) Jeder Beamte leistet folgenden Amtseid: „Ich schwöre, dass ich mein Amt nach bestem Wissen und Können führen, Verfassung und Recht achten und verteidigen und Gerechtigkeit gegenüber allen üben werde." Der Eid kann auch mit der Beteuerung „So wahr mir Gott helfe" geleistet werden.

II. Kommunalverfassungsrechtliche Grundlagen

1. Gemeindeordnung
für den Freistaat Sachsen
(Sächsische Gemeindeordnung – SächsGemO)

in der Fassung der Bekanntmachung vom 9. März 2018 (SächsGVBl. S. 62), die zuletzt durch Artikel 2 des Gesetzes vom 29. Mai 2024 (SächsGVBl. S. 500) geändert worden ist

– Fassung ab 29. Juni 2024 –

Inhaltsübersicht

ERSTER TEIL
Rechtsstellung, Aufgaben und Gebiet der Gemeinde

Erster Abschnitt
Rechtsstellung und Aufgaben

§ 1
Wesen und Organe der Gemeinde

(1) Die Gemeinde ist Grundlage und Glied des demokratischen Rechtsstaates.
(2) Die Gemeinde erfüllt ihre Aufgaben in bürgerschaftlicher Selbstverwaltung zum gemeinsamen Wohl aller Einwohner durch ihre von den Bürgern gewählten Organe sowie im Rahmen der Gesetze durch die Einwohner und Bürger unmittelbar.
(3) Die Gemeinde ist rechtsfähige Gebietskörperschaft des öffentlichen Rechts.
(4) Organe der Gemeinde sind der Gemeinderat und der Bürgermeister.

§ 2
Aufgaben der Gemeinde

(1) Die Gemeinden erfüllen in ihrem Gebiet im Rahmen ihrer Leistungsfähigkeit alle öffentlichen Aufgaben in eigener Verantwortung und schaffen die für das soziale, kulturelle, sportliche und wirtschaftliche Wohl ihrer Einwohner erforderlichen öffentlichen Einrichtungen, soweit die Gesetze nichts anderes bestimmen.

(2) [1]Die Gemeinden können durch Gesetz zur Erfüllung bestimmter öffentlicher Aufgaben verpflichtet werden (Pflichtaufgaben). [2]Werden den Gemeinden neue Pflichtaufgaben auferlegt, sind Bestimmungen über die Deckung der Kosten zu treffen. [3]Führen diese Aufgaben zu einer Mehrbelastung der Gemeinden, ist ein entsprechender finanzieller Ausgleich zu schaffen.

(3) [1]Pflichtaufgaben können den Gemeinden zur Erfüllung nach Weisung auferlegt werden (Weisungsaufgaben). [2]Das Gesetz bestimmt den Umfang des Weisungsrechts. [3]Die Weisungen sollen sich auf allgemeine Anordnungen beschränken und in der Regel nicht in die Einzelausführung eingreifen.

(4) In die Rechte der Gemeinden darf nur durch Gesetz oder auf Grund eines Gesetzes eingegriffen werden.

§ 3
Gemeindearten

(1) [1]Gemeinden im Sinne dieses Gesetzes sind die kreisangehörigen Städte und Gemeinden sowie die Kreisfreien Städte. [2]Die Kreisfreiheit kann nur durch Gesetz verliehen oder aberkannt werden.

(2) [1]Die Großen Kreisstädte sind kreisangehörige Gemeinden. [2]Der Umfang der von ihnen zusätzlich wahrzunehmenden Aufgaben wird durch Gesetz oder auf Grund bundes- oder landesgesetzlicher Ermächtigung durch Rechtsverordnung bestimmt. [3]Ist eine Große Kreisstadt erfüllende Gemeinde einer Verwaltungsgemeinschaft, erstreckt sich die Zuständigkeit zur Erfüllung der Aufgaben nach Satz 2 auch auf die an der Verwaltungsgemeinschaft Beteiligten.

(3) [1]Gemeinden mit mehr als 17 500 Einwohnern werden auf Antrag der Gemeinde durch das Staatsministerium des Innern zu Großen Kreisstädten erklärt, wenn sie in drei aufeinanderfolgenden Jahren die erforderlichen Einwohnerzahlen überschreiten. [2]Die Änderung tritt mit Beginn des darauffolgenden Jahres ein. [3]Die Erklärung zur Großen Kreisstadt ist im Gesetz- und Verordnungsblatt bekanntzumachen. [4]Auf Antrag einer Großen Kreisstadt kann die Erklärung vom Staatsministerium des Innern widerrufen werden. [5]Der Widerruf ist im Gesetz- und Verordnungsblatt bekannt zu machen.

(4) Die Kreisfreien Städte sind, soweit nichts anderes bestimmt ist, untere Verwaltungsbehörden im Sinne bundes- und landesrechtlicher Vorschriften.

§ 4
Satzungen

(1) [1]Die Gemeinden können die weisungsfreien Angelegenheiten durch Satzung regeln, soweit Gesetze oder Rechtsverordnungen keine Vorschriften enthalten. [2]Insbesondere können die Gemeinden zur Einräumung und Ausgestaltung von Informations- und Beteiligungsrechten Bürgerbeteiligungssatzungen erlassen. [3]Satzungen werden vom Gemeinderat beschlossen. [4]Weisungsaufgaben können durch Satzung geregelt werden, wenn ein Gesetz hierzu ermächtigt.

(2) [1]Die Gemeinde hat eine Hauptsatzung zu erlassen. [2]Die Hauptsatzung und ihre Änderungen werden mit der Mehrheit der Stimmen aller Mitglieder des Gemeinderats beschlossen.

(3) [1]Satzungen sind durch den Bürgermeister auszufertigen und öffentlich bekanntzumachen. [2]Sie treten am Tage nach ihrer Bekanntmachung in Kraft, wenn sie keinen anderen Zeitpunkt bestimmen. [3]Satzungen sind der Rechtsaufsichtsbehörde unverzüglich nach ihrem Erlass in vollem Wortlaut anzuzeigen.

(4) [1]Satzungen, die unter Verletzung von Verfahrens- oder Formvorschriften zustande gekommen sind, gelten ein Jahr nach ihrer Bekanntmachung als von Anfang an gültig zustande gekommen. [2]Dies gilt nicht, wenn

1. die Ausfertigung der Satzung nicht oder fehlerhaft erfolgt ist,
2. Vorschriften über die Öffentlichkeit der Sitzungen, die Genehmigung oder die Bekanntmachung der Satzung verletzt worden sind,
3. der Bürgermeister dem Beschluss nach § 52 Absatz 2 wegen Gesetzwidrigkeit widersprochen hat,
4. vor Ablauf der in Satz 1 genannten Frist
   a) die Rechtsaufsichtsbehörde den Beschluss beanstandet hat oder
   b) die Verletzung der Verfahrens- oder Formvorschrift gegenüber der Gemeinde unter Bezeichnung des Sachverhalts, der die Verletzung begründen soll, schriftlich geltend gemacht worden ist.

[3]Ist eine Verletzung nach Satz 2 Nummer 3 oder 4 geltend gemacht worden, so kann auch nach Ablauf der in Satz 1 genannten Frist jedermann diese Verletzung geltend machen. [4]Sätze 1 bis 3 sind nur anzuwenden, wenn bei der Bekanntmachung der Satzung auf die Voraussetzungen für die Geltendmachung der Verletzung von Verfahrens- oder Formvorschriften und die Rechtsfolgen hingewiesen worden ist.

(5) Absatz 1 Satz 2, Absatz 3 Satz 1 und Absatz 4 gelten für anderes Ortsrecht und Flächennutzungspläne entsprechend.

§ 5
Name und Bezeichnung

(1) [1]Die Gemeinden führen ihre bisherigen Namen. [2]Die Bestimmung, Feststellung und Änderung des Namens der Gemeinde bedarf der Genehmigung der Rechtsaufsichtsbehörde im Einvernehmen mit der obersten Rechtsaufsichtsbehörde.

(2) [1]Die Bezeichnung „Stadt" führen die Gemeinden, denen diese Bezeichnung beim Inkrafttreten dieses Gesetzes zusteht. [2]Das Staatsministerium des Innern kann diese Bezeichnung auf Antrag an Gemeinden verleihen, die nach Einwohnerzahl, Siedlungsform und kulturellen und wirtschaftlichen Verhältnissen städtisches Gepräge tragen. [3]Wird eine Gemeinde mit der Bezeichnung „Stadt" in eine andere Gemeinde eingegliedert oder mit einer anderen Gemeinde zu einer neuen Gemeinde vereinigt, kann die aufnehmende oder neugebildete Gemeinde diese Bezeichnung weiterführen.

(3) [1]Die Gemeinden können auch sonstige überkommene Bezeichnungen weiterführen. [2]Das Staatsministerium des Innern kann auf Antrag an Gemeinden für diese selbst oder für einzelne bewohnte Gemeindeteile sonstige Bezeichnungen verleihen, die auf der Geschichte oder der heutigen Eigenart oder Bedeutung der Gemeinden oder Gemeindeteile beruhen. [3]Absatz 2 Satz 3 gilt für den betreffenden Gemeindeteil entsprechend.

(4) [1]Die Benennung der Gemeindeteile sowie der innerhalb der bebauten Gemeindeteile dem öffentlichen Verkehr dienenden Straßen, Wege, Plätze und Brücken ist Angelegenheit der Gemeinden. [2]Gleichlautende Benennungen innerhalb desselben Gemeindeteils sind unzulässig. [3]Für das sorbische Siedlungsgebiet wird auf § 10 Absatz 1 des Sächsischen Sorbengesetzes vom 31. März 1999 (SächsGVBl. S. 161), das zuletzt durch Artikel 59a des Gesetzes vom 27. Januar 2012 (SächsGVBl. S. 130) geändert worden ist, in der jeweils geltenden Fassung, verwiesen.

§ 6
Wappen, Flaggen und Dienstsiegel

(1) [1]Die Gemeinden können ihre bisherigen Wappen und Flaggen führen. [2]Die erstmalige Führung von Wappen und Flaggen sowie deren Änderung bedürfen der Genehmigung der Rechtsaufsichtsbehörde; die Genehmigung bedarf des Einvernehmens mit der obersten Rechtsaufsichtsbehörde.

(2) [1]Die Abbildung kommunaler Wappen und Flaggen zu künstlerischen und wissenschaftlichen Zwecken sowie zu Unterrichtszwecken ist jedermann erlaubt. [2]Jede weitere Verwendung bedarf der Genehmigung der wappenführenden Gemeinde.

(3) [1]Die Gemeinden führen Dienstsiegel. [2]Gemeinden mit eigenem Wappen führen dieses, die übrigen Gemeinden das Wappen des Freistaates Sachsen mit der Bezeichnung und

dem Namen der Gemeinde als Umschrift in ihrem Dienstsiegel.

ZWEITER ABSCHNITT Gebiet der Gemeinde

§ 7 Gebietsbestand

(1) [1]Das Gebiet der Gemeinde bilden die Grundstücke, die nach geltendem Recht zu ihr gehören. [2]Über Grenzstreitigkeiten entscheidet die Rechtsaufsichtsbehörde.
(2) [1]Jedes Grundstück soll zu einer Gemeinde gehören. [2]Aus besonderen Gründen können Grundstücke außerhalb einer Gemeinde verbleiben (gemeindefreie Grundstücke).

§ 8 Änderungen des Gemeindegebiets

(1) [1]Das Gebiet von Gemeinden darf nur aus Gründen des Wohls der Allgemeinheit geändert werden
1. durch Gesetz oder
2. durch Vereinbarung mit Genehmigung der Rechtsaufsichtsbehörde; die Genehmigung bedarf des Einvernehmens mit der obersten Rechtsaufsichtsbehörde.

[2]Die Genehmigung und der Zeitpunkt der Gebietsänderung sind von der Rechtsaufsichtsbehörde im Sächsischen Amtsblatt bekannt zu machen. [3]Abweichend von Satz 1 Nummer 1 kann die Gebietsänderung durch Rechtsverordnung erfolgen, soweit nur Gebietsteile betroffen sind, durch deren Umgliederung der Bestand der beteiligten Gemeinden nicht gefährdet wird oder soweit bisher gemeindefreie Grundstücke zu Gemeinden zugeordnet werden.
(2) Eine Gebietsänderung kann insbesondere vorgenommen werden
1. als Eingliederung, indem eine oder mehrere Gemeinden in eine andere Gemeinde eingegliedert werden; die aufnehmende Gemeinde ist in diesem Falle Rechtsnachfolgerin der eingegliederten Gemeinden,
2. als Vereinigung, indem mehrere Gemeinden zu einer neuen Gemeinde vereinigt werden; die neue Gemeinde ist in diesem Falle Rechtsnachfolgerin der bisherigen Gemeinden,
3. als Umgliederung, indem Teile einer Gemeinde in eine andere Gemeinde eingegliedert werden,
4. als Ausgliederung, indem Teile einer Gemeinde zu einer neuen Gemeinde verselbständigt werden.

(3) [1]Wird eine Gebietsänderung durch Gesetz oder durch Rechtsverordnung vorgenommen, sind die betroffenen Gemeinden zuvor anzuhören. [2]Gegen den Willen einer beteiligten Gemeinde kann eine Gebietsänderung nur durch Gesetz erfolgen.
(4) Für Rechtshandlungen, die wegen einer Gebietsänderung erforderlich sind, werden Gebühren und Auslagen, die auf Landesrecht beruhen, nicht erhoben.

§ 8a Einwohneranhörung bei Änderungen des Gemeindegebiets

(1) [1]Vor einer Gebietsänderung sind die Einwohner in dem unmittelbar betroffenen Gebiet, die das 16. Lebensjahr vollendet haben, zu hören. [2]Hierzu ist der Entwurf der Vereinbarung für die Dauer eines Monats öffentlich auszulegen. [3]Die Auslegung ist zuvor öffentlich bekannt zu machen.
(2) [1]Wird eine Gebietsänderung durch Gesetz oder Rechtsverordnung vorgenommen, so obliegt die Durchführung der Anhörung den Gemeinden als Pflichtaufgabe zur Erfüllung nach Weisung. [2]Das Weisungsrecht ist nicht beschränkt. [3]§ 2 Absatz 3 Satz 3 findet keine Anwendung.
(3) Abweichend von Absatz 1 ist bei Gebietsänderungen durch Vereinbarungen nach § 8 Absatz 1 Satz 1 Nummer 2 in der einzugliedernden und aufnehmenden Gemeinde oder in den Gemeinden, die sich zu einer neuen Gemeinde vereinigen wollen, über den Entwurf der Vereinbarung ein Bürgerentscheid durchzuführen.

§ 9
Vereinbarung über Änderungen des Gemeindegebiets

(1) Die Vereinbarung nach § 8 Absatz 1 Satz 1 Nummer 2 muss von den Gemeinderäten der beteiligten Gemeinden mit der Mehrheit der Stimmen aller Mitglieder beschlossen werden.

(2) In der Vereinbarung sind Bestimmungen über den Umfang der Gebietsänderung, den Tag der Rechtswirksamkeit und, soweit erforderlich, über die Auseinandersetzung und das in dem betroffenen Gebiet künftig geltende Ortsrecht zu treffen.

(3) [1]Wird eine Gemeinde in eine andere Gemeinde eingegliedert, muss die Vereinbarung auch Bestimmungen über die befristete Vertretung der eingegliederten Gemeinde bei Streitigkeiten über die Vereinbarung und über die Aufnahme des Bürgermeisters oder von Gemeinderäten der einzugliedernden Gemeinde in den Gemeinderat der aufnehmenden Gemeinde enthalten. [2]Sollen nicht alle Gemeinderäte der einzugliedernden Gemeinde in den Gemeinderat der aufnehmenden Gemeinde übertreten, werden die übertretenden Gemeinderäte vom Gemeinderat der einzugliedernden Gemeinde in entsprechender Anwendung des § 42 Absatz 2 bestimmt; die dabei nicht berücksichtigten Bewerber sind in der Reihenfolge, in der sie vorgeschlagen wurden, als Ersatzleute festzustellen.

(4) [1]Vereinigen sich mehrere Gemeinden zu einer neuen Gemeinde, muss die Vereinbarung auch Bestimmungen über den Namen und die vorläufigen Organe der Gemeinde enthalten. [2]Absatz 3 gilt entsprechend.

(5) [1]Wird auf Grund der Vereinbarung die Ortschaftsverfassung eingeführt, kann abweichend von § 66 Absatz 1 vereinbart werden, dass erstmals nach Einrichtung der Ortschaft die bisherigen Gemeinderäte der bisherigen oder eingegliederten Gemeinde die Ortschaftsräte sind. [2]Abweichend von § 68 Absatz 1 Satz 1 kann vereinbart werden, dass dem bisherigen Bürgermeister bis zum Ablauf seiner Amtszeit das Amt des Ortsvorstehers übertragen wird; mit der Übertragung des Amtes ist er stimmberechtigtes Mitglied des Ortschaftsrats. [3]Abweichend von § 68 Absatz 1 Satz 3 kann vereinbart werden, dass der Ortsvorsteher, wenn er als Bürgermeister bisher hauptamtlicher Beamter auf Zeit war, hauptamtlicher Beamter auf Zeit ist. [4]Endet die Amtszeit nach Satz 2 während der Wahlperiode des Ortschaftsrats, so kann der Ortschaftsrat den Amtsinhaber für die verbleibende Wahlperiode als Ortsvorsteher wiederwählen. [5]Die Wiederwahl findet frühestens zwei Monate vor Ablauf der Amtszeit, spätestens am Tage vor Ablauf der Amtszeit statt. [6]In diesem Falle bleibt der Ortsvorsteher stimmberechtigtes Mitglied des Ortschaftsrats. [7]Er ist zum Ehrenbeamten auf Zeit zu ernennen.

(6) [1]In der Vereinbarung kann bestimmt werden, dass Bürgermeister oder Beigeordnete der bisherigen Gemeinde zu Beigeordneten der neugebildeten oder der aufnehmenden Gemeinde bestellt werden. [2]§ 55 Absatz 1 Satz 3 und § 56 Absatz 2 und 3 sind nicht anzuwenden.

ZWEITER TEIL
Einwohner und Bürger der Gemeinde

§ 10
Rechtsstellung der Einwohner

(1) Einwohner der Gemeinde ist jeder, der in der Gemeinde wohnt.

(2) Die Einwohner sind im Rahmen der bestehenden Vorschriften berechtigt, die öffentlichen Einrichtungen der Gemeinde nach gleichen Grundsätzen zu benutzen, und verpflichtet, die Gemeindelasten mitzutragen.

(3) Wer in der Gemeinde ein Grundstück besitzt oder ein Gewerbe betreibt, ohne Einwohner zu sein, ist im Rahmen der bestehenden Vorschriften berechtigt, die öffentlichen Einrichtungen der Gemeinde zu benutzen, die für Grundbesitzer und Gewerbetreibende bestehen, und verpflichtet, für seinen Grundbesitz oder Gewerbebetrieb zu den Gemeindelasten beizutragen.

(4) [1]Durch Satzung können die Gemeinden ihre Einwohner und die nach Absatz 3 gleichgestellten Personen für eine bestimmte Zeit zur Mitwirkung bei der Erfüllung vordringlicher Aufgaben in Notfällen verpflichten, wenn die eigenen Mittel der Gemeinde hierfür nicht ausreichen. [2]Der Kreis der Verpflichteten, die Art, der Umfang und die Dauer der Mitwirkung sowie die etwa zu gewährende Vergütung oder die Zahlung einer Ablösung sind durch die Satzung zu bestimmen.
(5) Die Absätze 2 und 3 gelten entsprechend für juristische Personen und nicht rechtsfähige Personenvereinigungen.

§ 11
Unterrichtung und Beratung der Einwohner

(1) [1]Die Gemeinde informiert ihre Einwohner laufend über die allgemein bedeutsamen Angelegenheiten ihres Aufgabenbereiches. [2]Sie soll sich dabei auch elektronischer Formen bedienen.
(2) Über Planungen und Vorhaben der Gemeinde, die für ihre Entwicklung bedeutsam sind oder die die sozialen, kulturellen, ökologischen oder wirtschaftlichen Belange ihrer Einwohner berühren, sind die Einwohner frühzeitig und umfassend zu informieren.
(3) Die Gemeinde soll im Rahmen ihrer rechtlichen und tatsächlichen Möglichkeiten die Einwohner in Angelegenheiten ihres Aufgabenbereiches beraten, sowie über Zuständigkeiten in Verwaltungsangelegenheiten Auskünfte erteilen.

§ 12
Petitionsrecht

(1) [1]Jede Person hat das Recht, sich einzeln oder in Gemeinschaft mit anderen in Gemeindeangelegenheiten mit Vorschlägen, Bitten und Beschwerden (Petitionen) an die Gemeinde zu wenden. [2]Dem Petenten ist innerhalb angemessener Frist, spätestens aber nach sechs Wochen, ein begründeter Bescheid zu erteilen. [3]Ist innerhalb von sechs Wochen ein begründeter Bescheid nicht möglich, ist ein Zwischenbescheid zu erteilen.
(2) Der Gemeinderat kann für die Behandlung von Petitionen, die in seine Zuständigkeit fallen, einen Petitionsausschuss bilden.

§ 13
Hilfe in Verwaltungsverfahren

(1) [1]Die Gemeinden sind im Rahmen ihrer Verwaltungskraft ihren Einwohnern bei der Einleitung von Verwaltungsverfahren behilflich, auch wenn für deren Durchführung das Landratsamt oder die Landesdirektion Sachsen zuständig ist. [2]Zur Rechtsberatung sind die Gemeinden nicht berechtigt.
(2) [1]Die Gemeinden sollen Anträge und Erklärungen, die beim Landratsamt oder bei der Landesdirektion Sachsen einzureichen sind, entgegennehmen und unverzüglich weiterleiten. [2]Die Einreichung bei der Gemeinde gilt hinsichtlich der Wahrung von Fristen als bei der zuständigen Behörde vorgenommen, soweit Bundesrecht nicht entgegensteht.
(3) Die Gemeinden haben häufig benötigte Formulare, die ihnen von anderen Behörden überlassen werden, für ihre Einwohner bereit zu halten, soweit möglich auch in elektronischer Form.

§ 14
Anschluss- und Benutzungszwang

(1) Die Gemeinde kann bei öffentlichem Bedürfnis durch Satzung für die Grundstücke ihres Gebietes den Anschluss an Anlagen zur Wasserversorgung, Ableitung und Reinigung von Abwasser, Fernwärmeversorgung und ähnliche dem öffentlichen Wohl, insbesondere dem Umweltschutz dienende Einrichtungen (Anschlusszwang) und die Benutzung dieser Einrichtungen, der Bestattungseinrichtungen, der Abfallbeseitigungseinrichtungen und der Schlachthöfe (Benutzungszwang) vorschreiben.
(2) [1]Die Satzung kann bestimmte Ausnahmen vom Anschluss- und Benutzungszwang zulassen. [2]Sie kann den Zwang auf bestimmte Teile des Gemeindegebietes oder auf bestimmte Gruppen von Grundstücken, Gewerbebetrieben oder Personen beschränken.

§ 15
Bürger der Gemeinde

(1) [1]Bürger der Gemeinde ist jeder Deutsche im Sinne des Artikels 116 des Grundgesetzes und jeder Staatsangehörige eines anderen Mitgliedstaates der Europäischen Union, der das 18. Lebensjahr vollendet hat und seit mindestens drei Monaten in der Gemeinde wohnt. [2]Wer in mehreren Gemeinden wohnt, ist Bürger nur in der Gemeinde des Freistaates Sachsen, in der er seit mindestens drei Monaten seine Hauptwohnung hat. [3]War in der Gemeinde, in der sich die Hauptwohnung befindet, die bisherige einzige Wohnung, wird die bisherige Wohndauer in dieser Gemeinde angerechnet. [4]Bei der Berechnung der Dreimonatsfrist ist der Tag des Einzugs in die Frist einzubeziehen.
(2) Die verantwortliche Teilnahme an der bürgerschaftlichen Selbstverwaltung der Gemeinde ist Recht und Pflicht aller Bürger.
(3) Bei einer Gebietsänderung werden Bürger, die in dem betroffenen Gebiet wohnen, Bürger der aufnehmenden oder neugebildeten Gemeinde; im Übrigen wird bei der Berechnung der Frist nach Absatz 1 Satz 1 die Wohndauer in der bisherigen Gemeinde angerechnet.
(4) [1]Auf der Grundlage der Verfassung des Freistaates Sachsen gewährleisten die Gemeinden die Rechte der Bürger sorbischer Nationalität. [2]Die Gemeinden des sorbischen Siedlungsgebietes regeln die Förderung der sorbischen Kultur und Sprache durch Satzung. [3]Gleiches gilt für die zweisprachige Benennung der Gemeinden und Gemeindeteile sowie der öffentlichen Gebäude, Einrichtungen, Straßen, Wege, Plätze und Brücken.

§ 16
Wahlrecht

[1]Die Bürger der Gemeinde sind im Rahmen der Gesetze zu den Gemeindewahlen wahlberechtigt und haben das Stimmrecht in Gemeindeangelegenheiten. [2]Hiervon ausgeschlossen ist, wer infolge Richterspruchs das Wahlrecht und Stimmrecht nicht besitzt.

§ 17
Ehrenamtliche Tätigkeit

(1) [1]Die Bürger der Gemeinde sind zur Übernahme und Ausübung einer ehrenamtlichen Tätigkeit verpflichtet. [2]Anderen kann die Gemeinde eine ehrenamtliche Tätigkeit mit deren Einverständnis übertragen.
(2) [1]Soweit nichts anderes bestimmt ist, obliegt die Bestellung zu einer ehrenamtlichen Tätigkeit dem Gemeinderat. [2]Er kann die Bestellung jederzeit widerrufen.

§ 18
Ablehnung ehrenamtlicher Tätigkeit

(1) [1]Aus wichtigem Grund kann die Übernahme einer ehrenamtlichen Tätigkeit abgelehnt oder die Beendigung dieser Tätigkeit verlangt werden. [2]Ein wichtiger Grund liegt insbesondere vor, wenn die Person
1. älter als 65 Jahre ist,
2. anhaltend krank ist,
3. zehn Jahre dem Gemeinderat oder Ortschaftsrat angehört oder ein anderes Ehrenamt bekleidet hat,
4. durch die Ausübung der ehrenamtlichen Tätigkeit in seiner Berufs- oder Erwerbstätigkeit oder in der Fürsorge für seine Familie erheblich behindert wird,
5. ein öffentliches Amt ausübt und die oberste Dienstbehörde feststellt, dass die ehrenamtliche Tätigkeit hiermit nicht vereinbar ist.

(2) [1]Ob ein wichtiger Grund vorliegt, entscheidet der Gemeinderat. [2]Abweichend hiervon entscheidet bei Ortschaftsräten der Ortschaftsrat, bei ehrenamtlichen Bürgermeistern die zuständige Rechtsaufsichtsbehörde.

§ 19
Pflichten ehrenamtlich Tätiger

(1) Wer eine ehrenamtliche Tätigkeit ausübt, muss die ihm übertragenen Aufgaben uneigennützig und verantwortungsbewusst erfüllen.
(2) [1]Der ehrenamtlich Tätige ist zur Verschwiegenheit über alle Angelegenheiten verpflich-

tet, deren Geheimhaltung gesetzlich vorgeschrieben, besonders angeordnet oder ihrer Natur nach erforderlich ist. [2]Er darf die Kenntnis von geheimzuhaltenden Angelegenheiten nicht unbefugt verwerten. [3]Diese Verpflichtungen bestehen auch nach Beendigung der ehrenamtlichen Tätigkeit fort. [4]Die Geheimhaltung kann nur aus Gründen des öffentlichen Wohls oder zum Schutz berechtigter Interessen Einzelner angeordnet werden. [5]Die Anordnung ist aufzuheben, sobald sie nicht mehr gerechtfertigt ist.

(3) [1]Ehrenbeamte dürfen Ansprüche Dritter gegen die Gemeinde nicht geltend machen; hiervon ausgenommen sind Fälle der gesetzlichen Vertretung. [2]Das Gleiche gilt für andere ehrenamtlich Tätige, wenn diese Ansprüche mit ihrer ehrenamtlichen Tätigkeit im Zusammenhang stehen. [3]Ob die Voraussetzungen dieses Verbots vorliegen, entscheidet im Zweifelsfall der Gemeinderat.

(4) Der Gemeinderat kann einem ehrenamtlich Tätigen der ohne wichtigen Grund eine ehrenamtliche Tätigkeit ablehnt oder aufgibt, seine Pflichten nach Absatz 1 gröblich verletzt, einer Verpflichtung nach Absatz 2 zuwiderhandelt oder eine Vertretung entgegen Absatz 3 ausübt, ein Ordnungsgeld bis zu 500 Euro auferlegen.

§ 20
Ausschluss wegen Befangenheit

(1) Der ehrenamtlich Tätige darf weder beratend noch entscheidend mitwirken, wenn er in der Angelegenheit bereits in anderer Eigenschaft tätig geworden ist oder wenn die Entscheidung ihm selbst oder folgenden Personen einen unmittelbaren Vorteil oder Nachteil bringen kann:

1. seinem Ehegatten, Verlobten oder Lebenspartner nach § 1 des Lebenspartnerschaftsgesetzes,
2. einem in gerader Linie oder in Seitenlinie bis zum dritten Grade Verwandten,
3. einem in gerader Linie oder in Seitenlinie bis zum zweiten Grade Verschwägerten oder als verschwägert Geltenden, solange die die Schwägerschaft begründende Ehe oder Lebenspartnerschaft nach § 1 des Lebenspartnerschaftsgesetzes besteht,
4. einer von ihm kraft Gesetzes oder Vollmacht vertretenen Person,
5. einer Person oder Gesellschaft, bei der er beschäftigt ist, sofern nicht nach den tatsächlichen Umständen der Beschäftigung anzunehmen ist, dass kein Interessenwiderstreit besteht,
6. einer Gesellschaft, bei der ihm, einer in Nummer 1 genannten Person oder einem Verwandten ersten Grades allein oder gemeinsam mindestens 10 Prozent der Anteile gehören,
7. einer juristischen Person des privaten Rechts, in deren Vorstand, Aufsichtsrat, Verwaltungsrat oder vergleichbarem Organ er tätig ist, oder einer juristischen Person des öffentlichen Rechts, ausgenommen einer Gebietskörperschaft, in deren Organ er tätig ist, sofern er diese Tätigkeit nicht als Vertreter der Gemeinde oder auf deren Vorschlag hin ausübt.

(2) Absatz 1 gilt nicht

1. für Wahlen zu einer ehrenamtlichen Tätigkeit,
2. wenn die Entscheidung nur die gemeinsamen Interessen einer Berufs- oder Bevölkerungsgruppe berührt.

(3) [1]Der ehrenamtlich Tätige, bei dem ein Tatbestand vorliegt, der Befangenheit zur Folge haben kann, hat dies vor Beginn der Beratung dieser Angelegenheit dem Vorsitzenden, sonst dem Bürgermeister mitzuteilen. [2]Ob ein Ausschließungsgrund vorliegt, entscheidet im Zweifelsfall in Abwesenheit des Betroffenen bei Gemeinderäten der Gemeinderat, bei Ortschaftsräten der Ortschaftsrat, bei Mitgliedern von Ausschüssen der Ausschuss, sonst der Bürgermeister.

(4) [1]Wer an der Beratung und Entscheidung wegen Befangenheit nicht mitwirken darf, muss die Sitzung verlassen. [2]Ist die Sitzung öffentlich, darf er als Zuhörer anwesend bleiben.

(5) [1]Ein Beschluss ist rechtswidrig, wenn bei der Beratung oder Beschlussfassung die Bestimmungen der Absätze 1 oder 4 verletzt worden sind oder wenn jemand ohne einen der Gründe des Absatzes 1 ausgeschlossen

worden ist. [2]Der Beschluss gilt jedoch ein Jahr nach der Beschlussfassung oder, wenn eine öffentliche Bekanntmachung erforderlich ist, ein Jahr nach dieser als von Anfang an gültig zustande gekommen. [3]§ 4 Absatz 4 Satz 2 Nummer 3 und 4 und Satz 3 gilt entsprechend.

§ 21
Entschädigung für ehrenamtliche Tätigkeit

(1) [1]Ehrenamtlich Tätige haben Anspruch auf Ersatz ihrer notwendigen Auslagen und ihres Verdienstausfalls. [2]Durch Satzung können Höchstbeträge oder Durchschnittssätze festgesetzt werden. [3]Soweit kein Verdienstausfall entsteht, kann durch Satzung bestimmt werden, dass für den Zeitaufwand eine Entschädigung gewährt wird.
(2) Gemeinderäten, Ortschaftsräten, Mitgliedern von Stadtbezirksbeiräten und sonstigen Mitgliedern der Ausschüsse und Beiräte des Gemeinderats und Ortschaftsrats ist darüber hinaus eine angemessene Aufwandsentschädigung zu gewähren.
(3) Ehrenamtlich Tätigen wird Ersatz für Sachschäden in entsprechender Anwendung der für Beamte geltenden Bestimmungen gewährt.
(4) Ansprüche nach den Absätzen 1 bis 3 sind nicht übertragbar.

§ 22
Einwohnerversammlung

(1) [1]Allgemein bedeutsame Gemeindeangelegenheiten sollen mit den Einwohnern erörtert werden. [2]Zu diesem Zweck soll der Gemeinderat mindestens zweimal im Jahr eine Einwohnerversammlung anberaumen. [3]Einwohnerversammlungen können auf Gemeindeteile beschränkt werden. [4]Die Einwohnerversammlung wird vom Bürgermeister spätestens eine Woche vor ihrer Durchführung unter ortsüblicher Bekanntgabe von Ort, Zeit und Tagesordnung einberufen. [5]Den Vorsitz führt der Bürgermeister oder ein von ihm beauftragter leitender Bediensteter, sofern der Gemeinderat nicht eines seiner Mitglieder damit beauftragt. [6]Gemeinderäte und Vertreter der Gemeindeverwaltung müssen den Einwohnern für Fragen zur Verfügung stehen.
(2) [1]Eine Einwohnerversammlung ist anzuberaumen, wenn dies von den Einwohnern beantragt wird. [2]Der Antrag muss unter Bezeichnung der zu erörternden Angelegenheiten schriftlich eingereicht werden; die elektronische Form ist ausgeschlossen. [3]Der Antrag muss von mindestens 5 Prozent der Einwohner, die das 16. Lebensjahr vollendet haben, unterzeichnet sein. [4]In dem Antrag sollen eine Vertrauensperson und eine stellvertretende Vertrauensperson benannt werden, die jede für sich zur Entgegennahme von Mitteilungen und Entscheidungen der Gemeinde und zur Abgabe von Erklärungen ermächtigt ist.
(3) [1]Die Einwohnerversammlung ist innerhalb von drei Monaten nach Eingang des Antrages durchzuführen. [2]Die Erörterung einer Angelegenheit in einer Einwohnerversammlung kann innerhalb eines Jahres erneut nur dann beantragt werden, wenn sich die Sach- oder Rechtslage wesentlich geändert hat.
(4) [1]Vorschläge und Anregungen der Einwohnerversammlung sind innerhalb von drei Monaten von dem zuständigen Organ der Gemeinde zu behandeln. [2]Das Ergebnis der Behandlung der Vorschläge und Anregungen ist in ortsüblicher Weise bekanntzugeben.

§ 23
Einwohnerantrag

[1]Der Gemeinderat muss Gemeindeangelegenheiten, für die er zuständig ist, innerhalb von drei Monaten behandeln, wenn dies von den Einwohnern beantragt wird (Einwohnerantrag). [2]§ 22 Absatz 2, 3 und 4 Satz 2 gilt entsprechend. [3]Die Vertrauenspersonen sind bei der Beratung im Gemeinderat zu hören.

§ 24
Bürgerentscheid

(1) In Gemeindeangelegenheiten können die Bürger an Stelle des Gemeinderats über einen

zur Abstimmung gestellten Entscheidungsvorschlag entscheiden (Bürgerentscheid), wenn ein Bürgerbegehren Erfolg hat oder der Gemeinderat mit einer Mehrheit von zwei Dritteln seiner Mitglieder die Durchführung eines Bürgerentscheides beschließt.

(2) [1]Der Bürgerentscheid kann über alle Angelegenheiten durchgeführt werden, für die der Gemeinderat zuständig ist. [2]Ein Bürgerentscheid findet nicht statt über

1. Weisungsaufgaben,
2. Fragen der inneren Organisation der Gemeindeverwaltung,
3. Haushaltssatzungen und Wirtschaftspläne,
4. Gemeindeabgaben, Tarife und Entgelte,
5. Jahresabschlüsse und Gesamtabschlüsse sowie Jahresabschlüsse der Sondervermögen und Treuhandvermögen,
6. Rechtsverhältnisse der Gemeinderäte, des Bürgermeisters und der Gemeindebediensteten,
7. Entscheidungen in Rechtsmittelverfahren,
8. Anträge, die gesetzwidrige Ziele verfolgen.

(3) [1]Bei einem Bürgerentscheid ist der zur Abstimmung gestellte Entscheidungsvorschlag angenommen, wenn er die Mehrheit der gültigen Stimmen erhält und diese Mehrheit mindestens 25 Prozent der Stimmberechtigten beträgt. [2]In Kreisfreien Städten kann die Hauptsatzung ein geringeres Quorum, jedoch nicht weniger als 15 Prozent der Stimmberechtigten, festsetzen. [3]Ist die erforderliche Mehrheit nicht erreicht worden, hat der Gemeinderat zu entscheiden.

(4) [1]Der Bürgerentscheid steht einem Beschluss des Gemeinderats gleich. [2]Er kann innerhalb von drei Jahren nur durch einen neuen Bürgerentscheid abgeändert werden.

(5) [1]Ein Bürgerentscheid entfällt, wenn der Gemeinderat die Durchführung der mit dem Bürgerbegehren verlangten Maßnahme beschließt. [2]Für einen solchen Beschluss gilt Absatz 4 Satz 2 entsprechend.

§ 25
Bürgerbegehren

(1) [1]Die Durchführung eines Bürgerentscheids kann schriftlich von Bürgern der Gemeinde beantragt werden (Bürgerbegehren); die elektronische Form ist ausgeschlossen. [2]Das Bürgerbegehren muss mindestens von 5 Prozent der Bürger der Gemeinde unterzeichnet sein. [3]Ein Bürgerbegehren darf nur Angelegenheiten zum Gegenstand haben, über die innerhalb der letzten drei Jahre nicht bereits ein Bürgerentscheid auf Grund eines Bürgerbegehrens durchgeführt worden ist.

(2) [1]Das Bürgerbegehren muss einen mit ja oder nein zu entscheidenden Entscheidungsvorschlag und eine Begründung enthalten sowie eine Vertrauensperson und eine stellvertretende Vertrauensperson bezeichnen, die jede für sich zur Entgegennahme von Mitteilungen und Entscheidungen der Gemeinde und zur Abgabe von Erklärungen ermächtigt ist. [2]Das Bürgerbegehren muss einen nach den gesetzlichen Bestimmungen durchführbaren Vorschlag zur Deckung der Kosten oder zum Ausgleich der Einnahmeausfälle der verlangten Maßnahme enthalten.

(3) [1]Das Bürgerbegehren muss vor Beginn der Unterschriftensammlung schriftlich bei der Gemeinde angezeigt werden. [2]Es ist spätestens ein Jahr nach Zugang der Anzeige mit den nach Absatz 1 Satz 2 erforderlichen Unterschriften bei der Gemeinde einzureichen. [3]Richtet es sich gegen einen Beschluss des Gemeinderats, muss es innerhalb von drei Monaten nach Bekanntgabe des Beschlusses in öffentlicher Sitzung bei der Gemeinde eingereicht werden.

(4) [1]Über die Zulässigkeit des Bürgerbegehrens entscheidet der Gemeinderat. [2]Die Entscheidung ist ortsüblich bekanntzugeben und ergeht kostenfrei. [3]Über den Widerspruch entscheidet die Rechtsaufsichtsbehörde. [4]Ist das Bürgerbegehren zulässig, so ist der Bürgerentscheid innerhalb von drei Monaten durchzuführen. [5]Nach der Feststellung der Zulässigkeit des Bürgerbegehrens darf eine diesem widersprechende Entscheidung des Gemeinderats nicht mehr getroffen werden.

§ 26
Ehrenbürgerrecht

(1) Der Gemeinderat kann Personen, die sich in besonderem Maße um die Entwicklung der Gemeinde oder das Wohl ihrer Bürger verdient gemacht haben, das Ehrenbürgerrecht verleihen.
(2) Das Ehrenbürgerrecht kann aus wichtigem Grund durch Beschluss des Gemeinderats aberkannt werden.

DRITTER TEIL
Verfassung und Verwaltung der Gemeinde

Erster Abschnitt
Gemeinderat

§ 27
Rechtsstellung des Gemeinderats

(1) Der Gemeinderat ist die Vertretung der Bürger und das Hauptorgan der Gemeinde.
(2) In Städten führt der Gemeinderat die Bezeichnung Stadtrat.

§ 28
Aufgaben des Gemeinderats

(1) Der Gemeinderat legt die Grundsätze für die Verwaltung der Gemeinde fest und entscheidet über alle Angelegenheiten der Gemeinde, soweit nicht der Bürgermeister kraft Gesetzes zuständig ist oder ihm der Gemeinderat bestimmte Angelegenheiten überträgt.
(2) Die Entscheidung über folgende Angelegenheiten kann der Gemeinderat nicht übertragen:
1. die Festlegung von Grundsätzen für die Verwaltung der Gemeinde,
2. die Bestellung der Mitglieder von Ausschüssen des Gemeinderats, der Stellvertreter des Bürgermeisters, der Beigeordneten sowie Angelegenheiten nach Absatz 4 Satz 1 bei leitenden Bediensteten,
3. die Übernahme freiwilliger Aufgaben,
4. Satzungen, anderes Ortsrecht und Flächennutzungspläne,
5. die Änderung des Gemeindegebietes,
6. die Entscheidung über die Durchführung eines Bürgerentscheides oder die Zulässigkeit eines Bürgerbegehrens,
7. die Verleihung und Aberkennung des Ehrenbürgerrechts,
8. die Regelung der allgemeinen Rechtsverhältnisse der Gemeindebediensteten,
9. die Übertragung von Aufgaben auf den Bürgermeister,
10. die Erteilung des Einvernehmens zur Abgrenzung der Geschäftskreise der Beigeordneten,
11. die Übertragung von Aufgaben auf das Rechnungsprüfungsamt,
12. der Entzug der Leitung des Rechnungsprüfungsamtes nach § 103 Absatz 4,
13. die Entscheidung der Auswahl des örtlichen Prüfers nach § 103 Absatz 1 Satz 1 und 2,
14. die Verfügung über Gemeindevermögen, das für die Gemeinde von erheblicher wirtschaftlicher Bedeutung ist,
15. die Errichtung, Übernahme, wesentliche Veränderung, vollständige oder teilweise Veräußerung und die Auflösung von Unternehmen und öffentlichen Einrichtungen sowie die unmittelbare und mittelbare Beteiligung an solchen,
16. ein Haushaltsstrukturkonzept,
17. die Bestellung von Sicherheiten, die Übernahme von Bürgschaften und von Verpflichtungen aus Gewährverträgen und den Abschluss der ihnen wirtschaftlich gleichkommenden Rechtsgeschäfte, soweit sie für die Gemeinden von erheblicher wirtschaftlicher Bedeutung sind,
18. Jahresabschlüsse und Gesamtabschlüsse, Wirtschaftspläne und Jahresabschlüsse der Sondervermögen und Treuhandvermögen,
19. die allgemeine Festsetzung von Abgaben,
20. den Verzicht auf Ansprüche der Gemeinde und die Niederschlagung solcher Ansprüche, die Führung von Rechtsstreitigkeiten und den Abschluss von Vergleichen, soweit sie für die Gemeinde von

erheblicher wirtschaftlicher Bedeutung sind,

21. den Beitritt zu Zweckverbänden und den Austritt aus diesen sowie den Abschluss und die Aufhebung von Zweckvereinbarungen.

(3) Der Gemeinderat überwacht die Ausführung seiner Beschlüsse und sorgt beim Auftreten von Missständen in der Gemeindeverwaltung für deren Beseitigung durch den Bürgermeister.

(4) [1]Der Gemeinderat entscheidet im Einvernehmen mit dem Bürgermeister über die Ernennung, Einstellung, Höhergruppierung und Entlassung der Gemeindebediensteten sowie über die Festsetzung von Vergütungen, auf die kein Anspruch auf Grund eines Tarifvertrags besteht. [2]Kommt es zu keinem Einvernehmen, entscheidet der Gemeinderat mit einer Mehrheit von zwei Dritteln der anwesenden Stimmberechtigten. [3]Der Bürgermeister ist zuständig, soweit der Gemeinderat ihm die Entscheidung überträgt oder diese zur laufenden Verwaltung gehört.

(5) [1]Ein Zehntel der Gemeinderäte, mindestens jedoch zwei Personen, kann in allen Angelegenheiten der Gemeinde verlangen, dass der Bürgermeister den Gemeinderat informiert und diesem oder einem von ihm bestellten Ausschuss Akteneinsicht gewährt. [2]Das Recht, nach Satz 1 Akteneinsicht zu verlangen, steht auch einer Fraktion zu. [3]In dem Ausschuss müssen die Antragsteller vertreten sein. [4]Für den gemäß Satz 1 bestellten Ausschuss gilt § 43 entsprechend.

(6) [1]Jeder Gemeinderat kann an den Bürgermeister schriftliche oder in einer Sitzung des Gemeinderats mündliche Anfragen über einzelne Angelegenheiten der Gemeinde richten, die binnen angemessener Frist, die grundsätzlich vier Wochen beträgt, zu beantworten sind. [2]Das Nähere ist in der Geschäftsordnung zu regeln.

(7) Die Absätze 5 und 6 gelten nicht für die nach § 53 Absatz 3 Satz 3 geheimzuhaltenden Angelegenheiten.

§ 29
Zusammensetzung des Gemeinderats

(1) [1]Der Gemeinderat besteht aus den Gemeinderäten und dem Bürgermeister als Vorsitzendem. [2]In Städten führen die Gemeinderäte die Bezeichnung Stadträte.

(2) Die Zahl der Gemeinderäte beträgt in Gemeinden

bis zu	500 Einwohnern	8,
bis zu	1 000 Einwohnern	10,
bis zu	2 000 Einwohnern	12,
bis zu	3 000 Einwohnern	14,
bis zu	5 000 Einwohnern	16,
bis zu	10 000 Einwohnern	18,
bis zu	20 000 Einwohnern	22,
bis zu	30 000 Einwohnern	26,
bis zu	40 000 Einwohnern	30,
bis zu	50 000 Einwohnern	34,
bis zu	60 000 Einwohnern	38,
bis zu	80 000 Einwohnern	42,
bis zu	150 000 Einwohnern	48,
bis zu	400 000 Einwohnern	54,
mit mehr als	400 000 Einwohnern	60.

(3) Durch die Hauptsatzung kann bestimmt werden, dass die Zahl der Gemeinderäte sich nach der nächsthöheren oder der nächstniederen Größengruppe richtet; in der höchsten Größengruppe kann die Zahl um bis zu 10 erhöht werden.

(4) Änderungen der für die Zahl der Gemeinderäte maßgebenden Einwohnerzahl und Regelungen der Hauptsatzung nach Absatz 3 sind erst bei der nächsten regelmäßigen Wahl zu berücksichtigen.

§ 30
Wahlgrundsätze

(1) Die Gemeinderäte werden von den Bürgern in allgemeiner, unmittelbarer, freier, gleicher und geheimer Wahl gewählt.

(2) [1]Gewählt wird auf Grund von Wahlvorschlägen unter Berücksichtigung der Grundsätze der Verhältniswahl. [2]Die Verbindung von Wahlvorschlägen ist unzulässig. [3]Der Wahlberechtigte kann Bewerber aus anderen

Wahlvorschlägen übernehmen und einem Bewerber bis zu drei Stimmen geben.

(3) [1]Wird nur ein gültiger oder kein Wahlvorschlag eingereicht, findet Mehrheitswahl ohne Bindung an die vorgeschlagenen Bewerber und ohne das Recht der Stimmenhäufung auf einen Bewerber statt. [2]Dasselbe gilt, wenn mehrere Wahlvorschläge eingereicht werden, die zusammen weniger Bewerber als zwei Drittel der festgelegten Zahl der Mitglieder des Gemeinderates umfassen.

§ 31 Wählbarkeit

(1) Wählbar in den Gemeinderat sind die Bürger der Gemeinde.

(2) Nicht wählbar ist, wer

1. vom Wahlrecht ausgeschlossen ist (§ 16 Satz 2),
2. infolge deutschen Richterspruchs die Wählbarkeit oder die Fähigkeit zur Bekleidung öffentlicher Ämter nicht besitzt oder
3. als Staatsangehöriger eines anderen Mitgliedstaates der Europäischen Union nach dem Recht dieses Mitgliedstaates infolge einer zivilrechtlichen Einzelfallentscheidung oder einer strafrechtlichen Entscheidung die Wählbarkeit verloren hat.

§ 32 Hinderungsgründe

(1) Gemeinderäte können nicht sein

1. der Bürgermeister, die Beigeordneten und die übrigen Beamten der Gemeinde, ausgenommen die Ehrenbeamten und Ruhestandsbeamten, sowie die Arbeitnehmer der Gemeinde,
2. die Beamten und leitenden Arbeitnehmer einer juristischen Person des öffentlichen oder privaten Rechts, in der die Gemeinde einen maßgeblichen Einfluss ausübt,
3. die Beamten und Arbeitnehmer eines Verwaltungsverbandes nach den §§ 5 und 23 des Sächsischen Gesetzes über kommunale Zusammenarbeit in der Fassung der Bekanntmachung vom 15. April 2019 (SächsGVBl. S. 270), in der jeweils geltenden Fassung, dessen Mitglied die Gemeinde ist,
4. die Beamten und Arbeitnehmer der erfüllenden Gemeinde einer Verwaltungsgemeinschaft nach § 36 des Sächsischen Gesetzes über kommunale Zusammenarbeit, an der die Gemeinde beteiligt ist,
5. die mit Angelegenheiten der Rechtsaufsicht über die Gemeinde befassten Beamten und Arbeitnehmer der Rechtsaufsichtsbehörden,
6. die mit Angelegenheiten der überörtlichen Prüfung der Gemeinde befassten Beamten und Arbeitnehmer der staatlichen Rechnungsprüfungsämter und des Sächsischen Rechnungshofes.

(2) Absatz 1 gilt nicht für Arbeitnehmer, deren Wählbarkeit nicht nach Artikel 137 Absatz 1 des Grundgesetzes eingeschränkt werden kann.

(3) [1]Der Gemeinderat stellt fest, ob ein Hinderungsgrund nach Absatz 1 gegeben ist. [2]Bis zu dieser Feststellung bleibt die Rechtswirksamkeit der Tätigkeit des Gemeinderats in den Fällen des Absatzes 1 unberührt. [3]Die Feststellung eines Hinderungsgrundes ergeht durch Verwaltungsakt.

§ 33 Wahlperiode

(1) Die regelmäßigen Gemeinderatswahlen finden alle fünf Jahre statt.

(2) [1]Die Wahlperiode endet mit Ablauf des Monats, in dem die regelmäßigen Wahlen der Gemeinderäte stattfinden. [2]Wenn die Wahl von der Wahlprüfungsbehörde nicht beanstandet wurde, ist die erste Sitzung des Gemeinderats unverzüglich nach der Zustellung des Wahlprüfungsbescheides oder nach ungenutztem Ablauf der Wahlprüfungsfrist, sonst nach rechtskräftiger Erledigung der Beanstandung anzuberaumen. [3]Bis zum Zusammentreten des neugebildeten Gemeinderats führt der bisherige Gemeinderat die Geschäfte weiter.

(3) [1]Wird die Wahl des Gemeinderats nach seinem Zusammentreten rechtskräftig für ungültig erklärt, so führt er die Geschäfte

bis zum Zusammentreten des neugewählten Gemeinderats weiter. [2]Wird nach dem Zusammentreten des Gemeinderats die Neufeststellung des Wahlergebnisses rechtskräftig angeordnet, so führt er die Geschäfte bis zum Ablauf des Tages weiter, an dem das berichtigte Wahlergebnis öffentlich bekanntgemacht wird. [3]Die Rechtswirksamkeit der Tätigkeit des Gemeinderats bleibt in den Fällen der Sätze 1 und 2 unberührt.

§ 34
Ausscheiden, Nachrücken, Ergänzungswahl

(1) [1]Aus dem Gemeinderat scheiden die Mitglieder aus, bei denen während der Wahlperiode der Verlust der Wählbarkeit (§ 31) oder ein Hinderungsgrund (§ 32) eintritt oder bekannt wird. [2]Der Gemeinderat ist verpflichtet, unverzüglich das Ausscheiden nach Satz 1 und den Absätzen 3 und 4 festzustellen. [3]Bis zu dieser Feststellung bleibt die Rechtswirksamkeit der Tätigkeit des Gemeinderats unberührt.

(2) Tritt ein Gewählter nicht in den Gemeinderat ein oder scheidet er im Laufe der Wahlperiode aus, rückt der als nächste Ersatzperson festgestellte Bewerber nach.

(3) [1]Wird eine Partei oder die Teilorganisation einer Partei durch das Bundesverfassungsgericht nach Artikel 21 Absatz 2 Satz 2 des Grundgesetzes für verfassungswidrig erklärt, verlieren die Gemeinderäte ihr Mandat, sofern sie dieser Partei oder Teilorganisation zu irgendeinem Zeitpunkt zwischen der Antragstellung (§ 43 des Bundesverfassungsgerichtsgesetzes in der Fassung der Bekanntmachung vom 11. August 1993 [BGBl. I S. 1473], das zuletzt durch Artikel 4 des Gesetzes vom 20. November 2019 [BGBl. I S. 1724] geändert worden ist, in der jeweils geltenden Fassung) und der Verkündung der Entscheidung (§ 46 des Bundesverfassungsgerichtsgesetzes) angehört haben. [2]Satz 1 gilt entsprechend für die Feststellung, dass eine Partei oder ein Teil einer Partei eine verbotene Ersatzorganisation ist.

(4) Wird ein Verein oder Teilverein gemäß § 3 des Vereinsgesetzes verboten, weil sein Zweck oder seine Tätigkeit gegen die verfassungsmäßige Ordnung oder gegen den Gedanken der Völkerverständigung gerichtet ist, oder wird nach § 8 Absatz 2 des Vereinsgesetzes festgestellt, dass ein Verein oder Teilverein eine Ersatzorganisation eines aus diesen Gründen verbotenen Vereins oder Teilvereins ist, verlieren die Gemeinderäte ihr Mandat zum Zeitpunkt der Unanfechtbarkeit der Entscheidung, sofern sie diesem Verein oder Teilverein zu irgendeinem Zeitpunkt zwischen der Bekanntgabe des Verwaltungsakts und dem Eintritt der Unanfechtbarkeit angehört haben.

(5) Nach den Absätzen 3 und 4 freigewordene Sitze des Gemeinderats bleiben unbesetzt, soweit auch auf die Ersatzpersonen die Voraussetzungen der Absätze 3 und 4 zutreffen.

(6) [1]Eine Neuverteilung der verbleibenden Sitze findet nicht statt. [2]Absatz 7 bleibt unberührt.

(7) Ist die Zahl der Gemeinderäte während der Wahlperiode auf weniger als zwei Drittel der festgelegten Mitgliederzahl gesunken, ist eine Ergänzungswahl nach den für die Hauptwahl geltenden Vorschriften für den Rest der Wahlperiode durchzuführen, sofern dieser mindestens sechs Monate beträgt.

§ 35
Rechtsstellung der Gemeinderäte

(1) [1]Die Gemeinderäte üben ihr Mandat ehrenamtlich aus. [2]Der Bürgermeister verpflichtet die Gemeinderäte in der ersten Sitzung öffentlich auf die gewissenhafte Erfüllung ihrer Pflichten.

(2) [1]Niemand darf gehindert werden, sich um das Mandat eines Gemeinderats zu bewerben, es zu übernehmen und auszuüben. [2]Eine Kündigung oder Entlassung aus einem Dienst- oder Arbeitsverhältnis, eine Versetzung an einen anderen Beschäftigungsort sowie sonstige berufliche Benachteiligungen aus diesem Grunde sind unzulässig. [3]Steht der Gemeinderat in einem Dienst- oder Arbeitsverhältnis, ist ihm die für die Mandatsausübung erforderliche freie Zeit zu gewähren.

(3) [1]Die Gemeinderäte üben ihr Mandat nach dem Gesetz und ihrer freien, dem Gemeinwohl verpflichteten Überzeugung aus. [2]An Verpflichtungen und Aufträge, durch die diese Freiheit beschränkt wird, sind sie nicht gebunden.
(4) Die Gemeinderäte sind verpflichtet, an den Sitzungen teilzunehmen.
(5) Erleidet ein Gemeinderat einen Dienstunfall, hat er dieselben Rechte wie ein Ehrenbeamter.
(6) Auf Gemeinderäte, die als Vertreter der Gemeinde in Organen eines wirtschaftlichen Unternehmens (§ 94a) Vergütungen erhalten, finden die für den Bürgermeister der Gemeinde geltenden Vorschriften über die Ablieferungspflicht entsprechende Anwendung.

§ 35a
Fraktionen

(1) [1]Gemeinderäte können sich zu Fraktionen zusammenschließen, sofern diese fünf Prozent der Gemeinderäte, mindestens jedoch zwei Personen, umfassen. [2]Diese sind Organteile des Gemeinderats. [3]Das Nähere über die Bildung der Fraktionen sowie ihre Rechte und Pflichten innerhalb des Gemeinderats regelt die Gemeinde durch Geschäftsordnung.
(2) Die Fraktionen wirken bei der Willensbildung und Entscheidungsfindung des Gemeinderats mit; sie können ihre Auffassungen öffentlich darstellen.
(3) [1]Die Gemeinden haben den Fraktionen durch Satzung Mittel für deren angemessene sächliche Mindestausstattung zu gewähren. [2]In Gemeinden bis zu 5 000 Einwohnern kann, in Gemeinden über 5 000 Einwohnern soll durch Satzung bestimmt werden, dass aus ihrem Haushalt den Fraktionen Mittel für deren angemessene personelle Mindestausstattung gewährt werden. [3]Die sächliche und personelle Mindestausstattung muss in einem angemessenen Verhältnis zur Einwohnergröße der Gemeinde und zur Größe der Fraktion stehen. [4]Diese Mittel sind in einer besonderen Anlage zum Haushaltsplan darzustellen. [5]Über ihre Verwendung ist ein Nachweis in einfacher Form zu führen.
(4) [1]Für Bedienstete der Fraktionen gilt § 19 Absatz 2 entsprechend. [2]Die Geschäftsordnung kann vorsehen, dass Arbeitnehmer der Fraktionen zu nichtöffentlichen Sitzungen des Gemeinderats und seiner Ausschüsse Zutritt haben.

§ 36
Vorsitz im Gemeinderat, Einberufung der Sitzungen

(1) Den Vorsitz im Gemeinderat führt der Bürgermeister.
(2) Der Gemeinderat beschließt über Ort und Zeit seiner regelmäßigen Sitzungen.
(3) [1]Der Bürgermeister beruft den Gemeinderat schriftlich oder in elektronischer Form mit angemessener Frist ein und teilt rechtzeitig die Verhandlungsgegenstände mit; dabei sind die für die Beratung erforderlichen Unterlagen beizufügen, soweit nicht das öffentliche Wohl oder berechtigte Interessen Einzelner entgegenstehen. [2]Das Nähere regelt die Geschäftsordnung. [3]Der Gemeinderat ist einzuberufen, wenn es die Geschäftslage erfordert. [4]Der Gemeinderat ist unverzüglich einzuberufen, wenn dies von einem Fünftel der Gemeinderäte unter Angabe des Verhandlungsgegenstandes beantragt wird und der Gemeinderat den gleichen Verhandlungsgegenstand nicht innerhalb der letzten sechs Monate bereits behandelt hat oder wenn sich seit der Behandlung die Sach- oder Rechtslage wesentlich geändert hat. [5]Der Verhandlungsgegenstand muss in die Zuständigkeit des Gemeinderates fallen. [6]In Eilfällen kann der Gemeinderat ohne Frist, formlos und nur unter Angabe der Verhandlungsgegenstände einberufen werden.
(4) [1]Zeit, Ort und Tagesordnung der öffentlichen Sitzungen sind rechtzeitig ortsüblich bekanntzugeben. [2]Dies gilt nicht bei der Einberufung des Gemeinderats in Eilfällen.
(5) Auf Antrag von mindestens einem Fünftel der Gemeinderäte oder einer Fraktion ist ein Verhandlungsgegenstand auf die Tagesordnung spätestens der übernächsten Sitzung des Gemeinderats zu setzen; Absatz 3 Satz 4 und 5 gilt entsprechend.

§ 36a
Durchführung von Sitzungen ohne persönliche Anwesenheit im Sitzungsraum

(1) In Ausnahmefällen, die durch Naturkatastrophen, aus Gründen des Infektionsschutzes oder sonstigen außergewöhnlichen Notsituationen entstehen, können Sitzungen des Gemeinderats ohne persönliche Anwesenheit der Mitglieder im Sitzungsraum durchgeführt werden, sofern eine Beratung und Beschlussfassung durch zeitgleiche Übertragung von Bild und Ton mittels geeigneter technischer Hilfsmittel, insbesondere in Form einer Videokonferenz, möglich ist.
(2) [1]Bei öffentlichen Sitzungen nach Absatz 1 muss eine unmittelbare Übertragung von Bild und Ton an einen öffentlich zugänglichen Ort erfolgen. [2]§ 37 Absatz 3 Satz 2 bis 4 gilt entsprechend.
(3) [1]Die Gemeinde hat sicherzustellen, dass die technischen Anforderungen und die datenschutzrechtlichen Bestimmungen für eine ordnungsgemäße Durchführung der Sitzungen einschließlich Beratung und Beschlussfassung eingehalten werden. [2]In Sitzungen nach Absatz 1 dürfen Wahlen im Sinne von § 39 Absatz 7 nicht durchgeführt und keine Beschlüsse über die Haushaltssatzung im Sinne von § 76 Absatz 2 gefasst werden. [3]Im Übrigen gelten die Regelungen für Sitzungen gemäß § 36 entsprechend.
(4) Die beabsichtigte Durchführung von Sitzungen nach Absatz 1 ist der Rechtsaufsichtsbehörde sieben Tage vor der Sitzung anzuzeigen.

§ 36b
Veröffentlichung von Informationen

[1]Die Gemeinde hat auf ihrer Internetseite oder in anderer geeigneter Form Zeit, Ort und Tagesordnung der öffentlichen Sitzungen des Gemeinderats und seiner Ausschüsse sowie die der Tagesordnung beigefügten Beratungsunterlagen zu veröffentlichen, sobald diese den Mitgliedern des Gemeinderats zur Verfügung gestellt wurden und sofern keine berechtigten Interessen Einzelner entgegenstehen. [2]Die in einer solchen Sitzung gefassten oder bekannt gegebenen Beschlüsse hat die Gemeinde im Wortlaut oder in Form eines zusammenfassenden Berichts nach Bestätigung der Niederschrift auf ihrer Internetseite oder in anderer geeigneter Form zu veröffentlichen. [3]Personenbezogene Daten oder Betriebs- und Geschäftsgeheimnisse dürfen nicht offenbart werden. [4]Sind Maßnahmen zur Wahrung des Datenschutzes oder von Betriebs- und Geschäftsgeheimnissen nicht ohne erheblichen Aufwand oder erhebliche Veränderung einer Beratungsunterlage möglich, kann die Gemeinde insoweit von der Veröffentlichung absehen. [5]Soweit von einer Veröffentlichung der Beratungsunterlagen abgesehen wird, ist dies zu Beginn der öffentlichen Sitzung zu begründen.

§ 37
Öffentlichkeit der Sitzungen

(1) [1]Die Sitzungen des Gemeinderats sind öffentlich, sofern nicht das öffentliche Wohl oder berechtigte Interessen Einzelner eine nichtöffentliche Verhandlung erfordern. [2]Über Anträge aus der Mitte des Gemeinderats, einen Verhandlungsgegenstand entgegen der Tagesordnung in öffentlicher oder nichtöffentlicher Sitzung zu behandeln, wird in nichtöffentlicher Sitzung beraten und entschieden. [3]In nichtöffentlicher Sitzung gefasste Beschlüsse sind in öffentlicher Sitzung bekanntzugeben, sofern nicht das öffentliche Wohl oder berechtigte Interessen Einzelner entgegenstehen. [4]Beschließt der Gemeinderat, einen Verhandlungsgegenstand in öffentlicher Sitzung zu behandeln, so hat der Bürgermeister diesen auf die Tagesordnung der nächsten Sitzung des Gemeinderats zu setzen.
(2) Die Gemeinderäte und der Bürgermeister sind zur Verschwiegenheit über alle in nichtöffentlicher Sitzung behandelten Angelegenheiten so lange verpflichtet, bis der Gemeinderat im Einvernehmen mit dem Bürgermeister die Verschwiegenheit aufhebt; dies gilt nicht für den Wortlaut der in nichtöffentlicher Sitzung gefassten Beschlüsse, so-

fern nicht das öffentliche Wohl oder berechtigte Interessen Einzelner entgegenstehen.
(3) [1]Bei öffentlichen Sitzungen nach Absatz 1 kann eine unmittelbare Übertragung von Bild und Ton in einen öffentlich zugänglichen Ort erfolgen. [2]Unterhält die Gemeinde einen Internetauftritt, kann die Übertragung von Bild und Ton auch über einen Live-Stream erfolgen, wenn hierfür eine Einwilligung vorliegt. [3]Eine Aufzeichnung von Bild und Ton sowie eine entsprechende Abrufmöglichkeit sind nur zulässig, wenn diese von der Einwilligung ausdrücklich umfasst sind. [4]Im Fall der Sätze 2 und 3 ist bei fehlender Einwilligung oder nach Widerspruch eines Gemeinderatsmitglieds gegen die Übertragung oder gegen die Aufzeichnung oder den Abruf seines Bildes und Tons durch technische Mittel sicherzustellen, dass dessen Recht auf informationelle Selbstbestimmung ohne Beeinträchtigung der Übertragung, der Aufzeichnung oder des Abrufs der Sitzung im Übrigen gewahrt wird.

§ 38
Verhandlungsleitung, Geschäftsgang

(1) [1]Der Bürgermeister eröffnet und schließt die Sitzungen und leitet die Verhandlung des Gemeinderats. [2]Er übt die Ordnungsgewalt und das Hausrecht aus. [3]Der Bürgermeister kann die Verhandlungsleitung an einen Gemeinderat abgeben.
(2) Der Gemeinderat regelt seine inneren Angelegenheiten, insbesondere den Gang seiner Verhandlungen, im Rahmen der gesetzlichen Vorschriften durch eine Geschäftsordnung.
(3) [1]Bei grobem Verstoß gegen die Ordnung kann ein Gemeinderat vom Vorsitzenden aus dem Beratungsraum verwiesen werden; damit ist der Verlust des Anspruchs auf die auf den Sitzungstag entfallende Entschädigung verbunden. [2]Bei wiederholten Verstößen nach Satz 1 kann der Gemeinderat ein Mitglied für mehrere, höchstens jedoch für drei Sitzungen ausschließen. [3]Die Sätze 1 und 2 gelten entsprechend für sachkundige Einwohner, die zu den Beratungen zugezogen sind.

§ 39
Beschlussfassung

(1) [1]Der Gemeinderat kann nur in einer ordnungsgemäß einberufenen und geleiteten Sitzung beraten und beschließen. [2]Eine Verletzung von Form oder Frist der Ladung eines Gemeinderatsmitglieds gilt als geheilt, wenn das Mitglied zur Sitzung erscheint und den Mangel nicht spätestens bei Eintritt in die Tagesordnung der Sitzung geltend macht. [3]Die Mitglieder des Gemeinderats sind hierauf zu Beginn der Sitzung hinzuweisen. [4]Über Gegenstände einfacher Art und geringer Bedeutung kann im schriftlichen oder elektronischen Verfahren beschlossen werden; ein hierbei gestellter Antrag ist angenommen, wenn kein Mitglied widerspricht.
(2) [1]Der Gemeinderat ist beschlussfähig, wenn mindestens die Hälfte aller Mitglieder anwesend und stimmberechtigt ist. [2]Bei Befangenheit von mehr als der Hälfte aller Mitglieder ist der Gemeinderat beschlussfähig, wenn mindestens ein Viertel aller Mitglieder anwesend und stimmberechtigt ist.
(3) [1]Ist der Gemeinderat nicht beschlussfähig, muss eine zweite Sitzung stattfinden, in der er beschlussfähig ist, wenn mindestens drei Mitglieder anwesend und stimmberechtigt sind; bei der Einberufung der zweiten Sitzung ist hierauf hinzuweisen. [2]Die zweite Sitzung entfällt, wenn weniger als drei Mitglieder stimmberechtigt sind.
(4) [1]Ist der Gemeinderat auch in der zweiten Sitzung wegen Befangenheit von Mitgliedern nicht beschlussfähig, entscheidet der Bürgermeister an seiner Stelle nach Anhörung der nicht befangenen Gemeinderäte. [2]Sind auch der Bürgermeister und sein Stellvertreter befangen, gilt § 117 entsprechend, sofern nicht der Gemeinderat ein stimmberechtigtes Mitglied für die Entscheidung zum Stellvertreter des Bürgermeisters bestellt.
(5) [1]Der Gemeinderat beschließt durch Abstimmungen und, soweit gesetzlich oder in der Geschäftsordnung vorgeschrieben, durch Wahlen. [2]Der Bürgermeister ist stimmberechtigt.
(6) [1]Der Gemeinderat stimmt in der Regel offen ab; er kann aus wichtigem Grund gehei-

me Abstimmung beschließen. [2]Die Beschlüsse werden mit Stimmenmehrheit gefasst. [3]Bei Stimmengleichheit ist der Antrag abgelehnt. [4]Stimmenthaltungen werden für die Ermittlung der Stimmenmehrheit nicht berücksichtigt.

(7) [1]Wahlen werden geheim mit Stimmzetteln vorgenommen; es kann offen gewählt werden, wenn kein Mitglied widerspricht. [2]Gewählt ist, wer die Mehrheit der Stimmen der anwesenden Stimmberechtigten erhalten hat. [3]Wird eine solche Mehrheit bei der Wahl nicht erreicht, findet zwischen den beiden Bewerbern mit den meisten Stimmen Stichwahl statt, bei der die einfache Mehrheit der abgegebenen Stimmen entscheidet; Absatz 6 Satz 4 gilt entsprechend. [4]Bei Stimmengleichheit entscheidet das Los. [5]Steht nur ein Bewerber zur Wahl, findet im Falle des Satzes 3 ein zweiter Wahlgang statt, bei dem die einfache Mehrheit der abgegebenen Stimmen ausreicht.

§ 40
Niederschrift

(1) [1]Über den wesentlichen Inhalt der Verhandlungen des Gemeinderats ist eine Niederschrift zu fertigen; die elektronische Form ist ausgeschlossen. [2]Die Niederschrift muss insbesondere den Namen des Vorsitzenden, die Zahl der anwesenden und die Namen der abwesenden Gemeinderäte unter Angabe des Grundes der Abwesenheit, die Gegenstände der Verhandlung, die Anträge, die Abstimmungs- und Wahlergebnisse und den Wortlaut der Beschlüsse enthalten. [3]Der Vorsitzende und jedes Mitglied können verlangen, dass ihre Erklärung oder Abstimmung in der Niederschrift festgehalten wird.

(2) [1]Die Niederschrift ist vom Vorsitzenden, zwei Gemeinderäten, die an der Sitzung teilgenommen haben, und dem Schriftführer zu unterzeichnen. [2]Sie ist innerhalb eines Monats, in der Regel jedoch spätestens zur nächsten Sitzung dem Gemeinderat zur Kenntnis zu bringen. [3]Mehrfertigungen von Niederschriften über nichtöffentliche Sitzungen dürfen nicht ausgehändigt werden. [4]Über die gegen die Niederschrift vorgebrachten Einwendungen entscheidet der Gemeinderat. [5]Die Einsichtnahme in die Niederschriften über die öffentlichen Sitzungen ist den Einwohnern gestattet; darüber hinaus kann die Gemeinde auch die allgemeine Einsichtnahme in elektronischer Form ermöglichen.

(3) Das Nähere regelt die Geschäftsordnung.

§ 41
Beschließende Ausschüsse

(1) [1]Durch die Hauptsatzung kann der Gemeinderat beschließende Ausschüsse bilden und ihnen bestimmte Aufgabengebiete zur dauernden Erledigung übertragen. [2]Durch Beschluss kann der Gemeinderat einzelne Angelegenheiten auf bestehende beschließende Ausschüsse übertragen oder zeitweilige beschließende Ausschüsse bilden.

(2) Auf beschließende Ausschüsse können die Aufgaben nicht übertragen werden, für die der Gemeinderat nach § 28 Absatz 2 ausschließlich zuständig ist.

(3) [1]Im Rahmen ihrer Zuständigkeit entscheiden die beschließenden Ausschüsse an Stelle des Gemeinderats. [2]Ergibt sich, dass eine Angelegenheit für die Gemeinde von besonderer Bedeutung ist, können die beschließenden Ausschüsse die Angelegenheit dem Gemeinderat zur Beschlussfassung unterbreiten. [3]Ein Fünftel aller Mitglieder eines beschließenden Ausschusses kann verlangen, dass eine Angelegenheit dem Gemeinderat zur Beschlussfassung unterbreitet wird, wenn sie für die Gemeinde von besonderer Bedeutung ist. [4]Lehnt der Gemeinderat eine Behandlung ab, entscheidet der zuständige beschließende Ausschuss. [5]Der Gemeinderat kann jede Angelegenheit an sich ziehen und Beschlüsse der beschließenden Ausschüsse, solange sie noch nicht vollzogen sind, ändern oder aufheben. [6]Der Gemeinderat kann den beschließenden Ausschüssen allgemein oder im Einzelfall Weisungen erteilen.

(4) [1]Angelegenheiten, deren Entscheidung dem Gemeinderat vorbehalten ist, sollen den beschließenden Ausschüssen innerhalb ihres Aufgabengebiets zur Vorberatung zugewiesen werden. [2]Durch die Hauptsatzung kann bestimmt werden, dass Anträge, die nicht

vorberaten worden sind, auf Antrag des Vorsitzenden oder eines Fünftels aller Mitglieder des Gemeinderats den zuständigen beschließenden Ausschüssen zur Vorberatung überwiesen werden müssen.

(5) [1]Für die beschließenden Ausschüsse gelten die §§ 36 bis 40 entsprechend. [2]Sitzungen, die der Vorberatung nach Absatz 4 dienen, sind in der Regel nichtöffentlich. [3]Ist ein beschließender Ausschuss wegen Befangenheit von Mitgliedern nicht beschlussfähig, entscheidet der Gemeinderat in den Fällen des Absatzes 3 an seiner Stelle, in den Fällen des Absatzes 4 ohne Vorberatung.

§ 42
Zusammensetzung der beschließenden Ausschüsse

(1) [1]Die beschließenden Ausschüsse bestehen aus dem Vorsitzenden und mindestens vier Mitgliedern. [2]Der Gemeinderat bestellt die Mitglieder und deren Stellvertreter widerruflich aus seiner Mitte. [3]Das Nähere regelt die Hauptsatzung. [4]Nach jeder Wahl der Gemeinderäte sind die beschließenden Ausschüsse neu zu bilden.

(2) [1]Die Zusammensetzung der Ausschüsse soll der Mandatsverteilung im Gemeinderat entsprechen. [2]Kommt eine Einigung über die Zusammensetzung eines beschließenden Ausschusses nicht zustande, werden die Mitglieder von den Gemeinderäten auf Grund von Wahlvorschlägen nach den Grundsätzen der Verhältniswahl unter Bindung an die Wahlvorschläge gewählt. [3]Wird nur ein gültiger oder kein Wahlvorschlag eingereicht, findet Mehrheitswahl ohne Bindung an die vorgeschlagenen Bewerber statt. [4]Anstelle der Wahl der Ausschussmitglieder kann der Gemeinderat beschließen, dass sich alle oder einzelne Ausschüsse nach dem Stärkeverhältnis der Fraktionen zusammensetzen. [5]In diesem Fall werden die Ausschussmitglieder dem Bürgermeister von den Fraktionen schriftlich benannt; dieser gibt dem Gemeinderat die Zusammensetzung der Ausschüsse schriftlich bekannt. [6]Die von einer Fraktion benannten Ausschussmitglieder können von dieser abberufen werden; die Abberufung ist gegenüber dem Bürgermeister schriftlich zu erklären. [7]Nachträgliche Änderungen des Stärkeverhältnisses der Fraktionen, die sich auf die Zusammensetzung der Ausschüsse auswirken, sind zu berücksichtigen; Satz 5 gilt entsprechend.

(3) [1]Der Bürgermeister kann einen Beigeordneten oder, wenn die Gemeinde keinen Beigeordneten hat oder alle Beigeordneten verhindert sind, ein Mitglied des Ausschusses, das Gemeinderat ist, im Vorsitz des beschließenden Ausschusses mit seiner Vertretung beauftragen. [2]Den nach Satz 1 beauftragten Vertretern stehen die Rechte aus § 52 Absatz 2 und 3 zu.

(4) Gemeinderäte, die nicht Mitglied des Ausschusses sind, können an allen Sitzungen des Ausschusses als Zuhörer teilnehmen, auch wenn diese nichtöffentlich sind.

§ 43
Beratende Ausschüsse

(1) [1]Durch die Hauptsatzung kann der Gemeinderat zur Vorberatung auf bestimmten Gebieten beratende Ausschüsse bilden. [2]Durch Beschluss kann der Gemeinderat bestehende beratende Ausschüsse mit der Vorberatung einzelner Angelegenheiten beauftragen oder für ihre Vorberatung beratende Ausschüsse bilden. [3]Ist ein beratender Ausschuss wegen Befangenheit von Mitgliedern nicht beschlussfähig, entfällt die Vorberatung.

(2) Die Sitzungen der beratenden Ausschüsse sind nichtöffentlich.

(3) [1]Für die beratenden Ausschüsse gelten §§ 36, 36a, 37 Absatz 2 Halbsatz 1, §§ 38 bis 40, 41 Absatz 1 Satz 2 und § 42 entsprechend. [2]Die Hauptsatzung kann bestimmen, dass der Ausschuss den Vorsitzenden aus seiner Mitte wählt, der insoweit die Aufgaben des Bürgermeisters wahrnimmt; der Bürgermeister hat das Recht, an den Sitzungen des Ausschusses teilzunehmen.

§ 44
Mitwirkung im Gemeinderat und in den Ausschüssen

(1) Der Gemeinderat und seine Ausschüsse können sachkundige Einwohner und Sachverständige zur Beratung einzelner Angelegenheiten hinzuziehen.
(2) [1]Der Gemeinderat kann sachkundige Einwohner widerruflich als beratende Mitglieder in beratende und beschließende Ausschüsse berufen. [2]Ihre Zahl darf die der Gemeinderäte in den einzelnen Ausschüssen nicht erreichen. [3]Sie sind ehrenamtlich tätig. [4]Mitglieder des Gemeinderats und Bedienstete der Gemeinde können nicht als sachkundige Einwohner berufen werden.
(3) Der Gemeinderat und seine Ausschüsse können bei öffentlichen Sitzungen Einwohnern und den ihnen nach § 10 Absatz 3 gleichgestellten Personen sowie Vertretern von Bürgerinitiativen die Möglichkeit einräumen, Fragen zu Gemeindeangelegenheiten zu stellen oder Anregungen und Vorschläge zu unterbreiten (Fragestunde); zu den Fragen nimmt der Vorsitzende oder ein von ihm Beauftragter Stellung.
(4) Bei der Vorbereitung wichtiger Entscheidungen können der Gemeinderat und seine Ausschüsse betroffenen Personen und Personengruppen Gelegenheit geben, ihre Auffassung vorzutragen (Anhörung), soweit die Anhörung nicht gesetzlich vorgeschrieben ist.
(5) Die Beigeordneten nehmen an den Sitzungen des Gemeinderats und der für ihren Geschäftskreis zuständigen Ausschüsse mit beratender Stimme teil.
(6) Der Vorsitzende kann den Vortrag in den Sitzungen des Gemeinderats und seiner Ausschüsse einem Bediensteten der Gemeinde übertragen; auf Verlangen des Gemeinderats muss er einen solchen zu sachverständigen Auskünften hinzuziehen.
(7) Das Nähere regelt die Geschäftsordnung.

§ 45
Ältestenrat

[1]Der Gemeinderat kann durch die Hauptsatzung einen Ältestenrat bilden, der den Bürgermeister in Fragen der Tagesordnung und des Gangs der Verhandlungen des Gemeinderats und seiner Ausschüsse berät. [2]Das Nähere über die Zusammensetzung und den Geschäftsgang regelt die Geschäftsordnung.

§ 46
Beirat für geheimzuhaltende Angelegenheiten

(1) Durch die Hauptsatzung kann ein Beirat gebildet werden, der den Bürgermeister in geheimzuhaltenden Angelegenheiten (§ 53 Absatz 3 Satz 2) berät.
(2) [1]Der Beirat besteht aus höchstens fünf Mitgliedern, die vom Gemeinderat aus seiner Mitte bestellt werden. [2]Dem Beirat können nur Mitglieder des Gemeinderats angehören, die auf die für die Behörden des Freistaates Sachsen geltenden Geheimhaltungsvorschriften verpflichtet sind.
(3) [1]Vorsitzender des Beirats ist der Bürgermeister. [2]Er beruft den Beirat ein, wenn es die Geschäftslage erfordert. [3]Fällt die Angelegenheit in den Geschäftskreis eines Beigeordneten, nimmt dieser an der Sitzung teil. [4]Die Sitzungen des Beirats sind nichtöffentlich. [5]Im Übrigen gelten für den Beirat die Vorschriften über beratende Ausschüsse entsprechend.

§ 47
Sonstige Beiräte

(1) [1]Durch die Hauptsatzung können sonstige Beiräte gebildet werden, denen Mitglieder des Gemeinderats und sachkundige Einwohner angehören. [2]Sonstige Beiräte im Sinne dieser Vorschrift können insbesondere Integrations- und Teilhabebeiräte, Seniorenbeiräte sowie Naturschutzbeiräte sein.
(2) Diese Beiräte unterstützen den Gemeinderat und die Gemeindeverwaltung bei der Erfüllung ihrer Aufgaben.

§ 47a
Beteiligung von Kindern und Jugendlichen

[1]Die Gemeinde soll bei Planungen und Vorhaben, die die Interessen von Kindern und Jugendlichen berühren, diese in angemessener Weise beteiligen. [2]Hierzu soll die Gemeinde geeignete Verfahren entwickeln und durchführen.

ZWEITER ABSCHNITT
Bürgermeister

§ 48
Wahlgrundsätze

[1]Der Bürgermeister wird von den Bürgern in allgemeiner, unmittelbarer, freier, gleicher und geheimer Wahl gewählt. [2]Die Wahl ist nach den Grundsätzen der Mehrheitswahl durchzuführen. [3]Das Nähere bestimmt das Kommunalwahlgesetz.

§ 49
Wählbarkeit, Hinderungsgründe

(1) [1]Wählbar zum Bürgermeister sind Deutsche im Sinne des Artikels 116 des Grundgesetzes und Staatsangehörige anderer Mitgliedstaaten der Europäischen Union, die das 18. Lebensjahr vollendet haben und die allgemeinen persönlichen Voraussetzungen für die Berufung in das Beamtenverhältnis gemäß § 7 des Beamtenstatusgesetzes vom 17. Juni 2008 (BGBl. I S. 1010), das zuletzt durch Artikel 2 des Gesetzes vom 28. Juni 2021 (BGBl. I S. 2250) geändert worden ist, in der jeweils geltenden Fassung und gemäß § 4 des Sächsischen Beamtengesetzes vom 18. Dezember 2013 (SächsGVBl. S. 970, 971), das zuletzt durch Artikel 5 des Gesetzes vom 9. Februar 2022 (SächsGVBl. S. 134) geändert worden ist, in der jeweils geltenden Fassung erfüllen. [2]Nicht wählbar für das Amt eines hauptamtlichen Bürgermeisters ist, wer das 65. Lebensjahr vollendet hat.

(2) [1]Nicht wählbar ist, wer von der Wählbarkeit in den Gemeinderat gemäß § 31 Absatz 2 ausgeschlossen ist. [2]Nicht wählbar ist ferner,

1. wer aus dem Beamtenverhältnis entfernt, wem das Ruhegehalt aberkannt oder gegen wen in einem dem Disziplinarverfahren entsprechenden Verfahren durch die Europäische Union, in einem anderen Mitgliedstaat der Europäischen Union oder in einem anderen Vertragsstaat des Abkommens über den Europäischen Wirtschaftsraum eine entsprechende Maßnahme verhängt worden ist oder
2. wer wegen einer vorsätzlichen Tat durch ein deutsches Gericht oder durch die Recht sprechende Gewalt eines anderen Mitgliedstaats der Europäischen Union oder eines anderen Vertragsstaats des Abkommens über den Europäischen Wirtschaftsraum zu einer Freiheitsstrafe verurteilt worden ist, die bei einem Beamten den Verlust der Beamtenrechte zur Folge hätte, in den auf die Unanfechtbarkeit der Maßnahme oder Entscheidung folgenden fünf Jahren.

(3) [1]Bedienstete der Rechtsaufsichtsbehörden können nicht gleichzeitig Bürgermeister sein. [2]Für ehrenamtliche Bürgermeister findet Satz 1 nur Anwendung, wenn sie unmittelbar mit der Ausübung der Rechtsaufsicht befasst sind.

(4) Der Bürgermeister kann nicht gleichzeitig sonstiger Bediensteter der Gemeinde oder Bürgermeister einer anderen Gemeinde sein.

§ 50
Zeitpunkt der Wahl

(1) [1]Wird die Wahl des Bürgermeisters wegen Ablaufs der Amtszeit oder wegen Eintritts in den Ruhestand oder Verabschiedung infolge Erreichens der Altersgrenze notwendig, ist sie frühestens drei Monate und spätestens einen Monat vor Freiwerden der Stelle, in anderen Fällen spätestens sechs Monate nach Freiwerden der Stelle durchzuführen. [2]Die Wahl kann mit Genehmigung der Rechtsaufsichtsbehörde bis zu einem Jahr nach Freiwerden der Stelle aufgeschoben werden, wenn die Auflösung der Gemeinde bevorsteht.

(2) Die Gemeinde kann den Bewerbern, deren Bewerbungen zugelassen worden sind, Gelegenheit geben, sich den Bürgern in öffentlichen Versammlungen vorzustellen.

§ 51
Rechtsstellung des Bürgermeisters

(1) [1]Der Bürgermeister ist Vorsitzender des Gemeinderats und Leiter der Gemeindeverwaltung. [2]Er vertritt die Gemeinde.

(2) [1]Der Bürgermeister ist hauptamtlicher Beamter auf Zeit. [2]Abweichend von Satz 1 kann in Gemeinden unter 5 000 Einwohnern, die Mitglied eines Verwaltungsverbandes oder, ohne erfüllende Gemeinde zu sein, einer Verwaltungsgemeinschaft sind, die Hauptsatzung bestimmen, dass der Bürgermeister Ehrenbeamter auf Zeit ist. [3]Ein Bürgermeister behält seine Rechtsstellung bis zum Ende der laufenden Amtszeit.

(2a) Für haupt- und ehrenamtliche Bürgermeister gilt § 35 Absatz 2 Satz 1, für ehrenamtliche Bürgermeister darüber hinaus auch § 35 Absatz 2 Satz 2 und 3, entsprechend.

(3) [1]Die Amtszeit des Bürgermeisters beträgt sieben Jahre. [2]Die Amtszeit beginnt mit dem Amtsantritt, der der Rechtsaufsichtsbehörde unverzüglich anzuzeigen ist. [3]Im Falle der Wiederwahl schließt sich die neue Amtszeit an das Ende der vorangegangenen an.

(4) In Kreisfreien Städten und Großen Kreisstädten führt der Bürgermeister die Amtsbezeichnung Oberbürgermeister.

(5) [1]Der Bürgermeister führt nach Freiwerden seiner Stelle die Geschäfte bis zum Amtsantritt des neugewählten Bürgermeisters unter Fortdauer seines Dienstverhältnisses weiter. [2]Satz 1 gilt nicht, wenn

1. der Bürgermeister
   a) der Gemeinde schriftlich mitteilt, dass er die Weiterführung der Geschäfte ablehne,
   b) des Dienstes vorläufig enthoben ist oder wenn gegen ihn Anklage wegen eines Verbrechens erhoben ist,
   c) sich um eine Wiederwahl beworben hat, aber ohne Rücksicht auf Wahlprüfung und Wahlanfechtung nach Feststellung des Gemeindewahlausschusses nicht wiedergewählt worden ist; ist im ersten Wahlgang kein Bewerber gewählt worden, so ist das Ergebnis des zweiten Wahlgangs entscheidend,
   d) gemäß Absatz 10 sein Amt verloren hat oder
2. der Gemeinderat einen Amtsverweser nach § 54 Absatz 5 bestellt.

(6) Ein vom Gemeinderat gewähltes Mitglied vereidigt und verpflichtet den Bürgermeister in öffentlicher Sitzung.

(7) [1]Der Bürgermeister kann von den Bürgern der Gemeinde vorzeitig abgewählt werden. [2]Er ist abgewählt, wenn sich für die Abwahl eine Mehrheit der gültigen Stimmen ergibt, sofern diese Mehrheit mindestens 50 Prozent der Bürger beträgt. [3]Für die Durchführung der Abwahl gelten die Bestimmungen zur Durchführung von Bürgerentscheiden entsprechend. [4]Der Bürgermeister scheidet mit dem Ablauf des Tages, an dem der Gemeindewahlausschuss die Abwahl feststellt, aus seinem Amt; er behält bis zum Ablauf seiner Amtszeit die Bezüge wie ein in den einstweiligen Ruhestand versetzter Beamter.

(8) [1]Zur Einleitung des Abwahlverfahrens nach Absatz 7 bedarf es eines Bürgerbegehrens. [2]Das Bürgerbegehren muss von mindestens einem Drittel der Bürger der Gemeinde unterzeichnet sein; in Gemeinden mit mehr als 100 000 Einwohnern kann die Hauptsatzung ein geringeres Quorum, jedoch nicht weniger als ein Fünftel, festsetzen. [3]§ 25 Absatz 2 Satz 1, Absatz 3 Satz 1 und 2 sowie Absatz 4 findet Anwendung.

(9) [1]Das Abwahlverfahren nach Absatz 7 kann auch durch einen von mindestens drei Viertel der Stimmen aller Gemeinderäte zu fassenden Beschluss eingeleitet werden. [2]Eine Aussprache vor der Beschlussfassung findet nicht statt.

(10) § 34 Absatz 3 und 4 gilt entsprechend.

§ 52
Stellung des Bürgermeisters im Gemeinderat

(1) Der Bürgermeister bereitet die Sitzungen des Gemeinderats und der Ausschüsse vor und vollzieht die Beschlüsse.

(2) [1]Der Bürgermeister muss Beschlüssen des Gemeinderats widersprechen, wenn er der Auffassung ist, dass sie rechtswidrig sind; er kann ihnen widersprechen, wenn er der Auffassung ist, dass sie für die Gemeinde nachteilig sind. [2]Der Widerspruch muss unverzüglich, spätestens jedoch binnen zwei Wochen nach Beschlussfassung gegenüber den Gemeinderäten ausgesprochen werden. [3]Der Widerspruch hat aufschiebende Wirkung. [4]Gleichzeitig ist unter Angabe der Widerspruchsgründe eine Sitzung einzuberufen, in der erneut über die Angelegenheit zu beschließen ist; diese Sitzung hat spätestens vier Wochen nach der ersten Sitzung stattzufinden. [5]Ist nach Ansicht des Bürgermeisters auch der neue Beschluss rechtswidrig, muss er ihm erneut widersprechen und unverzüglich die Entscheidung der Rechtsaufsichtsbehörde über die Rechtmäßigkeit herbeiführen.

(3) [1]Absatz 2 gilt entsprechend für Beschlüsse, die durch beschließende Ausschüsse gefasst werden. [2]In diesen Fällen hat der Gemeinderat über den Widerspruch zu entscheiden.

(4) [1]In dringenden Angelegenheiten, deren Erledigung auch nicht bis zu einer ohne Frist und formlos einberufenen Gemeinderatssitzung (§ 36 Absatz 3 Satz 6) aufgeschoben werden kann, entscheidet der Bürgermeister anstelle des Gemeinderats. [2]Die Gründe für die Eilentscheidung und die Art der Erledigung sind dem Gemeinderat unverzüglich mitzuteilen. [3]Das Gleiche gilt für Angelegenheiten, für deren Entscheidung ein beschließender Ausschuss zuständig ist.

(5) [1]Der Bürgermeister hat den Gemeinderat über alle wichtigen, die Gemeinde und ihre Verwaltung betreffenden Angelegenheiten zu informieren; bei wichtigen Planungen und Vorhaben ist der Gemeinderat möglichst frühzeitig über die Absichten und Vorstellungen der Gemeindeverwaltung und laufend über den Stand und den Inhalt der Planungsarbeiten zu informieren. [2]Über Angelegenheiten, die nach § 53 Absatz 3 Satz 3 geheim zu halten sind, ist anstelle des Gemeinderats der nach § 46 gebildete Beirat zu informieren.

§ 53
Leitung der Gemeindeverwaltung

(1) Der Bürgermeister ist für die sachgemäße Erledigung der Aufgaben und den ordnungsmäßigen Gang der Gemeindeverwaltung verantwortlich und regelt die innere Organisation der Gemeindeverwaltung.

(2) [1]Der Bürgermeister erledigt in eigener Zuständigkeit die Geschäfte der laufenden Verwaltung und die ihm sonst durch Rechtsvorschrift oder vom Gemeinderat übertragenen Aufgaben. [2]Die dauernde Übertragung der Erledigung bestimmter Aufgaben auf den Bürgermeister ist durch die Hauptsatzung zu regeln. [3]Der Gemeinderat kann die Erledigung von Angelegenheiten, für die er ausschließlich zuständig ist (§ 28 Absatz 2), auch nicht auf den Bürgermeister übertragen.

(3) [1]Weisungsaufgaben erledigt der Bürgermeister in eigener Zuständigkeit, soweit gesetzlich nichts anderes bestimmt ist; dies gilt nicht für den Erlass von Rechtsverordnungen und Satzungen. [2]Satz 1 gilt auch, wenn die Gemeinde in einer Angelegenheit angehört wird, die auf Grund einer Anordnung der zuständigen Behörde geheim zu halten ist. [3]Bei der Erledigung von Weisungsaufgaben, die auf Grund einer Anordnung der zuständigen Behörde geheim zu halten sind, sowie in den Fällen des Satzes 2 hat die Gemeinde die für die Behörden des Freistaates Sachsen geltenden Geheimhaltungsvorschriften zu beachten.

(4) Der Bürgermeister ist Vorgesetzter, Dienstvorgesetzter und oberste Dienstbehörde der Gemeindebediensteten.

§ 54
Stellvertretung des Bürgermeisters

(1) [1]In Gemeinden ohne Beigeordnete (§ 55) bestellt der Gemeinderat aus seiner Mitte einen oder mehrere Stellvertreter des Bürgermeisters. [2]Die Stellvertretung beschränkt sich

auf die Fälle der Verhinderung. [3]Die Stellvertreter werden nach jeder Wahl des Gemeinderats neu bestellt. [4]Sie werden in der Reihenfolge der Stellvertretung je in einem besonderen Wahlgang gewählt. [5]Sind alle bestellten Stellvertreter vorzeitig ausgeschieden oder sind im Fall der Verhinderung des Bürgermeisters auch alle Stellvertreter verhindert, hat der Gemeinderat unverzüglich einen oder mehrere Stellvertreter neu oder auf die Dauer der Verhinderung zusätzlich zu bestellen. [6]Bis zu dieser Bestellung nimmt das an Lebensjahren älteste, nicht verhinderte Mitglied des Gemeinderats die Aufgaben des Stellvertreters des Bürgermeisters wahr.

(2) [1]Die Hauptsatzung kann bestimmen, dass sich die Stellvertretung nach Absatz 1 auf den Vorsitz im Gemeinderat und die Vorbereitung seiner Sitzungen (§ 36) und auf die Repräsentation der Gemeinde beschränkt. [2]In diesem Falle hat der Bürgermeister im Einvernehmen mit dem Gemeinderat einen oder mehrere geeignete Bedienstete zu bestellen, die ihn in den Fällen der Verhinderung im Übrigen vertreten; § 28 Absatz 4 Satz 2 gilt entsprechend. [3]Die Bestellung und die Bestimmung der Reihenfolge nimmt der Bürgermeister vor. [4]Die Bestellung kann widerrufen werden. [5]Im Übrigen gelten für die nach Satz 2 bestellten Vertreter § 44 Absatz 5, § 57 Absatz 2 und § 58 entsprechend.

(3) [1]Der Stellvertreter nach Absatz 1 Satz 1 kann vom Gemeinderat vorzeitig abgewählt werden. [2]Der Beschluss über die Abwahl bedarf der Mehrheit der Stimmen aller Mitglieder des Gemeinderats. [3]Zwischen dem Antrag und dem Beschluss muss eine Frist von mindestens zwei und höchstens vier Wochen liegen. [4]Die Stellvertretung endet mit Ablauf des Tages, an dem die Abwahl beschlossen wird.

(4) [1]Ist die Stelle des Bürgermeisters voraussichtlich längere Zeit unbesetzt oder ist der Bürgermeister voraussichtlich längere Zeit an der Ausübung seines Amtes verhindert, kann der Gemeinderat mit der Mehrheit der Stimmen aller Mitglieder einen Amtsverweser bestellen. [2]Der Amtsverweser muss zum Bürgermeister wählbar sein. [3]Der Amtsverweser ist in Gemeinden mit hauptamtlichem Bürgermeister zum Beamten auf Widerruf, in Gemeinden mit ehrenamtlichem Bürgermeister zum Ehrenbeamten auf Widerruf zu bestellen, sofern er nicht bereits Beamter der Gemeinde ist.

(5) [1]Ein zum Bürgermeister der Gemeinde gewählter Bewerber kann im Falle der Anfechtung der Wahl vor der rechtskräftigen Entscheidung über deren Gültigkeit vom Gemeinderat mit der Mehrheit der Stimmen aller Mitglieder zum Amtsverweser bestellt werden, wenn die Wahlprüfungsbehörde die Gültigkeit der Wahl festgestellt hat oder die Wahlprüfungsfrist ungenutzt verstrichen ist. [2]Der Amtsverweser ist in Gemeinden mit hauptamtlichem Bürgermeister als Beamter auf Zeit, in Gemeinden mit ehrenamtlichem Bürgermeister als Ehrenbeamter auf Zeit zu bestellen. [3]Seine Amtszeit beträgt zwei Jahre; Wiederbestellung ist zulässig. [4]Die Amtszeit endet vorzeitig mit der Rechtskraft der Entscheidung über die Gültigkeit der Wahl zum Bürgermeister. [5]Der Amtsverweser führt die Bezeichnung Bürgermeister; § 51 Absatz 4 gilt entsprechend. [6]Die Amtszeit als Bürgermeister verkürzt sich um die Amtszeit als Amtsverweser.

(6) Der gemäß Absatz 5 bestellte Amtsverweser hat Stimmrecht im Gemeinderat und seinen Ausschüssen.

§ 55
Beigeordnete

(1) [1]In Gemeinden mit mehr als 10 000 Einwohnern können, in Kreisfreien Städten müssen als Stellvertreter des Bürgermeisters ein hauptamtlicher Beigeordneter oder mehrere hauptamtliche Beigeordnete bestellt werden. [2]Die Zahl der Beigeordneten wird entsprechend den Erfordernissen der Gemeindeverwaltung durch die Hauptsatzung bestimmt. [3]Sie darf höchstens betragen in Gemeinden von

mehr als	10 000 Einwohnern	
bis zu	30 000 Einwohnern	1,
bis zu	60 000 Einwohnern	2,
bis zu	100 000 Einwohnern	3,

bis zu	200 000 Einwohnern	4,
bis zu	400 000 Einwohnern	5,
bis zu	500 000 Einwohnern	7,
mit mehr als	500 000 Einwohnern	8.

(2) Neben den Beigeordneten können Stellvertreter des Bürgermeisters nach § 54 Absatz 1 bestellt werden, die den Bürgermeister im Falle seiner Verhinderung vertreten, wenn auch alle Beigeordneten verhindert sind.

(3) [1]Die Beigeordneten vertreten den Bürgermeister neben dem Fall der Verhinderung nach § 54 Absatz 1 Satz 2 ständig in ihrem Geschäftskreis. [2]Die Geschäftskreise der Beigeordneten werden vom Bürgermeister im Einvernehmen mit dem Gemeinderat festgelegt. [3]Der Bürgermeister kann den Beigeordneten allgemein oder im Einzelfall Weisungen erteilen.

(4) [1]Der Gemeinderat bestimmt im Einvernehmen mit dem Bürgermeister, in welcher Reihenfolge die Beigeordneten den Bürgermeister im Falle seiner Verhinderung vertreten. [2]In Kreisfreien Städten und Großen Kreisstädten kann der Gemeinderat den Beigeordneten die Amtsbezeichnung Bürgermeister verleihen.

(5) Kommt es in den Fällen des Absatzes 3 Satz 2 oder des Absatzes 4 Satz 1 zu keinem Einvernehmen, entscheidet der Gemeinderat mit einer Mehrheit von zwei Dritteln der anwesenden Stimmberechtigten allein.

§ 56
Rechtsstellung und Bestellung der Beigeordneten

(1) [1]Die Beigeordneten sind als hauptamtliche Beamte auf Zeit zu bestellen. [2]Ihre Amtszeit beträgt sieben Jahre. [3]Sie müssen die für das Amt erforderlichen fachlichen Voraussetzungen erfüllen.

(2) [1]Die Beigeordneten werden vom Gemeinderat je in einem besonderen Wahlgang gewählt; § 28 Absatz 4 ist anzuwenden. [2]Sieht die Hauptsatzung mehrere Beigeordnete vor, sollen die Vorschläge der Parteien und Wählervereinigungen nach dem Verhältnis ihrer Sitze im Gemeinderat berücksichtigt werden.

(3) [1]Für den Zeitpunkt der Bestellung gilt § 50 Absatz 1 entsprechend. [2]Die Stellen der Beigeordneten sind spätestens zwei Monate vor der Besetzung öffentlich auszuschreiben.

(4) [1]Beigeordnete können vom Gemeinderat vorzeitig abgewählt werden. [2]Der Antrag auf vorzeitige Abwahl muss von der Mehrheit aller Mitglieder des Gemeinderats gestellt werden. [3]Der Beschluss über die Abwahl bedarf einer Mehrheit von zwei Dritteln der Stimmen aller Mitglieder des Gemeinderats. [4]Über die Abwahl ist zweimal zu beschließen. [5]Eine Aussprache vor der Beschlussfassung findet nicht statt. [6]Die zweite Beratung darf frühestens vier Wochen und muss spätestens acht Wochen nach der ersten erfolgen. [7]Der Beigeordnete scheidet mit dem Ablauf des Tages, an dem die Abwahl zum zweiten Mal beschlossen wird, aus seinem Amt. [8]Er erhält bis zum Ablauf seiner Amtszeit die Bezüge wie ein in den einstweiligen Ruhestand versetzter Beamter.

§ 57
Hinderungsgründe

(1) Für Beigeordnete gilt § 49 entsprechend.

(2) [1]Beigeordnete dürfen weder miteinander noch mit dem Bürgermeister oder dem Amtsverweser gemäß § 54 Absatz 5 in einem die Befangenheit begründenden Verhältnis nach § 20 Absatz 1 Nummer 1 bis 3 stehen. [2]Entsteht ein solches Verhältnis zwischen dem Bürgermeister oder dem Amtsverweser gemäß § 54 Absatz 5 und einem Beigeordneten, ist der Beigeordnete in den einstweiligen Ruhestand zu versetzen, entsteht ein solches Verhältnis zwischen Beigeordneten, ist der Beigeordnete mit der kürzeren Amtszeit in den einstweiligen Ruhestand zu versetzen.

§ 58
Besondere Dienstpflichten

Für den Bürgermeister, den Amtsverweser und die Beigeordneten gelten § 19 Absatz 1 bis 3 und § 20 entsprechend.

§ 59
Beauftragung, rechtsgeschäftliche Vollmacht

(1) [1]Der Bürgermeister kann Bedienstete der Gemeinde mit seiner Vertretung auf bestimmten Aufgabengebieten oder in einzelnen Angelegenheiten der Gemeindeverwaltung beauftragen. [2]Er kann diese Befugnis auf Beigeordnete für deren Geschäftskreis übertragen.
(2) [1]Der Bürgermeister kann in einzelnen Angelegenheiten rechtsgeschäftliche Vollmacht erteilen. [2]Absatz 1 Satz 2 gilt entsprechend.

§ 60
Verpflichtungserklärungen

(1) [1]Erklärungen, durch welche die Gemeinde verpflichtet werden soll, bedürfen der Schriftform und sind vom Bürgermeister handschriftlich zu unterzeichnen. [2]Erklärungen nach Satz 1 sind auch in elektronischer Form zulässig, sofern sie mit einer dauerhaft überprüfbaren elektronischen Signatur des Bürgermeisters versehen sind.
(2) Im Falle der Vertretung des Bürgermeisters müssen Erklärungen durch dessen Stellvertreter, den vertretungsberechtigten Beigeordneten oder durch zwei vertretungsberechtigte Bedienstete unterzeichnet werden.
(3) Den Unterschriften soll die Amtsbezeichnung und im Falle des Absatzes 2 ein das Vertretungsverhältnis kennzeichnender Zusatz beigefügt werden.
(4) Die Formvorschriften der Absätze 1 bis 3 gelten nicht für Erklärungen in Geschäften der laufenden Verwaltung oder aufgrund einer in der Form der Absätze 1 bis 3 ausgestellten Vollmacht.

DRITTER ABSCHNITT
Bedienstete und Beauftragte der Gemeinde

§ 61
Einstellung, Aus- und Fortbildung

(1) [1]Die Gemeinde muss die fachlich geeigneten Bediensteten einstellen, die erforderlich sind, um die ordnungsgemäße Erfüllung ihrer Aufgaben zu gewährleisten. [2]Die Bediensteten müssen die für ihren Aufgabenbereich jeweils erforderlichen fachlichen Voraussetzungen erfüllen.
(2) Unbeschadet der Verpflichtung nach § 62 muss jede Gemeinde über mindestens einen Bediensteten mit der Befähigung für die Laufbahngruppe 2 der Fachrichtung Allgemeine Verwaltung mit dem fachlichen Schwerpunkt allgemeiner Verwaltungsdienst verfügen; dies gilt nicht, wenn der hauptamtliche Bürgermeister diese Befähigung besitzt oder die Gemeinde Mitglied eines Verwaltungsverbandes oder, ohne erfüllende Gemeinde zu sein, einer Verwaltungsgemeinschaft ist.
(3) Die Gemeinde fördert die Aus- und Fortbildung ihrer Bediensteten.

§ 62
Fachbediensteter für das Finanzwesen

(1) Die Aufstellung des Haushaltsplanes, des Finanzplanes und des Jahresabschlusses sowie des Gesamtabschlusses, die Haushaltsüberwachung sowie die Verwaltung des Vermögens und der Schulden der Gemeinde sind bei einem Bediensteten zusammenzufassen (Fachbediensteter für das Finanzwesen).
(2) [1]Zum Fachbediensteten für das Finanzwesen darf nur bestellt werden, wer über
1. eine abgeschlossene wirtschafts- oder finanzwissenschaftliche Ausbildung oder die Laufbahnbefähigung für die Laufbahngruppe 2 der Fachrichtung Allgemeine Verwaltung mit dem fachlichen Schwerpunkt allgemeiner Verwaltungsdienst und
2. eine mindestens einjährige Berufserfahrung im öffentlichen Rechnungs- und Haushaltswesen oder in entsprechenden

Funktionen eines Unternehmens in einer Rechtsform des privaten Rechts verfügt. [2]Mit Zustimmung der oberen Rechtsaufsichtsbehörde darf zudem zum Fachbediensteten für das Finanzwesen bestellt werden, wer über eine mindestens einjährige Berufserfahrung im öffentlichen Rechnungs- und Haushaltswesen verfügt und aufgrund seiner Ausbildung in der Lage ist, die Aufgaben des Fachbediensteten für das Finanzwesen vollumfänglich wahrzunehmen.
(3) Der Bürgermeister kann nicht zugleich Fachbediensteter für das Finanzwesen sein.

§ 63
Stellenplan

[1]Die Gemeinde bestimmt im Stellenplan die Stellen ihrer Bediensteten, die für die Erfüllung der Aufgaben im Haushaltsjahr erforderlich sind. [2]Für Sondervermögen, für die Sonderrechnungen geführt werden, sind besondere Stellenpläne aufzustellen. [3]Bedienstete in Einrichtungen solcher Sondervermögen sind auch im Stellenplan nach Satz 1 aufzuführen und dort besonders zu kennzeichnen.

§ 64
Beauftragte

(1) Die Gemeinden können für bestimmte Aufgabenbereiche besondere Beauftragte bestellen.
(2) [1]Zur Verwirklichung des Grundrechts der Gleichberechtigung von Frau und Mann in Familie, Beruf und Gesellschaft sowie zur Schaffung von Chancengerechtigkeit für alle Geschlechter im örtlichen Zuständigkeitsbereich haben die Gemeinden mit eigener Verwaltung Kommunale Gleichstellungsbeauftragte zu bestellen. [2]In Gemeinden mit mehr als 17 000 Einwohnern soll diese Aufgabe hauptamtlich erfüllt werden. [3]Näheres regelt die Hauptsatzung.
(3) Die Beauftragten sind in der Ausübung ihrer Tätigkeit unabhängig und können an den Sitzungen des Gemeinderats und der für ihren Aufgabenbereich zuständigen Ausschüsse mit beratender Stimme teilnehmen.

VIERTER ABSCHNITT
Ortschaftsverfassung

§ 65
Einführung der Ortschaftsverfassung

(1) [1]Für nach dem 1. Mai 1993 im Rahmen einer Gebietsänderung entstandene Ortsteile einer Gemeinde kann durch die Hauptsatzung die Ortschaftsverfassung eingeführt werden. [2]Dabei können mehrere benachbarte Ortsteile zu einer Ortschaft zusammengefasst werden.
(2) [1]Bestehende Ortschaften einer Gemeinde können durch Beschluss des Gemeinderates und im Einvernehmen mit den Ortschaftsräten zu einer Ortschaft vereinigt werden. [2]Der Beschluss der Ortschaftsräte bedarf jeweils der Mehrheit der Stimmen aller Mitglieder.
(3) In den Ortschaften werden Ortschaftsräte gebildet und Ortsvorsteher bestellt.
(4) [1]In den Ortschaften können örtliche Verwaltungsstellen eingerichtet werden. [2]Diese können auch für mehrere benachbarte Ortschaften zuständig sein. [3]Auf den Leiter der örtlichen Verwaltung findet § 28 Absatz 2 Nummer 2 entsprechend Anwendung.

§ 66
Ortschaftsrat

(1) [1]Die Ortschaftsräte werden in der Ortschaft nach den für die Wahl des Gemeinderats geltenden Vorschriften gewählt. [2]Wird die Ortschaftsverfassung während der Wahlperiode des Gemeinderats eingeführt, werden die Ortschaftsräte für die restliche Wahlperiode, im Übrigen gleichzeitig mit dem Gemeinderat für dieselbe Wahlperiode gewählt. [3]Wahlgebiet ist die Ortschaft; wahlberechtigt und wählbar sind die seit drei Monaten in der Ortschaft wohnenden Bürger der Gemeinde.
(2) Die Zahl der Ortschaftsräte wird durch die Hauptsatzung bestimmt.
(3) Vorsitzender des Ortschaftsrats ist der Ortsvorsteher.
(4) [1]Nimmt der Bürgermeister an einer Sitzung des Ortschaftsrats teil, ist ihm vom Vorsitzenden auf Verlangen jederzeit das Wort zu

erteilen. [2]Gemeinderäte, die in der Ortschaft wohnen und nicht Ortschaftsräte sind, können an allen Sitzungen des Ortschaftsrats mit beratender Stimme teilnehmen.

§ 67
Aufgaben des Ortschaftsrats

(1) [1]Soweit nicht nach den Vorschriften dieses Gesetzes der Gemeinderat ausschließlich zuständig ist und soweit es sich nicht um Aufgaben handelt, die dem Bürgermeister obliegen, entscheidet der Ortschaftsrat im Rahmen der ihm nach Absatz 4 zur Verfügung gestellten Haushaltsmittel in folgenden Angelegenheiten:
1. die Unterhaltung, Ausstattung und Benutzung der in der Ortschaft gelegenen öffentlichen Einrichtungen, deren Bedeutung über die Ortschaft nicht hinausgeht, mit Ausnahme von Schulen;
2. die Festlegung der Reihenfolge der Arbeiten zum Um- und Ausbau sowie zur Unterhaltung und Instandsetzung von Straßen, Wegen und Plätzen, deren Bedeutung über die Ortschaft nicht hinausgeht, einschließlich der Beleuchtungseinrichtungen;
3. die Pflege des Ortsbildes sowie die Unterhaltung und Ausgestaltung der öffentlichen Park- und Grünanlagen, deren Bedeutung nicht wesentlich über die Ortschaft hinausgeht;
4. die Förderung von Vereinen, Verbänden und sonstigen Vereinigungen in der Ortschaft;
5. die Förderung und Durchführung von Veranstaltungen der Heimatpflege und des Brauchtums in der Ortschaft;
6. die Pflege vorhandener Patenschaften und Partnerschaften;
7. die Information, Dokumentation und Repräsentation in Ortschaftsangelegenheiten.

[2]Der Gemeinderat kann allgemeine Richtlinien erlassen und im Benehmen mit dem Ortschaftsrat die Angelegenheiten im Einzelnen abgrenzen.

(2) Die Ernennung, Einstellung und Entlassung des Leiters der örtlichen Verwaltungsstelle erfolgt im Benehmen mit dem Ortschaftsrat.

(3) [1]Der Gemeinderat kann durch die Hauptsatzung dem Ortschaftsrat weitere Angelegenheiten, die die Ortschaft betreffen, zur dauernden Erledigung übertragen. [2]Dies gilt nicht für die in § 41 Absatz 2 genannten Angelegenheiten. [3]§ 41 Absatz 3 Satz 1 bis 5 gilt entsprechend.

(4) [1]Dem Ortschaftsrat werden zur Erfüllung der ihm zugewiesenen Aufgaben angemessene Haushaltsmittel zur Verfügung gestellt. [2]Die ortschaftsbezogenen Haushaltsansätze werden im Rahmen der Gesamtausgaben der Gemeinde unter Berücksichtigung des Umfanges der in der Ortschaft vorhandenen Einrichtungen und der durch sie wahrgenommenen Aufgaben festgesetzt.

(5) Soweit die dauernde Übertragung der Aufgabenerledigung auf den Bürgermeister nach § 53 Absatz 2 Satz 2 an eine Wertgrenze gebunden ist, sollen die Belange der Ortschaften angemessen berücksichtigt werden.

(6) [1]Der Ortschaftsrat ist zu wichtigen Angelegenheiten der Gemeinde, die die Ortschaft betreffen oder von unmittelbarer Bedeutung für die Ortschaft sind, zu hören, insbesondere bei der Aufstellung der ortschaftsbezogenen Haushaltsansätze, der Wahrnehmung der gemeindlichen Planungshoheit und der Vermietung, Verpachtung oder Veräußerung der in der Ortschaft gelegenen öffentlichen Grundstücke. [2]Er hat ein Vorschlagsrecht zu allen Angelegenheiten, die die Ortschaft betreffen.

(7) Auf Beschluss des Ortschaftsrats ist ein Verhandlungsgegenstand, der in die Zuständigkeit des Ortschaftsrats fällt, auf die Tagesordnung spätestens der übernächsten Sitzung des Gemeinderats zu setzen, wenn der Gemeinderat den gleichen Verhandlungsgegenstand nicht innerhalb der letzten sechs Monate bereits behandelt hat, oder wenn sich seit der Behandlung die Sach- oder Rechtslage wesentlich geändert hat.

§ 68
Ortsvorsteher

(1) [1]Die Ortschaftsräte wählen den Ortsvorsteher und einen oder mehrere Stellvertreter

für die Wahlperiode des Ortschaftsrates. [2]Ein Gemeinderat, der zum Stellvertreter des Bürgermeisters bestellt ist (§ 54 Absatz 1 und § 55 Absatz 2), sowie der Leiter des Rechnungsprüfungsamtes (§ 103 Absatz 3) können nicht gleichzeitig Ortsvorsteher sein. [3]Der Ortsvorsteher ist zum Ehrenbeamten auf Zeit zu ernennen.

(2) [1]Der Ortsvorsteher vertritt den Bürgermeister, in Gemeinden mit Beigeordneten auch die Beigeordneten ständig bei dem Vollzug der Beschlüsse des Ortschaftsrats. [2]Der Bürgermeister und die Beigeordneten können dem Ortsvorsteher allgemein oder im Einzelfall Weisungen erteilen, soweit er sie vertritt. [3]Der Bürgermeister kann dem Ortsvorsteher ferner in den Fällen des § 52 Absatz 2 und 4 Weisungen erteilen.

(3) [1]Ortsvorsteher können an den Verhandlungen des Gemeinderats und seiner Ausschüsse mit beratender Stimme teilnehmen. [2]Der Ortsvorsteher oder sein Stellvertreter kann durch ein von den Ortschaftsräten im Einvernehmen mit dem Ortsvorsteher bestimmtes Mitglied des Ortschaftsrates vertreten werden.

(4) [1]Die Amtszeit des Ortsvorstehers endet mit der Amtszeit der Ortschaftsräte. [2]Der Ortsvorsteher führt nach Freiwerden seiner Stelle die Geschäfte in entsprechender Anwendung des § 51 Absatz 5 bis zur Ernennung des neugewählten Ortsvorstehers weiter. [3]Für den Fall, dass er die Geschäfte nicht weiterführt, nimmt der an Lebensjahren älteste Ortschaftsrat die Aufgaben des Ortsvorstehers wahr.

(5) [1]Der Ortsvorsteher kann vom Ortschaftsrat vorzeitig abgewählt werden. [2]Der Antrag auf vorzeitige Abwahl muss von der Mehrheit aller Ortschaftsräte gestellt werden. [3]Der Beschluss über die Abwahl bedarf einer Mehrheit von zwei Dritteln der Stimmen aller Ortschaftsräte; eine vorherige Aussprache findet nicht statt. [4]Zwischen dem Antrag und dem Beschluss über die Abwahl muss eine Frist von mindestens vier und höchstens acht Wochen liegen. [5]Der Ortsvorsteher scheidet mit dem Ablauf des Tages, an dem die Abwahl beschlossen wird, aus seinem Amt.

§ 69
Anwendung von Rechtsvorschriften

(1) [1]Für den Ortschaftsrat gelten die Vorschriften über den Gemeinderat, für den Ortsvorsteher die Vorschriften über den Bürgermeister entsprechend, soweit sich aus den Vorschriften dieses Abschnitts nichts anderes ergibt. [2]Über das Vorliegen der Voraussetzungen des § 19 Absatz 3 entscheidet der Gemeinderat auf Antrag des Ortschaftsrats. [3]Bedienstete der Gemeinde und Geschäftsführer eines Unternehmens der Gemeinde im Sinne des § 96 können zugleich Ortsvorsteher sein. [4]Die Entscheidung nach § 52 Absatz 2 Satz 4 im Falle des Widerspruchs des Ortsvorstehers trifft der Gemeinderat.

(2) [1]Für die Durchführung von Einwohnerversammlungen zur Erörterung von Angelegenheiten, die die Ortschaft betreffen, gilt § 22 entsprechend. [2]Soweit Angelegenheiten dem Ortschaftsrat zur Entscheidung übertragen sind, gilt für Einwohneranträge § 23 entsprechend. [3]Die Hauptsatzung kann bestimmen, dass Bürgerentscheide und Bürgerbegehren in entsprechender Anwendung der §§ 24 und 25 in den Ortschaften durchgeführt werden können.

§ 69a
Aufhebung der Ortschaftsverfassung

(1) Die Ortschaftsverfassung kann durch Änderung der Hauptsatzung zur nächsten regelmäßigen Wahl der Gemeinderäte aufgehoben werden, frühestens jedoch zur übernächsten Wahl nach ihrer Einführung.

(2) [1]Wird die Ortschaftsverfassung auf Grund einer Vereinbarung nach § 9 auf unbestimmte Zeit eingeführt, kann sie nur mit Zustimmung des Ortschaftsrats aufgehoben werden. [2]Der Beschluss des Ortschaftsrats bedarf der Mehrheit der Stimmen aller Mitglieder. [3]Ist die Zahl der Ortschaftsräte während der Wahlperiode auf weniger als die Hälfte der festgelegten Mitgliederzahl gesunken, tritt an Stelle des Beschlusses des Ortschaftsrats nach Satz 2 die Entscheidung des Gemeinderats.

(3) [1]Wird die Ortschaftsverfassung auf Grund einer Vereinbarung nach § 9 befristet einge-

führt, kann die Aufhebung nach Ablauf der Frist zur nächsten Wahl des Gemeinderates erfolgen. [2]Findet die nächste Gemeinderatswahl weniger als ein Jahr nach Auslaufen der Vereinbarung statt, kann die Aufhebung erst zur übernächsten regelmäßigen Wahl nach Fristablauf erfolgen.

FÜNFTER ABSCHNITT
Stadtbezirksverfassung

§ 70
Stadtbezirksverfassung

(1) [1]Die Kreisfreien Städte können durch Hauptsatzung die Stadtbezirksverfassung einführen. [2]Bei der Einteilung der Stadtbezirke soll auf die Siedlungsstruktur, die Bevölkerungsverteilung und die Ziele der Stadtentwicklung Rücksicht genommen werden.

(2) In den Stadtbezirken werden Stadtbezirksbeiräte gebildet.

(3) [1]In den Stadtbezirken können örtliche Verwaltungsstellen eingerichtet werden. [2]Diese können auch für mehrere benachbarte Stadtbezirke zuständig sein. [3]Auf den Leiter der örtlichen Verwaltung findet § 28 Absatz 2 Nummer 2 entsprechend Anwendung.

§ 71
Stadtbezirksbeirat

(1) [1]Die Mitglieder des Stadtbezirksbeirats werden vom Gemeinderat aus dem Kreise der im Stadtbezirk wohnenden wählbaren Bürger nach jeder regelmäßigen Wahl der Gemeinderäte bestellt. [2]Die Hauptsatzung kann abweichend von Satz 1 festlegen, dass die Stadtbezirksbeiräte in den Stadtbezirken nach den für die Wahl des Ortschaftsrats geltenden Vorschriften gewählt werden. [3]Die Festlegung kann zur nächsten regelmäßigen Wahl der Gemeinderäte geändert werden, jedoch frühestens zur übernächsten Wahl nach ihrer Einführung. [4]Die Zahl der Mitglieder des Stadtbezirksbeirats wird durch die Hauptsatzung bestimmt; sie darf höchstens halb so groß sein wie die Zahl der Gemeinderäte nach § 29 Absatz 2 in Gemeinden mit einer Einwohnerzahl, die der von der Kreisfreien Stadt zu ermittelnden Einwohnerzahl des Stadtbezirks entspricht. [5]Bei der Bestellung der Mitglieder des Stadtbezirksbeirats soll das von den im Gemeinderat vertretenen Parteien und Wählervereinigungen bei der letzten regelmäßigen Wahl der Gemeinderäte im Stadtbezirk erzielte Wahlergebnis berücksichtigt werden.

(2) [1]Der Stadtbezirksbeirat ist zu wichtigen Angelegenheiten, die den Stadtbezirk betreffen, zu hören. [2]Er hat die örtliche Verwaltungsstelle des Stadtbezirks in allen wichtigen Angelegenheiten zu beraten und wirkt mit dieser eng zusammen. [3]Durch Hauptsatzung können dem Stadtbezirksbeirat Aufgaben nach § 67 Absatz 1 Satz 1 Nummer 2 bis 5 und 7 übertragen werden. [4]Der Gemeinderat kann die Angelegenheiten im Einzelnen abgrenzen und allgemeine Richtlinien erlassen. [5]Der Stadtbezirksbeirat hat ein Vorschlagsrecht zu allen Angelegenheiten, die den Stadtbezirk betreffen.

(3) Dem Stadtbezirksbeirat werden zur Erfüllung der ihm zugewiesenen Aufgaben angemessene Haushaltsmittel zur Verfügung gestellt.

(4) [1]Vorsitzender des Stadtbezirksbeirats ist der Bürgermeister oder ein von ihm im Benehmen mit dem Stadtbezirksbeirat mit der regelmäßigen Aufgabenwahrnehmung Beauftragter. [2]Er lädt zu den Sitzungen, legt die Tagesordnung fest, leitet die Sitzungen und vertritt den Stadtbezirksbeirat nach außen.

(5) [1]Soweit der Bürgermeister nicht Vorsitzender des Stadtbezirksbeirates ist und an einer Sitzung des Stadtbezirksbeirates teilnimmt, ist ihm vom Vorsitzenden auf Verlangen jederzeit das Wort zu erteilen. [2]Gemeinderäte können an allen Sitzungen des Stadtbezirksbeirates mit beratender Stimme teilnehmen.

(6) Der Stadtbezirksbeirat bildet keine Ausschüsse.

(7) [1]Sofern in den Sitzungen des Gemeinderats oder seiner Ausschüsse wichtige Angelegenheiten, die den Stadtbezirk betreffen, auf der Tagesordnung stehen, kann der Stadtbezirksbeirat eines seiner Mitglieder zu den Sitzungen entsenden. [2]Das entsandte Mitglied

nimmt an den Sitzungen mit beratender Stimme teil.

(8) Die Ernennung, Einstellung und Entlassung des Leiters der örtlichen Verwaltungsstelle erfolgt im Benehmen mit dem Stadtbezirksbeirat.

(9) Die Stadtbezirksverfassung kann durch Änderung der Hauptsatzung zur nächsten regelmäßigen Wahl der Gemeinderäte aufgehoben werden, frühestens jedoch zur übernächsten Wahl nach ihrer Einführung.

§ 71a
Anwendung von Rechtsvorschriften

(1) [1]Für den Stadtbezirksbeirat gelten die §§ 34, 35 und 36 bis 40 entsprechend, soweit sich aus den Vorschriften dieses Abschnitts nichts anderes ergibt. [2]Die Hauptsatzung kann Weiteres bestimmen.

(2) [1]Für die Durchführung von Einwohnerversammlungen zur Erörterung von Angelegenheiten, die den Stadtbezirk betreffen, gilt § 22 entsprechend. [2]Soweit Angelegenheiten dem Stadtbezirk zur Entscheidung übertragen sind, gilt für Einwohneranträge § 23 entsprechend.

VIERTER TEIL
Gemeindewirtschaft

Erster Abschnitt
Haushaltswirtschaft

§ 72
Allgemeine Haushaltsgrundsätze

(1) [1]Die Gemeinde hat ihre Haushaltswirtschaft so zu planen und zu führen, dass eine stetige Erfüllung ihrer Aufgaben gesichert ist. [2]Dabei ist den Erfordernissen des gesamtwirtschaftlichen Gleichgewichts grundsätzlich Rechnung zu tragen.

(2) [1]Die Haushaltswirtschaft ist sparsam und wirtschaftlich zu führen. [2]Spekulative Finanzgeschäfte sind verboten. [3]Die Gemeinde hat Bücher in der Form der doppelten Buchführung zu führen, in denen die Verwaltungsvorfälle und die Vermögens-, Ertrags- und Finanzlage nach den Grundsätzen ordnungsmäßiger Buchführung ersichtlich zu machen sind.

(3) [1]Der Ergebnishaushalt muss in jedem Jahr ausgeglichen sein. [2]Er ist ausgeglichen, wenn der Gesamtbetrag der Erträge den Gesamtbetrag der Aufwendungen unter Berücksichtigung der Rücklagen aus Überschüssen des ordentlichen Ergebnisses und des Sonderergebnisses erreicht oder übersteigt. [3]Die Verpflichtung des Satzes 1 ist auch erfüllt, wenn die Fehlbeträge, die im Haushaltsjahr aus den Abschreibungen auf das zum 31. Dezember 2017 festgestellte Anlagevermögen entstehen, durch Verrechnung mit dem Basiskapital ausgeglichen werden. [4]Bei der Verrechnung nach Satz 3 darf ein Drittel des zum 31. Dezember 2017 festgestellten Basiskapitals nicht unterschritten werden. [5]Wird der Ausgleich des Ergebnishaushalts nach den Sätzen 1 bis 4 nicht erreicht, ist ein Haushaltsstrukturkonzept aufzustellen, das den Ausgleich des Ergebnishaushalts bis zum vierten Folgejahr sicherstellt.

(4) [1]Für die Gesetzmäßigkeit des Haushalts ist es ferner erforderlich, dass im Finanzhaushalt des Haushaltsjahres ein Zahlungsmittelsaldo aus laufender Verwaltungstätigkeit gemäß § 74 Absatz 2 Satz 1 Nummer 1 Buchstabe b Doppelbuchstabe aa ausgewiesen ist, mit dem der Betrag der ordentlichen Kredittilgung und des Tilgungsanteils der Zahlungsverpflichtungen aus kreditähnlichen Rechtsgeschäften gedeckt werden kann. [2]Verfügbare Mittel

1. im Zahlungsmittelsaldo aus Investitionstätigkeit gemäß § 74 Absatz 2 Satz 1 Nummer 1 Buchstabe b Doppelbuchstabe bb,
2. im Saldo aus den Einzahlungen und Auszahlungen für die Gewährung von Darlehen oder
3. im Bestand an liquiden Mitteln

können zur Deckung gemäß Satz 1 verwendet werden. [3]Liegen die Voraussetzungen der Sätze 1 und 2 im laufenden Haushaltsjahr nicht vor, ist mit der Aufstellung eines Haushaltsstrukturkonzeptes sicherzustellen, dass diese im Finanzhaushalt bis zum vierten Folgejahr erfüllt werden. [4]In begründeten Einzelfällen kann die Rechtsaufsichtsbehörde Ausnahmen von der Pflicht zur Aufstellung eines Haushaltsstrukturkonzeptes zulassen.

(5) [1]Einen nicht durch die Kapitalposition gedeckten Fehlbetrag (Überschuldung) darf die Vermögensrechnung nicht ausweisen. [2]Ist die Überschuldung bereits eingetreten oder steht mit hinreichender Sicherheit fest, dass sie innerhalb des mittelfristigen Finanzplanungszeitraumes eintreten wird, ist ein Haushaltsstrukturkonzept aufzustellen, das die Überschuldung bis zum vierten Folgejahr beseitigt oder die Überschuldung abwendet.

(6) [1]Das Haushaltsstrukturkonzept bedarf der Genehmigung durch die Rechtsaufsichtsbehörde. [2]Im begründeten Einzelfall kann mit Genehmigung der Rechtsaufsichtsbehörde von den in Absatz 3 Satz 5, Absatz 4 Satz 3 und Absatz 5 Satz 2 genannten Konsolidierungszeiträumen abgewichen werden. [3]Die Genehmigung kann unter Bedingungen und Auflagen erteilt werden. [4]Das Haushaltsstrukturkonzept ist der Haushaltsentwicklung anzupassen.

(7) [1]Ergibt sich bei der Feststellung des Jahresabschlusses trotz eines ursprünglich ausgeglichenen Ergebnishaushalts ein Fehlbetrag oder ist der Fehlbetrag höher als der im Haushaltsstrukturkonzept ausgewiesene Fehlbetrag, hat die Gemeinde dies der Rechtsaufsichtsbehörde unverzüglich anzuzeigen. [2]Satz 1 gilt entsprechend, wenn sich bei der Feststellung des Jahresabschlusses ergibt, dass die dauerhafte Leistungsfähigkeit gemäß Absatz 4 in der Finanzrechnung nicht nachgewiesen oder mit den im Haushaltsstrukturkonzept beschlossenen Maßnahmen im Finanzhaushalt nicht erreicht wird.

(8) Über die Auswirkungen der Regelungen der Absätze 3 bis 7 berichtet das Staatsministerium des Innern dem Landtag im Jahr 2023.

§ 73
Grundsätze der Einnahmenbeschaffung

(1) Die Gemeinde erhebt Abgaben nach den gesetzlichen Vorschriften.

(2) Die Gemeinde hat die zur Erfüllung ihrer Aufgaben erforderlichen Einnahmen

1. soweit vertretbar und geboten, aus selbst zu bestimmenden Entgelten für die von ihr erbrachten Leistungen,
2. im Übrigen aus Steuern

zu beschaffen.

(3) Die Gemeinde hat bei der Einnahmenbeschaffung auf die wirtschaftlichen Kräfte ihrer Abgabepflichtigen Rücksicht zu nehmen.

(4) Die Gemeinde darf Kredite nur aufnehmen, wenn eine andere Finanzierung nicht möglich ist oder wirtschaftlich unzweckmäßig wäre.

(5) [1]Die Gemeinde darf zur Erfüllung ihrer Aufgaben nach § 1 Absatz 2 Spenden, Schenkungen und ähnliche Zuwendungen einwerben und annehmen oder an Dritte vermitteln, die sich an der Erfüllung von Aufgaben nach § 1 Absatz 2 beteiligen. [2]Die Einwerbung und die Entgegennahme des Angebots einer Zuwendung obliegen ausschließlich dem Bürgermeister, den Beigeordneten oder den vom Bürgermeister damit beauftragten leitenden Bediensteten; die Entgegennahme des Angebots einer Zuwendung durch andere Bedienstete wird wirksam, wenn der Bürgermeister sie nachträglich genehmigt. [3]Über die Annahme oder Vermittlung entscheidet der Gemeinderat oder ein beschließender Ausschuss. [4]Für die Annahme oder Vermittlung von Spenden, Schenkungen und ähnlichen Zuwendungen zugunsten von Museen, Bibliotheken und Archiven, deren Träger die Gemeinde ist, sowie für die Annahme oder Vermittlung von Spenden, Schenkungen und ähnlichen Zuwendungen bis zu einem Wert von im Einzelfall 50 Euro kann die Hauptsatzung von Satz 3 abweichende Regelungen treffen. [5]Spenden, Schenkungen und ähnliche Zuwendungen bis zu einem Wert von im Einzelfall 1 000 Euro können listenmäßig erfasst werden, der Gemeinderat oder ein beschließender Ausschuss kann über deren Annahme oder Vermittlung in einer gemeinsamen Beschlussvorlage entscheiden.

§ 74
Haushaltssatzung

(1) [1]Die Gemeinde hat für jedes Haushaltsjahr eine Haushaltssatzung zu erlassen. [2]Die

Haushaltssatzung kann für zwei Haushaltsjahre, nach Jahren getrennt, erlassen werden.
(2) [1]Die Haushaltssatzung enthält die Festsetzung
1. des Haushaltsplanes
   a) im Ergebnishaushalt unter Angabe des Gesamtbetrages
      aa) der ordentlichen Erträge und Aufwendungen sowie deren Saldo als veranschlagtes ordentliches Ergebnis,
      bb) der außerordentlichen Erträge und Aufwendungen und deren Saldo als veranschlagtes Sonderergebnis,
      cc) des ordentlichen Ergebnisses und des Sonderergebnisses als veranschlagtes Gesamtergebnis,
   b) im Finanzhaushalt unter Angabe des Gesamtbetrages
      aa) der Einzahlungen und Auszahlungen aus laufender Verwaltungstätigkeit und deren Saldo als Zahlungsmittelüberschuss oder -bedarf aus laufender Verwaltungstätigkeit,
      bb) der Einzahlungen und Auszahlungen aus Investitionstätigkeit und deren Saldo,
      cc) aus den Salden nach den Doppelbuchstaben aa und bb als Finanzierungsmittelüberschuss oder -fehlbetrag,
      dd) der Einzahlungen und Auszahlungen aus Finanzierungstätigkeit und deren Saldo,
   c) unter Angabe des Gesamtbetrages
      aa) der vorgesehenen Kreditaufnahmen für Investitionen und Investitionsförderungsmaßnahmen (Kreditermächtigung) und
      bb) der vorgesehenen Ermächtigungen zum Eingehen von Verpflichtungen, die künftige Haushaltsjahre mit Auszahlungen für Investitionen und Investitionsförderungsmaßnahmen belasten (Verpflichtungsermächtigungen),
2. des Höchstbetrages der Kassenkredite,
3. der Steuersätze, die für jedes Haushaltsjahr neu festzusetzen sind.

[2]Sie kann weitere Vorschriften enthalten, die sich auf die Erträge, Aufwendungen, Einzahlungen und Auszahlungen sowie den Stellenplan für das Haushaltsjahr beziehen.
(3) Haushaltsjahr ist das Kalenderjahr.

§ 75
Haushaltsplan

(1) [1]Der Haushaltsplan ist Teil der Haushaltssatzung. [2]Er enthält alle im Haushaltsjahr für die Erfüllung der Aufgaben der Gemeinden voraussichtlich
1. anfallenden Erträge und entstehenden Aufwendungen,
2. eingehenden ergebnis- und vermögenswirksamen Einzahlungen und zu leistenden ergebnis- und vermögenswirksamen Auszahlungen und
3. notwendigen Verpflichtungsermächtigungen.

(2) Der Haushaltsplan enthält den Stellenplan für die Bediensteten der Gemeinde nach § 63.
(3) Der Haushaltsplan ist in einen Ergebnishaushalt und einen Finanzhaushalt zu gliedern, die sich ihrerseits aus Teilhaushalten zusammensetzen.
(4) [1]Der Haushaltsplan ist nach Maßgabe dieses Gesetzes und der auf Grund dieses Gesetzes erlassenen Vorschriften für die Führung der Haushaltswirtschaft verbindlich. [2]Ansprüche und Verbindlichkeiten werden durch ihn weder begründet noch aufgehoben.
(5) [1]Der Bürgermeister unterrichtet den Gemeinderat und die Rechtsaufsichtsbehörde zum Stand 30. Juni des Haushaltsjahres schriftlich über wesentliche Abweichungen vom Haushaltsplan, insbesondere bei der Entwicklung der Erträge und Aufwendungen, der Einzahlungen und Auszahlungen, der Inanspruchnahme der Kreditermächtigungen, dem Schuldenstand der Gemeinde und über die von der Gemeinde übernommenen Bürgschaften, Verpflichtungen aus Gewährverträgen und kreditähnlichen Rechtsgeschäften sowie über den Vollzug des Haushaltsstrukturkonzeptes. [2]§ 76 Absatz 1 Satz 2 gilt entsprechend.

§ 76
Erlass der Haushaltssatzung

(1) [1]Der Bürgermeister leitet den Entwurf der Haushaltssatzung dem Gemeinderat zu. [2]Der für das Finanzwesen verantwortliche Beigeordnete oder, falls ein solcher nicht bestellt ist, der Fachbedienstete für das Finanzwesen ist berechtigt, dem Gemeinderat eine schriftliche Stellungnahme zu dem Entwurf zuzuleiten. [3]Der Entwurf ist an sieben Arbeitstagen öffentlich auszulegen oder elektronisch zur Verfügung zu stellen; diese Frist ist ortsüblich bekannt zu geben. [4]Einwohner und Abgabepflichtige haben für die Dauer von 14 Arbeitstagen die Möglichkeit, Einwendungen zu erheben; diese Frist, auf die in der ortsüblichen Bekanntgabe hinzuweisen ist, beginnt mit dem ersten Tag, an dem der Entwurf öffentlich ausliegt oder elektronisch zur Verfügung steht. [5]Über die fristgemäß erhobenen Einwendungen beschließt der Gemeinderat in öffentlicher Sitzung.

(2) [1]Die Haushaltssatzung ist vom Gemeinderat in öffentlicher Sitzung zu beraten und zu beschließen. [2]Die vom Gemeinderat beschlossene Haushaltssatzung ist der Rechtsaufsichtsbehörde vorzulegen; sie soll ihr spätestens einen Monat vor Beginn des Haushaltsjahres vorliegen.

(3) [1]Die Haushaltssatzung tritt abweichend von § 4 Absatz 3 Satz 2 mit Beginn des Haushaltsjahres in Kraft und gilt für das Haushaltsjahr. [2]Der Haushaltsplan ist mit der öffentlichen Bekanntmachung der Haushaltssatzung für die Dauer von mindestens einer Woche an einer bestimmten Verwaltungsstelle zur kostenlosen Einsicht durch jedermann während der Sprechzeiten auszulegen oder elektronisch zur Verfügung zu stellen; in der Bekanntmachung ist hierauf hinzuweisen. [3]Die Bekanntmachung ist mit Ablauf der Niederlegungsfrist vollzogen. [4]Enthält die Haushaltssatzung genehmigungspflichtige Teile, darf sie erst nach Erteilung der Genehmigung öffentlich bekanntgemacht werden.

§ 77
Nachtragssatzung

(1) [1]Die Haushaltssatzung kann nur bis zum Ablauf des Haushaltsjahres durch Nachtragssatzung geändert werden. [2]Für die Nachtragssatzung gelten die Vorschriften über die Haushaltssatzung entsprechend.

(2) Die Gemeinde hat unverzüglich eine Nachtragssatzung zu erlassen, wenn
1. sich zeigt, dass im Ergebnishaushalt beim Gesamtergebnis ein erheblicher Fehlbetrag entsteht oder ein veranschlagter Fehlbetrag sich erheblich vergrößert und sich dies nicht durch andere Maßnahmen vermeiden lässt,
2. im Finanzhaushalt zwischen dem Zahlungsmittelsaldo aus laufender Verwaltungstätigkeit gemäß § 74 Absatz 2 Satz 1 Nummer 1 Buchstabe b Doppelbuchstabe aa und dem Betrag der ordentlichen Kredittilgung und des Tilgungsanteils der Zahlungsverpflichtungen aus kreditähnlichen Rechtsgeschäften eine wesentliche Differenz besteht, die auch nicht durch verfügbare Mittel gemäß § 72 Absatz 4 Satz 2 gedeckt werden kann,
3. bisher nicht veranschlagte oder zusätzliche Aufwendungen und Auszahlungen in einem im Verhältnis zu den Gesamtaufwendungen und -auszahlungen des Haushaltsplanes erheblichen Umfang geleistet werden müssen,
4. Auszahlungen im Finanzhaushalt für bisher nicht veranschlagte Investitionen oder Investitionsförderungsmaßnahmen geleistet werden sollen, ausgenommen sind Auszahlungen auf übertragene Haushaltsermächtigungen,
5. Bedienstete eingestellt, angestellt, befördert oder höhergruppiert werden sollen und der Stellenplan die entsprechenden Stellen nicht enthält.

(3) Absatz 2 Nummer 3 bis 5 findet keine Anwendung auf
1. geringfügige Investitionen und Investitionsförderungsmaßnahmen sowie unabweisbare Aufwendungen,
2. die Verwendung im Finanzhaushalt bereits veranschlagter Auszahlungen für

Investitionen oder Investitionsförderungsmaßnahmen für bisher nicht veranschlagte Investitionen oder Investitionsförderungsmaßnahmen, sofern der Gemeinderat dieser Verwendung zustimmt,
3. die Verwendung bereits veranschlagter Aufwendungen und Auszahlungen eines Budgets für bisher nicht veranschlagte Aufwendungen und Auszahlungen eines anderen Budgets, sofern der Gemeinderat dieser Verwendung zustimmt,
4. die Umschuldung von Krediten,
5. Geldanlagen mit einer Laufzeit von mehr als einem Jahr,
6. Abweichungen vom Stellenplan und die Leistung höherer Personalaufwendungen, die sich unmittelbar aus einer Änderung des Besoldungs- oder Tarifrechts ergeben,
7. eine Mehrung oder Hebung von Beamtenstellen der Besoldungsgruppen A 4 bis A 10 und für vergleichbare Beschäftigte, wenn dies im Verhältnis zur Gesamtzahl der Stellen unerheblich ist.

§ 78
Vorläufige Haushaltsführung

(1) Ist die Haushaltssatzung zu Beginn des Haushaltsjahres noch nicht erlassen, darf die Gemeinde
1. nur Aufwendungen und Auszahlungen leisten, zu deren Leistung sie rechtlich verpflichtet ist oder die für die Weiterführung notwendiger Aufgaben unaufschiebbar sind; sie darf insbesondere Bauten, Beschaffungen und sonstige Auszahlungen des Finanzhaushalts, für die im Haushaltsplan des Vorjahres Beträge vorgesehen waren, fortsetzen,
2. Abgaben vorläufig nach den Sätzen des Vorjahres erheben,
3. Kredite umschulden.

(2) [1]Reichen die Finanzierungsmittel für die Fortsetzung von Bauten, Beschaffungen und sonstigen Auszahlungen des Finanzhaushalts nach Absatz 1 Nummer 1 nicht aus, darf die Gemeinde mit Genehmigung der Rechtsaufsichtsbehörde Kredite für Investitionen und Investitionsförderungsmaßnahmen bis zu einem Viertel des durchschnittlichen Betrages der Kreditermächtigungen für die beiden Vorjahre aufnehmen. [2]§ 82 Absatz 2 Satz 2 und 3 gilt entsprechend.

(3) Der Stellenplan des Vorjahres gilt weiter, bis die Haushaltssatzung für das neue Jahr erlassen ist.

§ 79
Abweichungen vom Haushaltsplan

(1) [1]Überplanmäßige und außerplanmäßige Aufwendungen oder Auszahlungen sind nur zulässig, wenn
1. ein dringendes Bedürfnis besteht und sowohl die Finanzierung im Finanzhaushalt als auch die Deckung im Ergebnishaushalt gewährleistet ist oder
2. die Aufwendungen oder Auszahlungen unabweisbar sind und sowohl die Finanzierung im Finanzhaushalt gewährleistet ist als auch im Ergebnishaushalt kein erheblicher Fehlbetrag entsteht oder ein geplanter Fehlbetrag sich nur unerheblich erhöht.

[2]Sind die Aufwendungen oder Auszahlungen nach Umfang und Bedeutung erheblich, bedürfen sie der Zustimmung des Gemeinderats. [3]Nicht veranschlagte oder zusätzliche Aufwendungen, die erst bei der Aufstellung des Jahresabschlusses festgestellt werden können und nicht zu Auszahlungen führen, gelten nicht als überplanmäßige und außerplanmäßige Aufwendungen. [4]§ 77 Absatz 2 bleibt unberührt.

(2) Für Investitionen, die im folgenden Jahr fortgesetzt werden, sind überplanmäßige Auszahlungen auch dann zulässig, wenn ihre Finanzierung im folgenden Jahr gewährleistet ist; sie bedürfen der Zustimmung des Gemeinderats.

(3) Absätze 1 und 2 gelten entsprechend für Maßnahmen, durch die überplanmäßige oder außerplanmäßige Aufwendungen oder Auszahlungen entstehen können.

§ 80
Finanzplanung

(1) [1]Die Gemeinde hat ihrer Haushaltswirtschaft eine fünfjährige Finanzplanung zugrunde zu legen. [2]Das erste Planungsjahr der Finanzplanung ist das laufende Haushaltsjahr.
(2) In der Finanzplanung sind Umfang und Zusammensetzung der voraussichtlichen Aufwendungen und Auszahlungen und die Finanzierungsmöglichkeiten darzustellen.
(3) Als Grundlage für die Finanzplanung ist ein Investitionsprogramm aufzustellen.
(4) Der Finanzplan mit dem Investitionsprogramm ist dem Gemeinderat spätestens mit dem Entwurf der Haushaltssatzung vorzulegen.
(5) Der Finanzplan und das Investitionsprogramm sind mit Beschluss der Haushaltssatzung der Entwicklung anzupassen und fortzuführen.
(6) Die Gemeinde soll rechtzeitig geeignete Maßnahmen treffen, die nach der Finanzplanung erforderlich sind, um eine geordnete Haushaltsentwicklung unter Berücksichtigung ihrer voraussichtlichen Leistungsfähigkeit in den einzelnen Planungsjahren zu sichern.

§ 81
Verpflichtungsermächtigungen

(1) Verpflichtungen zur Leistung von Auszahlungen für Investitionen und Investitionsförderungsmaßnahmen in künftigen Jahren dürfen unbeschadet des Absatzes 5 nur eingegangen werden, wenn der Haushaltsplan hierzu ermächtigt.
(2) Die Verpflichtungsermächtigungen dürfen zu Lasten der dem Haushaltsjahr folgenden drei Jahre veranschlagt werden, erforderlichenfalls bis zum Abschluss einer Maßnahme; sie sind nur zulässig, wenn ihre Finanzierung in künftigen Haushalten möglich ist.
(3) Die Verpflichtungsermächtigungen gelten bis zum Erlass der folgenden Haushaltssatzung weiter.
(4) [1]Der Gesamtbetrag der Verpflichtungsermächtigungen bedarf im Rahmen der Haushaltssatzung insoweit der Genehmigung der Rechtsaufsichtsbehörde, als in den Jahren, zu deren Lasten sie veranschlagt sind, Kreditaufnahmen vorgesehen sind. [2]§ 82 Absatz 2 Satz 2 und 3 gilt entsprechend.
(5) Verpflichtungen im Sinne des Absatzes 1 dürfen überplanmäßig oder außerplanmäßig eingegangen werden, wenn ein dringender Bedarf besteht und der in der Haushaltssatzung festgesetzte Gesamtbetrag der Verpflichtungsermächtigungen nicht überschritten wird.

§ 82
Kreditaufnahmen

(1) Kredite (§ 73 Absatz 4) dürfen nur im Finanzhaushalt und nur für Investitionen, Investitionsförderungsmaßnahmen und zur Umschuldung aufgenommen werden.
(2) [1]Der Gesamtbetrag der vorgesehenen Kreditaufnahmen für Investitionen und Investitionsförderungsmaßnahmen bedarf im Rahmen der Haushaltssatzung der Genehmigung der Rechtsaufsichtsbehörde (Gesamtgenehmigung). [2]Die Genehmigung soll unter dem Gesichtspunkt einer geordneten Haushaltswirtschaft erteilt oder versagt werden; sie kann unter Bedingungen erteilt oder mit Auflagen verbunden werden. [3]Sie ist in der Regel zu versagen, wenn die Kreditverpflichtungen die dauernde Leistungsfähigkeit der Gemeinde gefährden.
(3) Die Kreditermächtigung gilt weiter, bis die Haushaltssatzung für das übernächste Jahr in Kraft getreten ist.
(4) Die Aufnahme der einzelnen Kredite, deren Gesamtbetrag nach Absatz 2 genehmigt worden ist, bedarf der Genehmigung der Rechtsaufsichtsbehörde (Einzelgenehmigung), soweit kraft Gesetzes Kreditaufnahmen beschränkt sind.
(5) [1]Die Begründung einer Zahlungsverpflichtung, die wirtschaftlich einer Kreditaufnahme gleichkommt, bedarf der Genehmigung der Rechtsaufsichtsbehörde. [2]Absatz 2 Satz 2 und 3 gilt entsprechend. [3]Eine Genehmigung ist nicht erforderlich für die Begrün-

dung von Zahlungsverpflichtungen im Rahmen der laufenden Verwaltung.
(6) [1]Die Gemeinde darf zur Sicherung eines Kredits keine Sicherheiten bestellen. [2]Die Rechtsaufsichtsbehörde kann Ausnahmen zulassen, wenn die Bestellung von Sicherheiten der Verkehrsübung entspricht.
(7) Das Staatsministerium des Innern kann Ausnahmen nach Absatz 6 Satz 2 allgemein zulassen.

§ 83
Sicherheiten und Gewährleistung für Dritte

(1) [1]Die Gemeinde darf keine Sicherheiten zugunsten Dritter bestellen. [2]Die Rechtsaufsichtsbehörde kann Ausnahmen zulassen.
(2) [1]Die Gemeinde darf Bürgschaften und Verpflichtungen aus Gewährverträgen nur zur Erfüllung ihrer Aufgaben übernehmen. [2]Die Rechtsgeschäfte bedürfen der Genehmigung der Rechtsaufsichtsbehörde, wenn sie nicht im Rahmen der laufenden Verwaltung abgeschlossen werden. [3]§ 82 Absatz 2 Satz 2 und 3 gilt entsprechend.
(3) Absatz 2 gilt entsprechend für Rechtsgeschäfte, die den dort genannten Rechtsgeschäften wirtschaftlich gleichkommen, insbesondere für die Zustimmung zu Rechtsgeschäften Dritter, aus denen der Gemeinde in künftigen Haushaltsjahren Verpflichtungen zur Leistung von Aufwendungen und Auszahlungen erwachsen können.
(4) Das Staatsministerium des Innern kann Ausnahmen nach Absatz 1 allgemein zulassen.

§ 84
Kassenkredite

(1) Die Gemeinde hat die rechtzeitige Leistung der Auszahlungen sicherzustellen.
(2) [1]Zur rechtzeitigen Leistung der Auszahlungen kann die Gemeinde Kassenkredite bis zu dem in der Haushaltssatzung festgelegten Höchstbetrag aufnehmen, soweit für die Kasse keine anderen Mittel zur Verfügung stehen. [2]Die Ermächtigung gilt weiter, bis die Haushaltssatzung für das folgende Jahr erlassen ist.
(3) Der Höchstbetrag der Kassenkredite bedarf im Rahmen der Haushaltssatzung der Genehmigung der Rechtsaufsichtsbehörde, wenn er ein Fünftel der im Finanzhaushalt veranschlagten Auszahlungen für laufende Verwaltungstätigkeit übersteigt.

§ 85
Rücklagen

[1]Überschüsse der Ergebnisrechnung sind den Rücklagen zuzuführen. [2]Rücklagen können auch aus zweckgebundenen Erträgen gebildet werden.

§ 85a
Rückstellungen

(1) Für ungewisse Verbindlichkeiten und für hinsichtlich ihrer Höhe oder des Zeitpunktes ihres Eintritts unbestimmte Aufwendungen sind Rückstellungen in angemessener Höhe zu bilden.
(2) Rückstellungen dürfen nur aufgelöst werden, soweit der Grund für ihre Bildung entfallen ist.

§ 86
Gemeindekasse

(1) [1]Die Gemeindekasse erledigt alle Kassengeschäfte der Gemeinde. [2]Für Sondervermögen und Treuhandvermögen, für die Sonderrechnungen geführt werden, sollen Sonderkassen gebildet werden; sie sollen mit der Gemeindekasse verbunden werden.
(2) Die Gemeinde hat, wenn sie ihre Kassengeschäfte nicht durch eine Stelle außerhalb der Gemeindeverwaltung besorgen lässt, einen Kassenverwalter und einen Stellvertreter zu bestellen.
(3) Die anordnungsbefugten Bediensteten der Gemeinde, Leiter und Prüfer des Rechnungsprüfungsamtes sowie Rechnungsprüfer dürfen nicht gleichzeitig zum Kassenverwalter oder dessen Stellvertreter bestellt werden.
(4) [1]Der Kassenverwalter, sein Stellvertreter und andere Bedienstete der Gemeindekasse

dürfen untereinander, zum Bürgermeister, zu einem Beigeordneten, einem Stellvertreter des Bürgermeisters, zum Fachbediensteten für das Finanzwesen oder einem anordnungsbefugten Bediensteten, zum Leiter und zu den Prüfern des Rechnungsprüfungsamtes sowie zu einem Rechnungsprüfer nicht in einem die Befangenheit begründenden Verhältnis nach § 20 Absatz 1 Nummer 1 bis 3 stehen. [2]In Gemeinden mit nicht mehr als 1 000 Einwohnern kann der Gemeinderat bei Vorliegen besonderer Umstände Ausnahmen vom Verbot des Satzes 1 zulassen.

§ 87
Übertragung von Kassengeschäften, Automation

(1) [1]Die Gemeinde kann die Kassengeschäfte ganz oder zum Teil von einer Stelle außerhalb der Gemeindeverwaltung besorgen lassen, wenn die ordnungsgemäße Erledigung und die Prüfung nach den für die Gemeinde geltenden Vorschriften gewährleistet sind. [2]Der Beschluss hierüber ist der Rechtsaufsichtsbehörde anzuzeigen.

(2) [1]Für die automatisierte Ausführung der Geschäfte der kommunalen Haushaltswirtschaft und der Kassengeschäfte dürfen nur Fachprogramme verwendet werden, die von der Sächsischen Anstalt für kommunale Datenverarbeitung zugelassen sind. [2]Gleiches gilt für die Verwendung dieser Fachprogramme nach wesentlichen Programmänderungen. [3]Die Gültigkeit der Zulassung soll befristet werden. [4]Bei Programmen, die für mehrere Gemeinden Anwendung finden sollen, genügt eine Zulassung. [5]Die technischen Standards, die erforderlich sind, um die gesetzlichen Voraussetzungen für die Programmzulassung zu erfüllen, werden von der Sächsischen Anstalt für kommunale Datenverarbeitung im Benehmen mit dem Sächsischen Rechnungshof in einer Verwaltungsvorschrift als Prüfhandbuch niedergelegt.

§ 88
Jahresabschluss

(1) [1]Die Gemeinde hat zum Schluss eines jeden Haushaltsjahres einen Jahresabschluss aufzustellen. [2]Der Jahresabschluss muss klar und übersichtlich sein. [3]Der Jahresabschluss hat sämtliche Vermögensgegenstände, Schulden, Rechnungsabgrenzungsposten, Erträge, Aufwendungen, Einzahlungen und Auszahlungen zu enthalten, soweit nichts anderes bestimmt ist. [4]Er hat unter Beachtung der Grundsätze ordnungsmäßiger Buchführung ein den tatsächlichen Verhältnissen entsprechendes Bild der Vermögens-, Finanz- und Ertragslage der Gemeinde zu vermitteln.

(2) [1]Der Jahresabschluss besteht aus

1. der Ergebnisrechnung,
2. der Finanzrechnung und
3. der Vermögensrechnung.

[2]Der Jahresabschluss ist um einen Anhang zu erweitern, der mit den Rechnungen nach Satz 1 eine Einheit bildet, und durch einen Rechenschaftsbericht zu erläutern.

(3) Am Schluss des Rechenschaftsberichts sind für den Bürgermeister und den Fachbediensteten für das Finanzwesen sowie für die Ratsmitglieder, auch wenn die Personen im Haushaltsjahr ausgeschieden sind, anzugeben:

1. Familienname mit mindestens einem ausgeschriebenen Vornamen,
2. die Mitgliedschaft in Aufsichtsräten und anderen Kontrollgremien im Sinne des § 125 Absatz 1 Satz 5 des Aktiengesetzes vom 6. September 1965 (BGBl. I S. 1089), das zuletzt durch Artikel 1 des Gesetzes vom 12. Dezember 2019 (BGBl. I S. 2637) geändert worden ist, in der jeweils geltenden Fassung,
3. die Mitgliedschaft in Organen von verselbstständigten Organisationseinheiten und Vermögensmassen, die mit der Gemeinde eine Rechtseinheit bilden, und in Organen von Unternehmen nach § 96, an denen die Gemeinde eine Beteiligung hält, ausgenommen die Hauptversammlung, und

4. die Mitgliedschaft in Organen sonstiger privatrechtlicher Unternehmen, ausgenommen die Hauptversammlung.

(4) Dem Anhang sind als Anlagen beizufügen:
1. die Anlagenübersicht,
2. die Verbindlichkeitenübersicht,
3. die Forderungsübersicht und
4. eine Übersicht über die in das folgende Jahr übertragenen Haushaltsermächtigungen.

(5) Die Gemeinden dürfen nach Beschluss des Gemeinderats bei den Jahresabschlüssen der Haushaltsjahre bis einschließlich 2020 auf die Bestandteile gemäß Absatz 2 Satz 2 sowie Absatz 3 und 4 verzichten.

§ 88a Eröffnungsbilanz

(1) [1]Die Gemeinde hat zu Beginn des ersten Haushaltsjahres, in dem die Bücher in der Form der doppelten Buchführung geführt werden, eine Eröffnungsbilanz aufzustellen. [2]Auf die Eröffnungsbilanz sind die für den Jahresabschluss geltenden Vorschriften mit Ausnahme des § 88 Absatz 2 Satz 1 Nummer 1 und 2 entsprechend anzuwenden. [3]Die Pflicht zur Aufstellung einer Eröffnungsbilanz besteht auch bei einer Änderung des Gemeindegebiets gemäß § 8. [4]In diesen Fällen dürfen die jeweils im letzten Jahresabschluss der an der Gebietsänderung beteiligten Gemeinden ausgewiesenen Buchwerte übernommen werden. [5]Die Eröffnungsbilanz einschließlich des Anhangs mit allen Anlagen und des Rechenschaftsberichts unterliegt der örtlichen Prüfung gemäß den §§ 103 bis 106. [6]Die örtliche Prüfung ist abweichend von § 104 Absatz 2 innerhalb von vier Monaten nach Aufstellung der Eröffnungsbilanz durchzuführen.

(2) [1]Die Eröffnungsbilanz einschließlich des Anhangs mit allen Anlagen und des Rechenschaftsberichts unterliegt der überörtlichen Prüfung gemäß den §§ 108 und 109. [2]In den Fällen des Absatzes 1 Satz 1 soll die Eröffnungsbilanz abweichend von § 109 Absatz 3 innerhalb von sechs Monaten nach Feststellung überörtlich geprüft werden; zu diesem Zweck ist sie der überörtlichen Prüfungsbehörde unverzüglich nach Feststellung vorzulegen.

§ 88b Gesamtabschluss

(1) [1]Die Gemeinde kann einen Gesamtabschluss aufstellen. [2]Verzichtet sie hierauf, ist dies der Rechtsaufsichtsbehörde anzuzeigen. [3]Bei einem Gesamtabschluss sind mit dem Jahresabschluss der Gemeinde die Jahresabschlüsse
1. der verselbstständigten Organisationseinheiten und Vermögensmassen, die mit der Gemeinde eine Rechtseinheit bilden,
2. der Unternehmen nach § 96, an denen die Gemeinde eine Beteiligung hält, und
3. der Zweckverbände und Verwaltungsverbände

zu konsolidieren. [4]Für mittelbare Beteiligungen gilt § 290 Absatz 3 des Handelsgesetzbuches in der im Bundesgesetzblatt Teil III, Gliederungsnummer 4100-1, veröffentlichten bereinigten Fassung, das zuletzt durch Artikel 184 der Verordnung vom 19. Juni 2020 (BGBl. I S. 1328) geändert worden ist, in der jeweils geltenden Fassung, entsprechend. [5]Der Gesamtabschluss muss unter Beachtung der Grundsätze ordnungsmäßiger Buchführung ein den tatsächlichen Verhältnissen entsprechendes Bild der Vermögens-, Ertrags- und Finanzlage der Gemeinde vermitteln. [6]Dies gilt auch für ihre ausgegliederten Aufgabenträger nach Satz 3. [7]Die Aufgabenträger müssen in den Gesamtabschluss nicht einbezogen werden, wenn sie für die Verpflichtung nach Satz 5 von untergeordneter Bedeutung sind. [8]Die Anwendung des Satzes 7 ist im Konsolidierungsbericht anzugeben und zu begründen. [9]Aufgabenträger nach Satz 3 mit dem Zweck der unmittelbaren oder nach Übertragung mittelbaren Trägerschaft an Sparkassen sind nicht im Gesamtabschluss zu konsolidieren.

(2) [1]Aufgabenträger nach Absatz 1, auf die die Gemeinde entsprechend § 290 Absatz 1 und 2 des Handelsgesetzbuches unmittelbar und mittelbar beherrschenden Einfluss ausüben kann, sind entsprechend den §§ 300 bis 309

des Handelsgesetzbuches zu konsolidieren. [2]Abweichend von § 301 Absatz 1 Satz 2 des Handelsgesetzbuches kann das Eigenkapital der Aufgabenträger mit dem Betrag angesetzt werden, der dem Buchwert der in den Gesamtabschluss aufzunehmenden Vermögensgegenstände, Schulden, Rechnungsabgrenzungsposten, Bilanzierungshilfen und Sonderposten entspricht. [3]Für die Konsolidierung des Jahresabschlusses der Gemeinde und der Jahresabschlüsse der Aufgabenträger gilt § 308 des Handelsgesetzbuches mit der Maßgabe, dass eine einheitliche Bewertung nicht erforderlich ist. [4]Aufgabenträger nach Absatz 1, die entsprechend § 311 Absatz 1 des Handelsgesetzbuches unter maßgeblichem Einfluss der Gemeinde stehen, sind entsprechend § 312 des Handelsgesetzbuches zu konsolidieren. [5]Auf die Zuordnung des Unterschiedsbetrages gemäß § 312 Absatz 2 Satz 1 des Handelsgesetzbuches kann verzichtet werden.

(3) [1]Der Gesamtabschluss ist durch eine Kapitalflussrechnung zu ergänzen und durch einen Konsolidierungsbericht zu erläutern. [2]Dem Konsolidierungsbericht sind die Angaben aus dem Rechenschaftsbericht nach § 88 Absatz 3 und die Angaben zum nicht konsolidierten Beteiligungsbesitz nach § 99 Absatz 2 und 3 anzufügen. [3]Wird ein Gesamtabschluss nach den Sätzen 1 und 2 aufgestellt, kann der Beteiligungsbericht nach § 99 entfallen.

(4) [1]Die Gemeinde hat bei den nach Absatz 1 zu konsolidierenden Aufgabenträgern darauf hinzuwirken, dass ihr das Recht eingeräumt wird, von diesen alle Unterlagen und Auskünfte zu verlangen, die für die Aufstellung des Gesamtabschlusses erforderlich sind. [2]§ 96a Absatz 1 Nummer 10 bleibt unberührt.

§ 88c
Aufstellung und ortsübliche Bekanntgabe des Abschlusses

(1) Jahresabschluss und Gesamtabschluss sind innerhalb von sechs Monaten nach Ende des Haushaltsjahres aufzustellen und vom Bürgermeister unter Angabe des Datums zu unterzeichnen.

(2) Der Gemeinderat stellt den Jahresabschluss und den Gesamtabschluss nach der örtlichen Prüfung durch das Rechnungsprüfungsamt spätestens bis 31. Dezember des dem Haushaltsjahr folgenden Jahres fest.

(3) [1]Der Beschluss über die Feststellung nach Absatz 2 ist der Rechtsaufsichtsbehörde unverzüglich anzuzeigen und ortsüblich bekannt zu geben. [2]Der Jahresabschluss mit Rechenschaftsbericht und Anhang sowie der Gesamtabschluss mit Konsolidierungsbericht sind mit der Bekanntgabe des Feststellungsbeschlusses öffentlich auszulegen oder elektronisch zur Verfügung zu stellen; in der Bekanntgabe ist darauf hinzuweisen.

ZWEITER ABSCHNITT
Vermögen der Gemeinde

§ 89
Erwerb und Verwaltung von Vermögen, Wertansätze

(1) Das Vermögen der Gemeinde soll unter Berücksichtigung seiner Bedeutung für das Wohl der Allgemeinheit ungeschmälert erhalten bleiben.

(2) Die Gemeinde soll Vermögensgegenstände nur erwerben, wenn dies zur Erfüllung ihrer Aufgaben erforderlich ist.

(3) [1]Die Vermögensgegenstände sind pfleglich und wirtschaftlich zu verwalten und ordnungsgemäß nachzuweisen. [2]Bei Geldanlagen ist auf eine hinreichende Sicherheit zu achten; sie sollen einen angemessenen Ertrag bringen.

(4) Besondere Rechtsvorschriften für die Bewirtschaftung des Gemeindewaldes bleiben unberührt.

(5) [1]Vermögensgegenstände sind mit den Anschaffungs- oder Herstellungskosten, vermindert um Abschreibungen, anzusetzen. [2]Abweichend von Satz 1 dürfen Beteiligungen, Anteile an verbundenen Unternehmen und Zweckverbänden sowie Sondervermögen nach § 91 Absatz 1 Nummer 1 mit dem anteiligen Eigenkapital angesetzt werden. [3]Die an einem Unternehmen beteiligten Gemeinden und die Mitgliedsgemeinden eines

Zweckverbandes haben das Bewertungswahlrecht gemäß Satz 2 einheitlich auszuüben und einen einheitlichen Aufteilungsmaßstab zu bestimmen. [4]Verbindlichkeiten und Rückstellungen sind mit dem Erfüllungsbetrag anzusetzen.

§ 90
Veräußerung von Vermögen

(1) [1]Die Gemeinde darf Vermögensgegenstände veräußern, wenn sie sie zur Erfüllung ihrer Aufgaben nicht braucht und Gründe des Wohls der Allgemeinheit nicht entgegenstehen. [2]Vermögensgegenstände dürfen in der Regel nur zu ihrem vollen Wert veräußert werden. [3]Ausnahmen sind im besonderen öffentlichen Interesse zulässig. [4]Dies gilt insbesondere für Veräußerungen zur Förderung von sozialen Einrichtungen, des sozialen Wohnungsbaus, des Denkmalschutzes und der Bildung privaten Eigentums unter sozialen Gesichtspunkten. [5]Ein besonderes öffentliches Interesse liegt auch dann vor, wenn hierdurch die Umsiedlung aus Überschwemmungsgebieten gefördert wird. [6]Vor dem Unterwertverkauf eines Grundstücks an Unternehmen ist die Vereinbarkeit der Vergünstigung mit dem Binnenmarkt sicherzustellen.

(2) Für die Überlassung der Nutzung von Vermögensgegenständen gilt Absatz 1 entsprechend.

(3) [1]Der Genehmigung der Rechtsaufsichtsbehörde bedürfen Rechtsgeschäfte, in denen sich die Gemeinde verpflichtet,

1. Grundstücke oder grundstücksgleiche Rechte sowie andere Vermögensgegenstände unentgeltlich oder unter ihrem vollen Wert zu veräußern, sofern sie nicht geringwertig sind,
2. Vermögensgegenstände mit besonderem wissenschaftlichen, geschichtlichen, künstlerischen oder denkmalpflegerischen Wert zu veräußern.

[2]Die Genehmigung nach Satz 1 gilt als erteilt, wenn die Rechtsaufsichtsbehörde nicht innerhalb von sechs Wochen nach dem vollständigen Eingang der Antragsunterlagen die Genehmigung ablehnt oder dem Antragsteller schriftlich mitteilt, welche Gründe einer abschließenden Entscheidung über den Antrag entgegenstehen. [3]Die Rechtsaufsichtsbehörde hat dem Antragsteller innerhalb von zwei Wochen nach Eingang des Antrags mitzuteilen, ob die Antragsunterlagen vollständig sind; nach Verstreichen der Frist ohne eine Mitteilung ist von der Vollständigkeit der Antragsunterlagen auszugehen.

(4) Ein Beschluss der Gemeinde zur Veräußerung von Unternehmen darf erst nach Ablauf von drei Monaten vollzogen werden.

§ 91
Sondervermögen

(1) Sondervermögen der Gemeinde sind

1. das Vermögen der Eigenbetriebe und der öffentlichen Einrichtungen, für die auf Grund gesetzlicher Vorschriften Sonderrechnungen geführt werden;
2. das Vermögen der rechtlich unselbstständigen örtlichen Stiftungen.

(2) [1]Sondervermögen nach Absatz 1 Nummer 2 unterliegen den Vorschriften über die Haushaltswirtschaft. [2]Sie sind im Haushalt der Gemeinde gesondert nachzuweisen.

§ 92
Treuhandvermögen

(1) Für rechtlich selbstständige örtliche Stiftungen sowie für Vermögen, die die Gemeinde nach besonderen Rechtsvorschriften treuhänderisch zu verwalten hat, sind besondere Haushaltspläne aufzustellen und Sonderrechnungen zu führen.

(2) Geringfügiges Treuhandvermögen kann im Haushalt der Gemeinde gesondert nachgewiesen werden; es unterliegt den Vorschriften über die Haushaltswirtschaft.

(3) Für rechtlich selbstständige örtliche Stiftungen bleiben Bestimmungen des Stifters, für andere Treuhandvermögen besondere gesetzliche Vorschriften unberührt.

§ 93
Freistellung von der Finanzplanung

Das Staatsministerium des Innern kann durch Rechtsverordnung Sondervermögen und Treuhandvermögen von den Verpflichtungen des § 80 freistellen, soweit die Finanzplanung weder für die Haushalts- oder Wirtschaftsführung noch für die Finanzstatistik benötigt wird.

§ 94
Örtliche Stiftungen

(1) Die Gemeinde verwaltet die örtlichen Stiftungen nach den Vorschriften dieses Gesetzes, soweit durch Gesetz oder Stiftung nichts anderes bestimmt ist.

(2) Bei nichtrechtsfähigen Stiftungen kann die Gemeinde unter den Voraussetzungen des § 85 Absatz 1 des Bürgerlichen Gesetzbuches den Stiftungszweck ändern, unter den Voraussetzungen des § 86a des Bürgerlichen Gesetzbuches die Stiftung mit einer anderen nichtrechtsfähigen Stiftung zusammenlegen oder unter den Voraussetzungen des § 87 Absatz 1 des Bürgerlichen Gesetzbuches die Stiftung auflösen, wenn der Stifter oder die Stifterin nichts anderes bestimmt hat.

(3) [1]Enthält das Stiftungsgeschäft keine Bestimmung über den Vermögensanfall, fällt das Vermögen nichtrechtsfähiger Stiftungen an die Gemeinde. [2]Die Gemeinde hat bei der Verwendung des Vermögens den Stiftungszweck möglichst zu berücksichtigen.

(4) Gemeindevermögen darf nur im Rahmen der Aufgabenerfüllung der Gemeinde und nur dann in Stiftungsvermögen eingebracht werden, wenn der mit der Stiftung verfolgte Zweck auf andere Weise nicht erreicht werden kann.

DRITTER ABSCHNITT
Unternehmen und Beteiligungen der Gemeinde

§ 94a
Wirtschaftliche Unternehmen

(1) [1]Die Gemeinde darf zur Erfüllung ihrer Aufgaben ein wirtschaftliches Unternehmen ungeachtet der Rechtsform nur errichten, übernehmen, unterhalten, wesentlich verändern oder sich daran unmittelbar oder mittelbar beteiligen, wenn

1. der öffentliche Zweck dies rechtfertigt,
2. das Unternehmen nach Art und Umfang in einem angemessenen Verhältnis zur Leistungsfähigkeit der Gemeinde und zum voraussichtlichen Bedarf steht und
3. der Zweck nicht besser und wirtschaftlicher durch einen privaten Dritten erfüllt wird oder erfüllt werden kann.

[2]Vor einer Entscheidung ist den jeweiligen wirtschafts- und berufsständischen Kammern der betroffenen Wirtschaftskreise Gelegenheit zur Stellungnahme zu geben.

(2) Im Bereich der Wohnungswirtschaft hat die Gemeinde darüber hinaus darauf hinzuwirken, dass die zur angemessenen Bewirtschaftung des Wohnungsbestandes erforderliche Kredit- und Investitionsfähigkeit gesichert ist und der von ihr unmittelbar oder mittelbar gehaltene Wohnungsbestand keine marktbeherrschende Stellung einnimmt.

(3) Wirtschaftliche Unternehmen im Sinne dieses Gesetzes sind nicht

1. Unternehmen, die Aufgaben wahrnehmen, zu denen die Gemeinde verpflichtet ist,
2. Einrichtungen des Unterrichts-, Erziehungs- und Bildungswesens, der Kunstpflege, der körperlichen Ertüchtigung, der Gesundheits- und Wohlfahrtspflege und
3. Hilfsbetriebe, die ausschließlich zur Deckung des Eigenbedarfs der Gemeinde dienen.

(4) Wirtschaftliche Unternehmen der Gemeinde sind so zu führen, dass der öffentliche Zweck erfüllt wird; sie sollen einen Ertrag für den Haushalt der Gemeinde abwerfen,

soweit dadurch die Erfüllung des öffentlichen Zwecks nicht beeinträchtigt wird.
(5) (weggefallen)
(6) [1]Die Gemeinde darf keine Bankunternehmen betreiben oder Anteile an ihnen halten. [2]Für Sparkassen und eine Beteiligung an der Sachsen-Finanzgruppe gelten die Vorschriften des Gesetzes über die öffentlich-rechtlichen Kreditinstitute im Freistaat Sachsen und die Sachsen-Finanzgruppe vom 13. Dezember 2002 (SächsGVBl. S. 333), das zuletzt durch Artikel 16 des Gesetzes vom 18. Dezember 2013 (SächsGVBl. S. 970) geändert worden ist, in der jeweils geltenden Fassung. [3]Die §§ 94a bis 102 finden auf Sparkassen, eine Beteiligung an der Sachsen-Finanzgruppe und die sie tragenden Zweckverbände keine Anwendung.

§ 95
Unternehmensformen

(1) Unternehmen der Gemeinde können geführt werden:
1. nach den Vorschriften dieses Gesetzes über die Haushaltswirtschaft,
2. als Eigenbetriebe,
3. in einer Rechtsform des privaten Rechts.

(2) [1]Vor der Errichtung, Übernahme und wesentlichen Veränderung eines Unternehmens sowie der unmittelbaren oder mittelbaren Beteiligung an einem solchen ist der Gemeinderat umfassend über die Chancen und Risiken der beabsichtigten unternehmerischen Betätigung sowie über deren Auswirkungen auf die private Wirtschaft zu unterrichten. [2]Vor dem Beschluss über die Rechtsform des Unternehmens hat der Gemeinderat die Vor- und Nachteile der in Betracht kommenden öffentlich-rechtlichen und privatrechtlichen Organisationsformen im konkreten Einzelfall abzuwägen.

§ 95a
Eigenbetriebe

(1) [1]Die Gemeinde kann Unternehmen ohne eigene Rechtspersönlichkeit als Eigenbetrieb führen, wenn Art und Umfang der Tätigkeit eine selbstständige Wirtschaftsführung rechtfertigen. [2]Eigenbetriebe werden finanzwirtschaftlich als Sondervermögen der Gemeinde verwaltet und nachgewiesen.
(2) [1]Für den Eigenbetrieb ist eine Betriebsleitung zu bilden, die vom Gemeinderat gewählt wird. [2]Die Betriebsleitung führt die laufenden Geschäfte des Eigenbetriebs. [3]Ihr können weitere Aufgaben übertragen werden. [4]Die Betriebsleitung vertritt die Gemeinde im Rahmen ihrer Aufgaben. [5]Betriebsleiter können in ein Beamtenverhältnis auf Zeit berufen werden.
(3) [1]Der Gemeinderat regelt die Rechtsverhältnisse des Eigenbetriebs in einer Betriebssatzung. [2]Durch die Betriebssatzung soll ein beratender oder beschließender Ausschuss des Gemeinderats (Betriebsausschuss) für die Angelegenheiten des Eigenbetriebs gebildet werden.
(4) § 72 Absatz 1 und 2 Satz 1 und 2, §§ 73, 74 Absatz 1 Satz 2, § 76 Absatz 2 Satz 2, §§ 78, 80 bis 84, 86, 87 Absatz 1, § 89 Absatz 1 bis 4 und § 90 gelten entsprechend.

§ 96
Unternehmen in Privatrechtsform

(1) Die Gemeinde darf zur Erfüllung ihrer Aufgaben ein Unternehmen in einer Rechtsform des privaten Rechts nur errichten, übernehmen, unterhalten, wesentlich verändern oder sich daran unmittelbar oder mittelbar beteiligen, wenn
1. durch die Ausgestaltung des Gesellschaftsvertrages oder der Satzung die Erfüllung der Aufgaben der Gemeinde sichergestellt ist,
2. die Gemeinde einen angemessenen Einfluss, insbesondere im Aufsichtsrat oder in einem entsprechenden Überwachungsorgan des Unternehmens erhält und
3. die Haftung der Gemeinde auf einen ihrer Leistungsfähigkeit angemessenen Betrag begrenzt wird.

(2) Ein Unternehmen in der Rechtsform einer Aktiengesellschaft darf die Gemeinde nur errichten, übernehmen, wesentlich verändern oder sich daran unmittelbar oder mittelbar beteiligen, wenn der öffentliche Zweck des Unternehmens nicht ebenso gut in einer an-

deren Rechtsform erfüllt wird oder erfüllt werden kann.

§ 96a
Inhalt des Gesellschaftsvertrages

(1) Steht der Gemeinde allein oder zusammen mit anderen kommunalen Trägern der Selbstverwaltung, die der Aufsicht des Freistaates Sachsen unterstehen, eine zur Änderung des Gesellschaftsvertrages berechtigende Mehrheit der Anteile zu, ist im Gesellschaftsvertrag festzulegen, dass
1. der Zustimmung der Gemeinde die Errichtung, Übernahme und Beteiligung an anderen Unternehmen bedürfen,
2. der Zustimmung der Gesellschafterversammlung bedürfen
   a) wesentliche Veränderungen des Unternehmens,
   b) Verfügungen über Vermögen und die Aufnahme von Krediten, soweit die Rechtsgeschäfte von erheblicher wirtschaftlicher Bedeutung für das Unternehmen sind, wobei die hiervon erfassten Rechtsgeschäfte durch Beschluss der Gesellschafterversammlung festgelegt werden sollen, und
   c) die Bestellung und Abberufung von Mitgliedern der Geschäftsführung, wobei die Gesellschafterversammlung ihre Zuständigkeit auf den Aufsichtsrat übertragen kann,
3. die Gemeinde auch bei Rechtsgeschäften ihr selbst gegenüber in der Gesellschafterversammlung stimmberechtigt ist,
4. die §§ 394 und 395 des Aktiengesetzes entsprechend angewendet werden, soweit sie nicht unmittelbar Anwendung finden,
5. in entsprechender Anwendung der Vorschriften der Sächsischen Eigenbetriebsverordnung ein Wirtschaftsplan für jedes Wirtschaftsjahr aufgestellt und der Wirtschaftsführung eine fünfjährige Finanzplanung zugrunde gelegt wird,
6. die Gemeinde über den Wirtschaftsplan und die Finanzplanung sowie wesentliche Abweichungen hiervon unverzüglich unterrichtet wird,
7. die Abschlussprüfung im Umfang des § 53 Absatz 1 des Haushaltsgrundsätzegesetzes vom 19. August 1969 (BGBl. I S. 1273), das zuletzt durch Artikel 10 des Gesetzes vom 14. August 2017 (BGBl. I S. 3122) geändert worden ist, in der jeweils geltenden Fassung, durchzuführen ist,
8. der Jahresabschluss und der Lagebericht in entsprechender Anwendung der Vorschriften für große Kapitalgesellschaften im Dritten Buch des Handelsgesetzbuchs aufgestellt und geprüft wird, sofern nicht weitergehende gesetzliche Vorschriften gelten,
9. der Jahresabschluss, der Lagebericht und der Prüfungsbericht des Abschlussprüfers an die Gemeinde und die Rechtsaufsichtsbehörde unverzüglich übersandt werden; diese Verpflichtung bezieht sich gegenüber der Gemeinde auch auf die Angaben, die nach § 99 Absatz 2 und 3 für die Erstellung des Beteiligungsberichtes notwendig sind,
10. der Gemeinde zu dem von ihr bestimmten Zeitpunkt die für die Aufstellung des Gesamtabschlusses (§ 88b) erforderlichen Unterlagen übersandt und Auskünfte erteilt werden,
11. der örtlichen Prüfungseinrichtung und der überörtlichen Prüfungsbehörde die Befugnis zur Prüfung der Haushalts- und Wirtschaftsführung des Unternehmens eingeräumt wird,
12. der örtlichen Prüfungseinrichtung gemäß § 103 und der überörtlichen Prüfungsbehörde gemäß § 108 die in § 54 des Haushaltsgrundsätzegesetzes vorgesehenen Befugnisse eingeräumt werden,
13. die Gesellschaft ein anderes Unternehmen nur unterhalten, übernehmen oder sich daran beteiligen darf, wenn den Nummern 1 und 2 sowie 4 bis 13 entsprechende Regelungen im Gesellschaftsvertrag dieses Unternehmens enthalten sind, sofern sie allein oder zusammen mit anderen Gesellschaftern, für die ebenfalls diese Verpflichtung besteht, eine zur Änderung des Gesellschaftsvertrages berechtigende Mehrheit der Anteile hat;

bei Beteiligungen ab der dritten Beteiligungsstufe (Enkelgesellschaften der Unternehmen der Gemeinde) kann die örtliche Prüfungseinrichtung von den in den Nummern 11 und 12 vorgesehenen Befugnissen nur Gebrauch machen, wenn die Gemeinde nicht innerhalb von vier Wochen widerspricht.

(2) Bei einer geringeren Beteiligung hat die Gemeinde darauf hinzuwirken, dass die im Absatz 1 genannten Regelungen getroffen werden.

(3) Die Absätze 1 und 2 gelten entsprechend für Unternehmen in anderen Rechtsformen des privaten Rechts.

§ 97
Kommunale Versorgungsunternehmen

(1) Die Betätigung von kommunalen Unternehmen der Bereiche der Strom-, Gas-, Wärme- und Wasserversorgung sowie Telekommunikation (kommunale Versorgungsunternehmen) dient auch außerhalb des Gemeindegebiets in diesen Bereichen einem öffentlichen Zweck und ist zulässig, wenn sie nach Art und Umfang in einem angemessenen Verhältnis zur Leistungsfähigkeit der Gemeinde steht.

(2) [1]Für eine Gemeinde, die selbst ein kommunales Versorgungsunternehmen errichtet, unterhält oder sich unmittelbar an einem bestehenden Unternehmen beteiligt (unmittelbare Beteiligung), gelten die Vorschriften des dritten und vierten Abschnitts mit Ausnahme von § 96a Absatz 1 Nummer 1 und 13 und von weiteren Regelungen, soweit diese mittelbare Beteiligungen betreffen. [2]Satz 1 gilt auch, wenn eine Gemeinde, unabhängig davon, ob sie an dem Unternehmen bereits beteiligt ist, dieses ganz oder teilweise übernimmt, oder wenn sich ein solches Unternehmen, an dem die Gemeinde unmittelbar beteiligt ist, wesentlich verändert.

(3) Auf die Errichtung von, die Beteiligung an, die Übernahme von und die Unterhaltung von Unternehmen aus den Bereichen der Strom-, Gas-, Wärme- und Wasserversorgung sowie Telekommunikation durch bestehende kommunale Versorgungsunternehmen (mittelbare Beteiligung) finden die Vorschriften des dritten und vierten Abschnitts mit Ausnahme der §§ 98, 99 und 101 keine Anwendung.

(4) Eine Gemeinde, die selbst ein kommunales Versorgungsunternehmen errichtet, unterhält oder sich unmittelbar an einem bestehenden Unternehmen beteiligt, hat durch entsprechende gesellschaftsvertragliche Vereinbarungen sicherzustellen, dass

1. das kommunale Versorgungsunternehmen die Absicht einer mittelbaren Beteiligung spätestens vier Wochen, bevor diese vollzogen werden soll, den an ihm mittelbar beteiligten Gemeinden unter Vorlage der konkreten gesellschaftsrechtlichen Vereinbarungen anzeigt und der Abschluss dieser Vereinbarung nur unter der Bedingung erfolgen darf, dass die Rechtsaufsichtsbehörde gegenüber den beteiligten Gemeinden zuvor keinen Genehmigungsvorbehalt geltend gemacht hat, und
2. eine mittelbare Beteiligung im Fall der Geltendmachung eines Genehmigungsvorbehaltes erst dann erfolgen darf, wenn die beteiligten Gemeinden der mittelbaren Beteiligung zugestimmt haben und ihre Zustimmung durch die Rechtsaufsichtsbehörde genehmigt wurde.

(5) [1]Die Gemeinden, denen eine Anzeige nach Absatz 4 Nummer 1 vorliegt, haben diese unverzüglich der zuständigen Rechtsaufsichtsbehörde vorzulegen. [2]Die Rechtsaufsichtsbehörde kann innerhalb der Frist nach Absatz 4 Nummer 1 bestimmen, dass die beabsichtigte mittelbare Beteiligung der Zustimmung der Gemeinde und diese der Genehmigung der Rechtsaufsichtsbehörde bedarf. [3]Die Rechtsaufsichtsbehörde kann in der Zeit zwischen Anzeige und beabsichtigtem Vollzugszeitpunkt bei wesentlichen Veränderungen eines kommunalen Versorgungsunternehmens gegenüber der Gemeinde anordnen, dass die beabsichtigte mittelbare Beteiligung der Zustimmung der Gemeinde und diese der Genehmigung der Rechtsaufsichtsbehörde bedarf. [4]Sie soll sich in diesem Fall unverzüglich mit der Gemeinde ins Benehmen setzen.

(6) Die Absätze 2 bis 5 gelten nicht für eine Beteiligung an einem kommunalen Versorgungsunternehmen, das seinen Sitz außerhalb der Bundesrepublik Deutschland hat oder sich außerhalb der Bundesrepublik Deutschland betätigt.
(7) Über die Auswirkungen der Regelungen der Absätze 1 bis 6 berichtet das Staatsministerium des Innern dem Landtag im Jahr 2024.

§ 98
Vertretung der Gemeinde in Unternehmen in Privatrechtsform

(1) [1]Die Gemeinde wird in der Gesellschafterversammlung oder dem entsprechenden Organ eines Unternehmens in einer Rechtsform des privaten Rechts durch den Bürgermeister vertreten. [2]Kann die Gemeinde weitere Vertreter entsenden, so werden diese vom Gemeinderat widerruflich bestellt. [3]Ist mehr als ein weiterer Vertreter zu entsenden, gilt § 42 Absatz 2 entsprechend. [4]Ein durch den Bürgermeister mit seiner ständigen Vertretung beauftragter Vertreter sowie die durch den Gemeinderat zu bestellenden weiteren Vertreter der Gemeinde müssen über die für diese Aufgabe erforderliche betriebswirtschaftliche Erfahrung und Sachkunde verfügen. [5]In den in § 28 Absatz 2 Nummer 15 genannten Angelegenheiten üben die Vertreter der Gemeinde ihre Befugnisse aufgrund von Beschlüssen des Gemeinderats aus. [6]In anderen Angelegenheiten kann der Gemeinderat ihnen Weisungen erteilen. [7]Die Vertreter der Gemeinde haben den Gemeinderat oder einen beschließenden Ausschuss über alle Angelegenheiten des Unternehmens von besonderer Bedeutung frühzeitig zu unterrichten.
(2) [1]Hat die Gemeinde das Recht, Personen als Mitglied des Aufsichtsrates oder eines entsprechenden Überwachungsorgans zu entsenden oder der Gesellschafterversammlung zur Wahl vorzuschlagen, werden diese vom Gemeinderat bestimmt. [2]Ist mehr als ein Mitglied zu bestimmen, gilt § 42 Absatz 2 entsprechend. [3]Die Entsendung ist widerruflich. [4]Als Mitglieder nach Satz 1 dürfen nur Personen bestimmt werden, die über die für diese Aufgabe erforderliche betriebswirtschaftliche Erfahrung und Sachkunde verfügen. [5]Wenn diese Gemeinde mehr als ein Mitglied in den Aufsichtsrat entsenden oder der Gesellschafterversammlung zur Wahl vorschlagen kann, dann ist auch der Bürgermeister oder ein von ihm benannter Bediensteter der Verwaltung vom Gemeinderat zu bestimmen.
(3) Die von der Gemeinde entsandten oder zur Wahl vorgeschlagenen Mitglieder des Aufsichtsrates haben den Gemeinderat oder einen beschließenden Ausschuss und, sofern dieser nicht dem Organ angehört, auch den Bürgermeister frühzeitig über alle Angelegenheiten des Unternehmens von besonderer Bedeutung zu unterrichten.
(4) [1]Wird ein Vertreter der Gemeinde wegen seiner Tätigkeit im Organ eines Unternehmens haftbar gemacht, hat ihm die Gemeinde den Schaden zu ersetzen. [2]Dies gilt nicht, wenn der Vertreter vorsätzlich oder grob fahrlässig gehandelt hat; auch in diesem Fall ist der Schaden zu ersetzen, wenn er nach Weisung der Gemeinde gehandelt hat.
(5) [1]Die Gemeinde soll den von ihr in Organe eines Unternehmens nach Absatz 1 und 2 entsandten Personen Gelegenheit geben, regelmäßig an Fortbildungsveranstaltungen teilzunehmen, die der Wahrnehmung ihrer Aufgaben dienlich sind. [2]Die nach Satz 1 entsandten Personen haben sich regelmäßig zur Wahrnehmung ihrer Aufgaben fortzubilden.

§ 99
Beteiligungsverwaltung

(1) Die Gemeinde schafft die Voraussetzungen, um die Unternehmen, an denen sie unmittelbar oder mittelbar beteiligt ist, zu steuern und zu überwachen sowie die auf ihre Veranlassung in diesen Unternehmen tätigen Aufsichtsratsmitglieder bei der Wahrnehmung ihrer Aufgabe zu unterstützen.
(2) [1]Dem Gemeinderat ist jeweils bis zum 31. Dezember des dem Berichtsjahr folgenden Jahres ein Bericht über die Eigenbetriebe und die Unternehmen in einer Rechtsform des privaten Rechts vorzulegen, an denen die Gemeinde unmittelbar oder mittelbar beteiligt ist. [2]In dem Beteiligungsbericht müssen mindestens enthalten sein:

1. eine Beteiligungsübersicht unter Angabe der Rechtsform, des Unternehmensgegenstandes, des Unternehmenszwecks und des Stamm- oder Grundkapitals sowie des prozentualen Anteils der Gemeinde an diesem,
2. die Finanzbeziehungen zwischen der Gemeinde und den Unternehmen, insbesondere unter Angabe der Summe aller Gewinnabführungen an den Gemeindehaushalt, der Summe aller Verlustabdeckungen und sonstigen Zuschüsse aus dem Gemeindehaushalt, der Summe aller gewährten sonstigen Vergünstigungen sowie der Summe aller von der Gemeinde übernommenen Bürgschaften und sonstigen Gewährleistungen,
3. ein Lagebericht, der den Geschäftsverlauf und die Lage aller Unternehmen so darstellt, dass ein den tatsächlichen Verhältnissen entsprechendes Gesamtbild vermittelt wird; der Lagebericht soll insbesondere auf Unternehmensvorgänge von besonderer Bedeutung, die während des letzten Geschäftsjahres eingetreten sind, und auf die voraussichtliche Entwicklung der Unternehmen im kommenden Geschäftsjahr eingehen.

[3]Dem Bericht sind als Anlage die Satz 2 entsprechenden Angaben für die Zweckverbände, deren Mitglied die Gemeinde ist, sowie deren Beteiligungsberichte beizufügen.

(3) Darüber hinaus soll der Bericht für jedes Unternehmen in einer Rechtsform des privaten Rechts, an dem die Gemeinde unmittelbar oder mittelbar mit mindestens 25 Prozent beteiligt ist, insbesondere Folgendes ausweisen:
1. die Organe des Unternehmens, die Zusammensetzung der Organe unter namentlicher Nennung von Geschäftsführung, Vorstands- und Aufsichtsratsmitgliedern, die Anzahl der Mitarbeiter sowie den Namen des bestellten Abschlussprüfers und, soweit möglich, die Namen und Beteiligungsanteile der anderen Anteilseigner,
2. die wichtigsten Bilanz- und Leistungskennzahlen für das Berichtsjahr und die beiden dem Berichtsjahr vorangegangenen Jahre; für das Berichtsjahr sind die Planwerte den aktuellen Ist-Werten gegenüberzustellen; die Kennzahlen sollen eine Beurteilung der Vermögenssituation, der Kapitalstruktur, der Liquidität, der Rentabilität und des Geschäftserfolgs des Unternehmens zulassen,
3. wesentliche Sachverhalte aus dem Lagebericht der Geschäftsführung zum Berichtsjahr und dem darauffolgenden Geschäftsjahr einschließlich einer Bewertung der Kennzahlen.

(4) [1]Der Beteiligungsbericht ist der Rechtsaufsichtsbehörde zuzuleiten. [2]Die Angaben des Beteiligungsberichts nach Absatz 2 sind von der Gemeinde zur Einsichtnahme verfügbar zu halten. [3]Dies ist ortsüblich bekannt zu geben.

§ 100
(weggefallen)

§ 101
Konzessionsverträge

(1) [1]Die Gemeinde darf Konzessionsverträge, durch die sie einem Energieversorgungsunternehmen die Benutzung von Gemeindeeigentum einschließlich der öffentlichen Straßen, Wege und Plätze für Leitungen zur Versorgung der Einwohner gestattet, nur abschließen, wenn die Erfüllung der Aufgaben der Gemeinde nicht gefährdet wird und die berechtigten wirtschaftlichen Interessen der Gemeinde und ihrer Einwohner gewahrt sind. [2]Hierüber soll dem Gemeinderat vor der Beschlussfassung das Gutachten eines unabhängigen Sachverständigen vorgelegt werden.

(2) Dasselbe gilt für eine Verlängerung oder ihre Ablehnung sowie eine wichtige Änderung derartiger Verträge.

§ 102
Anzeige-, Vorlage- und Genehmigungspflichten

(1) [1]Rechtsgeschäfte nach § 96 Absatz 1 und Beschlüsse des Gemeinderats im Fall einer wesentlichen Veränderung und der mittelbaren Beteiligung bedürfen der Genehmigung

durch die Rechtsaufsichtsbehörde. [2]Über die Genehmigung ist binnen acht Wochen nach Eingang des vollständigen Antrages zu entscheiden. [3]Der Eingang des Antrages ist der Gemeinde unverzüglich zu bestätigen; dabei ist auf fehlende Unterlagen hinzuweisen. [4]Die Genehmigungsfrist kann durch die nächsthöhere Rechtsaufsichtsbehörde verlängert werden.

(2) Beschlüsse der Gemeinde über Maßnahmen und Rechtsgeschäfte nach § 94a Absatz 1 und § 101 sind der Rechtsaufsichtsbehörde unter Nachweis der gesetzlichen Voraussetzungen vorzulegen.

(3) Änderungen des Gesellschaftsvertrages oder der Satzung, die nicht genehmigungspflichtig nach Absatz 1 sind, sowie Rechtsgeschäfte im Sinne von § 96a Absatz 1 Nummer 2 Buchstabe b sind der Rechtsaufsichtsbehörde anzuzeigen.

VIERTER ABSCHNITT
Prüfungswesen

§ 103
Örtliche Prüfungseinrichtungen

(1) [1]Die Gemeinden haben ein Rechnungsprüfungsamt als besonderes Amt einzurichten, sofern sie sich nicht eines anderen kommunalen Rechnungsprüfungsamtes bedienen. [2]Gemeinden mit weniger als 20 000 Einwohnern können stattdessen einen geeigneten Bediensteten als Rechnungsprüfer bestellen oder sich eines anderen kommunalen Rechnungsprüfers, eines Wirtschaftsprüfers oder einer Wirtschaftsprüfungsgesellschaft bedienen. [3]Für den Rechnungsprüfer gelten die Absätze 2, 4 und 5 sowie die §§ 104 bis 106, für den Wirtschaftsprüfer und die Wirtschaftsprüfungsgesellschaft die Absätze 2 und 5 sowie die §§ 104 bis 106 mit Ausnahme des § 106 Absatz 2 Satz 1 entsprechend.

(2) [1]Das Rechnungsprüfungsamt ist bei der Erfüllung der ihm zugewiesenen Prüfungsaufgaben unabhängig und an Weisungen nicht gebunden. [2]Es untersteht im Übrigen dem Bürgermeister unmittelbar.

(3) [1]Der Leiter des Rechnungsprüfungsamtes muss hauptamtlicher Bediensteter der Gemeinde sein. [2]Er muss die für sein Amt erforderliche Vorbildung, Erfahrung und Eignung besitzen.

(4) [1]Die Leitung des Rechnungsprüfungsamtes kann einem Bediensteten nur durch Beschluss des Gemeinderats und nur dann entzogen werden, wenn die ordnungsgemäße Erfüllung seiner Aufgaben nicht mehr gewährleistet ist. [2]Der Beschluss muss mit einer Mehrheit von zwei Dritteln der Stimmen aller Mitglieder des Gemeinderates gefasst werden und ist der Rechtsaufsichtsbehörde anzuzeigen.

(5) [1]Der Leiter und die Prüfer des Rechnungsprüfungsamtes dürfen zum Bürgermeister, zu einem Beigeordneten, einem Stellvertreter des Bürgermeisters, zum Fachbediensteten für das Finanzwesen sowie zum Kassenverwalter, zu dessen Stellvertreter und zu anderen Bediensteten der Gemeindekasse nicht in einem die Befangenheit begründenden Verhältnis nach § 20 Absatz 1 Nummer 1 bis 3 stehen. [2]Sie dürfen andere Aufgaben in der Gemeindeverwaltung wahrnehmen, wenn dies mit der Unabhängigkeit und den Aufgaben des Rechnungsprüfungsamtes vereinbar ist. [3]Sie dürfen Zahlungen für die Gemeinde weder anordnen noch ausführen.

§ 104
Örtliche Prüfung des Jahresabschlusses und des Gesamtabschlusses

(1) [1]Das Rechnungsprüfungsamt hat den Jahresabschluss einschließlich des Anhangs mit allen Anlagen und des Rechenschaftsberichts vor der Feststellung durch den Gemeinderat daraufhin zu prüfen, ob

1. bei den Erträgen, Aufwendungen, Einzahlungen und Auszahlungen sowie bei der Vermögensverwaltung vorschriftsmäßig verfahren worden ist,
2. die einzelnen Rechnungsbeträge sachlich und rechnerisch vorschriftsmäßig begründet und belegt sind,
3. der Haushaltsplan eingehalten worden ist und

4. das Vermögen, die Kapitalposition, die Sonderposten, die Rechnungsabgrenzungsposten und die Schulden richtig nachgewiesen worden sind.

[2]Darüber hinaus hat es den Gesamtabschluss entsprechend Satz 1 Nummer 1 und 4 zu prüfen; vorhandene Ergebnisse der Prüfung nach § 105 und vorhandene Jahresabschlussprüfungen sind dabei zu berücksichtigen.

(2) [1]Das Rechnungsprüfungsamt hat die Prüfung innerhalb von drei Monaten nach Aufstellung des Jahresabschlusses und des Gesamtabschlusses durchzuführen. [2]Es legt dem Bürgermeister einen Bericht über das Prüfungsergebnis vor. [3]Dieser veranlasst die Aufklärung von Beanstandungen. [4]Das Rechnungsprüfungsamt fasst seine Bemerkungen in einem Schlussbericht zusammen, der dem Gemeinderat vorzulegen und auf dessen Verlangen vom Leiter des Rechnungsprüfungsamtes zu erläutern ist.

§ 105
Örtliche Prüfung der Eigenbetriebe

Zur Vorbereitung der Beschlussfassung des Gemeinderats über den Jahresabschluss nach der Sächsischen Eigenbetriebsverordnung hat das Rechnungsprüfungsamt auf Grund der Unterlagen der Gemeinde und der Betriebe zu prüfen, ob

1. die für die Verwaltung der Gemeinde geltenden gesetzlichen Vorschriften und die Beschlüsse des Gemeinderats sowie die Anordnungen des Bürgermeisters eingehalten worden sind,
2. die Vergütung der Leistungen, Lieferungen und Leihgelder der Gemeinde für die Betriebe, der Betriebe für die Gemeinde und der Betriebe untereinander angemessen ist und
3. das von der Gemeinde zur Verfügung gestellte Eigenkapital angemessen verzinst wird.

§ 106
Weitere Aufgaben der örtlichen Prüfung

(1) Weitere Aufgaben des Rechnungsprüfungsamtes sind

1. die laufende Prüfung der Kassenvorgänge bei der Gemeinde zur Vorbereitung der Prüfung des Jahresabschlusses,
2. die Kassenüberwachung, insbesondere die Vornahme der Kassenprüfungen bei der Gemeindekasse und den Sonderkassen,
3. die Prüfung des Nachweises der Vorräte und Vermögensbestände der Gemeinde und ihrer Sondervermögen.

(2) [1]Das Rechnungsprüfungsamt kann ferner folgende Aufgaben wahrnehmen:

1. die Prüfung der Organisation und Wirtschaftlichkeit der Verwaltung,
2. die Prüfung der Vergaben vor dem Abschluss von Lieferungs- und Leistungsverträgen,
3. die Prüfung der Wirtschaftsführung der Eigenbetriebe und anderer Einrichtungen der Gemeinde,
4. die laufende Prüfung der Kassenvorgänge bei den Sonderkassen,
5. die Prüfung der Betätigung der Gemeinde unmittelbar oder mittelbar in Unternehmen, an denen die Gemeinde beteiligt ist,
6. die Buch-, Betriebs- und Kassenprüfungen, die sich die Gemeinde bei einer Beteiligung, bei der Hergabe eines Darlehens oder sonst vorbehalten hat und
7. die Prüfung der Haushalts- und Wirtschaftsführung derjenigen Unternehmen, die ihm gemäß § 96a Absatz 1 Nummer 11 ein solches Prüfungsrecht eingeräumt haben.

[2]In Unternehmen, bei denen der Jahresabschluss und der Lagebericht in entsprechender Anwendung der Vorschriften für große Kapitalgesellschaften im Dritten Buch des Handelsgesetzbuches aufgestellt und geprüft werden, findet die Prüfung nach Satz 1 Nummer 7 nur statt, wenn der Gemeinderat nicht widersprochen hat. [3]Der Gemeinderat kann dem Rechnungsprüfungsamt weitere Aufgaben übertragen.

§ 107
(weggefallen)

§ 108
Überörtliche Prüfungsbehörde

Überörtliche Prüfungsbehörde ist der Sächsische Rechnungshof.

§ 109
Aufgaben und Gang der überörtlichen Prüfung

(1) [1]Die überörtliche Prüfung erstreckt sich darauf, ob
1. bei der Haushalts-, Kassen- und Rechnungsführung, der Wirtschaftsführung und dem Rechnungswesen, der Vermögensverwaltung der Gemeinde und ihrer Sonder- und Treuhandvermögen sowie der Betätigung der Gemeinde in Unternehmen, an denen die Gemeinde unmittelbar oder mittelbar beteiligt ist, die gesetzlichen Vorschriften eingehalten und
2. die staatlichen Zuwendungen bestimmungsgemäß verwendet worden sind.

[2]Die Prüfung schließt den Jahresabschluss, einschließlich des Anhangs mit allen Anlagen und des Rechnungsberichts, ein. [3]Bei der Prüfung sind vorhandene Ergebnisse der örtlichen Prüfung (§§ 104 bis 106) zu berücksichtigen.

(2) Die überörtliche Prüfung kann sich auch auf die Organisation und die Wirtschaftlichkeit der Verwaltung sowie auf die Haushalts- und Wirtschaftsführung derjenigen Unternehmen erstrecken, die der überörtlichen Prüfungsbehörde gemäß § 96a Absatz 1 Nummer 11 ein solches Prüfungsrecht eingeräumt haben.

(3) Die überörtliche Prüfung soll innerhalb von fünf Jahren nach Ende des Haushaltsjahres unter Einbeziehung sämtlicher vorliegender Jahresabschlüsse einschließlich der Anhänge mit allen Anlagen und der Rechenschaftsberichte und Gesamtabschlüsse sowie Jahresabschlüsse der Sondervermögen, Treuhandvermögen, Unternehmen und Beteiligungen vorgenommen werden.

(4) [1]Die Prüfungsbehörde teilt das Ergebnis der überörtlichen Prüfung in Form eines Prüfungsberichts der Gemeinde und der Rechtsaufsichtsbehörde mit. [2]Der Prüfungsbericht ist innerhalb von sechs Monaten nach Erhalt dem Gemeinderat vorzulegen.

(5) [1]Die Gemeinde hat zu den Feststellungen des Prüfungsberichts über wesentliche Beanstandungen gegenüber der Rechtsaufsichtsbehörde und gegenüber der Prüfungsbehörde innerhalb einer dafür bestimmten Frist Stellung zu nehmen; dabei ist mitzuteilen, ob den Feststellungen Rechnung getragen worden ist. [2]Hat die überörtliche Prüfung keine wesentlichen Beanstandungen ergeben oder sind diese erledigt, bestätigt die Rechtsaufsichtsbehörde der Gemeinde den Abschluss der Prüfung. [3]Soweit wesentliche Beanstandungen nicht erledigt sind, schränkt die Rechtsaufsichtsbehörde die Bestätigung entsprechend ein; ist eine Erledigung noch möglich, veranlasst sie gleichzeitig die Gemeinde, die erforderlichen Maßnahmen durchzuführen.

§ 110
(weggefallen)

FÜNFTER TEIL
Aufsicht

§ 111
Wesen und Inhalt der Aufsicht

(1) Die Aufsicht beschränkt sich darauf, die Gesetzmäßigkeit der Verwaltung sicherzustellen (Rechtsaufsicht), soweit gesetzlich nichts anderes bestimmt ist.

(2) Die Aufsicht über die Erfüllung von Weisungsaufgaben erstreckt sich auf die Gesetzmäßigkeit und Zweckmäßigkeit der Verwaltung (Fachaufsicht), soweit gesetzlich nichts anderes bestimmt ist.

(3) Die Aufsicht ist so auszuüben, dass die Rechte der Gemeinden geschützt und die Erfüllung ihrer Pflichten gesichert sowie die Entschlusskraft und Verantwortungsbereitschaft gefördert werden.

§ 112
Rechtsaufsichtsbehörden

(1) [1]Rechtsaufsichtsbehörde für kreisangehörige Gemeinden ist das Landratsamt, für Kreisfreie Städte die Landesdirektion Sachsen. [2]Obere Rechtsaufsichtsbehörde ist für alle Gemeinden die Landesdirektion Sachsen. [3]Oberste Rechtsaufsichtsbehörde ist das Staatsministerium des Innern.
(2) [1]Die dem Landratsamt obliegenden Aufgaben sind Weisungsaufgaben. [2]Das Weisungsrecht ist nicht beschränkt. [3]Es wird durch die obere und die oberste Rechtsaufsichtsbehörde ausgeübt. [4]§ 2 Absatz 3 Satz 3 findet keine Anwendung.
(3) Leistet die Rechtsaufsichtsbehörde einer ihr erteilten Weisung keine Folge, so kann an ihrer Stelle die nächsthöhere Rechtsaufsichtsbehörde die erforderlichen Maßnahmen treffen.
(4) [1]Ist an einer Entscheidung des Landkreises dieser als Rechtsaufsichtsbehörde aufgrund eigener kreislicher Interessen beteiligt, entscheidet die obere Rechtsaufsichtsbehörde. [2]Diese entscheidet auch, ob die Voraussetzungen für ihre Zuständigkeit vorliegen.

§ 113
Informationsrecht

Soweit es zur Erfüllung ihrer Aufgaben erforderlich ist, können sich die in § 112 Absatz 1 genannten Rechtsaufsichtsbehörden über einzelne Angelegenheiten der Gemeinden in geeigneter Weise informieren.

§ 114
Beanstandungsrecht

(1) [1]Die Rechtsaufsichtsbehörde kann Beschlüsse und Anordnungen der Gemeinde, die das Gesetz verletzen, beanstanden und verlangen, dass sie von der Gemeinde binnen einer angemessenen Frist aufgehoben oder abgeändert werden. [2]Sie kann ferner verlangen, dass Maßnahmen, die auf Grund derartiger Beschlüsse oder Anordnungen getroffen wurden, rückgängig gemacht werden. [3]Die Beanstandung hat aufschiebende Wirkung.
(2) [1]Wenn Tatsachen die Annahme rechtfertigen, dass ein Beschluss oder eine Anordnung der Gemeinde das Gesetz verletzt, eine Entscheidung nach Absatz 1 Satz 1 aber noch nicht getroffen werden kann, kann die Rechtsaufsichtsbehörde die erforderlichen vorläufigen Maßnahmen treffen, insbesondere verlangen, dass der Vollzug vorläufig unterbleibt. [2]Maßnahmen nach Satz 1 treten spätestens nach einem Monat außer Kraft.

§ 115
Anordnungsrecht

Erfüllt die Gemeinde die ihr obliegenden Pflichten nicht, kann die Rechtsaufsichtsbehörde anordnen, dass die Gemeinde innerhalb einer angemessenen Frist die notwendigen Maßnahmen durchführt.

§ 116
Ersatzvornahme

(1) Kommt die Gemeinde einer Anordnung der Rechtsaufsichtsbehörde nach den §§ 113 bis 115 nicht innerhalb der bestimmten Frist nach, kann die Rechtsaufsichtsbehörde die Anordnung an Stelle und auf Kosten der Gemeinde selbst durchführen oder einen Dritten mit der Durchführung beauftragen.
(2) Die Rechtsaufsichtsbehörde kann von der Gemeinde die Vorauszahlung der voraussichtlichen Kosten der Ersatzvornahme verlangen.

§ 117
Bestellung eines Beauftragten

(1) Entspricht die Verwaltung der Gemeinde in erheblichem Umfang nicht den Erfordernissen einer gesetzmäßigen Verwaltung und reichen die Befugnisse der Rechtsaufsichtsbehörde nicht aus, die Gesetzmäßigkeit der Verwaltung der Gemeinde zu sichern, kann die Rechtsaufsichtsbehörde einen Beauftragten bestellen, der alle oder einzelne Aufgaben der Gemeinde auf deren Kosten wahrnimmt.
(2) Der gemäß Absatz 1 bestellte Beauftragte hat kein Stimmrecht im Gemeinderat und seinen Ausschüssen.

§ 118
Vorzeitige Beendigung der Amtszeit des Bürgermeisters

(1) Wird der Bürgermeister den Anforderungen seines Amtes nicht gerecht und treten dadurch so erhebliche Missstände in der Verwaltung der Gemeinde ein, dass eine Weiterführung des Amtes im öffentlichen Interesse nicht vertretbar ist, kann die Amtszeit des Bürgermeisters für beendet erklärt werden, wenn andere Maßnahmen nicht ausreichen.

(2) [1]Die Erklärung der vorzeitigen Beendigung der Amtszeit erfolgt in einem förmlichen Verfahren, das von der oberen Rechtsaufsichtsbehörde eingeleitet wird. [2]Auf dieses Verfahren finden die disziplinarrechtlichen Vorschriften entsprechende Anwendung. [3]Die dem Bürgermeister erwachsenen notwendigen Auslagen trägt die Gemeinde.

(3) Bei vorzeitiger Beendigung seiner Amtszeit wird der Bürgermeister besoldungs- und versorgungsrechtlich so gestellt, als wäre er abgewählt worden.

§ 119
Vorlage- und Genehmigungspflicht

(1) Ein Beschluss der Gemeinde, der nach gesetzlicher Vorschrift der Rechtsaufsichtsbehörde vorzulegen ist, darf erst vollzogen werden, wenn die Rechtsaufsichtsbehörde die Gesetzmäßigkeit bestätigt oder den Beschluss nicht innerhalb eines Monats beanstandet hat.

(2) Ein Beschluss der Gemeinde, der nach gesetzlicher Vorschrift der Genehmigung der Rechtsaufsichtsbehörde bedarf, darf erst vollzogen werden, wenn die Genehmigung erteilt ist.

§ 120
Unwirksame und nichtige Rechtsgeschäfte

(1) Rechtsgeschäfte sind bis zur Erteilung der nach gesetzlicher Vorschrift erforderlichen Genehmigung der Rechtsaufsichtsbehörde unwirksam; wird die Genehmigung unanfechtbar versagt, sind sie nichtig.

(2) Rechtsgeschäfte, die gegen das Verbot des § 72 Absatz 2 Satz 2, des § 82 Absatz 6 Satz 1 oder des § 83 Absatz 1 Satz 1 verstoßen, sind nichtig.

§ 121
Geltendmachung von Ansprüchen, Verträge mit der Gemeinde

(1) [1]Ansprüche der Gemeinde gegen Gemeinderäte oder gegen den Bürgermeister werden von der Rechtsaufsichtsbehörde geltend gemacht. [2]Die Kosten der Rechtsverfolgung trägt die Gemeinde.

(2) [1]Beschlüsse über Verträge der Gemeinde mit einem Gemeinderat, dem Bürgermeister oder einem Beigeordneten sowie Beschlüsse über Verträge der Gemeinde mit einer juristischen Person, die von einem Gemeinderat, dem Bürgermeister oder einem Beigeordneten geführt werden oder an denen solche Personen maßgeblichen Einfluss haben, sind der Rechtsaufsichtsbehörde vorzulegen. [2]Dies gilt nicht für Beschlüsse über Verträge, die nach einem feststehenden Tarif oder einem ortsüblichen Entgelt abgeschlossen werden oder die für die Gemeinde nur von geringer wirtschaftlicher Bedeutung sind.

§ 122
Zwangsvollstreckung

(1) Die Zwangsvollstreckung gegen die Gemeinde wegen einer Geldforderung bedarf der Zulassung durch die Rechtsaufsichtsbehörde, sofern es sich nicht um die Verfolgung dinglicher Rechte handelt.

(2) Die Zulassung hat zu erfolgen, soweit es sich nicht um Vermögensgegenstände handelt, die für die Erfüllung von Pflichtaufgaben der Gemeinde unentbehrlich sind oder deren Veräußerung ein überwiegendes öffentliches Interesse entgegensteht.

(3) In der Zulassungsverfügung sind der Zeitpunkt der Zwangsvollstreckung und die Vermögensgegenstände, in die vollstreckt werden darf, zu bestimmen.

§ 123
Fachaufsicht

(1) [1]Die Zuständigkeit zur Ausübung der Fachaufsicht bestimmt sich nach den hierfür geltenden besonderen Rechtsvorschriften. [2]Soweit solche Rechtsvorschriften nicht bestehen, obliegt die Ausübung der Fachaufsicht den für die Rechtsaufsicht zuständigen Behörden mit der Maßgabe, dass oberste Fachaufsichtsbehörde das fachlich zuständige Staatsministerium ist.

(2) [1]Den Fachaufsichtsbehörden steht im Rahmen ihrer Zuständigkeit ein Informationsrecht nach § 113 zu. [2]Für Aufsichtsmaßnahmen nach §§ 114 bis 118, die erforderlich sind, um die ordnungsgemäße Durchführung der Weisungsaufgaben sicherzustellen, ist nur die Rechtsaufsichtsbehörde zuständig, soweit gesetzlich nichts anderes bestimmt ist.

(3) Leistet die Gemeinde einer ihr erteilten Weisung keine Folge und ermächtigt ein Gesetz die Fachaufsichtsbehörde, an Stelle der Gemeinde zu handeln, ist § 116 Absatz 2 entsprechend anzuwenden.

(4) Soweit einzelne Gemeinden Aufgaben erfüllen, die sonst von den Landkreisen wahrgenommen werden, richten sich die Fachaufsicht und im Rahmen des Absatzes 2 Satz 2 die Zuständigkeit der Rechtsaufsichtsbehörden nach den für die Kreisfreien Städte geltenden Vorschriften.

(5) [1]Sind die zu beaufsichtigenden Gebietskörperschaften in Angelegenheiten zuständig, die der Freistaat Sachsen im Auftrage des Bundes (Artikel 85 des Grundgesetzes) ausführt, obliegt ihnen die Erfüllung der Aufgabe als Weisungsaufgabe. [2]Das Weisungsrecht ist nicht beschränkt. [3]In den Fällen des Artikels 84 Absatz 5 des Grundgesetzes können die Fachaufsichtsbehörden auch Weisungen erteilen, soweit dies zum Vollzug von Einzelweisungen der Bundesregierung erforderlich ist; insoweit findet § 2 Absatz 3 Satz 3 keine Anwendung.

(6) Werden den Gemeinden auf Grund eines Bundesgesetzes durch Rechtsverordnung neue Aufgaben als Pflichtaufgaben übertragen, können durch diese Rechtsverordnung ein Weisungsrecht vorbehalten, die Zuständigkeit zur Ausübung der Fachaufsicht und der Umfang des Weisungsrechts geregelt werden.

(7) Kosten, die den Gemeinden bei der Wahrnehmung von Weisungsaufgaben infolge fehlerhafter Weisungen einer Fachaufsichtsbehörde entstehen, werden vom Freistaat Sachsen erstattet.

(8) [1]Die obersten Fachaufsichtsbehörden können den Gemeinden für die Erhebung und Verarbeitung von Daten landesweit einheitliche Maßgaben vorgeben und sie dazu verpflichten, Daten in elektronischer Form zu erfassen, zu verarbeiten, zu empfangen und in einem vorgegebenen Format auf einem vorgeschriebenen Weg an eine bestimmte Stelle weiterzugeben. [2]Sie können auch bestimmen, dass zwischen den Behörden einheitliche Verfahren zum elektronischen Austausch von Dokumenten und Daten sowie für die gemeinsame Nutzung von Datenbeständen eingerichtet und weiterentwickelt sowie einheitliche oder zentrale Datenverarbeitungsverfahren angewandt werden. [3]Vorgaben nach den Sätzen 1 und 2 dürfen nur getroffen werden, soweit

1. der Freistaat Sachsen hierzu durch Rechtsvorschriften der Europäischen Gemeinschaft oder des Bundes verpflichtet ist,
2. Aufgaben im Auftrag des Bundes ausgeführt werden (Artikel 85 des Grundgesetzes) oder
3. dies erforderlich ist
   a) zur Abwehr von oder zur Vorbeugung gegen Gefahren, die dem Gemeinwohl drohen,
   b) zur Durchführung der auf Rechtsvorschriften der Europäischen Gemeinschaft beruhenden Förder- und Ausgleichsmaßnahmen, soweit sie der Finanzkontrolle unterliegen, oder zur Bearbeitung von sachlich und verfahrenstechnisch damit zusammenhängenden Förder- und Ausgleichsmaßnahmen nach Rechtsvorschriften des Bundes und des Freistaates Sachsen,
   c) zur Erfüllung von Berichts- und Überwachungspflichten, die durch Rechtsvorschriften der Europäischen

Gemeinschaft oder bundesrechtlich vorgegeben sind, oder
d) zur Vereinfachung von Verwaltungsverfahren mit dem Ziel der Verbesserung der Verwaltungsleistungen oder der Verminderung der Ausgaben des Freistaates Sachsen und der kommunalen Körperschaften.

SECHSTER TEIL
Sonstige Vorschriften

§ 124
Ordnungswidrigkeiten

(1) Ordnungswidrig handelt, wer vorsätzlich oder fahrlässig einer auf Grund von
1. § 4 Absatz 1 erlassenen Satzung über die Benutzung einer öffentlichen Einrichtung,
2. § 10 Absatz 4 erlassenen Satzung über die Mitwirkung bei der Erfüllung vordringlicher Aufgaben in Notfällen,
3. § 14 erlassenen Satzung über den Anschluss- und Benutzungszwang

zuwiderhandelt, soweit die Satzung für einen bestimmten Tatbestand auf diese Bußgeldvorschrift verweist.

(2) [1]Ordnungswidrig handelt ferner, wer als Gemeinderat oder Ortschaftsrat gemäß § 19 Absatz 3 Satz 1 Ansprüche und Interessen eines Dritten gegen die Gemeinde geltend macht. [2]Satz 1 gilt nicht, soweit er als gesetzlicher Vertreter handelt.

(3) Die Ordnungswidrigkeit kann mit einer Geldbuße geahndet werden.

(4) Verwaltungsbehörden im Sinne des § 36 Absatz 1 Nummer 1 des Gesetzes über Ordnungswidrigkeiten in der Fassung der Bekanntmachung vom 19. Februar 1987 (BGBl. I S. 602), das zuletzt durch Artikel 185 der Verordnung vom 19. Juni 2020 (BGBl. I S. 1328) geändert worden ist, in der jeweils geltenden Fassung, sind die Gemeinden.

§ 125
Maßgebende Einwohnerzahl

[1]Kommt nach einer gesetzlichen Vorschrift der Einwohnerzahl einer Gemeinde rechtliche Bedeutung zu, ist die vom Statistischen Landesamt zum 30. Juni des Vorjahres auf der Grundlage der jeweils letzten Volkszählung fortgeschriebene Einwohnerzahl maßgebend, soweit nichts anderes bestimmt ist. [2]Abweichend von Satz 1 sind Gebietsänderungen vom Tage der Rechtswirksamkeit an zu berücksichtigen.

§ 126
(weggefallen)

§ 127
Rechtsverordnungen

(1) Das Staatsministerium des Innern wird ermächtigt, durch Rechtsverordnung zu regeln:
1. die Übertragung von Aufgaben der Landkreise und Kreisfreien Städte auf die Großen Kreisstädte nach § 3 Absatz 2 Satz 2,
2. das Verfahren für die Anhörung der Einwohner bei Gebietsänderung, das Verfahren beim Antrag auf Anberaumung einer Einwohnerversammlung und bei einem Einwohnerantrag, das Verfahren bei einem Bürgerbegehren und die Durchführung eines Bürgerentscheids,
3. die Form und das Verfahren öffentlicher Bekanntmachungen,
4. das Verfahren für die Erteilung von Genehmigungen und die Freistellung von Genehmigungspflichten nach diesem Gesetz,
5. das Verfahren für die Verleihung von Bezeichnungen nach § 5 Absatz 2 und 3 und die Benennung der Gemeindeteile nach § 5 Absatz 4,
6. die Zuständigkeit der Rechtsaufsichtsbehörden bei Streitigkeiten nach § 7 Absatz 1 Satz 2 und bei Gebietsänderungen nach § 8,
7. die Verwaltung gemeindefreier Grundstücke,
8. Gebietsänderungen nach § 8 Absatz 1 Satz 2,

9. das Nähere über die angemessene Entschädigung für ehrenamtliche Tätigkeit nach § 21, insbesondere die Art der Entschädigung sowie die Festsetzung von Mindestbeträgen,
9a. das Nähere zur Fraktionsfinanzierung nach § 35a Absatz 3 Satz 1 bis 3,
10. den Inhalt, Ausgleich und die Gestaltung des Haushaltsplanes, des Finanzplanes und des Investitionsprogramms, die Haushaltsführung und Haushaltsüberwachung, die näheren Voraussetzungen, den Inhalt und die Gestaltung des Haushaltsstrukturkonzepts sowie nähere Bestimmungen zu Gegenstand und Umfang haushaltswirtschaftlicher Beschränkungen bis zur Genehmigung eines Haushaltsstrukturkonzepts, insbesondere zu
    a) personalwirtschaftlichen Beschränkungen,
    b) Beschränkungen bei der Leistung von Aufwendungen und Auszahlungen,
    c) dem Erfordernis der Einzelgenehmigung und anderen Beschränkungen bei der Kreditaufnahme,
11. die Bestimmung eines vom Haushaltsjahr abweichenden Wirtschaftszeitraums,
12. die Bildung und Verwendung von Rücklagen, Rückstellungen und Sonderposten,
13. die Freistellung von der Vorlagepflicht nach § 102,
14. die Erfassung, den Nachweis, die Bewertung und die Abschreibung von Vermögensgegenständen sowie den Nachweis und die Bewertung von Verbindlichkeiten,
15. Geldanlagen nach § 89 Absatz 3 Satz 2 sowie die nähere Bestimmung des Begriffs des spekulativen Finanzgeschäfts gemäß § 72 Absatz 2 Satz 2,
16. die Gewährung von Nachlässen nach § 90 Absatz 1 Satz 3 und 4,
17. die Ausschreibung von Lieferungen und Leistungen sowie die Vergabe von Aufträgen einschließlich des Abschlusses von Verträgen,
18. das Prüfungswesen und die Befreiung von der Prüfungspflicht,
19. die Stundung, die Niederschlagung und den Erlass von Ansprüchen sowie die Behandlung von Kleinbeträgen,
20. Aufgaben, Organisation, Buchführung und Beaufsichtigung der Gemeindekasse und der Sonderkassen, die Abwicklung des Zahlungsverkehrs, die Einrichtung von Gebühren- und Portokassen und die Gewährung von Handvorschüssen,
21. Inhalt und Gestaltung des Jahresabschlusses, des Gesamtabschlusses und der Sonderrechnungen sowie die Abdeckung der Fehlbeträge,
22. die Organisation, die Wirtschaftsführung, das Rechnungswesen und die Prüfung der Eigenbetriebe.

(2) Rechtsverordnungen nach Absatz 1 Nummer 10 ergehen im Benehmen mit dem Staatsministerium der Finanzen.

§ 128
Muster für die Haushaltswirtschaft

[1]Soweit es für die Vergleichbarkeit der Haushalte erforderlich ist, gibt das Staatsministerium des Innern durch Verwaltungsvorschrift Muster insbesondere für
1. die Haushaltssatzung und ihre Bekanntmachung,
2. die Beschreibung und Gliederung der Produktbereiche und Produktgruppen sowie die Gestaltung des Haushaltsplanes und des Finanzplanes,
3. die Form des Haushaltsplans und seiner Anlagen, des Finanzplans und des Investitionsprogramms,
4. die Form der Anlagenübersicht, der Forderungsübersicht und der Verbindlichkeitenübersicht,
5. die Zahlungsanordnungen, Buchführung, den Kontenrahmen, den Jahresabschluss und den Gesamtabschluss und ihre Anlagen

im Sächsischen Amtsblatt bekannt. [2]Die Gemeinden sind verpflichtet, diese Muster zu verwenden. [3]Die Bekanntgabe von Mustern nach Satz 1 Nummer 2 und 3 erfolgt im Benehmen mit dem Staatsministerium der Finanzen.

§ 129
Sonstige Verwaltungsvorschriften

(1) [1]Das Staatsministerium des Innern kann sonstige Verwaltungsvorschriften zur Durchführung dieses Gesetzes erlassen. [2]§ 127 Absatz 2 gilt entsprechend.
(2) Das Staatsministerium des Innern kann im Fall von Naturkatastrophen oder außergewöhnlichen Notsituationen, die bei den betroffenen Gemeinden zu unabweisbaren Auszahlungen oder Aufwendungen oder zu unerwarteten Minderungen der Einzahlungen oder Erträge führen, im Einvernehmen mit dem Staatsministerium der Finanzen durch Verwaltungsvorschrift Ausnahmen oder Befreiungen von den Vorschriften in § 72 Absatz 3 bis 7, § 73 Absatz 4, § 77 Absatz 2, § 78 Absatz 2 Satz 1, § 79 Absatz 1 Satz 1 Nummer 2, in § 81, § 82 Absatz 1, 2 und 4 sowie in § 84 Absatz 2 Satz 1 und Absatz 3 zulassen.

§ 130
Übergangsvorschriften aus Anlass des Dritten Gesetzes zur Fortentwicklung des Kommunalrechts

[1]§ 51 Absatz 2 in der ab dem 20. Februar 2022 geltenden Fassung ist anzuwenden, wenn die Bekanntmachung der Bürgermeisterwahl gemäß der §§ 1 Absatz 4 und 38 des Kommunalwahlgesetzes nach dem 20. Februar 2022 erfolgt. [2]In Gemeinden unter 5 000 Einwohnern, die Mitglied eines Verwaltungsverbandes oder, ohne erfüllende Gemeinde zu sein, einer Verwaltungsgemeinschaft sind, kann die Bürgermeisterwahl durch Beschluss des Gemeinderats und mit Genehmigung der Rechtsaufsichtsbehörde um bis zu sechs Monate nach Freiwerden der Stelle, längstens jedoch bis zum Ablauf des 28. Februar 2023 aufgeschoben werden.

§ 130a
Übergangsbestimmungen aus Anlass des Gesetzes zur Fortentwicklung des Kommunalrechts

[1]Die Vorschriften der §§ 94a bis 109 in der ab dem 1. Januar 2014 geltenden Fassung sind für bestehende Unternehmen und Beteiligungen spätestens bis zum 31. Dezember 2017 umzusetzen. [2]§ 102 Absatz 1 und 3 gilt entsprechend.

§ 130b
Übergangsvorschrift aus Anlass des Zweiten Gesetzes zur Fortentwicklung des Kommunalrechts

(1) Abweichend von § 65 Absatz 1 kann in kreisangehörigen Gemeinden durch die Hauptsatzung auch für weitere Ortsteile die Ortschaftsverfassung eingeführt werden, sofern die erstmalige Ortschaftsratswahl vor dem 31. Dezember 2024 stattfindet.
(2) Abweichend von § 69a Absatz 1 kann die Ortschaftsverfassung, soweit sie vor dem 1. Januar 2018 auf unbestimmte Zeit eingeführt worden ist, zur nächsten regelmäßigen Wahl der Gemeinderäte 2019 aufgehoben werden.
(3) Abweichend von § 71 Absatz 9 kann die Stadtbezirksverfassung, soweit sie vor dem 1. Januar 2018 eingeführt worden ist, zur nächsten regelmäßigen Wahl der Gemeinderäte 2019 aufgehoben werden.

§ 131
(weggefallen)

§ 132
(Inkrafttreten)

2. Landkreisordnung
für den Freistaat Sachsen
(Sächsische Landkreisordnung – SächsLKrO)
in der Fassung der Bekanntmachung vom 9. März 2018 (SächsGVBl. S. 99), die zuletzt durch Artikel 3 des Gesetzes vom 29. Mai 2024 (SächsGVBl. S. 500) geändert worden ist

– Fassung ab 29. Juni 2024 –

Inhaltsübersicht

ERSTER TEIL
Rechtsstellung, Aufgaben und Gebiet des Landkreises

Erster Abschnitt
Rechtsstellung und Aufgaben

§ 1
Wesen und Organe des Landkreises

(1) [1]Der Landkreis erfüllt seine Aufgaben in bürgerschaftlicher Selbstverwaltung zum gemeinsamen Wohl aller Einwohner. [2]Er unterstützt die kreisangehörigen Gemeinden in der Erfüllung ihrer Aufgaben und trägt zu einem gerechten Ausgleich ihrer Lasten bei.
(2) Der Landkreis ist rechtsfähige Gebietskörperschaft des öffentlichen Rechts.
(3) Organe des Landkreises sind der Kreistag und der Landrat.
(4) Behörde des Landkreises ist das Landratsamt.

§ 2
Aufgaben

(1) [1]Die Landkreise erfüllen, soweit die Gesetze nichts anderes bestimmen, alle überörtlichen und alle die Leistungsfähigkeit der einzelnen kreisangehörigen Gemeinde übersteigenden Aufgaben in eigener Verantwortung. [2]Zur Erfüllung dieser Aufgaben schaffen die Landkreise die für das soziale, kulturelle, sportliche und wirtschaftliche Wohl ihrer Einwohner erforderlichen öffentlichen Einrichtungen.

(2) [1]Die Landkreise können durch Gesetz zur Erfüllung bestimmter öffentlicher Aufgaben verpflichtet werden (Pflichtaufgaben). [2]Werden den Landkreisen neue Pflichtaufgaben auferlegt, sind Bestimmungen über die Deckung der Kosten zu treffen. [3]Führen diese Aufgaben zu einer Mehrbelastung der Landkreise, ist ein entsprechender finanzieller Ausgleich zu schaffen.

(3) [1]Pflichtaufgaben können den Landkreisen zur Erfüllung nach Weisung auferlegt werden (Weisungsaufgaben). [2]Das Gesetz bestimmt den Umfang des Weisungsrechts. [3]Die Weisungen sollen sich auf allgemeine Anordnungen beschränken und in der Regel nicht in die Einzelausführung eingreifen.

(4) In die Rechte der Landkreise darf nur durch Gesetz oder aufgrund eines Gesetzes eingegriffen werden.

(5) Die Landratsämter sind, soweit nichts anderes bestimmt ist, untere Verwaltungsbehörden im Sinne bundes- und landesrechtlicher Vorschriften.

§ 3
Satzungen

(1) [1]Die Landkreise können die weisungsfreien Angelegenheiten durch Satzung regeln, soweit Gesetze oder Rechtsverordnungen keine Vorschriften enthalten. [2]Insbesondere können die Landkreise zur Einräumung und Ausgestaltung von Informations- und Beteiligungsrechten Bürgerbeteiligungssatzungen erlassen. [3]Satzungen werden vom Kreistag beschlossen. [4]Weisungsaufgaben können durch Satzung geregelt werden, wenn ein Gesetz hierzu ermächtigt.

(2) [1]Der Landkreis hat eine Hauptsatzung zu erlassen. [2]Die Hauptsatzung und ihre Änderung werden mit der Mehrheit der Stimmen aller Mitglieder des Kreistages beschlossen.

(3) [1]Auf der Grundlage der Verfassung des Freistaates Sachsen gewährleisten die Landkreise die Rechte der Bürger sorbischer Volkszugehörigkeit. [2]Die Landkreise des sorbischen Siedlungsgebietes regeln die Förderung der sorbischen Kultur und Sprache durch Satzung. [3]Gleiches gilt für die zweisprachige Benennung der Landkreise sowie der öffentlichen Gebäude, Einrichtungen, Straßen, Plätze und Brücken im sorbischen Siedlungsgebiet, soweit dies nicht Aufgabe der Gemeinden ist.

(4) [1]Satzungen sind durch den Landrat auszufertigen und öffentlich bekanntzumachen. [2]Sie treten am Tage nach ihrer Bekanntmachung in Kraft, wenn sie keinen anderen Zeitpunkt bestimmen. [3]Satzungen sind der Rechtsaufsichtsbehörde unverzüglich nach ihrem Erlass in vollem Wortlaut anzuzeigen.

(5) [1]Satzungen, die unter Verletzung von Verfahrens- und Formvorschriften zustande gekommen sind, gelten ein Jahr nach ihrer Bekanntmachung als von Anfang an gültig zustande gekommen. [2]Dies gilt nicht, wenn

1. die Ausfertigung der Satzung nicht oder fehlerhaft erfolgt ist,
2. Vorschriften über die Öffentlichkeit der Sitzungen, die Genehmigung oder die Bekanntmachung der Satzung verletzt worden sind,
3. der Landrat dem Beschluss nach § 48 Absatz 2 wegen Gesetzwidrigkeit widersprochen hat,
4. vor Ablauf der in Satz 1 genannten Frist
   a) die Rechtsaufsichtsbehörde den Beschluss beanstandet hat oder
   b) die Verletzung der Verfahrens- oder Formvorschrift gegenüber dem Landkreis unter Bezeichnung des Sachverhalts, der die Verletzung begründen soll, schriftlich geltend gemacht worden ist.

[3]Ist eine Verletzung nach Satz 2 Nummer 3 oder 4 geltend gemacht worden, so kann auch nach Ablauf der in Satz 1 genannten Frist jedermann diese Verletzung geltend machen. [4]Die Sätze 1 bis 3 sind nur anzuwenden, wenn bei der Bekanntmachung der Satzung auf die Voraussetzungen für die Geltendmachung der Verletzung von Verfahrens- oder Formvorschriften und die Rechtsfolgen hingewiesen worden ist.

(6) Absatz 4 Satz 1 und Absatz 5 gelten für andere Rechtsvorschriften des Landkreises entsprechend.

§ 4
Name, Bezeichnung und Sitz

(1) [1]Die Landkreise führen den gesetzlich bestimmten Namen. [2]Die Änderung des Namens eines Landkreises bedarf einer Mehrheit von zwei Dritteln aller Mitglieder des Kreistages und der Genehmigung der obersten Rechtsaufsichtsbehörde. [3]Sie kann einem Landkreis auf Antrag eine sonstige Bezeichnung verleihen, die auf der Geschichte oder der heutigen Eigenart oder Bedeutung des Landkreises beruht.
(2) [1]Der Sitz des Landratsamtes wird durch Gesetz bestimmt. [2]Der Landkreis kann Außenstellen des Landratsamtes einrichten.

§ 5
Wappen, Flaggen und Dienstsiegel

(1) [1]Die Landkreise können ihre bisherigen Wappen führen. [2]Die erstmalige Führung von Wappen und Flaggen sowie deren Änderung bedürfen der Genehmigung der Rechtsaufsichtsbehörde; die Genehmigung bedarf des Einvernehmens mit der obersten Rechtsaufsichtsbehörde.
(2) [1]Die Abbildung der Wappen und Flaggen der Landkreise zu künstlerischen und wissenschaftlichen Zwecken sowie zu Unterrichtszwecken ist jedermann erlaubt. [2]Jede weitere Verwendung bedarf der Erlaubnis des wappenführenden Landkreises.
(3) [1]Die Landkreise führen Dienstsiegel. [2]Landkreise mit eigenem Wappen führen dieses, die übrigen Landkreise das Wappen des Freistaates Sachsen mit der Bezeichnung und dem Namen des Landkreises als Umschrift in ihrem Dienstsiegel.

ZWEITER ABSCHNITT
Gebiet des Landkreises

§ 6
Gebietsbestand

(1) [1]Das Gebiet des Landkreises besteht aus den nach geltendem Recht zum Landkreis gehörenden Gemeinden. [2]Über Grenzstreitigkeiten entscheidet die Rechtsaufsichtsbehörde.
(2) Das Gebiet des Landkreises soll so bemessen sein, dass die Verbundenheit der Gemeinden und der Einwohner des Landkreises gewahrt und die Leistungsfähigkeit des Landkreises zur Erfüllung seiner Aufgaben gesichert ist.

§ 7
Gebietsänderungen

(1) Das Gebiet von Landkreisen kann aus Gründen des Wohls der Allgemeinheit geändert werden.
(2) [1]Die Auflösung und Neubildung eines Landkreises sowie die Änderung der Grenzen eines Landkreises infolge Eingliederung oder Ausgliederung von Gemeinden bedürfen eines Gesetzes. [2]Dies gilt nicht für die Neubildung einer Gemeinde oder die Eingliederung einer Gemeinde in eine andere Gemeinde durch Vereinbarung mit Genehmigung der Rechtsaufsichtsbehörde und die Eingliederung eines Gemeindeteiles in eine andere Gemeinde, durch die das Gebiet von Landkreisen betroffen wird. [3]Im Falle der Neubildung einer Gemeinde bestimmt die obere Rechtsaufsichtsbehörde, zu welchem Landkreis die neugebildete Gemeinde gehört; dabei ist den übereinstimmenden Voten der beteiligten Gemeinden zu entsprechen, es sei denn, schwerwiegende Gründe des Wohls der Allgemeinheit stehen entgegen.
(3) Vor der Grenzänderung sind die beteiligten Landkreise und Gemeinden zu hören.
(4) Für Rechtshandlungen, die wegen einer Änderung des Kreisgebiets erforderlich sind, werden öffentliche Abgaben, die auf Landesrecht beruhen, nicht erhoben; Auslagen werden nicht ersetzt.

§ 8
Auseinandersetzung

(1) [1]Im Fall des § 7 Absatz 2 Satz 2 und bei sonstigen Änderungen von Gemeindegrenzen durch Vereinbarung, durch die das Gebiet von Landkreisen betroffen wird, regeln die beteiligten Landkreise, soweit erfor-

derlich, die Rechtsfolgen der Änderung ihrer Grenzen und die Auseinandersetzung durch Vereinbarung, die der Genehmigung der Rechtsaufsichtsbehörde bedarf. [2]Enthält diese Vereinbarung keine erschöpfende Regelung oder kann wegen einzelner Bestimmungen die Genehmigung nicht erteilt werden, ersucht die Rechtsaufsichtsbehörde die Landkreise, die Mängel binnen angemessener Frist zu beseitigen. [3]Kommen die Landkreise einem solchen Ersuchen nicht nach, trifft die Rechtsaufsichtsbehörde die im Interesse des öffentlichen Wohls erforderlichen Bestimmungen; dasselbe gilt, wenn die Vereinbarung nicht bis zu einem von der Rechtsaufsichtsbehörde bestimmten Zeitpunkt zustande kommt.

(2) [1]Die Regelung nach Absatz 1 begründet Rechte und Pflichten der Beteiligten und bewirkt den Übergang, die Beschränkung oder die Aufhebung von dinglichen Rechten. [2]Die Rechtsaufsichtsbehörde ersucht die zuständigen Behörden um die Berichtigung der öffentlichen Bücher.

ZWEITER TEIL Einwohner und Bürger des Landkreises

§ 9 Rechtsstellung der Einwohner

(1) Einwohner des Landkreises ist jeder, der in einer Gemeinde des Landkreises wohnt.

(2) Die Einwohner sind im Rahmen der bestehenden Vorschriften berechtigt, die öffentlichen Einrichtungen des Landkreises nach gleichen Grundsätzen zu benutzen, und verpflichtet, die Kreislasten zu tragen.

(3) Wer im Landkreis ein Grundstück besitzt oder ein Gewerbe betreibt, ohne Einwohner zu sein, ist im Rahmen der bestehenden Vorschriften berechtigt, die öffentlichen Einrichtungen des Landkreises zu benutzen, die für Grundbesitzer und Gewerbetreibende bestehen, und verpflichtet, für seinen Grundbesitz oder Gewerbebetrieb zu den Lasten des Landkreises beizutragen.

§ 10 Unterrichtung und Beratung der Einwohner

(1) [1]Der Landkreis unterrichtet seine Einwohner laufend über die allgemein bedeutsamen Angelegenheiten seines Aufgabenbereichs. [2]Er soll sich dabei auch elektronischer Formen bedienen.

(2) Über Planungen und Vorhaben des Landkreises, die für seine Entwicklung bedeutsam sind oder die die sozialen, kulturellen, ökologischen oder wirtschaftlichen Belange seiner Einwohner berühren, sind die Einwohner frühzeitig und umfassend zu informieren.

(3) Der Landkreis soll im Rahmen seiner rechtlichen und tatsächlichen Möglichkeiten die Einwohner in Angelegenheiten seines Aufgabenbereiches beraten sowie über Zuständigkeiten in Verwaltungsangelegenheiten Auskünfte erteilen.

§ 11 Petitionsrecht

(1) [1]Jede Person hat das Recht, sich einzeln oder in Gemeinschaft mit anderen in Kreisangelegenheiten mit Vorschlägen, Bitten und Beschwerden (Petitionen) an den Landkreis zu wenden. [2]Innerhalb angemessener Frist, spätestens aber nach sechs Wochen, ist ein begründeter Bescheid zu erteilen. [3]Ist innerhalb von sechs Wochen ein begründeter Bescheid nicht möglich, ist ein Zwischenbescheid zu erteilen.

(2) Der Kreistag kann für die Behandlung von Petitionen, die in seine Zuständigkeit fallen, einen Petitionsausschuss bilden.

§ 12 Anschluss- und Benutzungszwang

(1) Der Landkreis kann im Rahmen seiner Zuständigkeit bei öffentlichem Bedürfnis durch Satzung für die Grundstücke seines Gebiets den Anschluss an Einrichtungen, die dem öffentlichen Wohl, insbesondere dem Umweltschutz dienen (Anschlusszwang), und die Benutzung solcher Einrichtungen (Benutzungszwang) vorschreiben.

(2) [1]Die Satzung kann bestimmte Ausnahmen vom Anschluss- und Benutzungszwang zulassen. [2]Sie kann den Zwang auf bestimmte Teile des Kreisgebiets oder auf bestimmte Gruppen von Grundstücken, Gewerbebetrieben oder Personen beschränken.

§ 13
Bürger des Landkreises

(1) [1]Bürger des Landkreises ist jeder Deutsche im Sinne des Artikels 116 des Grundgesetzes und jeder Staatsangehörige eines anderen Mitgliedstaates der Europäischen Union, der das 18. Lebensjahr vollendet hat und seit mindestens drei Monaten im Landkreis wohnt. [2]Wer in mehreren Landkreisen wohnt, ist Bürger nur in dem Landkreis des Freistaates Sachsen, in dem er seit mindestens drei Monaten seine Hauptwohnung hat. [3]War in dem Landkreis, in dem sich seine Hauptwohnung befindet, die bisherige einzige Wohnung, wird die bisherige Wohndauer in diesem Landkreis angerechnet. [4]Bei der Berechnung der Dreimonatsfrist ist der Tag des Einzugs in die Frist einzubeziehen.
(2) Die verantwortliche Teilnahme an der bürgerschaftlichen Selbstverwaltung des Landkreises ist Recht und Pflicht aller Bürger.
(3) Bei einer Gebietsänderung werden Bürger, die in dem betroffenen Gebiet wohnen, Bürger des aufnehmenden Landkreises; im Übrigen wird bei der Berechnung der Frist nach Absatz 1 Satz 1 die Wohndauer im bisherigen Landkreis angerechnet.

§ 14
Wahlrecht

[1]Die Bürger des Landkreises sind im Rahmen der Gesetze zu den Kreiswahlen wahlberechtigt und haben das Stimmrecht in Kreisangelegenheiten. [2]Hiervon ausgeschlossen ist, wer infolge Richterspruchs das Wahlrecht und Stimmrecht nicht besitzt.

§ 15
Ehrenamtliche Tätigkeit

(1) [1]Die Bürger des Landkreises sind zur Übernahme und Ausübung einer ehrenamtlichen Tätigkeit verpflichtet. [2]Anderen kann der Landkreis eine ehrenamtliche Tätigkeit mit deren Einverständnis übertragen.
(2) [1]Soweit nichts anderes bestimmt ist, obliegt die Bestellung zu einer ehrenamtlichen Tätigkeit dem Kreistag. [2]Er kann die Bestellung jederzeit widerrufen.

§ 16
Ablehnung ehrenamtlicher Tätigkeit

(1) [1]Aus wichtigem Grund kann die Übernahme einer ehrenamtlichen Tätigkeit abgelehnt oder die Beendigung dieser Tätigkeit verlangt werden. [2]Ein wichtiger Grund liegt insbesondere vor, wenn die Person
1. älter als 65 Jahre ist,
2. anhaltend krank ist,
3. zehn Jahre dem Kreistag angehört oder ein anderes Ehrenamt bekleidet hat,
4. durch die Ausübung der ehrenamtlichen Tätigkeit in seiner Berufs- oder Erwerbstätigkeit oder in der Fürsorge für seine Familie erheblich behindert wird,
5. ein öffentliches Amt ausübt und die oberste Dienstbehörde feststellt, dass die ehrenamtliche Tätigkeit mit seinen Dienstpflichten nicht vereinbar ist.

(2) Ob ein wichtiger Grund vorliegt, entscheidet der Kreistag.

§ 17
Pflichten ehrenamtlich Tätiger

(1) Wer eine ehrenamtliche Tätigkeit ausübt, muss die ihm übertragenen Aufgaben uneigennützig und verantwortungsbewusst erfüllen.
(2) [1]Der ehrenamtlich Tätige ist zur Verschwiegenheit über alle Angelegenheiten verpflichtet, deren Geheimhaltung gesetzlich vorgeschrieben, besonders angeordnet oder ihrer Natur nach erforderlich ist. [2]Er darf die Kenntnis von geheimzuhaltenden Angelegenheiten nicht unbefugt verwerten. [3]Diese

Verpflichtungen bestehen nach Beendigung der ehrenamtlichen Tätigkeit fort. [4]Die Geheimhaltung kann nur aus Gründen des öffentlichen Wohls oder zum Schutz berechtigter Interessen einzelner angeordnet werden. [5]Die Anordnung ist aufzuheben, sobald sie nicht mehr gerechtfertigt ist.

(3) [1]Kreisräte dürfen Ansprüche Dritter gegen den Landkreis nicht geltend machen; hiervon ausgenommen sind Fälle der gesetzlichen Vertretung. [2]Das Gleiche gilt für andere ehrenamtlich Tätige, wenn diese Ansprüche mit ihrer ehrenamtlichen Tätigkeit im Zusammenhang stehen. [3]Ob die Voraussetzungen dieses Verbots vorliegen, entscheidet im Zweifelsfall der Kreistag.

(4) Der Kreistag kann einem ehrenamtlich Tätigen, der ohne wichtigen Grund eine ehrenamtliche Tätigkeit ablehnt oder aus dieser ausscheidet, seine Pflichten nach Absatz 1 gröblich verletzt, einer Verpflichtung nach Absatz 2 zuwiderhandelt oder eine Vertretung entgegen Absatz 3 ausübt, ein Ordnungsgeld bis zu 500 Euro auferlegen.

§ 18
Ausschluss wegen Befangenheit

(1) Der ehrenamtlich Tätige darf weder beratend noch entscheidend mitwirken, wenn er in der Angelegenheit bereits in anderer Eigenschaft tätig geworden ist oder wenn die Entscheidung ihm selbst oder folgenden Personen einen unmittelbaren Vorteil oder Nachteil bringen kann:

1. seinem Ehegatten, Verlobten oder Lebenspartner nach § 1 des Lebenspartnerschaftsgesetzes,
2. einem in gerader Linie oder in Seitenlinie bis zum dritten Grade Verwandten,
3. einem in gerader Linie oder in Seitenlinie bis zum zweiten Grade Verschwägerten oder als verschwägert Geltenden, solange die die Schwägerschaft begründende Ehe oder Lebenspartnerschaft nach § 1 des Lebenspartnerschaftsgesetzes besteht,
4. einer von ihm kraft Gesetzes oder Vollmacht vertretenen Person,
5. einer Person oder Gesellschaft, bei der er beschäftigt ist, sofern nicht nach den tatsächlichen Umständen der Beschäftigung anzunehmen ist, dass kein Interessenwiderstreit besteht,
6. einer Gesellschaft, bei der ihm, einer in Nummer 1 genannten Person oder einem Verwandten ersten Grades allein oder gemeinsam mindestens 10 Prozent der Anteile gehören,
7. einer juristischen Person des privaten Rechts, in deren Vorstand, Aufsichtsrat, Verwaltungsrat oder vergleichbarem Organ er tätig ist, oder einer juristischen Person des öffentlichen Rechts, ausgenommen einer Gebietskörperschaft, in deren Organ er tätig ist, sofern er diese Tätigkeit nicht als Vertreter des Landkreises oder auf dessen Vorschlag ausübt.

(2) Absatz 1 gilt nicht

1. für Wahlen zu einer ehrenamtlichen Tätigkeit,
2. wenn die Entscheidung nur die gemeinsamen Interessen einer Berufs- oder Bevölkerungsgruppe berührt.

(3) [1]Der ehrenamtlich Tätige, bei dem ein Tatbestand vorliegt, der Befangenheit zur Folge haben kann, hat dies vor Beginn der Beratung über diesen Gegenstand dem Vorsitzenden, sonst dem Landrat mitzuteilen. [2]Ob ein Ausschließungsgrund vorliegt, entscheidet im Zweifelsfall in Abwesenheit des Betroffenen bei Kreisräten der Kreistag, bei Mitgliedern von Ausschüssen der Ausschuss, sonst der Landrat.

(4) [1]Wer an der Beratung und Entscheidung wegen Befangenheit nicht mitwirken darf, muss die Sitzung verlassen. [2]Ist die Sitzung öffentlich, darf er als Zuhörer anwesend bleiben.

(5) [1]Ein Beschluss ist rechtswidrig, wenn bei der Beratung oder Beschlussfassung die Bestimmungen des Absatzes 1 oder 4 verletzt worden sind oder wenn jemand, ohne dass einer der Gründe des Absatzes 1 vorgelegen hätte, ausgeschlossen worden ist. [2]Der Beschluss gilt jedoch ein Jahr nach der Beschlussfassung oder, wenn eine öffentliche Bekanntmachung erforderlich ist, ein Jahr nach dieser als von Anfang an gültig zustande gekommen. [3]§ 3 Absatz 5 Satz 2 Nummer 3 und 4 und Satz 3 gilt entsprechend.

§ 19
Entschädigung für ehrenamtliche Tätigkeit

(1) [1]Ehrenamtlich Tätige haben Anspruch auf Ersatz ihrer notwendigen Auslagen und ihres Verdienstausfalls. [2]Durch Satzung können Höchstbeträge und Durchschnittssätze festgesetzt werden. [3]Soweit kein Verdienstausfall entsteht, kann durch Satzung bestimmt werden, dass für den Zeitaufwand eine Entschädigung gewährt wird.
(2) Kreisräten und sonstigen Mitgliedern der Ausschüsse und Beiräte des Kreistages ist darüber hinaus eine angemessene Aufwandsentschädigung zu gewähren.
(3) Ehrenamtlich Tätigen wird Ersatz für Sachschäden in entsprechender Anwendung der für Beamte geltenden Bestimmungen gewährt.
(4) Ansprüche nach den Absätzen 1 bis 3 sind nicht übertragbar.

§ 20
Einwohnerantrag

(1) [1]Der Kreistag muss Kreisangelegenheiten, für die er zuständig ist, innerhalb von drei Monaten behandeln, wenn dies von den Einwohnern beantragt wird (Einwohnerantrag). [2]Der Antrag muss unter Bezeichnung der zu erörternden Angelegenheiten schriftlich eingereicht werden. [3]Der Antrag muss von mindestens 5 Prozent der Einwohner, die das 16. Lebensjahr vollendet haben, unterzeichnet sein.
(2) [1]In dem Einwohnerantrag sollen eine Vertrauensperson und eine stellvertretende Vertrauensperson benannt werden, die jede für sich zur Entgegennahme von Mitteilungen und Entscheidungen des Landratsamtes und zur Abgabe von Erklärungen ermächtigt ist. [2]Sie sind bei der Beratung im Kreistag zu hören.
(3) Das Ergebnis der Behandlung nach Absatz 1 Satz 1 ist in ortsüblicher Weise bekanntzugeben.

§ 21
Bürgerbegehren

(1) [1]Die Durchführung eines Bürgerentscheids kann schriftlich von Bürgern des Landkreises beantragt werden (Bürgerbegehren); die elektronische Form ist ausgeschlossen. [2]Das Bürgerbegehren muss mindestens von 5 Prozent der Bürger des Landkreises unterzeichnet sein. [3]Ein Bürgerbegehren darf nur Angelegenheiten zum Gegenstand haben, über die innerhalb der letzten drei Jahre nicht bereits ein Bürgerentscheid aufgrund eines Bürgerbegehrens durchgeführt worden ist.
(2) [1]Das Bürgerbegehren muss einen mit ja oder nein zu entscheidenden Entscheidungsvorschlag und eine Begründung enthalten sowie eine Vertrauensperson und eine stellvertretende Vertrauensperson bezeichnen, die jede für sich zur Entgegennahme von Mitteilungen und Entscheidungen des Landkreises ermächtigt ist. [2]Die Abgabe von Erklärungen ist nur gemeinsam möglich. [3]Das Bürgerbegehren muss einen nach den gesetzlichen Bestimmungen durchführbaren Vorschlag zur Deckung der Kosten oder der Einnahmeausfälle der verlangten Maßnahme enthalten.
(3) [1]Das Bürgerbegehren muss vor Beginn der Unterschriftensammlung schriftlich bei dem Landkreis angezeigt werden. [2]Es ist spätestens ein Jahr nach Zugang der Anzeige mit den nach Absatz 1 Satz 2 erforderlichen Unterschriften bei dem Landkreis einzureichen. [3]Richtet es sich gegen einen Beschluss des Kreistages, muss es innerhalb von drei Monaten nach Bekanntgabe des Beschlusses in öffentlicher Sitzung bei dem Landkreis eingereicht werden.
(4) [1]Über die Zulässigkeit des Bürgerbegehrens entscheidet der Kreistag. [2]Die Entscheidung ist ortsüblich bekanntzugeben und ergeht kostenfrei. [3]Über den Widerspruch entscheidet die Rechtsaufsichtsbehörde. [4]Ist das Bürgerbegehren zulässig, so ist der Bürgerentscheid innerhalb von drei Monaten durchzuführen. [5]Nach der Feststellung der Zulässigkeit des Bürgerbegehrens darf eine diesem widersprechende Entscheidung des Kreistages nicht mehr getroffen werden.

§ 22
Bürgerentscheid

(1) In Kreisangelegenheiten können die Bürger anstelle des Kreistags über einen zur Abstimmung gestellten Entscheidungsvorschlag entscheiden (Bürgerentscheid), wenn ein Bürgerbegehren Erfolg hat oder der Kreistag mit einer Mehrheit von zwei Dritteln seiner Mitglieder die Durchführung eines Bürgerentscheids beschließt.

(2) [1]Der Bürgerentscheid kann über alle Angelegenheiten durchgeführt werden, für die der Kreistag zuständig ist. [2]Ein Bürgerentscheid findet nicht statt über

1. Weisungsaufgaben,
2. Fragen der inneren Organisation der Kreisverwaltung,
3. Haushaltssatzungen und Wirtschaftspläne,
4. Kreisabgaben, Tarife und Entgelte,
5. Jahresabschlüsse und Gesamtabschlüsse sowie Jahresabschlüsse der Sondervermögen und Treuhandvermögen,
6. Rechtsverhältnisse der Kreisräte, des Landrats und der Kreisbediensteten,
7. Entscheidungen in Rechtsmittelverfahren,
8. Anträge, die gesetzwidrige Ziele verfolgen.

(3) [1]Bei einem Bürgerentscheid ist der zur Abstimmung gestellte Entscheidungsvorschlag angenommen, wenn er die Mehrheit der gültigen Stimmen erhält und diese Mehrheit mindestens 25 Prozent der Stimmberechtigten beträgt. [2]Die Hauptsatzung kann ein geringeres Quorum, jedoch nicht weniger als 15 Prozent der Stimmberechtigten, festsetzen. [3]Ist die erforderliche Mehrheit nicht erreicht worden, hat der Kreistag zu entscheiden.

(4) [1]Der Bürgerentscheid steht einem Beschluss des Kreistages gleich. [2]Er kann innerhalb von drei Jahren nur durch einen neuen Bürgerentscheid abgeändert werden.

(5) [1]Ein Bürgerentscheid entfällt, wenn der Kreistag die Durchführung der mit dem Bürgerbegehren verlangten Maßnahme beschließt. [2]Für einen solchen Beschluss gilt Absatz 4 Satz 2 entsprechend.

DRITTER TEIL
Verfassung und Verwaltung des Landkreises

Erster Abschnitt
Kreistag

§ 23
Rechtsstellung des Kreistages

Der Kreistag ist die Vertretung der Bürger und das Hauptorgan des Landkreises.

§ 24
Aufgaben des Kreistages

(1) Der Kreistag legt die Grundsätze für die Verwaltung des Landkreises fest und entscheidet über alle Angelegenheiten des Landkreises, soweit nicht der Landrat kraft Gesetzes zuständig ist oder ihm der Kreistag bestimmte Angelegenheiten überträgt.

(2) Die Entscheidung über folgende Angelegenheiten kann der Kreistag nicht übertragen:

1. die Festlegung von Grundsätzen für die Verwaltung des Landkreises,
2. die Bestellung der Mitglieder von Ausschüssen des Kreistages, der Stellvertreter des Landrats, der Beigeordneten sowie Angelegenheiten nach Absatz 4 Satz 1 bei leitenden Bediensteten,
3. die Übernahme freiwilliger Aufgaben,
4. Satzungen und anderes Kreisrecht,
5. die Änderung des Kreisgebiets,
6. die Entscheidung über die Durchführung eines Bürgerentscheids oder die Zulässigkeit eines Bürgerbegehrens,
7. die Regelung der allgemeinen Rechtsverhältnisse der Kreisbediensteten,
8. die Übertragung von Aufgaben auf den Landrat,
9. die Erteilung des Einvernehmens zur Abgrenzung der Geschäftskreise der Beigeordneten,
10. die Übertragung von Aufgaben auf das Rechnungsprüfungsamt,
11. der Entzug der Leitung des Rechnungsprüfungsamts nach § 103 Absatz 4 der Sächsischen Gemeindeordnung in der

Fassung der Bekanntmachung vom 3. März 2014 (SächsGVBl. S. 146), die zuletzt durch Artikel 1 des Gesetzes vom 13. Dezember 2017 (SächsGVBl. S. 626) geändert worden ist, in der jeweils geltenden Fassung,
12. die Entscheidung der Auswahl des örtlichen Prüfers nach § 103 Absatz 1 Satz 1 und 2 der Sächsischen Gemeindeordnung,
13. die Verfügung über Kreisvermögen, das für den Landkreis von erheblicher wirtschaftlicher Bedeutung ist,
14. die Errichtung, Übernahme, wesentliche Veränderung, vollständige oder teilweise Veräußerung und die Auflösung von Unternehmen und öffentlichen Einrichtungen sowie die unmittelbare und mittelbare Beteiligung an solchen,
15. ein Haushaltsstrukturkonzept,
16. die Bestellung von Sicherheiten, die Übernahme von Bürgschaften und von Verpflichtungen aus Gewährverträgen und den Abschluss der ihnen wirtschaftlich gleichkommenden Rechtsgeschäfte, soweit sie für den Landkreis von erheblicher wirtschaftlicher Bedeutung sind,
17. Jahresabschlüsse und Gesamtabschlüsse, Wirtschaftspläne und Jahresabschlüsse der Sondervermögen und Treuhandvermögen,
18. die allgemeine Festsetzung von Abgaben,
19. den Verzicht auf Ansprüche des Landkreises und die Niederschlagung solcher Ansprüche, die Führung von Rechtsstreitigkeiten und den Abschluss von Vergleichen, soweit sie für den Landkreis von erheblicher wirtschaftlicher Bedeutung sind,
20. den Beitritt zu Zweckverbänden und den Austritt aus diesen sowie den Abschluss und die Aufhebung von Zweckvereinbarungen.

(3) Der Kreistag überwacht die Ausführung seiner Beschlüsse und sorgt beim Auftreten von Missständen in der Kreisverwaltung für deren Beseitigung durch den Landrat.

(4) [1]Der Kreistag entscheidet im Einvernehmen mit dem Landrat über die Ernennung, Einstellung, Höhergruppierung und Entlassung der Kreisbediensteten sowie über die Festsetzung von Vergütungen, auf die kein Anspruch aufgrund eines Tarifvertrags besteht. [2]Kommt es zu keinem Einvernehmen, entscheidet der Kreistag mit einer Mehrheit von zwei Dritteln der anwesenden Stimmberechtigten. [3]Der Landrat ist zuständig, soweit der Kreistag ihm die Entscheidung überträgt oder diese zur laufenden Verwaltung gehört.

(5) [1]Ein Zehntel der Kreisräte kann in allen Angelegenheiten des Landkreises verlangen, dass der Landrat den Kreistag unterrichtet und diesem oder einem von ihm bestellten Ausschuss Akteneinsicht gewährt. [2]Das Recht, nach Satz 1 Akteneinsicht zu verlangen, steht auch einer Fraktion zu. [3]In dem Ausschuss müssen die Antragsteller vertreten sein. [4]Für den gemäß Satz 1 bestellten Ausschuss gilt § 39 entsprechend.

(6) [1]Jeder Kreisrat kann an den Landrat schriftliche oder in einer Sitzung des Kreistages mündliche Anfragen über einzelne Angelegenheiten des Landkreises richten, die binnen angemessener Frist, die grundsätzlich vier Wochen beträgt zu beantworten sind. [2]Das Nähere ist in der Geschäftsordnung zu regeln.

(7) Die Absätze 5 und 6 gelten nicht für die nach § 49 Absatz 3 Satz 3 geheimzuhaltenden Angelegenheiten.

§ 25
Zusammensetzung des Kreistages

(1) Der Kreistag besteht aus den Kreisräten und dem Landrat als Vorsitzendem.

(2) Die Zahl der Kreisräte beträgt in Landkreisen mit

1.	bis zu	180 000 Einwohnern	74,
2.	bis zu	220 000 Einwohnern	80,
3.	bis zu	260 000 Einwohnern	86,
4.	bis zu	300 000 Einwohnern	92,
5.	mehr als	300 000 Einwohnern	98.

(3) Änderungen der für die Zahl der Kreisräte maßgebenden Einwohnerzahl sind erst bei der nächsten regelmäßigen Wahl zu berücksichtigen.

§ 26
Wahlgrundsätze, Wahlgebiet, Wahlverfahren

(1) Die Kreisräte werden von den Bürgern in allgemeiner, unmittelbarer, freier, gleicher und geheimer Wahl gewählt.
(2) Wahlgebiet ist der Landkreis.
(3) [1]Gewählt wird aufgrund von Wahlvorschlägen unter Berücksichtigung der Grundsätze der Verhältniswahl. [2]Die Verbindung von Wahlvorschlägen ist unzulässig. [3]Der Wahlberechtigte kann Bewerber aus anderen Wahlvorschlägen übernehmen und einem Bewerber bis zu drei Stimmen geben.
(4) Wird nur ein gültiger oder kein Wahlvorschlag eingereicht, findet Mehrheitswahl ohne Bindung an die vorgeschlagenen Bewerber und ohne das Recht der Stimmenhäufung auf einen Bewerber statt.

§ 27
Wählbarkeit

(1) Wählbar in den Kreisrat ist, wer gemäß § 14 Absatz 1 wahlberechtigt zum Kreisrat ist.
(2) Nicht wählbar ist,
1. wer vom Wahlrecht ausgeschlossen ist (§ 14 Satz 2),
2. wer infolge deutschen Richterspruchs die Wählbarkeit oder die Fähigkeit zur Bekleidung öffentlicher Ämter nicht besitzt oder
3. wer als Staatsangehöriger eines anderen Mitgliedstaates der Europäischen Union nach dem Recht dieses Mitgliedstaates infolge einer zivilrechtlichen Einzelfallentscheidung oder einer strafrechtlichen Entscheidung die Wählbarkeit verloren hat.

§ 28
Hinderungsgründe

(1) Kreisräte können nicht sein
1. der Landrat, die Beigeordneten und die übrigen Beamten des Landkreises, ausgenommen die Ehrenbeamten und Ruhestandsbeamten, sowie die Arbeitnehmer des Landkreises,
2. die Beamten und leitenden Arbeitnehmer einer juristischen Person des öffentlichen oder privaten Rechts, in der der Landkreis einen maßgeblichen Einfluss ausübt,
3. die leitenden Beamten und Arbeitnehmer sowie die mit Angelegenheiten der Rechtsaufsicht über den Landkreis befassten Beamten und Arbeitnehmer der Rechtsaufsichtsbehörden,
4. die mit Angelegenheiten der überörtlichen Prüfung des Landkreises befassten Beamten und Arbeitnehmer der staatlichen Rechnungsprüfungsämter und des Sächsischen Rechnungshofes.

(2) Absatz 1 gilt nicht für Arbeitnehmer, deren Wählbarkeit nicht nach Artikel 137 Absatz 1 des Grundgesetzes eingeschränkt werden kann.
(3) [1]Der Kreistag stellt fest, ob ein Hinderungsgrund nach Absatz 1 gegeben ist. [2]Bis zu dieser Feststellung bleibt die Rechtswirksamkeit der Tätigkeit des Kreisrates unberührt. [3]Die Feststellung eines Hinderungsgrundes ergeht durch Verwaltungsakt.

§ 29
Wahlperiode

(1) Die regelmäßigen Kreistagswahlen finden alle fünf Jahre statt.
(2) [1]Die Wahlperiode endet mit Ablauf des Monats, in dem die regelmäßigen Wahlen zum Kreistag stattfinden. [2]Wenn die Wahl von der Wahlprüfungsbehörde nicht beanstandet wurde, ist die erste Sitzung des Kreistages unverzüglich nach der Zustellung des Wahlprüfungsbescheides oder nach ungenutztem Ablauf der Wahlprüfungsfrist, sonst nach rechtskräftiger Erledigung der Beanstandung anzuberaumen. [3]Bis zum Zusammentreten des neugebildeten Kreistages führt der bisherige Kreistag die Geschäfte weiter.
(3) [1]Wird die Wahl des Kreistages nach seinem Zusammentreten rechtskräftig für ungültig erklärt, so führt er die Geschäfte bis zum Zusammentreten des neugewählten Kreistages weiter. [2]Wird nach dem Zusammentreten des Kreistages die Neufeststellung des Wahlergebnisses rechtskräftig angeord-

net, so führt er die Geschäfte bis zum Ablauf des Tages weiter, an dem das berichtigte Wahlergebnis öffentlich bekanntgemacht wird. [3]Die Rechtswirksamkeit der Tätigkeit des Kreistages bleibt in den Fällen der Sätze 1 und 2 unberührt.

§ 30 Ausscheiden, Nachrücken, Ergänzungswahl

(1) [1]Aus dem Kreistag scheiden die Kreisräte aus, bei denen während der Wahlperiode der Verlust der Wählbarkeit (§ 27) oder ein Hinderungsgrund (§ 28) eintritt oder bekannt wird. [2]Der Kreistag ist verpflichtet, unverzüglich das Ausscheiden nach Satz 1 und den Absätzen 3 und 4 festzustellen. [3]Bis zu dieser Feststellung bleibt die Rechtswirksamkeit der Tätigkeit des Kreisrats unberührt.

(2) Tritt ein Gewählter nicht in den Kreistag ein oder scheidet er im Laufe der Wahlperiode aus, rückt der als nächste Ersatzperson festgestellte Bewerber nach.

(3) [1]Wird eine Partei oder die Teilorganisation einer Partei durch das Bundesverfassungsgericht nach Artikel 21 Absatz 2 Satz 2 des Grundgesetzes für verfassungswidrig erklärt, verlieren die Kreisräte ihr Mandat, sofern sie dieser Partei oder Teilorganisation zu irgendeinem Zeitpunkt zwischen der Antragstellung (§ 43 des Bundesverfassungsgerichtsgesetzes in der Fassung der Bekanntmachung vom 11. August 1993 [BGBl. I S. 1473], das zuletzt durch Artikel 2 des Gesetzes vom 8. Oktober 2017 [BGBl. I S. 3546] geändert worden ist, in der jeweils geltenden Fassung) und der Verkündung der Entscheidung (§ 46 des Bundesverfassungsgerichtsgesetzes) angehört haben. [2]Satz 1 gilt entsprechend für die Feststellung, dass eine Partei oder ein Teil einer Partei eine verbotene Ersatzorganisation ist.

(4) Wird ein Verein oder Teilverein gemäß § 3 des Vereinsgesetzes in der jeweils geltenden Fassung, verboten, weil sein Zweck oder seine Tätigkeit gegen die verfassungsmäßige Ordnung oder gegen den Gedanken der Völkerverständigung gerichtet ist, oder wird nach § 8 Absatz 2 des Vereinsgesetzes festgestellt, dass ein Verein oder Teilverein eine Ersatzorganisation eines aus diesen Gründen verbotenen Vereins oder Teilvereins ist, verlieren die Kreisräte ihr Mandat zum Zeitpunkt der Unanfechtbarkeit der Entscheidung, sofern sie diesem Verein oder Teilverein zu irgendeinem Zeitpunkt zwischen der Bekanntgabe des Verwaltungsakts und dem Eintritt der Unanfechtbarkeit angehört haben.

(5) Nach den Absätzen 3 und 4 freigewordene Sitze des Kreistages bleiben unbesetzt, soweit auch auf die Ersatzpersonen die Voraussetzungen der Absätze 3 und 4 zutreffen.

(6) [1]Eine Neuverteilung der verbleibenden Sitze findet nicht statt. [2]Absatz 7 bleibt unberührt.

(7) Ist die Zahl der Kreisräte während der Wahlperiode auf weniger als zwei Drittel der gesetzlichen Mitgliederzahl gesunken, ist eine Ergänzungswahl nach den für die Hauptwahl geltenden Vorschriften für den Rest der Wahlperiode durchzuführen, sofern dieser mindestens sechs Monate beträgt.

§ 31 Rechtsstellung der Kreisräte

(1) [1]Die Kreisräte üben ihr Mandat ehrenamtlich aus. [2]Der Landrat verpflichtet die Kreisräte in der ersten Sitzung öffentlich auf die gewissenhafte Erfüllung ihrer Pflichten.

(2) [1]Niemand darf gehindert werden, sich um das Mandat eines Kreisrates zu bewerben, es zu übernehmen und auszuüben. [2]Eine Kündigung oder Entlassung aus einem Dienst- oder Arbeitsverhältnis, eine Versetzung an einen anderen Beschäftigungsort sowie sonstige berufliche Benachteiligungen aus diesem Grunde sind unzulässig. [3]Steht der Kreisrat in einem Dienst- oder Arbeitsverhältnis, ist ihm die für die Mandatsausübung erforderliche freie Zeit zu gewähren.

(3) [1]Die Kreisräte üben ihr Mandat nach dem Gesetz und ihrer freien, dem Gemeinwohl verpflichteten Überzeugung aus. [2]An Verpflichtungen und Aufträge, durch die diese Freiheit beschränkt wird, sind sie nicht gebunden.

(4) Die Kreisräte sind verpflichtet, an den Sitzungen teilzunehmen.

(5) Erleidet ein Kreisrat einen Dienstunfall, hat er dieselben Rechte wie ein Ehrenbeamter.

(6) Auf Kreisräte, die als Vertreter des Landkreises in Organen eines wirtschaftlichen Unternehmens (§ 94a der Sächsischen Gemeindeordnung) Vergütungen erhalten, finden die für Beamte geltenden Vorschriften über die Ablieferungspflicht entsprechende Anwendung.

§ 31a
Fraktionen

(1) [1]Kreisräte können sich zu Fraktionen zusammenschließen, sofern diese fünf Prozent der Kreisräte, mindestens jedoch zwei Personen, umfassen. [2]Diese sind Organteile des Kreistages. [3]Das Nähere über die Bildung der Fraktionen sowie ihre Rechte und Pflichten innerhalb des Kreistages regelt der Landkreis durch Geschäftsordnung.

(2) Die Fraktionen wirken bei der Willensbildung und Entscheidungsfindung des Kreistages mit; sie können ihre Auffassungen öffentlich darstellen.

(3) [1]Der Landkreis gewährt den Fraktionen Mittel aus seinem Haushalt für deren angemessene sächliche und personelle Mindestausstattung. [2]Diese Mittel sind in einer besonderen Anlage zum Haushaltsplan darzustellen. [3]Über ihre Verwendung ist ein Nachweis in einfacher Form zu führen.

(4) [1]Für Bedienstete der Fraktionen gilt § 17 Absatz 2 entsprechend. [2]Die Geschäftsordnung kann vorsehen, dass Arbeitnehmer der Fraktionen zu nichtöffentlichen Sitzungen des Kreistages und seiner Ausschüsse Zutritt haben.

§ 32
Vorsitz im Kreistag, Einberufung der Sitzungen

(1) Den Vorsitz im Kreistag führt der Landrat.

(2) Der Kreistag beschließt über Ort und Zeit seiner regelmäßigen Sitzungen.

(3) [1]Der Landrat beruft den Kreistag schriftlich oder in elektronischer Form mit angemessener Frist ein und teilt rechtzeitig die Verhandlungsgegenstände mit; dabei sind die für die Beratung erforderlichen Unterlagen beizufügen, soweit nicht das öffentliche Wohl oder berechtigte Interessen einzelner entgegenstehen. [2]Das Nähere regelt die Geschäftsordnung. [3]Der Kreistag ist einzuberufen, wenn es die Geschäftslage erfordert. [4]Der Kreistag ist unverzüglich einzuberufen, wenn dies von einem Fünftel der Kreisräte unter Angabe des Verhandlungsgegenstandes beantragt wird und der Kreistag den gleichen Verhandlungsgegenstand nicht innerhalb der letzten sechs Monate bereits behandelt hat oder wenn sich seit der Behandlung die Sach- oder Rechtslage wesentlich geändert hat. [5]Der Verhandlungsgegenstand muss in die Zuständigkeit des Kreistages fallen. [6]In Eilfällen kann der Kreistag ohne Frist, formlos und nur unter Angabe der Verhandlungsgegenstände einberufen werden.

(4) [1]Zeit, Ort und Tagesordnung der öffentlichen Sitzungen sind rechtzeitig ortsüblich bekanntzugeben. [2]Dies gilt nicht bei der Einberufung des Kreistages in Eilfällen.

(5) Auf Antrag von mindestens einem Fünftel der Kreisräte oder einer Fraktion ist ein Verhandlungsgegenstand auf die Tagesordnung spätestens der übernächsten Sitzung des Kreistages zu setzen; Absatz 3 Satz 4 und 5 gilt entsprechend.

§ 32a
Durchführung von Sitzungen ohne persönliche Anwesenheit im Sitzungsraum

(1) In Ausnahmefällen, die durch Naturkatastrophen, aus Gründen des Infektionsschutzes oder sonstigen außergewöhnlichen Notsituationen entstehen, können Sitzungen des Kreistages ohne persönliche Anwesenheit der Mitglieder im Sitzungsraum durchgeführt werden, sofern eine Beratung und Beschlussfassung durch zeitgleiche Übertragung von Bild und Ton mittels geeigneter technischer Hilfsmittel, insbesondere in Form einer Videokonferenz, möglich ist.

(2) [1]Bei öffentlichen Sitzungen nach Absatz 1 muss eine unmittelbare Übertragung von Bild und Ton an einen öffentlich zugängli-

chen Ort erfolgen. [2]§ 33 Absatz 3 Satz 2 bis 4 gilt entsprechend.

(3) [1]Der Landkreis hat sicherzustellen, dass die technischen Anforderungen und die datenschutzrechtlichen Bestimmungen für eine ordnungsgemäße Durchführung der Sitzungen einschließlich Beratung und Beschlussfassung eingehalten werden. [2]In Sitzungen nach Absatz 1 dürfen Wahlen im Sinne von § 35 Absatz 7 nicht durchgeführt und keine Beschlüsse über die Haushaltssatzung im Sinne von § 61 in Verbindung mit § 76 Absatz 2 der Sächsischen Gemeindeordnung gefasst werden. [3]Im Übrigen gelten die Regelungen für Sitzungen gemäß § 32 entsprechend.

(4) Die beabsichtigte Durchführung von Sitzungen nach Absatz 1 ist der Rechtsaufsichtsbehörde anzuzeigen.

§ 32b
Veröffentlichung von Information

[1]Der Landkreis hat auf seiner Internetseite oder in anderer geeigneter Form Zeit, Ort und Tagesordnung der öffentlichen Sitzungen des Kreistags und seiner Ausschüsse sowie die der Tagesordnung beigefügten Beratungsunterlagen zu veröffentlichen, sobald sie den Mitgliedern des Kreistags zur Verfügung gestellt wurden und sofern keine berechtigten Interessen Einzelner entgegenstehen. [2]Die in einer solchen Sitzung gefassten oder bekannt gegebenen Beschlüsse hat der Landkreis im Wortlaut oder in Form eines zusammenfassenden Berichts nach Bestätigung der Niederschrift auf seiner Internetseite oder in anderer geeigneter Form zu veröffentlichen. [3]Personenbezogene Daten oder Betriebs- und Geschäftsgeheimnisse dürfen nicht offenbart werden. [4]Sind Maßnahmen zur Wahrung des Datenschutzes oder von Betriebs- und Geschäftsgeheimnissen nicht ohne erheblichen Aufwand oder erhebliche Veränderung einer Beratungsunterlage möglich, kann der Landkreis insoweit von der Veröffentlichung absehen. [5]Soweit von einer Veröffentlichung der Beratungsunterlagen abgesehen wird, ist dies zu Beginn der öffentlichen Sitzung zu begründen.

§ 33
Öffentlichkeit der Sitzungen

(1) [1]Die Sitzungen des Kreistages sind öffentlich, sofern nicht das öffentliche Wohl oder berechtigte Interessen einzelner eine nichtöffentliche Verhandlung erfordern. [2]Über Anträge aus der Mitte des Kreistages, einen Verhandlungsgegenstand entgegen der Tagesordnung in öffentlicher oder nichtöffentlicher Sitzung zu behandeln, wird in nichtöffentlicher Sitzung beraten und entschieden. [3]In nichtöffentlicher Sitzung gefasste Beschlüsse sind in öffentlicher Sitzung bekanntzugeben, sofern nicht das öffentliche Wohl oder berechtigte Interessen einzelner entgegenstehen. [4]Beschließt der Kreistag, einen Verhandlungsgegenstand in öffentlicher Sitzung zu behandeln, so hat der Vorsitzende diesen auf die Tagesordnung der nächsten Sitzung des Kreistages zu setzen.

(2) Die Kreisräte und der Landrat sind zur Verschwiegenheit über alle in nichtöffentlicher Sitzung behandelten Angelegenheiten so lange verpflichtet, bis der Kreistag im Einvernehmen mit dem Landrat die Verschwiegenheit aufhebt; dies gilt nicht für den Wortlaut der in nichtöffentlicher Sitzung gefassten Beschlüsse, sofern nicht das öffentliche Wohl oder berechtigte Interessen Einzelner entgegenstehen.

(3) [1]Bei öffentlichen Sitzungen nach Absatz 1 kann eine unmittelbare Übertragung von Bild und Ton in einen öffentlich zugänglichen Ort erfolgen. [2]Unterhält der Landkreis einen Internetauftritt, kann die Übertragung von Bild und Ton auch über einen Live-Stream erfolgen, wenn hierfür eine Einwilligung vorliegt. [3]Eine Aufzeichnung von Bild und Ton sowie eine entsprechende Abrufmöglichkeit sind nur zulässig, wenn diese von der Einwilligung ausdrücklich umfasst sind. [4]Im Fall der Sätze 2 und 3 ist bei fehlender Einwilligung oder nach Widerspruch eines Kreistagsmitglieds gegen die Übertragung oder gegen die Aufzeichnung oder den Abruf seines Bildes und Tons durch technische Mittel sicherzustellen, dass dessen Recht auf informationelle Selbstbestimmung ohne Beeinträchtigung

der Übertragung, der Aufzeichnung oder des Abrufs der Sitzung im Übrigen gewahrt wird.

§ 34
Verhandlungsleitung, Geschäftsgang

(1) [1]Der Vorsitzende eröffnet und schließt die Sitzung und leitet die Verhandlungen des Kreistages. [2]Er übt die Ordnungsgewalt und das Hausrecht aus. [3]Der Vorsitzende kann die Verhandlungsleitung an einen Kreisrat abgeben.

(2) Der Kreistag regelt seine inneren Angelegenheiten, insbesondere den Gang seiner Verhandlungen, im Rahmen der gesetzlichen Vorschriften durch eine Geschäftsordnung.

(3) [1]Bei grobem Verstoß gegen die Ordnung kann ein Kreisrat vom Vorsitzenden aus dem Beratungsraum verwiesen werden; damit ist der Verlust des Anspruchs auf die auf den Sitzungstag entfallende Entschädigung verbunden. [2]Bei wiederholten Ordnungswidrigkeiten nach Satz 1 kann der Kreistag ein Mitglied für mehrere, höchstens jedoch für drei Sitzungen ausschließen.

(4) Absatz 3 gilt entsprechend für sachkundige Einwohner, die zu den Beratungen zugezogen sind.

§ 35
Beschlussfassung

(1) [1]Der Kreistag kann nur in einer ordnungsgemäß einberufenen und geleiteten Sitzung beraten und beschließen. [2]Eine Verletzung von Form oder Frist der Ladung eines Kreistagsmitglieds gilt als geheilt, wenn das Mitglied zur Sitzung erscheint und den Mangel nicht spätestens bei Eintritt in die Tagesordnung der Sitzung geltend macht. [3]Die Mitglieder des Kreistags sind hierauf zu Beginn der Sitzung hinzuweisen. [4]Über Gegenstände einfacher Art und geringer Bedeutung kann im schriftlichen oder elektronischen Verfahren beschlossen werden; ein hierbei gestellter Antrag ist angenommen, wenn kein Mitglied widerspricht.

(2) [1]Der Kreistag ist beschlussfähig, wenn mindestens die Hälfte aller Mitglieder anwesend und stimmberechtigt ist. [2]Bei Befangenheit von mehr als der Hälfte aller Mitglieder ist der Kreistag beschlussfähig, wenn mindestens ein Viertel aller Mitglieder anwesend und stimmberechtigt ist.

(3) [1]Ist der Kreistag wegen Abwesenheit oder Befangenheit von Mitgliedern nicht beschlussfähig, muss eine zweite Sitzung stattfinden, in der er beschlussfähig ist, wenn mindestens drei Mitglieder anwesend und stimmberechtigt sind; bei der Einberufung der zweiten Sitzung ist hierauf hinzuweisen. [2]Die zweite Sitzung entfällt, wenn weniger als drei Mitglieder stimmberechtigt sind.

(4) [1]Ist der Kreistag auch in der zweiten Sitzung wegen Befangenheit von Mitgliedern nicht beschlussfähig, entscheidet der Landrat an seiner Stelle nach Anhörung der nicht befangenen Kreisräte. [2]Sind auch der Landrat und sein Stellvertreter befangen, gilt § 51 entsprechend, sofern nicht der Kreistag ein stimmberechtigtes Mitglied für die Entscheidung zum Stellvertreter des Landrats bestellt.

(5) Der Kreistag beschließt durch Abstimmungen und Wahlen.

(6) [1]Der Kreistag stimmt in der Regel offen ab; er kann aus wichtigem Grund geheime Abstimmung beschließen. [2]Die Beschlüsse werden mit Stimmenmehrheit gefasst, soweit gesetzlich nichts anderes bestimmt ist. [3]Stimmenthaltungen werden für die Ermittlung der Stimmenmehrheit nicht berücksichtigt. [4]Bei Stimmengleichheit ist der Antrag abgelehnt.

(7) [1]Wahlen werden geheim mit Stimmzetteln vorgenommen; es kann offen gewählt werden, wenn kein Mitglied widerspricht. [2]Gewählt ist, wer die Mehrheit der Stimmen der anwesenden Stimmberechtigten erhalten hat. [3]Wird eine solche Mehrheit bei der Wahl nicht erreicht, findet zwischen den beiden Bewerbern mit den meisten Stimmen Stichwahl statt, bei der die einfache Mehrheit der abgegebenen Stimmen entscheidet; Absatz 6 Satz 3 gilt entsprechend. [4]Bei Stimmengleichheit entscheidet das Los. [5]Steht nur ein Bewerber zur Wahl, findet im Falle des Satzes 3 ein zweiter Wahlgang statt, bei dem die einfache Mehrheit der abgegebenen Stimmen ausreicht.

§ 36
Niederschrift

(1) [1]Über den wesentlichen Inhalt der Verhandlungen des Kreistags ist eine Niederschrift zu fertigen; die elektronische Form ist ausgeschlossen. [2]Die Niederschrift muss insbesondere den Namen des Vorsitzenden, die Zahl der anwesenden und die Namen der abwesenden Kreisräte unter Angabe des Grundes der Abwesenheit, die Gegenstände der Verhandlung, die Anträge, die Abstimmungs- und Wahlergebnisse und den Wortlaut der Beschlüsse enthalten. [3]Der Vorsitzende und jedes Mitglied können verlangen, dass ihre Erklärung oder Abstimmung in der Niederschrift festgehalten wird.

(2) [1]Die Niederschrift ist vom Vorsitzenden, zwei Kreisräten, die an der Verhandlung teilgenommen haben, und dem Schriftführer zu unterzeichnen. [2]Innerhalb eines Monats, spätestens jedoch zur nächsten Sitzung, ist sie dem Kreistag zur Kenntnis zu bringen. [3]Mehrfertigungen von Niederschriften über nichtöffentliche Sitzungen dürfen nicht ausgehändigt werden. [4]Über die gegen die Niederschrift vorgebrachten Einwendungen entscheidet der Kreistag. [5]Die Einsichtnahme in die Niederschriften über die öffentlichen Sitzungen ist den Einwohnern gestattet; darüber hinaus kann der Landkreis auch die allgemeine Einsichtnahme in elektronischer Form ermöglichen.

(3) Das Nähere regelt die Geschäftsordnung.

§ 37
Beschließende Ausschüsse

(1) [1]Durch die Hauptsatzung kann der Kreistag beschließende Ausschüsse bilden und ihnen bestimmte Aufgabengebiete zur dauernden Erledigung übertragen. [2]Durch Beschluss kann der Kreistag einzelne Angelegenheiten auf bestehende beschließende Ausschüsse übertragen oder zeitweilige beschließende Ausschüsse bilden.

(2) Auf beschließende Ausschüsse können nicht die Aufgaben übertragen werden, für die der Kreistag nach § 24 Absatz 2 ausschließlich zuständig ist.

(3) [1]Im Rahmen ihrer Zuständigkeit entscheiden die beschließenden Ausschüsse an Stelle des Kreistages. [2]Ergibt sich, dass eine Angelegenheit für den Landkreis von besonderer Bedeutung ist, können die beschließenden Ausschüsse die Angelegenheit dem Kreistag zur Beschlussfassung unterbreiten. [3]Ein Fünftel aller Mitglieder eines beschließenden Ausschusses kann verlangen, dass eine Angelegenheit dem Kreistag zur Beschlussfassung unterbreitet wird, wenn sie für den Landkreis von besonderer Bedeutung ist. [4]Lehnt der Kreistag eine Behandlung ab, entscheidet der zuständige beschließende Ausschuss. [5]Der Kreistag kann jede Angelegenheit an sich ziehen und Beschlüsse der beschließenden Ausschüsse, solange sie noch nicht vollzogen sind, ändern oder aufheben. [6]Der Kreistag kann den beschließenden Ausschüssen allgemein oder im Einzelfall Weisungen erteilen.

(4) [1]Angelegenheiten, deren Entscheidung dem Kreistag vorbehalten ist, sollen den beschließenden Ausschüssen innerhalb ihres Aufgabengebiets zur Vorberatung zugewiesen werden. [2]Durch die Hauptsatzung kann bestimmt werden, dass Anträge, die nicht vorberaten worden sind, auf Antrag des Vorsitzenden oder eines Fünftels aller Mitglieder des Kreistages den zuständigen beschließenden Ausschüssen zur Vorberatung überwiesen werden müssen.

(5) [1]Für die beschließenden Ausschüsse gelten die §§ 32 bis 36 entsprechend. [2]Sitzungen, die der Vorberatung nach Absatz 4 dienen, sind in der Regel nichtöffentlich. [3]Ist ein beschließender Ausschuss wegen Befangenheit von Mitgliedern nicht beschlussfähig, entscheidet der Kreistag in den Fällen des Absatzes 3 an seiner Stelle, in den Fällen des Absatzes 4 ohne Vorberatung.

§ 38
Zusammensetzung der beschließenden Ausschüsse

(1) [1]Die beschließenden Ausschüsse bestehen aus dem Vorsitzenden und mindestens 10 Prozent der Mitglieder des Kreistages. [2]Der Kreistag bestellt die Mitglieder und deren Stellvertreter in gleicher Zahl widerruf-

lich aus seiner Mitte. [3]Abweichend von Satz 2 kann der Kreistag festlegen, dass je Ausschussmitglied bis zu drei Stellvertreter bestellt werden können; diese sind keinem Ausschussmitglied persönlich zugeordnet. [4]Nach jeder Wahl der Kreisräte sind die beschließenden Ausschüsse neu zu bilden.

(2) [1]Die Zusammensetzung der Ausschüsse soll der Mandatsverteilung im Kreistag entsprechen. [2]Kommt eine Einigung über die Zusammensetzung eines beschließenden Ausschusses nicht zustande, werden die Mitglieder von den Kreisräten aufgrund von Wahlvorschlägen nach den Grundsätzen der Verhältniswahl unter Bindung an die Wahlvorschläge gewählt. [3]Wird nur ein gültiger oder kein Wahlvorschlag eingereicht, findet Mehrheitswahl ohne Bindung an die vorgeschlagenen Bewerber statt. [4]Anstelle der Wahl der Ausschussmitglieder kann der Kreistag beschließen, dass sich alle oder einzelne Ausschüsse nach dem Stärkeverhältnis der Fraktionen zusammensetzen. [5]In diesem Fall werden die Ausschussmitglieder dem Landrat von den Fraktionen schriftlich benannt; dieser gibt dem Kreistag die Zusammensetzung der Ausschüsse schriftlich bekannt. [6]Die von einer Fraktion benannten Ausschussmitglieder können von dieser abberufen werden; die Abberufung ist gegenüber dem Landrat schriftlich zu erklären. [7]Nachträgliche Änderungen des Stärkeverhältnisses der Fraktionen, die sich auf die Zusammensetzung der Ausschüsse auswirken, sind zu berücksichtigen; Satz 5 gilt entsprechend.

(3) [1]Der Landrat kann einen Beigeordneten oder, wenn alle Beigeordneten verhindert sind, ein Mitglied des Ausschusses, das Kreisrat ist, mit seiner Vertretung im Vorsitz des beschließenden Ausschusses beauftragen. [2]Den nach Satz 1 beauftragten Vertretern stehen die Rechte aus § 48 Absatz 2 und 3 zu.

(4) Kreisräte, die nicht Mitglied des Ausschusses sind, können an allen Sitzungen des Ausschusses als Zuhörer teilnehmen, auch wenn diese nichtöffentlich sind.

§ 39
Beratende Ausschüsse

(1) [1]Durch die Hauptsatzung kann der Kreistag zur Vorberatung auf bestimmten Gebieten beratende Ausschüsse bilden. [2]Durch Beschluss kann der Kreistag bestehende beratende Ausschüsse mit der Vorberatung einzelner Angelegenheiten beauftragen oder für ihre Vorberatung beratende Ausschüsse bilden. [3]Ist ein beratender Ausschuss wegen Befangenheit von Mitgliedern nicht beschlussfähig, entfällt die Vorberatung.

(2) Die Sitzungen der beratenden Ausschüsse sind nichtöffentlich.

(3) [1]Für die beratenden Ausschüsse gelten §§ 32, 32a, 33 Absatz 2 Halbsatz 1, §§ 34 bis 36, 37 Absatz 1 Satz 2 und § 38 entsprechend. [2]Die Hauptsatzung kann bestimmen, dass der Ausschuss den Vorsitzenden aus seiner Mitte wählt; der Landrat hat das Recht, an den Sitzungen des Ausschusses teilzunehmen.

§ 40
Mitwirkung im Kreistag und in den Ausschüssen

(1) Der Kreistag und seine Ausschüsse können sachkundige Einwohner und Sachverständige zur Beratung einzelner Angelegenheiten hinzuziehen.

(2) [1]Der Kreistag kann sachkundige Einwohner widerruflich als beratende Mitglieder in beratende und beschließende Ausschüsse berufen. [2]Ihre Zahl darf die der Kreisräte in den einzelnen Ausschüssen nicht erreichen. [3]Sie sind ehrenamtlich tätig. [4]Mitglieder des Kreistages und Bedienstete des Landkreises können nicht als sachkundige Einwohner berufen werden.

(3) Der Kreistag und seine Ausschüsse können bei öffentlichen Sitzungen Einwohnern und den ihnen nach § 9 Absatz 3 gleichgestellten Personen sowie Vertretern von Bürgerinitiativen die Möglichkeit einräumen, Fragen zu Kreisangelegenheiten zu stellen oder Anregungen und Vorschläge zu unterbreiten (Fragestunde); zu den Fragen nimmt der Vorsitzende oder ein von ihm Beauftragter Stellung.

(4) Bei der Vorbereitung wichtiger Entscheidungen können der Kreistag und seine Ausschüsse betroffenen Personen und Personengruppen Gelegenheit geben, ihre Auffassung vorzutragen (Anhörung), soweit die Anhörung nicht gesetzlich vorgeschrieben ist.
(5) Die Beigeordneten nehmen an den Sitzungen des Kreistages und der für ihren Geschäftskreis zuständigen Ausschüsse mit beratender Stimme teil.
(6) Der Vorsitzende kann den Vortrag in den Sitzungen des Kreistages und seiner Ausschüsse einem Bediensteten des Landkreises übertragen; auf Verlangen des Kreistages muss er einen solchen zu sachverständigen Auskünften hinzuziehen.
(7) Das Nähere regelt die Geschäftsordnung.

§ 41
Ältestenrat

[1]Der Kreistag kann durch Hauptsatzung einen Ältestenrat bilden, der den Landrat in Fragen der Tagesordnung und des Gangs der Verhandlungen des Kreistages und seiner Ausschüsse berät. [2]Das Nähere über die Zusammensetzung und den Geschäftsgang regelt die Geschäftsordnung.

§ 42
Beirat für geheimzuhaltende Angelegenheiten

(1) Durch die Hauptsatzung kann ein Beirat gebildet werden, der den Landrat in geheimzuhaltenden Angelegenheiten (§ 49 Absatz 3 Satz 2) berät.
(2) [1]Der Beirat besteht aus höchstens fünf Mitgliedern, die vom Kreistag aus seiner Mitte bestellt werden. [2]Dem Beirat können nur Mitglieder des Kreistages angehören, die auf die für die Behörden des Freistaates Sachsen geltenden Geheimhaltungsvorschriften verpflichtet sind.
(3) [1]Vorsitzender des Beirats ist der Landrat. [2]Er beruft den Beirat ein, wenn es die Geschäftslage erfordert. [3]Fällt die Angelegenheit in den Geschäftskreis eines Beigeordneten, nimmt dieser an der Sitzung teil. [4]Die Sitzungen des Beirats sind nichtöffentlich. [5]Im Übrigen gelten für den Beirat die Vorschriften über beratende Ausschüsse entsprechend.

§ 43
Sonstige Beiräte

(1) [1]Durch die Hauptsatzung können sonstige Beiräte gebildet werden, denen Mitglieder des Kreistages und sachkundige Einwohner angehören. [2]Sonstige Beiräte im Sinne dieser Vorschrift können insbesondere Integrations- und Teilhabebeiräte, Seniorenbeiräte sowie Naturschutzbeiräte sein.
(2) Diese Beiräte unterstützen den Kreistag und die Kreisverwaltung bei der Erfüllung ihrer Aufgaben.

§ 43a
Beteiligung von Kindern und Jugendlichen

[1]Der Landkreis soll bei Planungen und Vorhaben, die die Interessen von Kindern und Jugendlichen berühren, diese in angemessener Weise beteiligen. [2]Hierzu soll der Landkreis geeignete Verfahren entwickeln und durchführen.

ZWEITER ABSCHNITT
Landrat

§ 44
Wahlgrundsätze

[1]Der Landrat wird von den Bürgern des Landkreises in allgemeiner, unmittelbarer, freier, gleicher und geheimer Wahl gewählt. [2]Die Wahl ist nach den Grundsätzen der Mehrheitswahl durchzuführen. [3]Das Nähere bestimmt das Kommunalwahlgesetz.

§ 45
Wählbarkeit, Hinderungsgründe

(1) Wählbar zum Landrat sind Deutsche im Sinne des Artikels 116 des Grundgesetzes und Staatsangehörige anderer Mitgliedstaaten der Europäischen Union, die das 27., aber noch nicht das 65. Lebensjahr vollen-

det haben und die allgemeinen persönlichen Voraussetzungen für die Berufung in das Beamtenverhältnis (§ 7 des Beamtenstatusgesetzes vom 17. Juni 2008 [BGBl. I S. 1010], das zuletzt durch Artikel 2 des Gesetzes vom 8. Juni 2017 [BGBl. I S. 1570] geändert worden ist, in der jeweils geltenden Fassung, und § 4 des Sächsischen Beamtengesetzes vom 18. Dezember 2013 [SächsGVBl. S. 970, 971], das durch das Gesetz vom 4. Juli 2017 [SächsGVBl. S. 347] geändert worden ist, in der jeweils geltenden Fassung) erfüllen.

(2) [1]Nicht wählbar ist, wer von der Wählbarkeit in den Kreistag gemäß § 27 Absatz 2 ausgeschlossen ist. [2]Nicht wählbar ist ferner,

1. wer aus dem Beamtenverhältnis entfernt, wem das Ruhegehalt aberkannt oder gegen wen in einem dem Disziplinarverfahren entsprechenden Verfahren durch die Europäische Union, in einem anderen Mitgliedstaat der Europäischen Union oder in einem anderen Vertragsstaat des Abkommens über den Europäischen Wirtschaftsraum eine entsprechende Maßnahme verhängt worden ist oder
2. wer wegen einer vorsätzlichen Tat durch ein deutsches Gericht oder durch die Recht sprechende Gewalt eines anderen Mitgliedstaats der Europäischen Union oder eines anderen Vertragsstaats des Abkommens über den Europäischen Wirtschaftsraum zu einer Freiheitsstrafe verurteilt worden ist, die bei einem Beamten den Verlust der Beamtenrechte zur Folge hätte, in den auf die Unanfechtbarkeit der Maßnahme oder Entscheidung folgenden fünf Jahren.

(3) Bedienstete des Landkreises sowie der oberen und obersten Rechtsaufsichtsbehörden können nicht Landrat sein.

§ 46
Zeitpunkt der Wahl

(1) Wird die Wahl des Landrats wegen Ablaufs der Amtszeit oder wegen Eintritts in den Ruhestand notwendig, ist sie frühestens drei Monate und spätestens einen Monat vor Freiwerden der Stelle, in anderen Fällen spätestens sechs Monate nach Freiwerden der Stelle durchzuführen.

(2) Der Landkreis kann den Bewerbern, deren Bewerbungen zugelassen worden sind, Gelegenheit geben, sich den Bürgern in öffentlichen Versammlungen vorzustellen.

§ 47
Rechtsstellung des Landrats

(1) [1]Der Landrat ist Vorsitzender des Kreistages und Leiter der Kreisverwaltung. [2]Er vertritt den Landkreis.

(2) Der Landrat ist hauptamtlicher Beamter auf Zeit.

(3) [1]Die Amtszeit des Landrats beträgt sieben Jahre. [2]Die Amtszeit beginnt mit dem Amtsantritt, der der Rechtsaufsichtsbehörde unverzüglich anzuzeigen ist. [3]Im Falle der Wiederwahl schließt sich die neue Amtszeit an das Ende der vorangegangenen an.

(4) [1]Der Landrat führt nach Freiwerden seiner Stelle die Geschäfte bis zum Amtsantritt des neugewählten Landrats unter Fortdauer seines Dienstverhältnisses weiter. [2]Satz 1 gilt nicht, wenn

1. der Landrat
   a) dem Landkreis schriftlich mitteilt, dass er die Weiterführung der Geschäfte ablehne,
   b) des Dienstes vorläufig enthoben ist oder gegen ihn Anklage wegen eines Verbrechens erhoben ist,
   c) sich um seine Wiederwahl beworben hat, aber ohne Rücksicht auf Wahlprüfung und Wahlanfechtung nach Feststellung des Kreiswahlausschusses nicht wiedergewählt worden ist; ist im ersten Wahlgang kein Bewerber gewählt worden, so ist das Ergebnis des zweiten Wahlgangs entscheidend,
   d) gemäß Absatz 9 sein Amt verloren hat oder
2. der Kreistag einen Amtsverweser nach § 51 Absatz 3 bestellt.

(5) Ein vom Kreistag gewähltes Mitglied vereidigt und verpflichtet den Landrat in öffentlicher Sitzung.

(6) [1]Der Landrat kann von den Bürgern des Landkreises vorzeitig abgewählt werden. [2]Er ist abgewählt, wenn sich für die Abwahl eine Mehrheit der gültigen Stimmen ergibt, sofern diese Mehrheit mindestens 50 Prozent der Bürger beträgt. [3]Für die Durchführung der Abwahl gelten die Bestimmungen zur Durchführung von Bürgerentscheiden entsprechend. [4]Der Landrat scheidet mit dem Ablauf des Tages, an dem der Kreiswahlausschuss die Abwahl feststellt, aus seinem Amt; er behält bis zum Ablauf seiner Amtszeit die Bezüge wie ein in den einstweiligen Ruhestand versetzter Beamter.

(7) [1]Zur Einleitung des Abwahlverfahrens nach Absatz 6 bedarf es eines Bürgerbegehrens. [2]Das Bürgerbegehren muss von mindestens einem Drittel der Bürger des Landkreises unterzeichnet sein. [3]§ 21 Absatz 1 Satz 1 und Absatz 3 findet Anwendung.

(8) [1]Das Abwahlverfahren nach Absatz 6 kann auch durch einen von mindestens drei Viertel der Stimmen aller Kreisräte zu fassenden Beschluss eingeleitet werden. [2]Eine Aussprache vor der Beschlussfassung findet nicht statt.

(9) § 30 Absatz 3 und 4 gilt entsprechend.

§ 48
Stellung des Landrats im Kreistag

(1) [1]Der Landrat ist stimmberechtigtes Mitglied des Kreistages. [2]Er bereitet die Sitzungen des Kreistages und der Ausschüsse vor und vollzieht die Beschlüsse.

(2) [1]Der Landrat muss Beschlüssen des Kreistages widersprechen, wenn er der Auffassung ist, dass sie rechtswidrig sind; er kann ihnen widersprechen, wenn er der Auffassung ist, dass sie für den Landkreis nachteilig sind. [2]Der Widerspruch muss unverzüglich, spätestens jedoch binnen zwei Wochen nach Beschlussfassung gegenüber den Kreisräten ausgesprochen werden. [3]Der Widerspruch hat aufschiebende Wirkung. [4]Gleichzeitig ist unter Angabe der Widerspruchsgründe eine Sitzung einzuberufen, in der erneut über die Angelegenheit zu beschließen ist; diese Sitzung hat spätestens vier Wochen nach der ersten Sitzung stattzufinden. [5]Ist nach Ansicht des Landrats auch der neue Beschluss rechtswidrig, muss er ihm erneut widersprechen und unverzüglich die Entscheidung der Rechtsaufsichtsbehörde über die Rechtmäßigkeit herbeizuführen.

(3) [1]Absatz 2 gilt entsprechend für Beschlüsse, die durch beschließende Ausschüsse gefasst werden. [2]In diesen Fällen hat der Kreistag über den Widerspruch zu entscheiden.

(4) [1]In dringenden Angelegenheiten, deren Erledigung auch nicht bis zu einer ohne Frist und formlos einberufenen Kreistagssitzung (§ 32 Absatz 3 Satz 6) aufgeschoben werden kann, entscheidet der Landrat anstelle des Kreistages. [2]Die Gründe für die Eilentscheidung und die Art der Erledigung sind dem Kreistag unverzüglich mitzuteilen. [3]Das Gleiche gilt für Angelegenheiten, für deren Entscheidung ein beschließender Ausschuss zuständig ist.

(5) [1]Der Landrat hat den Kreistag über alle wichtigen, den Landkreis und seine Verwaltung betreffenden Angelegenheiten zu unterrichten; bei wichtigen Planungen und Vorhaben ist der Kreistag möglichst frühzeitig über die Absichten und Vorstellungen der Kreisverwaltung und laufend über den Stand und den Inhalt der Planungsarbeiten zu unterrichten. [2]Über Angelegenheiten, die nach § 49 Absatz 3 Satz 3 geheim zu halten sind, ist anstelle des Kreistages der nach § 42 gebildete Beirat zu unterrichten.

§ 49
Leitung der Kreisverwaltung

(1) Der Landrat ist für die sachgemäße Erledigung der Aufgaben und den ordnungsmäßigen Gang der Kreisverwaltung verantwortlich und regelt die innere Organisation der Kreisverwaltung.

(2) [1]Der Landrat erledigt in eigener Zuständigkeit die Geschäfte der laufenden Verwaltung und die ihm sonst durch Rechtsvorschrift oder vom Kreistag übertragenen Aufgaben. [2]Die dauernde Übertragung der Erledigung bestimmter Aufgaben auf den Landrat ist durch die Hauptsatzung zu regeln. [3]Der Kreistag kann die Erledigung von Angelegenheiten, für die er ausschließlich

zuständig ist (§ 24 Absatz 2), nicht auf den Landrat übertragen.

(3) [1]Weisungsaufgaben erledigt der Landrat in eigener Zuständigkeit, soweit gesetzlich nichts anderes bestimmt ist; dies gilt nicht für den Erlass von Rechtsverordnungen und Satzungen. [2]Satz 1 gilt auch, wenn der Landkreis in einer Angelegenheit angehört wird, die aufgrund einer Anordnung der zuständigen Behörde geheim zu halten ist. [3]Bei der Erledigung von Weisungsaufgaben, die aufgrund einer Anordnung der zuständigen Behörde geheim zu halten sind, sowie in den Fällen des Satzes 2 hat der Landkreis die für die Behörden des Freistaates Sachsen geltenden Geheimhaltungsvorschriften zu beachten.

(4) Der Landrat ist Vorgesetzter, Dienstvorgesetzter und oberste Dienstbehörde der Kreisbediensteten.

§ 50 Beigeordnete

(1) [1]In jedem Landkreis ist als Stellvertreter des Landrats ein hauptamtlicher Beigeordneter zu bestellen. [2]Die Hauptsatzung kann bestimmen, dass ein weiterer Beigeordneter bestellt wird. [3]In Landkreisen mit mehr als 250 000 Einwohnern können bis zu drei Beigeordnete bestellt werden.

(2) [1]Die Beigeordneten vertreten den Landrat ständig in ihrem Geschäftskreis. [2]Die Geschäftskreise der Beigeordneten werden vom Landrat im Einvernehmen mit dem Kreistag festgelegt. [3]Der Landrat kann den Beigeordneten allgemein oder im Einzelfall Weisungen erteilen.

(3) Im Falle des Absatzes 1 Satz 2 bestimmt der Kreistag im Einvernehmen mit dem Landrat, in welcher Reihenfolge die Beigeordneten den Landrat im Falle seiner Verhinderung vertreten.

(4) Kommt es in den Fällen des Absatzes 2 Satz 2 oder des Absatzes 3 zu keinem Einvernehmen, entscheidet der Kreistag mit einer Mehrheit von zwei Dritteln der anwesenden Stimmberechtigten allein.

§ 51 Stellvertreter des Landrats, Amtsverweser

(1) [1]Neben den Beigeordneten können weitere Stellvertreter des Landrats bestellt werden, die den Landrat im Falle seiner Verhinderung vertreten, wenn auch alle Beigeordneten verhindert sind. [2]Die Stellvertretung beschränkt sich auf die Fälle der Verhinderung. [3]Die Stellvertreter werden nach jeder Wahl des Kreistages neu bestellt. [4]Sie werden in der Reihenfolge der Stellvertretung je in einem besonderen Wahlgang aus der Mitte des Kreistages gewählt. [5]Sind alle Stellvertreter des Landrats verhindert, nimmt das an Lebensjahren älteste, nicht verhinderte Mitglied des Kreistages die Aufgaben des Landrats wahr.

(2) [1]Ist die Stelle des Landrats voraussichtlich längere Zeit unbesetzt oder ist der Landrat voraussichtlich längere Zeit an der Ausübung seines Amtes verhindert, kann der Kreistag mit der Mehrheit der Stimmen aller Mitglieder einen Amtsverweser bestellen. [2]Der Amtsverweser muss zum Landrat wählbar sein. [3]Der Amtsverweser ist vom Landkreis zum Beamten auf Widerruf zu bestellen, sofern er nicht bereits Beamter des Landkreises ist.

(3) [1]Im Falle der Anfechtung einer Landratswahl kann vor der rechtskräftigen Entscheidung über deren Gültigkeit der zum Landrat gewählte Bewerber vom Kreistag mit der Mehrheit der Stimmen aller Mitglieder zum Amtsverweser bestellt werden, wenn die Wahlprüfungsbehörde die Gültigkeit der Wahl festgestellt hat oder die Wahlprüfungsfrist ungenutzt verstrichen ist. [2]Der Amtsverweser ist zum Beamten auf Zeit zu ernennen. [3]Seine Amtszeit beträgt zwei Jahre; Wiederbestellung ist zulässig. [4]Die Amtszeit endet vorzeitig mit der Rechtskraft der Entscheidung über die Gültigkeit der Wahl zum Landrat. [5]Der Amtsverweser führt die Bezeichnung Landrat. [6]Die Amtszeit als Landrat verkürzt sich um die Amtszeit als Amtsverweser.

(4) Der gemäß Absatz 3 bestellte Amtsverweser hat Stimmrecht im Kreistag und in seinen Ausschüssen.

§ 52
Rechtsstellung und Bestellung der Beigeordneten

(1) [1]Die Beigeordneten sind zu hauptamtlichen Beamten auf Zeit zu ernennen. [2]Ihre Amtszeit beträgt sieben Jahre. [3]Sie müssen die für das Amt erforderlichen fachlichen Voraussetzungen erfüllen.
(2) Die Beigeordneten werden vom Kreistag je in einem besonderen Wahlgang gewählt; § 24 Absatz 4 ist anzuwenden.
(3) [1]Für den Zeitpunkt der Bestellung gilt § 46 Absatz 1 entsprechend. [2]Die Stellen der Beigeordneten sind spätestens zwei Monate vor der Besetzung öffentlich auszuschreiben.
(4) [1]Beigeordnete können vom Kreistag vorzeitig abberufen werden. [2]Der Antrag auf vorzeitige Abberufung muss von der Mehrheit aller Mitglieder des Kreistages gestellt werden. [3]Der Beschluss über die Abberufung bedarf einer Mehrheit von zwei Dritteln der Stimmen aller Mitglieder des Kreistages. [4]Über die Abberufung ist zweimal zu beschließen. [5]Eine Aussprache vor der Beschlussfassung findet nicht statt. [6]Die zweite Beratung darf frühestens vier Wochen und muss spätestens acht Wochen nach der ersten erfolgen. [7]Der Beigeordnete scheidet mit dem Ablauf des Tages, an dem die Abberufung zum zweiten Mal beschlossen wird, aus seinem Amt. [8]Er erhält bis zum Ablauf seiner Amtszeit die Bezüge wie ein in den einstweiligen Ruhestand versetzter Beamter.

§ 53
Hinderungsgründe

(1) Für Beigeordnete gilt § 45 entsprechend.
(2) [1]Beigeordnete dürfen weder miteinander noch mit dem Landrat oder dem Amtsverweser gemäß § 51 Absatz 3 in einem die Befangenheit begründenden Verhältnis nach § 18 Absatz 1 Nummer 1 bis 3 stehen. [2]Entsteht ein solches Verhältnis zwischen dem Landrat oder dem Amtsverweser gemäß § 51 Absatz 3 und einem Beigeordneten, ist der Beigeordnete in den einstweiligen Ruhestand zu versetzen; entsteht ein solches Verhältnis zwischen Beigeordneten, ist der Beigeordnete mit der kürzeren Amtszeit in den einstweiligen Ruhestand zu versetzen.

§ 54
Besondere Dienstpflichten

Für den Landrat, den Amtsverweser und die Beigeordneten gelten § 16 Absatz 1 Nummer 1 bis 3 und § 18 entsprechend.

§ 55
Beauftragung, rechtsgeschäftliche Vollmacht

(1) [1]Der Landrat kann Bedienstete des Landkreises mit seiner Vertretung für bestimmte Aufgabengebiete oder in einzelnen Angelegenheiten der Kreisverwaltung beauftragen. [2]Er kann diese Befugnis auf Beigeordnete für deren Geschäftskreis übertragen.
(2) [1]Der Landrat kann in einzelnen Angelegenheiten rechtsgeschäftliche Vollmacht erteilen. [2]Absatz 1 Satz 2 gilt entsprechend.

§ 56
Verpflichtungserklärungen

(1) [1]Erklärungen, durch welche der Landkreis verpflichtet werden soll, bedürfen der Schriftform. [2]Sie sind vom Landrat handschriftlich zu unterzeichnen.
(2) Im Falle der Vertretung des Landrats müssen Erklärungen durch dessen Stellvertreter, den vertretungsberechtigten Beigeordneten oder durch zwei vertretungsberechtigte Bedienstete handschriftlich unterzeichnet werden.
(3) Den Unterschriften soll die Amtsbezeichnung und im Falle des Absatzes 2 ein das Vertretungsverhältnis kennzeichnender Zusatz beigefügt werden.
(4) Die Formvorschriften der Absätze 1 bis 3 gelten nicht für Erklärungen in Geschäften der laufenden Verwaltung oder aufgrund einer in der Form der Absätze 1 bis 3 ausgestellten Vollmacht.

DRITTER ABSCHNITT
Bedienstete und Beauftragte des Landkreises

§ 57
Einstellung, Aus- und Fortbildung

(1) [1]Der Landkreis muss die fachlich geeigneten Bediensteten einstellen, die erforderlich sind, um die ordnungsgemäße Erfüllung seiner Aufgaben zu gewährleisten. [2]Die Bediensteten müssen die für ihren Aufgabenbereich jeweils erforderlichen fachlichen Voraussetzungen erfüllen.
(2) Unbeschadet der Verpflichtung nach § 58 muss jeder Landkreis über mindestens einen Bediensteten mit der Befähigung für die zweite Einstiegsebene der Laufbahngruppe 2 der Fachrichtung Allgemeine Verwaltung mit dem fachlichen Schwerpunkt allgemeiner Verwaltungsdienst verfügen; dies gilt nicht, wenn ein Beigeordneter diese Befähigung besitzt.
(3) Der Landkreis fördert die Aus- und Fortbildung seiner Bediensteten.

§ 58
Fachbediensteter für das Finanzwesen

(1) Die Aufstellung des Haushaltsplanes, des Finanzplanes und des Jahresabschlusses sowie des Gesamtabschlusses, die Haushaltsüberwachung sowie die Verwaltung des Vermögens und der Schulden des Landkreises sind bei einem Bediensteten zusammenzufassen (Fachbediensteter für das Finanzwesen).
(2) Zum Fachbediensteten für das Finanzwesen darf nur bestellt werden, wer über
1. eine abgeschlossene wirtschafts- oder finanzwissenschaftliche Ausbildung oder die Befähigung für eine Laufbahn der Laufbahngruppe 2 der Fachrichtung Allgemeine Verwaltung mit dem fachlichen Schwerpunkt allgemeiner Verwaltungsdienst,
2. eine mindestens einjährige Berufserfahrung im öffentlichen Rechnungs- und Haushaltswesen oder in entsprechenden Funktionen eines Unternehmens in einer Rechtsform des privaten Rechts verfügt.

(3) Der Landrat kann nicht zugleich Fachbediensteter für das Finanzwesen sein.

§ 59
Stellenplan

[1]Der Landkreis bestimmt im Stellenplan die Stellen seiner Bediensteten, die für die Erfüllung der Aufgaben im Haushaltsjahr erforderlich sind. [2]Für Sondervermögen, für die Sonderrechnungen geführt werden, sind besondere Stellenpläne aufzustellen. [3]Bedienstete in Einrichtungen solcher Sondervermögen sind auch im Stellenplan nach Satz 1 aufzuführen und dort besonders zu kennzeichnen.

§ 60
Beauftragte

(1) Die Landkreise können für bestimmte Aufgabenbereiche besondere Beauftragte bestellen.
(2) [1]Zur Verwirklichung des Grundrechts der Gleichberechtigung von Frau und Mann in Familie, Beruf und Gesellschaft sowie zur Schaffung von Chancengerechtigkeit für alle Geschlechter im örtlichen Zuständigkeitsbereich haben die Landkreise Kommunale Gleichstellungsbeauftragte zu bestellen. [2]Sie sollen hauptamtlich tätig sein. [3]Das Nähere regelt die Hauptsatzung.
(3) Die Beauftragten sind in der Ausübung ihrer Tätigkeit unabhängig und können an den Sitzungen des Kreistages und der für ihren Aufgabenbereich zuständigen Ausschüsse mit beratender Stimme teilnehmen.

VIERTER TEIL
Wirtschaft des Landkreises

§ 61
Haushaltswirtschaft

Für die Haushaltswirtschaft gelten die §§ 72 bis 88c der Sächsischen Gemeindeordnung entsprechend.

§ 62
Vermögen des Landkreises

Für das Vermögen des Landkreises gelten die §§ 89 bis 94 der Sächsischen Gemeindeordnung entsprechend.

§ 63
Unternehmen und Beteiligungen des Landkreises

Für Unternehmen und Beteiligungen des Landkreises gelten die §§ 94a bis 99, 102 und 130a Absatz 2 der Sächsischen Gemeindeordnung mit Ausnahme von § 94a Absatz 2 der Sächsischen Gemeindeordnung entsprechend.

§ 64
Prüfungswesen

[1]Der Landkreis hat ein Rechnungsprüfungsamt einzurichten. [2]Überörtliche Prüfungsbehörde ist der Sächsische Rechnungshof. [3]Im Übrigen gelten für das Prüfungswesen § 103 Absatz 2 bis 5, §§ 104 bis 106 und 109 der Sächsischen Gemeindeordnung entsprechend.

FÜNFTER TEIL
Aufsicht

§ 65
Aufsicht, Rechtsaufsichtsbehörden

(1) [1]Rechtsaufsichtsbehörde und obere Rechtsaufsichtsbehörde ist die Landesdirektion Sachsen. [2]Oberste Rechtsaufsichtsbehörde ist das Staatsministerium des Innern.

(2) [1]Der Fünfte Teil der Sächsischen Gemeindeordnung über die Aufsicht findet auf den Landkreis entsprechende Anwendung. [2]§ 2 Absatz 3 Satz 3 findet keine Anwendung.

SECHSTER TEIL
Sonstige Vorschriften

§ 66
Ordnungswidrigkeiten

(1) Ordnungswidrig handelt, wer vorsätzlich oder fahrlässig einer aufgrund von
1. § 3 Absatz 1 erlassenen Satzung über die Benutzung einer öffentlichen Einrichtung,
2. § 12 erlassenen Satzung über den Anschluss- und Benutzungszwang

zuwiderhandelt, soweit die Satzung für einen bestimmten Tatbestand auf diese Bußgeldvorschrift verweist.

(2) [1]Ordnungswidrig handelt ferner, wer als Kreisrat gemäß § 17 Absatz 3 Satz 1 Ansprüche und Interessen eines Dritten gegen den Landkreis geltend macht. [2]Satz 1 gilt nicht, soweit er als gesetzlicher Vertreter handelt.

(3) Die Ordnungswidrigkeit kann mit einer Geldbuße geahndet werden.

(4) Verwaltungsbehörden im Sinne des § 36 Absatz 1 Nummer 1 des Gesetzes über Ordnungswidrigkeiten in der Fassung der Bekanntmachung vom 19. Februar 1987 (BGBl. I S. 602), das zuletzt durch Artikel 5 des Gesetzes vom 27. August 2017 (BGBl. I S. 3295) geändert worden ist, in der jeweils geltenden Fassung, sind die Landkreise.

§ 67
Maßgebende Einwohnerzahl

[1]Kommt nach einer gesetzlichen Vorschrift der Einwohnerzahl eines Landkreises rechtliche Bedeutung zu, ist die vom Statistischen Landesamt zum 30. Juni des Vorjahres auf der Grundlage der jeweils letzten Volkszählung fortgeschriebene Einwohnerzahl maßgebend, soweit nichts anderes bestimmt ist. [2]Abweichend von Satz 1 sind Gebietsänderungen vom Tage der Rechtswirksamkeit an zu berücksichtigen.

§ 68
Rechtsverordnungen

(1) Das Staatsministerium des Innern wird ermächtigt, durch Rechtsverordnung zu regeln:

1. die Durchführung von Einwohneranträgen, Bürgerbegehren und Bürgerentscheiden,
2. die Form und das Verfahren öffentlicher Bekanntmachungen,
3. das Verfahren für die Erteilung von Genehmigungen und die Freistellung von Genehmigungspflichten nach diesem Gesetz,
4. das Verfahren für die Verleihung von Bezeichnungen nach § 4 Absatz 1,
5. die Zuständigkeit der Rechtsaufsichtsbehörden bei Streitigkeiten nach § 6 Absatz 1 Satz 2,
6. das Nähere über die angemessene Entschädigung für ehrenamtliche Tätigkeit nach § 19, insbesondere die Art der Entschädigung sowie die Festsetzung von Mindestbeträgen,

6a. das Nähere zur Fraktionsfinanzierung nach § 31a Absatz 3 Satz 1,

7. den Inhalt, Ausgleich und die Gestaltung des Haushaltsplans, des Finanzplans und des Investitionsprogramms, die Haushaltsführung und Haushaltsüberwachung, die näheren Voraussetzungen, den Inhalt und die Gestaltung des Haushaltsstrukturkonzepts sowie nähere Bestimmungen zu Gegenstand und Umfang haushaltswirtschaftlicher Beschränkungen bis zur Genehmigung eines Haushaltsstrukturkonzepts, insbesondere zu
   a) personalwirtschaftlichen Beschränkungen,
   b) Beschränkungen bei der Leistung von Aufwendungen und Auszahlungen,
   c) dem Erfordernis der Einzelgenehmigung und anderen Beschränkungen bei der Kreditaufnahme,
8. die Bestimmung eines vom Haushaltsjahr abweichenden Wirtschaftszeitraums,
9. die Bildung und Verwendung von Rücklagen, Rückstellungen und Sonderposten,
10. die Freistellung von der Vorlagepflicht nach § 63 dieses Gesetzes in Verbindung mit § 102 der Sächsischen Gemeindeordnung,
11. die Erfassung, den Nachweis, die Bewertung und die Abschreibung von Vermögensgegenständen sowie den Nachweis und die Bewertung von Verbindlichkeiten,
12. Bestimmungen über Geldanlagen nach § 62 dieses Gesetzes in Verbindung mit § 89 Absatz 3 Satz 2 der Sächsischen Gemeindeordnung sowie die nähere Bestimmung des Begriffs des spekulativen Finanzgeschäfts gemäß § 72 Absatz 2 Satz 2 der Sächsischen Gemeindeordnung,
13. die Gewährung von Nachlässen nach § 62 dieses Gesetzes in Verbindung mit § 90 Absatz 1 Satz 3 der Sächsischen Gemeindeordnung,
14. die Ausschreibung von Lieferungen und Leistungen sowie die Vergabe von Aufträgen einschließlich des Abschlusses von Verträgen,
15. das Prüfungswesen und die Befreiung von der Prüfungspflicht,
16. die Stundung, die Niederschlagung und den Erlass von Ansprüchen sowie die Behandlung von Kleinbeträgen,
17. Aufgaben, Organisation, Buchführung und Beaufsichtigung der Kasse des Landkreises und der Sonderkassen, die Abwicklung des Zahlungsverkehrs, die Einrichtung von Gebühren- und Portokassen und die Gewährung von Handvorschüssen,
18. Inhalt und Gestaltung des Jahresabschlusses, des Gesamtabschlusses und der Sonderrechnungen sowie die Abdeckung der Fehlbeträge,
19. die Organisation, die Wirtschaftsführung, das Rechnungswesen und die Prüfung der Eigenbetriebe.

(2) Rechtsverordnungen nach Absatz 1 Nummer 7 ergehen im Benehmen mit dem Staatsministerium der Finanzen.

§ 69
Muster für die Haushaltswirtschaft

[1]Soweit es für die Vergleichbarkeit der Haushalte erforderlich ist, gibt das Staatsministerium des Innern durch Verwaltungsvorschrift Muster insbesondere für

1. die Haushaltssatzung und ihre Bekanntmachung,
2. die Beschreibung und Gliederung der Produktbereiche und Produktgruppen sowie die Gestaltung des Haushaltsplans und des Finanzplans,
3. die Form des Haushaltsplans und seiner Anlagen, des Finanzplans und des Investitionsprogramms,
4. die Form der Anlagenübersicht, der Forderungsübersicht und der Verbindlichkeitenübersicht,
5. die Zahlungsanordnungen, Buchführung, den Kontenrahmen, den Jahresabschluss und den Gesamtabschluss und ihre Anlagen

im Sächsischen Amtsblatt bekannt. [2]Die Landkreise sind verpflichtet, diese Muster zu verwenden. [3]Die Bekanntgabe von Mustern nach Satz 1 Nummer 2 und 3 erfolgt im Benehmen mit dem Staatsministerium der Finanzen.

§ 70
Sonstige Verwaltungsvorschriften

(1) [1]Das Staatsministerium des Innern kann sonstige Verwaltungsvorschriften zur Durchführung dieses Gesetzes erlassen. [2]§ 68 Absatz 2 gilt entsprechend.

(2) Das Staatsministerium des Innern kann im Fall von Naturkatastrophen oder außergewöhnlichen Notsituationen, die bei den betroffenen Landkreisen zu unabweisbaren Auszahlungen oder Aufwendungen führen, im Einvernehmen mit dem Staatsministerium der Finanzen durch Verwaltungsvorschrift Ausnahmen oder Befreiungen von den Vorschriften in § 72 Absatz 3 bis 7, § 77 Absatz 2, § 78 Absatz 2 Satz 1, § 79 Absatz 1 Satz 1 Nummer 2, §§ 81, 82 Absatz 1 und § 84 Absatz 3 der Sächsischen Gemeindeordnung zulassen.

§§ 71 und 72
(weggefallen)

§ 73
Übergangsvorschriften

§ 3 Absatz 5 gilt auch für Satzungen und anderes Kreisrecht, die vor Inkrafttreten dieses Gesetzes zustande gekommen sind, wenn die zur Beschlussfassung zuständige Stelle innerhalb eines Jahres nach Inkrafttreten dieses Gesetzes auf die in der genannten Bestimmung bezeichneten Voraussetzungen für die Geltendmachung einer Verletzung von Verfahrens- oder Formvorschriften und die Rechtsfolgen sowie auf die dort bezeichnete Frist, die mit der Bekanntmachung beginnt, für die betreffende Satzung oder das andere Kreisrecht durch öffentliche Bekanntmachung hinweist.

§ 74
(Inkrafttreten)

3. Verordnung
des Sächsischen Staatsministeriums des Innern zur Durchführung des Kommunalverfassungsrechts (Sächsische Kommunalverfassungsrechts-durchführungsverordnung – SächsKomVerfRDVO)

Vom 22. November 2022 (SächsGVBl. S. 634)

– Fassung ab 23. Dezember 2022 –

Auf Grund des § 127 Absatz 1 Nummer 1, 2 und 4 bis 6 der Sächsischen Gemeindeordnung in der Fassung der Bekanntmachung vom 9. März 2018 (SächsGVBl. S. 62), des § 5 Absatz 3 Satz 1 und § 79 Satz 1 Nummer 3 des Sächsischen Gesetzes über kommunale Zusammenarbeit in der Fassung der Bekanntmachung vom 15. April 2019 (SächsGVBl. S. 270), in Verbindung mit § 127 Absatz 1 Nummer 4 der Sächsischen Gemeindeordnung und des § 68 Absatz 1 Nummer 1, 3 und 4 der Sächsischen Landkreisordnung in der Fassung der Bekanntmachung vom 9. März 2018 (SächsGVBl. S. 99) verordnet das Staatsministerium des Innern:

Inhaltsübersicht

ABSCHNITT 1
Aufgaben, Rechtsstellung und Gebiet

§ 1
Aufgaben der Großen Kreisstädte

Den Großen Kreisstädten werden folgende Aufgaben der Landkreise übertragen:

1. abweichend von § 2 der Verordnung der Sächsischen Staatsregierung zur Durchführung der Gewerbeordnung vom 28. Januar 1992 (SächsGVBl. S. 40), die zuletzt durch Artikel 2 der Verordnung vom 28. November 2012 (SächsGVBl. S. 751) geändert worden ist, in der jeweils geltenden Fassung, die Ausführung der §§ 33a und 33i der Gewerbeordnung in der Fassung der Bekanntmachung vom 22. Februar 1999 (BGBl. I S. 202), die zuletzt durch Artikel 1 des Gesetzes vom 9. November 2022 (BGBl. I S. 2009) geändert worden ist, sowie des § 15 Absatz 2 der Gewerbeordnung, soweit sich diese Vorschrift auf Gewerbebetriebe bezieht, die den Vorschriften der §§ 33a und 33i der Gewerbeordnung unterliegen,
2. abweichend von § 1 Nummer 2 des Sächsischen Straßenverkehrsrechtsgesetzes vom 3. Mai 2019 (SächsGVBl. S. 317), in der jeweils geltenden Fassung, der Vollzug der Straßenverkehrs-Ordnung nach § 3 des Sächsischen Straßenverkehrsrechtsgesetzes.

§ 2
Name und Bezeichnung

(1) [1]Der Antrag der Gemeinde auf Bestimmung, Feststellung oder Änderung des Gemeindenamens nach § 5 Absatz 1 Satz 2 der Sächsischen Gemeindeordnung ist zu begründen. [2]Die entsprechenden Gemeinderatsbeschlüsse sind beizufügen. [3]Soll der Gemeindename erstmalig bestimmt oder soll er geändert werden, muss er den Grundsätzen der Namenkunde (Anlage) entsprechen. [4]Die oberste Rechtsaufsichtsbehörde holt zum Gemeindenamen, insbesondere zu historischen, geografischen und sprachwissenschaftlichen Gesichtspunkten, gutachterliche Stellungnahmen ein.

(2) Vereinigen sich Gemeinden zu einer neuen Gemeinde und soll die neue Gemeinde den Gemeindenamen einer der bisherigen Gemeinden weiterführen, gilt das Einvernehmen der obersten Rechtsaufsichtsbehörde nach § 5 Absatz 1 Satz 2 der Sächsischen Gemeindeordnung als erteilt.

(3) Nach Herstellung des Einvernehmens mit der obersten Rechtsaufsichtsbehörde und nach Erteilung der Genehmigung teilt die Rechtsaufsichtsbehörde die Bestimmung, Feststellung oder Änderung eines Gemeindenamens der obersten Rechtsaufsichtsbehörde, der oberen Rechtsaufsichtsbehörde, den zuständigen Justiz- und Finanzbehörden, dem Sächsischen Staatsarchiv, der Deutschen Post AG, dem Staatsbetrieb Geobasisinformation und Vermessung Sachsen, dem Statistischen Landesamt sowie der Deutschen Bahn AG mit und veranlasst eine Veröffentlichung im Sächsischen Amtsblatt.

(4) [1]Für die Änderung des Namens eines Landkreises nach § 4 Absatz 1 Satz 2 der Sächsischen Landkreisordnung gilt Absatz 1 entsprechend. [2]Nach Erteilung der Genehmigung teilt die oberste Rechtsaufsichtsbehörde die Änderung des Kreisnamens den zuständigen Justiz- und Finanzbehörden, dem Sächsischen Staatsarchiv, der Deutschen Post AG, dem Staatsbetrieb Geobasisinformation und Vermessung Sachsen, dem Statistischen Landesamt sowie der Deutschen Bahn AG mit und veranlasst eine Veröffentlichung im Sächsischen Amtsblatt.

(5) Absatz 1 gilt mit Ausnahme des Satzes 3 für den Antrag auf Verleihung einer sonstigen Bezeichnung nach § 5 Absatz 3 Satz 2 der Sächsischen Gemeindeordnung und § 4 Absatz 1 Satz 3 der Sächsischen Landkreisordnung entsprechend.

(6) Die Verleihung der Bezeichnung „Stadt" und die Verleihung sonstiger Bezeichnungen nach § 5 Absatz 3 Satz 2 der Sächsischen Gemeindeordnung und § 4 Absatz 1 Satz 3 der Sächsischen Landkreisordnung werden vom Staatsministerium des Innern im Sächsischen Amtsblatt bekanntgegeben.

§ 3
Benennung von Gemeindeteilen

(1) Gemeindeteile können einen Namen führen, wenn sie
1. aus einer oder mehreren früheren Gemeinden bestehen oder
2. erkennbar vom übrigen bewohnten Gemeindegebiet getrennt sind und für ihre Benennung wegen der Einwohnerzahl, der Art der Bebauung oder des Gebietsumfangs ein öffentliches Bedürfnis besteht.

(2) [1]Die Gemeinde hat vor der Benennung oder Umbenennung eines Gemeindeteils das Sächsische Staatsarchiv, das Statistische Landesamt, die Deutsche Post AG, den Staatsbetrieb Geobasisinformation und Vermessung Sachsen und, sofern die Gemeinde oder der Gemeindeteil an einer Linie der Deutschen Bahn AG liegt, die Deutsche Bahn AG anzuhören. [2]Dies gilt nicht bei der Weiterführung eines früheren Gemeindenamens.

(3) Die Benennung oder Umbenennung eines Gemeindeteils ist von der Gemeinde öffentlich bekanntzumachen, der Rechtsaufsichtsbehörde anzuzeigen und den nach Absatz 2 gehörten Stellen sowie den zuständigen Justiz- und Finanzbehörden mitzuteilen.

§ 4
Genehmigung kommunaler Wappen und Flaggen

(1) Für den Antrag einer Gemeinde auf Wappengenehmigung nach § 6 Absatz 1 Satz 2 der Sächsischen Gemeindeordnung gilt folgendes Verfahren:
1. Einreichen des Wappenentwurfs zur Stellungnahme beim Sächsischen Staatsarchiv; einzureichen sind die Blasonierung, eine farbige Reinzeichnung im Format DIN A4 oder eine entsprechende druckfähige Bilddatei im Dateiformat PDF mit mindestens 300 dpi und eine schriftliche Begründung für die gewählten Motive, dieser Entwurf verbleibt zur Dokumentation im Sächsischen Staatsarchiv;
2. Beschlussfassung des Gemeinderats, der Beschlussvorlage ist die Stellungnahme des Sächsischen Staatsarchivs beizufügen;
3. Einreichen des Antrags auf Wappengenehmigung bei der jeweils zuständigen Rechtsaufsichtsbehörde; beizufügen sind drei Exemplare der farbigen Reinzeichnung DIN A4 oder die entsprechende Bilddatei, die Blasonierung, die Stellungnahme des Sächsischen Staatsarchivs und der Gemeinderatsbeschluss über die Annahme des Wappens;
4. Einholung des Einvernehmens des Staatsministeriums des Innern als oberste Rechtsaufsichtsbehörde vor Erteilung der Genehmigung durch die Rechtsaufsichtsbehörde;
5. nach Herstellung des Einvernehmens mit der obersten Rechtsaufsichtsbehörde und Erteilung der Genehmigung Mitteilung über die erfolgte Genehmigung des Wappens an die oberste Rechtsaufsichtsbehörde und das Sächsischen Staatsarchiv zur Eintragung in die vom Sächsischen Staatsarchiv geführte kommunale Wappenrolle des Freistaates Sachsen.

(2) [1]Für die Gestaltung des Wappens sind die anerkannten Regeln der Heraldik maßgebend. [2]Das Wappen soll Charakteristika der wappenführenden Körperschaft versinnbildlichen und muss sich von anderen Wappen hinreichend unterscheiden.

(3) [1]Vereinigen sich Gemeinden zu einer neuen Gemeinde und soll die neue Gemeinde das Gemeindewappen einer der bisherigen Gemeinden weiterführen, kann abweichend von Absatz 1 Satz 1 Nummer 1 auf die Einreichung eines Wappenentwurfs verzichtet werden; die Stellungnahme des Sächsischen Staatsarchivs ergeht auf der Grundlage des Eintrags in der kommunalen Wappenrolle des Freistaates Sachsen. [2]Das Einvernehmen der obersten Rechtsaufsichtsbehörde nach § 6 Absatz 1 Satz 2 der Sächsischen Gemeindeordnung gilt als erteilt, wenn das Sächsische Staatsarchiv die Weiterführung in seiner Stellungnahme befürwortet. [3]In diesem Fall hat die zuständige Rechtsaufsichtsbehörde die Genehmigung bei der obersten Rechtsaufsichtsbehörde unter Beifügung der Stellungnahme des Sächsischen Staatsarchivs

anzuzeigen. [4]Entsprechendes gilt, wenn bei der Umwandlung nach § 32 des Sächsischen Gesetzes über kommunale Zusammenarbeit in der Fassung der Bekanntmachung vom 15. April 2019 (SächsGVBl. S. 270), das zuletzt durch Artikel 3 des Gesetzes vom 9. Februar 2022 (SächsGVBl. S. 134) geändert worden ist, in der jeweils geltenden Fassung, das Wappen des Verwaltungsverbandes von der neuen Gemeinde weitergeführt werden soll.

(4) Beantragt ein Verwaltungsverband nach § 6 Absatz 1 Satz 2 der Sächsischen Gemeindeordnung in Verbindung mit § 5 Absatz 3 Satz 1 des Sächsischen Gesetzes über kommunale Zusammenarbeit oder ein Landkreis nach § 5 Absatz 1 Satz 2 der Sächsischen Landkreisordnung eine Wappengenehmigung, gelten die Absätze 1 und 2 entsprechend.

(5) [1]Für die Genehmigung kommunaler Flaggen gilt das Verfahren nach den Absätzen 1 bis 4 entsprechend. [2]Für die Gestaltung der Flaggen sind die Grundsätze der Vexillologie maßgebend.

§ 5
Genehmigung von Gebietsänderungen

(1) Dem Antrag auf Genehmigung einer Gebietsänderung nach § 8 Absatz 1 Satz 1 Nummer 2 der Sächsischen Gemeindeordnung sind neben einer Begründung beizufügen:

1. Die betreffenden Gemeinderatsbeschlüsse und gegebenenfalls der Beschluss der Verbandsversammlung zur angestrebten Vereinbarung oder zur geplanten Veränderung bezüglich der Mitgliedschaft in einer Verwaltungsgemeinschaft oder in einem Verwaltungsverband,
2. gegebenenfalls Angaben zum neuen Gemeindenamen durch Vorlage der entsprechenden Gemeinderatsbeschlüsse,
3. geeignete Unterlagen zum Bürgerentscheid bei Gebietsänderungen durch Vereinbarungen nach § 8a Absatz 3 in Verbindung mit § 8 Absatz 1 Satz 1 Nummer 2 der Sächsischen Gemeindeordnung, wie den zur Abstimmung gestellten Entscheidungsvorschlag, die Niederschrift des Gemeindewahlausschusses über die Feststellung des Abstimmungsergebnisses und die öffentliche Bekanntmachung des Abstimmungsergebnisses,
4. eine Flurkarte mit den sich ändernden Gemeindegrenzen in einem geeigneten Maßstab.

(2) [1]Dem Antrag auf Erteilung des Einvernehmens nach § 8 Absatz 1 Satz 1 Nummer 2 der Sächsischen Gemeindeordnung sind beizufügen:

1. Der Entwurf des Genehmigungsbescheides mit dem Ergebnis der Bewertung des beantragten Vorhabens unter Berücksichtigung der dazu eingeholten Stellungnahmen,
2. eine Flurkarte mit den sich ändernden Gemeindegrenzen in einem geeigneten Maßstab,
3. die Stellungnahme des örtlich zuständigen Regionalen Planungsverbandes,
4. die Anträge der Gemeinden auf Genehmigung mit den betreffenden Gemeinderatsbeschlüssen und gegebenenfalls dem Beschluss der Verbandsversammlung.

[2]Das Einvernehmen gilt als erteilt, wenn von der Gebietsänderung ausschließlich Gemeinden innerhalb eines bestehenden Verwaltungsverbandes oder einer bestehenden Verwaltungsgemeinschaft betroffen sind, die sich zu einer Einheitsgemeinde zusammenschließen oder es sich um eine Umgliederung von unbewohnten Flächen nach § 8 Absatz 2 Nummer 3 der Sächsischen Gemeindeordnung handelt.

(3) Das Staatsministerium des Innern prüft die vorgelegten Unterlagen, holt das Einvernehmen des Staatsministeriums für Regionalentwicklung ein und nimmt regelmäßig binnen sechs Wochen nach Zugang Stellung.

(4) Die zuständige Rechtsaufsichtsbehörde unterrichtet das Staatsministerium des Innern, das Staatsministerium für Regionalentwicklung, das Staatsministerium der Finanzen, das Statistische Landesamt sowie den zuständigen Regionalen Planungsverband über die Genehmigung der Vereinbarung über die Gebietsänderung.

§ 6
Zuständige Rechtsaufsichtsbehörde bei Gebietsangelegenheiten zwischen Gemeinden

(1) Bei Grenzstreitigkeiten zwischen Gemeinden, bei denen nicht für alle beteiligten Gemeinden nach § 112 Absatz 1 Satz 1 der Sächsischen Gemeindeordnung dieselbe Rechtsaufsichtsbehörde zuständig ist, ist zuständige Rechtsaufsichtsbehörde nach § 7 Absatz 1 Satz 2 der Sächsischen Gemeindeordnung die Landesdirektion Sachsen.
(2) Absatz 1 gilt entsprechend für Gebietsänderungen nach § 8 Absatz 1 Satz 1 Nummer 2 der Sächsischen Gemeindeordnung, bei denen nicht für alle beteiligten Gemeinden nach § 112 Absatz 1 Satz 1 der Sächsischen Gemeindeordnung dieselbe Rechtsaufsichtsbehörde zuständig ist.

ABSCHNITT 2
Bürgerbegehren und Bürgerentscheid

§ 7
Bürgerbegehren

(1) [1]Der Antrag auf Durchführung eines Bürgerentscheids in der Gemeinde nach § 25 der Sächsischen Gemeindeordnung (Bürgerbegehren) kann rechtswirksam nur von den Bürgerinnen und Bürgern der Gemeinde, die nicht vom Stimmrecht in Gemeindeangelegenheiten ausgeschlossen sind, unterzeichnet werden. [2]Maßgebender Zeitpunkt ist insoweit der Tag des Eingangs des Antrags. [3]Neben der eigenhändigen Unterschrift sollen Familiennamen, Vornamen, Geburtsdatum, Wohnung und Datum der Unterzeichnung lesbar angegeben werden. [4]Die Angaben dürfen nur zur Prüfung der Zulässigkeit des Antrags verwendet und Dritten nicht zugänglich gemacht werden.
(2) Für die Feststellung der Gültigkeit der Unterschriften und des Erreichens des notwendigen Quorums dürfen die Daten des Melderegisters genutzt werden.
(3) [1]Hat der Gemeinderat bestandskräftig über die Zulässigkeit des Bürgerbegehrens entschieden, sind die Unterschriftenbögen unverzüglich zu vernichten. [2]Gleichzeitig sind die in diesem Zusammenhang in automatisierten Verfahren gespeicherten Daten zu löschen.

§ 8
Tag der Abstimmung

[1]Der Gemeinderat bestimmt den Abstimmungstag für den Bürgerentscheid. [2]Der Abstimmungstag muss ein Sonntag sein.

§ 9
Bekanntmachung der Abstimmung

Die Bürgermeisterin oder der Bürgermeister hat die Abstimmung und den zur Abstimmung gestellten Entscheidungsvorschlag einschließlich Begründung und Kostendeckungsvorschlag beziehungsweise Vorschlag zum Ausgleich der Einnahmeausfälle der verlangten Maßnahme spätestens am 30. Tag vor dem Abstimmungstag öffentlich bekanntzumachen.

§ 10
Abstimmungsgebiet

(1) Abstimmungsgebiet ist das Gebiet der Gemeinde.
(2) [1]Für die Abstimmung bildet die Gemeinde einen oder mehrere Abstimmungsbezirke, die von der Bürgermeisterin oder dem Bürgermeister bestimmt werden. [2]Kein Abstimmungsbezirk soll mehr als 4 000 Einwohnerinnen und Einwohner umfassen.

§ 11
Ausübung des Abstimmungsrechts und Wählerverzeichnis

[1]Abstimmen kann nur, wer in ein Wählerverzeichnis eingetragen ist oder einen Wahlschein hat. [2]Die §§ 3 bis 5 des Kommunalwahlgesetzes in der Fassung der Bekanntmachung vom 20. April 2018 (SächsGVBl. S. 298), das zuletzt durch Artikel 4 des Geset-

zes vom 9. Februar 2022 (SächsGVBl. S. 134) geändert worden ist, in der jeweils geltenden Fassung, gelten entsprechend.

§ 12
Abstimmungsorgane

[1]Abstimmungsorgane sind der Gemeindewahlausschuss, die oder der Vorsitzende des Gemeindewahlausschusses und die Wahlvorstände. [2]Die §§ 9 bis 11 des Kommunalwahlgesetzes gelten entsprechend.

§ 13
Besorgung der laufenden Geschäfte

Die laufenden Geschäfte der Abstimmung besorgt die Bürgermeisterin oder der Bürgermeister.

§ 14
Abstimmungsräume

Die Abstimmungsräume, ihre Ausstattung und das erforderliche Hilfspersonal stellt die Gemeinde.

§ 15
Stimmzettel

(1) [1]Die Stimmzettel werden amtlich hergestellt. [2]Sie müssen von einheitlichem Papier, gleicher Farbe und gleicher Größe sein.
(2) [1]Der Stimmzettel muss den zur Abstimmung gestellten Entscheidungsvorschlag enthalten. [2]Der Entscheidungsvorschlag muss so gefasst sein, dass über ihn mit „Ja" oder „Nein" entschieden werden kann.

§ 16
Abstimmungshandlung

(1) [1]Jede abstimmungsberechtigte Person hat eine Stimme. [2]Sie gibt ihre Stimme in der Weise ab, dass sie auf dem Stimmzettel entweder das „Ja"-Feld oder das „Nein"-Feld durch Ankreuzen oder auf eine andere eindeutige Weise als gewählt kennzeichnet.
(2) Im Übrigen gelten für die Abstimmungshandlung die §§ 15 bis 17 des Kommunalwahlgesetzes entsprechend.

§ 17
Feststellung des Abstimmungsergebnisses

(1) [1]Die Feststellung des Abstimmungsergebnisses ist öffentlich. [2]Die §§ 18, 19 und 20 Absatz 2 des Kommunalwahlgesetzes gelten entsprechend.
(2) Das Abstimmungsergebnis ist vom Gemeindewahlausschuss unverzüglich festzustellen und von der Bürgermeisterin oder dem Bürgermeister öffentlich bekanntzumachen.

§ 18
Kostentragung

Die Kosten für die Durchführung des Bürgerbegehrens und des Bürgerentscheids trägt die Gemeinde, soweit diese bei ihr anfallen.

§ 19
Anwendbarkeit von Rechtsvorschriften

Im Übrigen gelten für die Durchführung des Bürgerentscheids die Vorschriften der Kommunalwahlordnung vom 16. Mai 2018 (SächsGVBl. S. 313), in der jeweils geltenden Fassung, über die Bürgermeisterwahlen entsprechend, sofern sich aus den §§ 8 bis 18 oder aus der Natur der Abstimmung nichts Anderes ergibt.

§ 20
Bürgerbegehren und Bürgerentscheid auf Landkreisebene

(1) Für das Bürgerbegehren und den Bürgerentscheid auf Landkreisebene gelten die §§ 7 bis 19 entsprechend, soweit sich aus den Absätzen 2 bis 5 nichts Anderes ergibt.
(2) Die Meldebehörden ermitteln die Zahl der in der Gemeinde Unterzeichnungsberechtigten für das Bürgerbegehren und prüfen für die Feststellung der Gültigkeit der Unter-

schriften die Richtigkeit der Angaben auf den Unterschriftenlisten.

(3) Abstimmungsorgane für den Bürgerentscheid sind der Kreiswahlausschuss, die oder der Vorsitzende des Kreiswahlausschusses und die Wahlvorstände.

(4) [1]Die laufenden Geschäfte der Abstimmung besorgt die Landrätin oder der Landrat. [2]Die örtlichen Geschäfte der Abstimmung besorgt die Bürgermeisterin oder der Bürgermeister.

(5) Der Landkreis trägt die bei den Gemeinden anfallenden Kosten.

ABSCHNITT 3 Einwohnerversammlung und Einwohnerantrag

§ 21 Antrag auf Anberaumung einer Einwohnerversammlung in der Gemeinde

[1]Der Antrag auf Anberaumung einer Einwohnerversammlung nach § 22 Absatz 2 der Sächsischen Gemeindeordnung kann rechtswirksam nur von den Einwohnerinnen und Einwohnern der Gemeinde unterzeichnet werden, die am Tag des Eingangs des Antrags das 16. Lebensjahr vollendet haben und nicht vom Stimmrecht in Gemeindeangelegenheiten ausgeschlossen sind. [2]Im Übrigen gilt § 7 entsprechend.

§ 22 Einwohnerantrag

[1]Für den Einwohnerantrag nach § 23 der Sächsischen Gemeindeordnung und § 20 der Sächsischen Landkreisordnung gilt § 21 entsprechend. [2]Bei einem Einwohnerantrag an den Kreistag prüfen die Meldebehörden für die Feststellung der Gültigkeit der Unterschriften die Richtigkeit der Angaben und ermitteln die Zahl der Unterzeichnungsberechtigten in der Gemeinde. [3]Die den Meldebehörden dabei entstehenden Auslagen können gegenüber dem Landkreis erhoben werden.

ABSCHNITT 4 Schlussbestimmungen

§ 23 Inkrafttreten, Außerkrafttreten

(1) Diese Verordnung tritt am Tag nach der Verkündung in Kraft.

(2) Gleichzeitig treten die Verwaltungsvorschrift des Staatsministeriums des Innern über die Genehmigung von Gebietsänderungen von Gemeinden vom 12. November 2013 (SächsABl. S. 1182), zuletzt enthalten in der Verwaltungsvorschrift vom 29. November 2021 (SächsABl. SDr. S. S 167), und die Sächsische Kommunalverfassungsrechtsdurchführungsverordnung vom 12. November 2018 (SächsGVBl. S. 682), die durch Artikel 2 der Verordnung vom 3. Mai 2019 (SächsGVBl. S. 317) geändert worden ist, außer Kraft.

Anlage

Grundsätze der Namenkunde

1. Allgemeines

Namen sollen möglichst kurz und zutreffend sein und einen örtlichen Bezug herstellen. Es ist insbesondere auf Aussprache, Klang und Schreibweise sowie eine praktikable Verwendung im Schriftverkehr (Begrenzungen der Buchstabenanzahl in Adressfeldern beziehungsweise Formularen) zu achten. Gemeindenamen müssen so gewählt werden, dass sie dauerhaft bestehen bleiben und keinen kurzfristigen Änderungen unterworfen sind. Bezüglich der Schreibweise von Gemeindenamen wird auf die vom Ständigen Ausschuss für geographische Namen beim Bundesamt für Kartographie und Geodäsie herausgegebenen Empfehlungen und Hinweise für die Schreibweise geographischer Namen für Herausgeber von Kartenwerken und anderen Veröffentlichungen, 6. Auflage, 2016, verwiesen.

2. Gemeindenamen

2.1 Als Namen eignen sich insbesondere:

a) Bisherige Gemeindenamen, um ein Stück Geschichte des Freistaates Sachsen aufrechtzuerhalten;

b) Namen, die durch Wegfall von Bestandteilen von Doppelnamen oder durch Wegfall oder Hinzufügen differenzierender Zusätze (Ober-, Unter-, Groß- und so weiter) entstehen;

c) Abwandlungen geläufiger Flur- und Landschaftsnamen, die auf topographische Gegebenheiten Bezug nehmen (zum Beispiel gewässer- und geländebezogene Gemeindenamen mit den Namensbestandteilen -tal, -aue, -stein); der Gemeindename muss als solcher erkennbar sein;

d) Namensbildungen, die im Einklang zur Landschaft des Standortes stehen (zum Beispiel Höhenlage, Himmelsrichtung, Lage am Wasser); für Ortsnamen im Tief- oder Flachland zum Beispiel mit den Namensbestandteilen -au(e), -bach, -feld, -tal, -hain; in bergigen Regionen mit -berg, -stein, -wald(e), -dorf, -leite(n);

e) Ist die Gemeinde Kirchort, so kann der Namensbestandteil Kirch- vorangestellt oder angehängt werden;

f) Namen, die mit einem Fluss-, Flur-, Berg-, Waldnamen und so weiter gebildet werden;

g) Namen, die eine Verbindung mit historischen Ereignissen, vor allem der Besiedlung, erkennen lassen (zum Beispiel Gemeindenamen mit Bezug zum Ortsgründer).

2.2 Als Gemeindenamen sind zu vermeiden:

a) Gemeindenamen, die bereits andernorts vorhanden sind;

b) Namen und Namenszusätze mit werbendem Inhalt;

c) Namen, die offensichtlich Belange Dritter berühren, zum Beispiel Anlehnung des Gemeindenamens an ein topographisches oder historisches Objekt, das nicht im Gemeindegebiet oder auch auf dem Gebiet anderer Gemeinden liegt;

d) Veränderungen an ursprünglich sorbischen Namen in eingedeutschter Form; diese Namen können nur in der hergebrachten Form weitergeführt werden; die Namensbestandteile zum Beispiel -witz, -litz, -ritz und -schitz/schütz sind wegen ihrer etymologischen Bedeutung nicht an beliebige Erstglieder anfügbar;

e) Namensbestandteile und -wörter, die für den Freistaat Sachsen untypisch sind, zum Beispiel -be(c)k (niederdeutsch) statt -bach, -bühl (oberdeutsch) statt -hübel; regionstypische Zweitglieder bleiben auf den jeweiligen Raum beschränkt (zum Beispiel -grün nur für das Vogtland);

f) Namensbestandteile -statt und -stadt bei Gemeinden, die kein Stadtrecht besitzen;

g) der Gebrauch der Namensbestandteile -land, -grund und -gemeinde.

Dreifachnamen sind nicht genehmigungsfähig.

3. Zusätze zum Gemeindenamen

Zusätze zum Gemeindenamen sind Erläuterungen, die auf die geographischen und topographischen Besonderheiten oder die Geschichte einer Gemeinde hinweisen. Sie sind Teil des Gemeindenamens. Sie sollen nur dann gewählt werden, wenn sie zur Unterscheidung notwendig sind. Dies gilt immer dann, wenn ein Gemeindename mindestens zweimal in der Bundesrepublik Deutschland vorhanden ist. Erläuterungen werden durch eine Präposition, die auch in abgekürzter Form verwendet werden kann, angefügt.
Zur Erläuterung eignen sich:

a) bei Bezug zum Freistaat Sachsen „in Sachsen" oder „in Sachs." (zum Beispiel Neustadt in Sachsen);
b) Landschaftsbezeichnungen wie Sächs. Schw. oder Sächs. Schweiz, O.L., Vogtl., Erzgeb. (zum Beispiel Krauschwitz i. d. O. L., Reichenbach im Vogtland);
c) bei Bezeichnungen zum Gelände, zu Gewässern oder Waldgebieten eine Ausschreibung des Gelände-, Fluss- oder Waldnamens (zum Beispiel Sohland a. d. Spree, Bernstadt a. d. Eigen).

4. Sorbisches Siedlungsgebiet

Im sorbischen Siedlungsgebiet ist bei der Bezeichnung der Gemeinden und Gemeindeteile die Zweisprachigkeit zu beachten. Die Grundsätze der Namenkunde finden auf die sorbischen Gemeinde- und Siedlungsnamen entsprechende Anwendung.

4. Verordnung
des Sächsischen Staatsministeriums des Innern über die Form der kommunalen Bekanntmachungen (Kommunalbekanntmachungsverordnung – KomBekVO)
Vom 17. Dezember 2015 (SächsGVBl. S. 693)
– in Kraft seit 1. Januar 2016 –

Auf Grund
- des § 127 Absatz 1 Nummer 3 der Sächsischen Gemeindeordnung in der Fassung der Bekanntmachung vom 3. März 2014 (SächsGVBl. S. 146),
- des § 68 Absatz 1 Nummer 2 der Sächsischen Landkreisordnung in der Fassung der Bekanntmachung vom 3. März 2014 (SächsGVBl. S. 180),
- des § 5 Absatz 3 Satz 1 des Sächsischen Gesetzes über kommunale Zusammenarbeit in der Fassung der Bekanntmachung vom 3. März 2014 (SächsGVBl. S. 196) in Verbindung mit § 127 Absatz 1 Nummer 3 der Sächsischen Gemeindeordnung und
- des § 47 Absatz 2 Satz 1 und § 5 Absatz 3 Satz 1 des Sächsischen Gesetzes über kommunale Zusammenarbeit in Verbindung mit § 127 Absatz 1 Nummer 3 der Sächsischen Gemeindeordnung

verordnet das Staatsministerium des Innern:

§ 1
Geltungsbereich

[1]Diese Verordnung regelt öffentliche Bekanntmachungen der Gemeinden, Verwaltungsverbände, Landkreise und Zweckverbände, soweit nicht besondere bundes- oder landesrechtliche Vorschriften anzuwenden sind. [2]Öffentliche Bekanntmachungen im Sinne dieser Verordnung sind:
1. die Verkündung von Rechtsverordnungen,
2. die öffentliche Bekanntmachung von Satzungen und
3. sonstige durch Rechtsvorschrift vorgeschriebene öffentliche Bekanntmachungen und öffentliche Bekanntgaben.

§ 2
Öffentliche Bekanntmachungen der Gemeinden

Öffentliche Bekanntmachungen der Gemeinden sind in einer der nachfolgend genannten Formen durchzuführen:
1. durch Abdruck im Amtsblatt der Gemeinde oder des Landkreises, dem die Gemeinde angehört,
2. durch Abdruck in einer oder mehreren bestimmten, regelmäßig, mindestens einmal wöchentlich erscheinenden Zeitungen, deren Verbreitung sich mindestens auf das Gebiet der Gemeinde erstreckt,
3. sofern die Gemeinde weniger als 3 000 Einwohner hat, durch Aushang an der Bekanntmachungstafel und bei räumlich getrennten Ortsteilen an weiteren hierfür bestimmten Stellen während der Dauer von mindestens einer Woche; auf den Aushang und seine Dauer ist rechtzeitig im Amtsblatt der Gemeinde oder des Landkreises oder in einer Zeitung im Sinne der Nummer 2 hinzuweisen oder
4. durch eine elektronische Ausgabe nach § 4 des Sächsischen E-Government-Gesetzes vom 9. Juli 2014 (SächsGVBl. S. 398), das durch die Verordnung vom 4. April 2015 (SächsGVBl. S. 374) geändert worden ist, in der jeweils geltenden Fassung.

§ 3
Öffentliche Bekanntmachungen der Verwaltungsverbände

Öffentliche Bekanntmachungen der Verwaltungsverbände sind in einer der nachfolgend genannten Formen durchzuführen:
1. durch Abdruck im Amtsblatt des Verwaltungsverbandes oder des Landkreises, dem der Verwaltungsverband angehört,
2. durch öffentliche Bekanntmachung in sämtlichen Mitgliedsgemeinden in den von ihnen bestimmten Formen,
3. durch Abdruck in einer oder mehreren bestimmten, regelmäßig, mindestens einmal wöchentlich erscheinenden Zeitungen, deren Verbreitung sich mindestens auf das Gebiet des Verwaltungsverbandes erstreckt, oder
4. durch eine elektronische Ausgabe entsprechend § 4 des Sächsischen E-Government-Gesetzes .

§ 4
Öffentliche Bekanntmachungen der Landkreise

Öffentliche Bekanntmachungen der Landkreise sind in einer der nachfolgend genannten Formen durchzuführen:
1. durch Abdruck im Amtsblatt des Landkreises,
2. durch Abdruck in dem als Beilage zum Sächsischen Amtsblatt erscheinenden Amtlichen Anzeiger,
3. durch Abdruck in einer oder mehreren bestimmten, regelmäßig, mindestens einmal wöchentlich erscheinenden Zeitungen, deren Verbreitung sich mindestens auf das Gebiet des Landkreises erstreckt, oder
4. durch eine elektronische Ausgabe entsprechend § 4 des Sächsischen E-Government-Gesetzes .

§ 5
Öffentliche Bekanntmachungen der Zweckverbände

Öffentliche Bekanntmachungen der Zweckverbände sind in einer der nachfolgend genannten Formen durchzuführen:
1. durch Abdruck im Amtsblatt des Zweckverbandes,
2. durch Abdruck im Amtsblatt des Landkreises oder der Landkreise, auf die sich das Gebiet des Zweckverbandes erstreckt,
3. durch Abdruck in dem als Beilage zum Sächsischen Amtsblatt erscheinenden Amtlichen Anzeiger, sofern sich das Gebiet des Zweckverbandes über einen Landkreis hinaus erstreckt,
4. durch öffentliche Bekanntmachung durch sämtliche Verbandsmitglieder in den von ihnen bestimmten Formen, soweit es sich um kommunale Körperschaften handelt,
5. durch Abdruck in einer oder mehreren bestimmten, regelmäßig, mindestens einmal wöchentlich erscheinenden Zeitungen, deren Verbreitung sich mindestens auf das Gebiet des Zweckverbandes erstreckt, oder
6. durch eine elektronische Ausgabe entsprechend § 4 des Sächsischen E-Government-Gesetzes .

§ 6
Festlegung der Bekanntmachungsform

[1]Die Form der öffentlichen Bekanntmachung ist im Einzelnen durch Satzung zu regeln. [2]Dabei sind entsprechend der Form der öffentlichen Bekanntmachung auch die Amtsblätter, Zeitungen, Aufstellungsorte für Bekanntmachungstafeln und die Internetadresse genau zu bezeichnen.

§ 7
Inhalt der Bekanntmachung

[1]Öffentliche Bekanntmachungen haben mit vollem Wortlaut zu erfolgen. [2]Sofern eine Rechtsverordnung oder Satzung genehmigungspflichtig ist oder genehmigungspflich-

tige Teile enthält, muss auch die Tatsache der Genehmigung unter Angabe der Genehmigungsbehörde und des Datums der Genehmigung bekanntgemacht werden.

§ 8
Ersatzbekanntmachung

(1) Sind Pläne oder zeichnerische Darstellungen, insbesondere Karten, Bestandteile einer Rechtsverordnung oder Satzung, können sie dadurch öffentlich bekanntgemacht werden, dass
1. ihr wesentlicher Inhalt in der Rechtsverordnung oder Satzung umschrieben wird,
2. sie an einer bestimmten Verwaltungsstelle zur kostenlosen Einsicht durch jedermann während der Sprechzeiten, mindestens aber wöchentlich 20 Stunden, für die Dauer von mindestens zwei Wochen niedergelegt werden und
3. hierauf bei der Bekanntmachung der Rechtsverordnung oder Satzung hingewiesen wird.

(2) Absatz 1 gilt für sonstige öffentliche Bekanntmachungen entsprechend.

§ 9
Notbekanntmachung

[1]Erscheint eine rechtzeitige Bekanntmachung in der vorgeschriebenen Form nicht möglich, kann die öffentliche Bekanntmachung in anderer geeigneter Weise durchgeführt werden. [2]Die Bekanntmachung ist unverzüglich nach Wegfall des Hindernisses in der vorgeschriebenen Form zu wiederholen, wenn sie nicht durch Zeitablauf gegenstandslos geworden ist.

§ 10
Vollzug der Bekanntmachung

(1) [1]Die öffentliche Bekanntmachung ist mit Ablauf des Erscheinungstages des Amtsblattes oder der Zeitung vollzogen. [2]Im Fall der Bekanntmachung durch Aushang ist die Bekanntmachung mit Ablauf der Aushangfrist vollzogen. [3]Eine öffentliche Bekanntmachung durch eine elektronische Ausgabe ist mit Ablauf des Tages, an dem sie im Internet verfügbar ist, vollzogen. [4]Sind mehrere Bekanntmachungsformen bestimmt, ist die öffentliche Bekanntmachung mit Ablauf des Tages vollzogen, an dem die letzte Bekanntmachung vollzogen ist. [5]Eine Ersatzbekanntmachung ist mit Ablauf der Niederlegungsfrist nach § 8 Absatz 1 Nummer 2 vollzogen. [6]Eine Notbekanntmachung ist mit ihrer Durchführung nach § 9 Satz 1 vollzogen.

(2) Der Vollzug der Bekanntmachung ist in den Akten nachzuweisen.

§ 11
(Inkrafttreten, Außerkrafttreten)

5. Gesetz
über die Kommunalwahlen im Freistaat Sachsen (Kommunalwahlgesetz – KomWG)

in der Fassung der Bekanntmachung vom 20. April 2018 (SächsGVBl. S. 298), das zuletzt durch Artikel 4 des Gesetzes vom 9. Februar 2022 (SächsGVBl. S. 134) geändert worden ist

– Fassung ab 20. Februar 2022 –

Inhaltsübersicht

ERSTER TEIL
Gemeindewahlen

Erster Abschnitt
Gemeinderatswahlen

Erster Unterabschnitt
Wahlvorbereitung, Wahlorgane

§ 1
Wahltag, Bekanntmachung der Durchführung der Wahl

(1) [1]Die regelmäßigen Gemeinderatswahlen finden alle fünf Jahre in der Zeit zwischen dem 1. April und dem 30. Juni statt. [2]Das Staatsministerium des Innern bestimmt den Wahltag.

(2) Bei Neuwahlen (§ 28), Wiederholungswahlen (§ 29), Nachwahlen (§ 31) und Ergän-

zungswahlen nach § 34 Absatz 7 der Sächsischen Gemeindeordnung in der Fassung der Bekanntmachung vom 3. März 2014 (SächsGVBl. S. 146), die zuletzt durch Artikel 1 des Gesetzes vom 13. Dezember 2017 (SächsGVBl. S. 626) geändert worden ist, in der jeweils geltenden Fassung, bestimmt der Gemeinderat den Wahltag.
(3) Der Wahltag muss ein Sonntag sein.
(4) Die Gemeinde hat die Durchführung der Wahl spätestens am 90. Tag vor dem Wahltag öffentlich bekannt zu machen.

§ 2
Wahlgebiet, Wahlkreise, Wahlbezirke

(1) [1]Wahlgebiet ist das Gebiet der Gemeinde. [2]Die Wahl wird in Wahlkreisen durchgeführt.
(2) [1]Die Kreisfreien Städte werden in mehrere Wahlkreise unterteilt. [2]Bei der Abgrenzung der Wahlkreise sollen die örtlichen Verhältnisse und der räumliche Zusammenhang berücksichtigt werden. [3]Die Einwohnerzahl eines Wahlkreises darf von der durchschnittlichen Einwohnerzahl aller Wahlkreise der Kreisfreien Stadt um höchstens 25 Prozent abweichen. [4]Der Gemeinderat beschließt über die Zahl und die Abgrenzung der Wahlkreise, sobald der Wahltag und die Zahl der zu wählenden Gemeinderäte feststehen. [5]Es sind mindestens sechs und höchstens zwölf Wahlkreise zu bilden.
(3) [1]Kreisangehörige Gemeinden bilden jeweils einen Wahlkreis. [2]Abweichend von Satz 1 kann bestimmt werden, dass die kreisangehörige Gemeinde nach Maßgabe des Absatzes 2 Satz 2 bis 4 in mehrere Wahlkreise unterteilt wird. [3]Es sind mindestens zwei und höchstens sechs Wahlkreise zu bilden. [4]Dabei darf die Zahl der Wahlkreise die Zahl der zu wählenden Gemeinderäte, geteilt durch drei, nicht überschreiten.
(4) [1]Für die Stimmabgabe bildet jede Gemeinde einen oder mehrere Wahlbezirke. [2]Bei der Bildung von Wahlbezirken sind die Grenzen der Wahlkreise einzuhalten.

§ 3
Ausübung des Wahlrechts

(1) Wählen kann nur der Wahlberechtigte, der in ein Wählerverzeichnis eingetragen ist oder einen Wahlschein hat.
(2) Wer in ein Wählerverzeichnis eingetragen ist, kann durch persönliche Stimmabgabe in dem Wahlbezirk wählen, in dessen Wählerverzeichnis er eingetragen ist.
(3) Wer einen Wahlschein hat, kann
1. durch persönliche Stimmabgabe in jedem Wahlbezirk des Wahlkreises oder
2. durch Briefwahl

wählen.
(4) [1]Jeder Wahlberechtigte kann sein Wahlrecht nur einmal und nur persönlich ausüben. [2]Eine Ausübung des Wahlrechts durch einen Vertreter anstelle des Wahlberechtigten ist unzulässig.
(5) [1]Ein Wahlberechtigter, der des Lesens unkundig oder wegen einer körperlichen Beeinträchtigung oder einer Behinderung an der Abgabe seiner Stimme gehindert ist, kann sich hierzu der Hilfe einer anderen Person bedienen. [2]Die Hilfeleistung ist auf technische Hilfe bei der Kundgabe einer vom Wahlberechtigten selbst getroffenen und geäußerten Wahlentscheidung beschränkt. [3]Unzulässig ist eine Hilfeleistung, die unter missbräuchlicher Einflussnahme erfolgt, die selbstbestimmte Willensbildung oder Entscheidung des Wahlberechtigten ersetzt oder verändert oder wenn ein Interessenkonflikt der Hilfsperson besteht.

§ 4
Wählerverzeichnisse

(1) [1]Die Gemeinden führen für jeden Wahlbezirk ein Wählerverzeichnis. [2]In die Wählerverzeichnisse sind alle am Wahltag Wahlberechtigten einzutragen. [3]Für die Führung des Wählerverzeichnisses dürfen, soweit erforderlich, die Daten des Melderegisters genutzt werden.
(2) [1]Jeder Wahlberechtigte hat das Recht, an den Werktagen vom 20. bis zum 16. Tag vor der Wahl während der allgemeinen Öffnungszeiten Einsicht in das Wählerverzeichnis zu

nehmen, um die Richtigkeit und Vollständigkeit der zu seiner Person eingetragenen Daten zu überprüfen. [2]Die Einsichtnahme kann sich auch auf die Eintragung anderer Personen erstrecken, wenn derjenige, der Einsicht nehmen möchte, Tatsachen glaubhaft gemacht hat, aus denen sich die Unrichtigkeit des Wählerverzeichnisses hinsichtlich dieser Personen ergeben kann. [3]Die Einsichtnahme in Daten anderer Personen ist ausgeschlossen, wenn für diese im Melderegister eine Auskunftssperre nach § 51 Absatz 1 des Bundesmeldegesetzes vom 3. Mai 2013 (BGBl. I S. 1084), das zuletzt durch Artikel 11 Absatz 4 des Gesetzes vom 18. Juli 2017 (BGBl. I S. 2745) geändert worden ist, in der jeweils geltenden Fassung, eingetragen ist.

(3) [1]Jeder Wahlberechtigte, der die Wählerverzeichnisse für unrichtig oder unvollständig hält, kann bis zum Ablauf der Frist des Absatzes 2 Satz 1 ihre Berichtigung bei der Gemeinde beantragen. [2]Soweit die in diesem Antrag behaupteten Tatsachen nicht offenkundig sind, sind ihm die erforderlichen Beweismittel beizufügen. [3]Will die Gemeinde einem Antrag gegen die Eintragung einer anderen Person stattgeben, hat sie dieser vor der Entscheidung Gelegenheit zur Äußerung zu geben. [4]Die Gemeinde hat ihre Entscheidung dem Antragsteller und dem Betroffenen spätestens am zehnten Tag vor der Wahl zuzustellen. [5]Einem auf Eintragung gerichteten Antrag gibt die Gemeinde in der Weise statt, dass sie dem Antragsteller die Wahlbenachrichtigung zugehen lässt.

(4) [1]Gegen die Entscheidung der Gemeinde kann binnen zwei Tagen nach Zustellung Beschwerde an die Rechtsaufsichtsbehörde eingelegt werden. [2]Die Beschwerde ist schriftlich oder zur Niederschrift bei der Gemeinde einzulegen. [3]Die Gemeinde legt die Beschwerde unverzüglich der Rechtsaufsichtsbehörde zur Entscheidung vor. [4]Die Rechtsaufsichtsbehörde hat spätestens am vierten Tag vor der Wahl über die Beschwerde zu entscheiden. [5]Ein Vorverfahren nach § 68 der Verwaltungsgerichtsordnung in der Fassung der Bekanntmachung vom 19. März 1991 (BGBl. I S. 686), die zuletzt durch Artikel 5 Absatz 2 des Gesetzes vom 8. Oktober 2017 (BGBl. I S. 3546) geändert worden ist, in der jeweils geltenden Fassung, vor Erhebung einer Klage gegen die Entscheidung der Rechtsaufsichtsbehörde entfällt. [6]Die Klage hat für die Durchführung der Wahl keine aufschiebende Wirkung.

§ 5
Wahlscheine

(1) [1]Ein Wahlberechtigter, der in das Wählerverzeichnis eingetragen ist, erhält auf Antrag einen Wahlschein. [2]Das Gleiche gilt für den Wahlberechtigten, der aus einem von ihm nicht zu vertretenden Grund nicht in das Wählerverzeichnis aufgenommen worden ist.

(2) [1]Gegen die Versagung eines Wahlscheins kann Beschwerde eingelegt werden. [2]§ 4 Absatz 4 gilt mit der Maßgabe, dass die Fristen nur gelten, wenn die Beschwerde vor dem 12. Tag vor der Wahl eingelegt worden ist.

§ 6
Einreichung von Wahlvorschlägen

(1) [1]Wahlvorschläge können von Parteien und von Wählervereinigungen eingereicht werden. [2]Jede Partei und jede Wählervereinigung kann für jeden Wahlkreis nur einen Wahlvorschlag einreichen.

(2) Wahlvorschläge können frühestens am Tag nach der Bekanntmachung der Wahl und müssen spätestens am 66. Tag vor der Wahl bis 18.00 Uhr beim Vorsitzenden des Gemeindewahlausschusses eingereicht werden.

§ 6a
Inhalt und Form der Wahlvorschläge

(1) [1]Jeder Wahlvorschlag darf in Gemeinden mit einem Wahlkreis höchstens eineinhalbmal soviel Bewerber enthalten, wie Gemeinderäte zu wählen sind. [2]In den übrigen Gemeinden wird die höchstzulässige Zahl an Bewerbern jedes Wahlvorschlags in der Weise ermittelt, dass die Zahl der zu wählenden Gemeinderäte durch die Zahl der Wahlkreise geteilt und die sich hieraus ergebende Zahl mit der Zahl 1,5 multipliziert wird; Bruchteile

der hiernach ermittelten Zahl werden aufgerundet.

(2) [1]Mit dem Wahlvorschlag ist eine Erklärung jedes Bewerbers einzureichen, dass er der Aufnahme in den Wahlvorschlag zugestimmt hat. [2]Die Zustimmung ist unwiderruflich. [3]Ein Bewerber darf sich nicht in mehrere Wahlvorschläge aufnehmen lassen.

(3) [1]Wer die Staatsangehörigkeit eines anderen Mitgliedsstaates der Europäischen Union besitzt (Unionsbürger) und sich um einen Sitz im Gemeinderat bewirbt, hat bis zum Ende der Einreichungsfrist gegenüber dem Vorsitzenden des Gemeindewahlausschusses zusätzlich an Eides statt zu versichern, dass er im Herkunftsmitgliedsstaat die Wählbarkeit nicht verloren hat. [2]Sofern er nach § 26 des Bundesmeldegesetzes von der Meldepflicht befreit ist, hat er ferner an Eides statt zu versichern, seit wann er in der Gemeinde eine Wohnung, bei mehreren Wohnungen in der Bundesrepublik Deutschland seine Hauptwohnung hat; bei mehreren Wohnungen in der Bundesrepublik Deutschland sind deren Anschriften anzugeben. [3]§ 6c Absatz 7 Satz 3 gilt entsprechend. [4]Bei Zweifeln an der Richtigkeit der Versicherung an Eides statt nach Satz 1 ist vom Bewerber die Vorlage einer Bescheinigung der zuständigen Verwaltungsbehörde seines Herkunftsmitgliedsstaates zu verlangen, dass er in diesem Mitgliedsstaat seine Wählbarkeit nicht verloren hat oder dass dieser Behörde ein solcher Verlust nicht bekannt ist.

(4) [1]Wahlvorschläge von Parteien und von mitgliedschaftlich organisierten Wählervereinigungen sind von dem für das Wahlgebiet zuständigen Vorstand oder sonst Vertretungsberechtigten eigenhändig zu unterzeichnen. [2]Besteht der Vorstand oder sonst Vertretungsberechtigte aus mehr als drei Mitgliedern, genügt die Unterschrift von drei Mitgliedern, darunter die des Vorsitzenden oder seines Stellvertreters. [3]Wahlvorschläge von nicht mitgliedschaftlich organisierten Wählervereinigungen sind von drei wahlberechtigten Angehörigen zu unterzeichnen, die an der Versammlung nach § 6c Absatz 2 teilgenommen haben. [4]Für die Einreichung des Wahlvorschlags einschließlich aller Anlagen ist die elektronische Form ausgeschlossen.

(5) [1]In jedem Wahlvorschlag sollen eine Vertrauensperson und eine stellvertretende Vertrauensperson bezeichnet werden. [2]Fehlt diese Bezeichnung, so gilt der erste Unterzeichner des Wahlvorschlags als Vertrauensperson und der zweite Unterzeichner als stellvertretende Vertrauensperson. [3]Soweit in diesem Gesetz und in der Kommunalwahlordnung nichts anderes bestimmt ist, sind nur die Vertrauenspersonen, jede für sich, berechtigt, verbindliche Erklärungen zum Wahlvorschlag abzugeben und Erklärungen von Wahlorganen entgegenzunehmen. [4]Vertrauenspersonen können durch Erklärung der Mehrheit der Unterzeichner des Wahlvorschlags an den Vorsitzenden des Gemeindewahlausschusses abberufen und durch andere ersetzt werden.

§ 6b
Unterstützungsunterschriften

(1) [1]Jeder Wahlvorschlag muss in Gemeinden, die nur einen Wahlkreis bilden, bei

1. bis zu 2 000 Einwohnern von 20,
2. bis zu 5 000 Einwohnern von 40,
3. bis zu 10 000 Einwohnern von 60,
4. bis zu 20 000 Einwohnern von 80,
5. bis zu 50 000 Einwohnern von 100,
6. bis zu 100 000 Einwohnern von 160,
7. bis zu 300 000 Einwohnern von 200 und
8. mehr als 300 000 Einwohnern von 240

zum Zeitpunkt der Unterzeichnung des Wahlvorschlags Wahlberechtigten des Wahlkreises, die keine Bewerber des Wahlvorschlags sind, unterstützt werden (Unterstützungsunterschriften). [2]Die Wahlberechtigten haben ihre Unterstützungsunterschrift bei der Gemeindeverwaltung zu leisten. [3]Für die Leistung der Unterstützungsunterschrift ist die elektronische Form ausgeschlossen. [4]Wahlberechtigte, die infolge Krankheit oder wegen einer körperlichen Beeinträchtigung gehindert sind, die Gemeindeverwaltung aufzusuchen, können die Unterzeichnung durch Erklärung vor einem Beauftragten der Gemeindeverwaltung ersetzen.

(2) In Gemeinden mit mehreren Wahlkreisen wird die Anzahl der notwendigen Unterstützungsunterschriften pro Wahlvorschlag für jeden Wahlkreis in der Weise ermittelt, dass die Anzahl der Unterstützungsunterschriften nach Absatz 1 durch die Zahl der Wahlkreise geteilt wird; Bruchteile der hiernach ermittelten Zahl werden aufgerundet.

(3) [1]Der Wahlvorschlag einer Partei oder mitgliedschaftlich organisierten Wählervereinigung, die aufgrund eigenen Wahlvorschlags

1. im Sächsischen Landtag vertreten ist oder
2. seit der letzten Wahl im Gemeinderat der Gemeinde vertreten ist oder im Gemeinderat einer an einer Gemeindeeingliederung oder Gemeindevereinigung beteiligten früheren Gemeinde im Wahlgebiet zum Zeitpunkt des Erlöschens der Mandate vertreten war,

bedarf abweichend von Absatz 1 und 2 keiner Unterstützungsunterschriften. [2]Dies gilt entsprechend für den Wahlvorschlag einer nicht mitgliedschaftlich organisierten Wählervereinigung, wenn er von der Mehrheit der für die Wählervereinigung Gewählten, die dem Gemeinderat zum Zeitpunkt der Einreichung angehören oder zum Zeitpunkt der Gemeindeeingliederung oder Gemeindevereinigung angehört haben, unterschrieben ist.

(4) Ein Wahlberechtigter kann nicht mehrere Wahlvorschläge für dieselbe Wahl unterstützen.

§ 6c
Aufstellung von Bewerbern

(1) [1]Als Bewerber einer Partei oder einer mitgliedschaftlich organisierten Wählervereinigung kann in einem Wahlvorschlag nur benannt werden, wer in einer Mitgliederversammlung oder in einer Vertreterversammlung hierzu gewählt worden ist. [2]Mitgliederversammlung ist eine Versammlung der im Zeitpunkt ihres Zusammentritts wahlberechtigten Mitglieder im Wahlgebiet. [3]Vertreterversammlung ist eine Versammlung der von einer derartigen Mitgliederversammlung aus ihrer Mitte gewählten Vertreter. [4]Reicht die Zahl der wahlberechtigten Mitglieder der Partei oder mitgliedschaftlichen Wählervereinigung in der Gemeinde nicht zur Durchführung einer Mitgliederversammlung aus, tritt an deren Stelle eine Versammlung der wahlberechtigten Mitglieder oder Vertreter im Landkreis.

(2) Als Bewerber in Wahlvorschlägen nicht mitgliedschaftlich organisierter Wählervereinigungen kann nur benannt werden, wer in einer Versammlung der im Zeitpunkt ihres Zusammentritts wahlberechtigten Angehörigen der Wählervereinigung von der Mehrheit der anwesenden Angehörigen hierzu gewählt worden ist.

(3) [1]In Gemeinden mit mehreren Wahlkreisen sind die Bewerber und ihre Reihenfolge für alle Wahlvorschläge einer Partei oder Wählervereinigung in einer Mitglieder- oder Vertreterversammlung im Wahlgebiet zu bestimmen. [2]Dabei sind für jeden Wahlkreis getrennte Wahlen durchzuführen.

(4) [1]Die Bewerber und die Vertreter für die Vertreterversammlung müssen geheim gewählt werden. [2]In gleicher Weise ist die Reihenfolge der Bewerber festzulegen. [3]Jeder stimmberechtigte Teilnehmer der Versammlung ist vorschlagsberechtigt; satzungsmäßige Vorschlagsrechte bleiben unberührt. [4]Den Bewerbern ist Gelegenheit zu geben, sich und ihr Programm der Versammlung vorzustellen.

(5) Die Wahl der Bewerber darf frühestens 12 Monate, die Wahl der Vertreter frühestens 15 Monate vor Ablauf des Zeitraums, in dem die Gemeinderatswahl durchzuführen ist, stattfinden.

(6) Das Nähere über die Wahl der Vertreter für die Vertreterversammlung, über die Einberufung und Beschlussfähigkeit der Mitglieder- oder Vertreterversammlung sowie über das Verfahren für die Wahl der Bewerber regeln die Parteien und Wählervereinigungen durch ihre Satzungen.

(7) [1]Mit dem Wahlvorschlag ist eine Niederschrift über die Wahl der Bewerber mit Angaben über Ort, Art und Zeit der Versammlung, Zahl der erschienenen Stimmberechtigten und dem Ergebnis der Wahlen einzureichen. [2]Hierbei haben der Leiter der Versammlung und zwei stimmberechtigte Teilnehmer an Eides statt zu versichern, dass die Wahl der Be-

werber in geheimer Wahl erfolgt ist und den Bewerbern die Gelegenheit gegeben wurde, sich und ihr Programm der Versammlung vorzustellen. [3]Der Vorsitzende des Gemeindewahlausschusses ist zur Abnahme einer solchen Versicherung an Eides statt zuständig; er gilt als Behörde im Sinne von § 156 des Strafgesetzbuches.

§ 6d
Rücknahme und Änderung von Wahlvorschlägen

(1) [1]Ein eingereichter Wahlvorschlag kann nur durch gemeinsame schriftliche Erklärung der Vertrauenspersonen und nur bis zum Ende der Einreichungsfrist zurückgenommen oder inhaltlich geändert werden. [2]Für die Behebung von Mängeln, die den Inhalt des Wahlvorschlags nicht verändern, genügt die schriftliche Erklärung einer Vertrauensperson.

(2) [1]Nach Ablauf der Einreichungsfrist können nur noch Mängel an Wahlvorschlägen behoben werden, die den Inhalt des Wahlvorschlags nicht verändern. [2]Ausnahmsweise kann ein Wahlvorschlag auch nach Ablauf der Einreichungsfrist inhaltlich geändert werden, wenn ein Bewerber des Wahlvorschlags stirbt oder seine Wählbarkeit verliert. [3]Das Verfahren nach § 6c braucht in diesem Fall nicht eingehalten zu werden, erneute Unterstützungsunterschriften sind nicht erforderlich.

(3) Nach der Entscheidung über die Zulassung des Wahlvorschlags ist jede Änderung ausgeschlossen.

§ 6e
Gemeinsame Wahlvorschläge

(1) Gemeinsame Wahlvorschläge mehrerer Parteien oder Wählervereinigungen erfordern jeweils drei Unterschriften nach § 6a Absatz 4 für jeden der beteiligten Wahlvorschlagsträger.

(2) Die Wahlvorschlagsträger eines gemeinsamen Wahlvorschlages haben unabhängig voneinander jeder ein Aufstellungsverfahren nach § 6c durchzuführen.

(3) Gemeinsame Wahlvorschläge bedürfen dann der Unterstützungsunterschriften, wenn dies für mindestens einen Wahlvorschlagsträger erforderlich ist.

(4) Für getrennte Wahlvorschläge bei den darauffolgenden Wahlen gilt der gemeinsame Wahlvorschlag nicht als eigener Wahlvorschlag im Sinne des § 6b Absatz 3 Satz 1 Nummer 2.

§ 7
Zulassung von Wahlvorschlägen

(1) [1]Der Gemeindewahlausschuss prüft die eingereichten Wahlvorschläge und beschließt über ihre Zulassung oder Zurückweisung spätestens am 58. Tag vor der Wahl. [2]Der Gemeindewahlausschuss hat Wahlvorschläge zurückzuweisen, die

1. verspätet eingereicht worden sind oder
2. den Vorschriften dieses Gesetzes, der Sächsischen Gemeindeordnung oder der Kommunalwahlordnung

nicht entsprechen; die Bewerbung eines Unionsbürgers ist ferner zurückzuweisen, wenn er die Versicherung an Eides statt nach § 6a Absatz 3 Satz 1 nicht abgegeben oder wenn er die verlangte Bescheinigung nach § 6a Absatz 3 Satz 4 nicht vorgelegt hat. [3]Beziehen sich die Beanstandungen nur auf einzelne Bewerber, so sind diese Bewerber aus dem Wahlvorschlag zu streichen. [4]Bewerber, die mit ihrer Zustimmung in mehrere Wahlvorschläge aufgenommen worden sind, sind in allen Wahlvorschlägen zu streichen. [5]Enthält ein Wahlvorschlag mehr Bewerber als zulässig, so sind die überzähligen Bewerber in der Reihenfolge von hinten zu streichen.

(2) [1]Gegen die Zulassung oder Zurückweisung eines Wahlvorschlags oder die Streichung eines Bewerbers können jeder Bewerber und jede Vertrauensperson eines Wahlvorschlags oder der Vorsitzende des Gemeindewahlausschusses binnen drei Tagen nach der Bekanntgabe der Entscheidung Beschwerde einlegen. [2]Die Rechtsaufsichtsbehörde hat unverzüglich über die Beschwerde zu entscheiden. [3]§ 4 Absatz 4 gilt entsprechend.

(3) [1]Zugelassene Wahlvorschläge sind von der Gemeinde spätestens am 30. Tag vor dem Wahltag öffentlich bekannt zu machen. [2]Ist nur ein Wahlvorschlag zugelassen worden oder sind mehrere Wahlvorschläge zugelassen worden, die zusammen weniger Bewerber als zwei Drittel der Zahl der zu besetzenden Sitze umfassen, sind die zugelassenen Wahlvorschläge in gleicher Weise öffentlich bekannt zu machen und es ist darauf hinzuweisen, dass eine Mehrheitswahl ohne Bindung an die Wahlvorschläge stattfindet. [3]Ist kein Wahlvorschlag zugelassen worden, ist diese Tatsache in gleicher Weise öffentlich bekannt zu machen und es ist darauf hinzuweisen, dass eine Mehrheitswahl stattfindet.

§ 8
Wahlorgane

Wahlorgane sind der Gemeindewahlausschuss, der Vorsitzende des Gemeindewahlausschusses und die Wahlvorstände.

§ 9
Gemeindewahlausschuss

(1) [1]Der Gemeindewahlausschuss besteht aus dem Vorsitzenden und zwei bis sechs Beisitzern. [2]Den Vorsitzenden und dessen Stellvertreter sowie die Beisitzer und Stellvertreter der Beisitzer in gleicher Zahl wählt der Gemeinderat aus den Wahlberechtigten und Gemeindebediensteten. [3]Bei der Wahl der Beisitzer und Stellvertreter der Beisitzer sollen nach Möglichkeit die in der Gemeinde vertretenen Parteien und Wählervereinigungen angemessen berücksichtigt werden.
(2) [1]Der Gemeindewahlausschuss ist beschlussfähig, wenn der Vorsitzende oder sein Stellvertreter und mindestens zwei Beisitzer oder Stellvertreter anwesend sind. [2]Bei Abstimmungen entscheidet Stimmenmehrheit; bei Stimmengleichheit gibt die Stimme des Vorsitzenden den Ausschlag. [3]Im Übrigen gelten für den Geschäftsgang und die Beschlussfassung die Vorschriften für den Gemeinderat entsprechend.
(3) Dem Gemeindewahlausschuss obliegt die Leitung der Wahl und die Feststellung des Wahlergebnisses.
(4) Der Vorsitzende des Gemeindewahlausschusses bestellt den Schriftführer und die erforderlichen Hilfskräfte.

§ 10
Wahlvorstände

(1) [1]Für jeden Wahlbezirk wird ein Wahlvorstand gebildet, der die Wahlhandlung leitet und das Wahlergebnis im Wahlbezirk feststellt. [2]Die Wahlvorstände bestehen jeweils aus dem Wahlvorsteher als Vorsitzendem, seinem Stellvertreter und drei bis sieben weiteren Beisitzern. [3]Die Mitglieder der Wahlvorstände und die erforderlichen Hilfskräfte werden durch die Gemeinde aus den Wahlberechtigten und Gemeindebediensteten bestellt; die Gemeinde soll bei der Bestellung nach Möglichkeit die in der Gemeinde vertretenen Parteien und Wählervereinigungen angemessen berücksichtigen. [4]Soweit sie nicht durch die Gemeinde bestellt sind, bestellen die Wahlvorsteher aus den Beisitzern die Schriftführer und deren Stellvertreter.
(2) [1]Auf Ersuchen der Gemeinde sind zur Sicherstellung der Wahldurchführung Körperschaften und sonstige juristische Personen des öffentlichen Rechts verpflichtet, aus dem Kreis ihrer Bediensteten unter Angabe von Name, Vorname, Geburtsdatum und Anschrift zum Zweck der Berufung als Mitglied eines Wahlvorstandes Personen zu benennen, die im Gebiet der ersuchenden Gemeinde wohnen und volljährig sind. [2]Die ersuchte Stelle hat den Betroffenen über die Datenübermittlung zu unterrichten.
(3) In Gemeinden mit mehreren Wahlbezirken bildet die Gemeinde einen oder mehrere Wahlvorstände für die Briefwahl (Briefwahlvorstand), wenn die zu erwartende Zahl von Wahlbriefen dies rechtfertigt, oder bestimmt, dass ein oder mehrere Wahlvorstände das Briefwahlergebnis zusammen mit dem Wahlergebnis im Wahlbezirk feststellen.
(4) In Gemeinden, die nur einen Wahlbezirk bilden, kann bestimmt werden, dass der Gemeindewahlausschuss zugleich die Aufga-

ben des Wahlvorstands wahrnimmt und auch das Briefwahlergebnis feststellt.

(5) [1]Ein Wahlvorstand oder Briefwahlvorstand ist beschlussfähig, wenn mindestens drei Mitglieder, darunter der Wahlvorsteher und der Schriftführer oder deren Stellvertreter, anwesend sind. [2]Fehlende Beisitzer sind vom Wahlvorsteher durch Wahlberechtigte oder Gemeindebedienstete zu ersetzen, wenn dies zur Herstellung der Beschlussfähigkeit erforderlich ist. [3]Bei Abstimmungen entscheidet Stimmenmehrheit; bei Stimmengleichheit gibt die Stimme des Vorsitzenden den Ausschlag. [4]Im Übrigen gelten für den Geschäftsgang und die Beschlussfassung der Wahlvorstände und Briefwahlvorstände die Vorschriften für den Gemeinderat entsprechend.

(6) [1]Die Gemeinden sind befugt, personenbezogene Daten von Wahlberechtigten zum Zweck ihrer Berufung als Mitglied eines Wahlvorstandes zu erheben und zu verarbeiten. [2]Zu diesem Zweck dürfen personenbezogene Daten von Wahlberechtigten, die zur Tätigkeit im Wahlvorstand geeignet sind, auch für künftige Wahlen verarbeitet werden, sofern der Betroffene der Verarbeitung nicht widersprochen hat. [3]Der Betroffene ist über das Widerspruchsrecht zu unterrichten. [4]Im Einzelnen dürfen folgende Daten erhoben und verarbeitet werden: Name, Vorname, akademischer Grad, Geburtsdatum, Anschrift, Telefonnummern, E-Mail-Adressen, Zahl der Berufungen als Mitglied eines Wahlvorstandes und die dabei ausgeübte Funktion.

§ 11 Mitglieder des Gemeindewahlausschusses und der Wahlvorstände

[1]Die Mitglieder des Gemeindewahlausschusses, der Wahlvorstände und Briefwahlvorstände, die Stellvertreter der Mitglieder sowie die Schriftführer und die Hilfskräfte sind ehrenamtlich tätig; sie haben einen Anspruch auf Entschädigung nach § 21 Absatz 1 und 3 der Sächsischen Gemeindeordnung. [2]Niemand darf in mehr als einem Wahlorgan Mitglied sein; § 10 Absatz 4 bleibt unberührt. [3]Bewerber und Vertrauenspersonen für Wahlvorschläge dürfen keinem Wahlorgan angehören, das für dieselbe Wahl tätig wird.

§ 12 Besorgung der laufenden Wahlgeschäfte

Die laufenden Geschäfte der Wahl besorgen der Bürgermeister und die von ihm beauftragten Gemeindebediensteten.

§ 13 Wahlräume

[1]Die Wahlräume, ihre Ausstattung und das erforderliche Hilfspersonal stellt die Gemeinde. [2]Die Wahlräume sollen nach den örtlichen Gegebenheiten so ausgewählt und eingerichtet werden, dass allen Wahlberechtigten, insbesondere Menschen mit Behinderungen, die Teilnahme an der Wahl möglichst erleichtert wird. [3]Die Gemeinde teilt frühzeitig und in geeigneter Weise mit, welche Wahlräume barrierefrei sind.

§ 14 Stimmzettel

(1) [1]Die Stimmzettel werden amtlich hergestellt. [2]Sie müssen in jedem Wahlkreis von einheitlichem Papier, gleicher Farbe und gleicher Größe sein.

(2) [1]Findet Verhältniswahl statt, muss der Stimmzettel die zugelassenen Wahlvorschläge des Wahlkreises unter Angabe ihrer Bezeichnung und ihrer Bewerber enthalten. [2]Findet Mehrheitswahl statt, muss, sofern für den Wahlkreis ein gültiger Wahlvorschlag eingereicht worden ist, der Stimmzettel die Bezeichnung und die Bewerber dieses Wahlvorschlags sowie zusätzlich drei freie Zeilen enthalten; ist kein gültiger Wahlvorschlag eingereicht worden, muss der Stimmzettel drei freie Zeilen enthalten. [3]Sind mehrere gültige Wahlvorschläge eingereicht worden, die zusammen weniger Bewerber als zwei Drittel der Zahl der satzungsmäßigen Mitglieder des Gemeinderates umfassen, muss der Stimmzettel nach den Wahlvorschlägen in einer weiteren Spalte drei freie Zeilen enthalten.

(3) [1]Der Stimmzettel wird den Wahlberechtigten zur persönlichen Stimmabgabe im Wahlraum ausgehändigt. [2]Für die Stimmabgabe durch Briefwahl wird der Stimmzettel mit den weiteren Unterlagen auf Antrag ausgehändigt oder übersandt.

ZWEITER UNTERABSCHNITT Wahlhandlung

§ 15 Stimmenzahl, Stimmabgabe

(1) Jeder Wahlberechtigte hat drei Stimmen.
(2) [1]Für die persönliche Stimmabgabe werden Stimmzettel, bei der Briefwahl ferner Stimmzettelumschläge und Wahlbriefumschläge verwendet. [2]Stimmzettel, Stimmzettelumschläge und Wahlbriefumschläge werden von der Gemeinde gestellt.
(3) [1]Es sind Vorkehrungen dafür zu treffen, dass der Wähler den Stimmzettel unbeobachtet kennzeichnen und zusammenfalten kann. [2]Für die Aufnahme der Stimmzettel sind Wahlurnen zu verwenden, die die Wahrung des Wahlgeheimnisses sicherstellen.
(4) [1]Die nach § 3 Absatz 5 zulässige Hilfe bei der Stimmabgabe bleibt unberührt. [2]Die Hilfsperson ist zur Geheimhaltung der Kenntnisse verpflichtet, die sie bei der Hilfeleistung von der Wahl einer anderen Person erlangt hat.
(5) [1]Findet Verhältniswahl statt, kann der Wähler seine Stimmen nur Bewerbern geben, deren Namen im Stimmzettel aufgeführt sind. [2]Er gibt seine Stimmen in der Weise ab, dass er auf dem Stimmzettel den oder die Bewerber, dem oder denen er seine Stimmen geben will, durch Ankreuzen oder auf eine andere eindeutige Weise als gewählt kennzeichnet. [3]Gibt der Wähler weniger als drei Stimmen ab, so wird die Gültigkeit der Stimmabgabe dadurch nicht berührt.
(6) [1]Findet Mehrheitswahl statt, kann der Wähler seine Stimmen Bewerbern, deren Namen im Stimmzettel aufgeführt sind, und anderen Personen geben. [2]Er gibt seine Stimmen in der Weise ab, dass er auf dem Stimmzettel
1. Bewerber durch Ankreuzen oder auf eine andere eindeutige Weise,
2. andere Personen durch eindeutige Benennung

als gewählt kennzeichnet.
(7) [1]Bei Briefwahl hat der Wähler der Gemeinde im Wahlbrief den verschlossenen Stimmzettelumschlag, der den Stimmzettel enthält, sowie den Wahlschein so rechtzeitig zu übersenden, dass er dort spätestens am Wahltag bis zum Ende der Wahlzeit eingeht. [2]Auf dem Wahlschein ist durch die Unterschrift an Eides statt zu versichern, dass der Wähler den Stimmzettel persönlich oder nach Absatz 4 gekennzeichnet hat.

§ 16 Wahlzeit

Die Wahlzeit dauert von 8 Uhr bis 18 Uhr.

§ 17 Öffentlichkeit, unzulässige Wahlpropaganda und Unterschriftensammlung, unzulässige Veröffentlichung von Wählerbefragungen

(1) Die Wahlhandlung ist öffentlich.
(2) Während der Wahlzeit sind in und an dem Gebäude, in dem sich der Wahlraum befindet, sowie unmittelbar vor dem Zugang zu dem Gebäude jede Beeinflussung der Wähler durch Wort, Ton, Schrift oder Bild sowie jede Unterschriftensammlung verboten.
(3) Die Veröffentlichung von Ergebnissen von Wählerbefragungen nach der Stimmabgabe über den Inhalt der Wahlentscheidung ist vor Ablauf der Wahlzeit unzulässig.

DRITTER UNTERABSCHNITT Feststellung des Wahlergebnisses

§ 18 Zurückweisung von Wahlbriefen

(1) [1]Bei der Briefwahl sind Wahlbriefe zurückzuweisen, wenn
1. der Wahlbrief nicht rechtzeitig eingegangen ist,

2. dem Wahlbriefumschlag kein oder kein gültiger Wahlschein beiliegt,
3. dem Wahlbriefumschlag kein Stimmzettelumschlag beiliegt,
4. weder der Wahlbriefumschlag noch der Stimmzettelumschlag verschlossen ist,
5. der Wahlbriefumschlag für dieselbe Wahl mehrere Stimmzettelumschläge, aber nicht die gleiche Anzahl gültiger und mit der vorgesehenen Versicherung an Eides statt versehener Wahlscheine enthält,
6. der Wähler oder die Person seines Vertrauens die vorgeschriebene Versicherung an Eides statt auf dem Wahlschein nicht unterschrieben hat,
7. kein amtlicher Stimmzettelumschlag oder ein für eine andere Wahl bestimmter Stimmzettelumschlag benutzt worden ist, oder
8. ein Stimmzettelumschlag benutzt worden ist, der offensichtlich in einer das Wahlgeheimnis gefährdenden Weise von den übrigen abweicht oder einen deutlich fühlbaren Gegenstand enthält.

[2]Die Einsender zurückgewiesener Wahlbriefe werden nicht als Wähler gezählt, ihre Stimmen gelten als nicht abgegeben.

(2) Die Stimmen eines Wählers, der an der Briefwahl teilgenommen hat, werden nicht dadurch ungültig, dass er vor dem oder am Wahltag stirbt, aus dem Wahlgebiet wegzieht oder sein Wahlrecht nach § 16 Satz 2 der Sächsischen Gemeindeordnung oder § 14 Satz 2 der Sächsischen Landkreisordnung in der Fassung der Bekanntmachung vom 3. März 2014 (SächsGVBl. S. 180), die zuletzt durch Artikel 2 des Gesetzes vom 13. Dezember 2017 (SächsGVBl. S. 626) geändert worden ist, in der jeweils geltenden Fassung, verliert.

§ 19
Ungültige Stimmzettel

(1) Ungültig ist ein Stimmzettel, der
1. ganz durchgestrichen oder durchgetrennt ist,
2. nicht amtlich hergestellt, für eine andere Wahl oder für einen anderen Wahlkreis gültig ist,
3. keine gültigen Stimmen enthält,
4. mehr gültige Stimmen enthält, als der Wähler hat, oder
5. einen beleidigenden oder auf die Person des Wählers hinweisenden Zusatz oder einen nicht nur gegen einzelne Bewerber gerichteten Vorbehalt enthält.

(2) [1]Bei der Briefwahl ist über Absatz 1 hinaus ein Stimmzettel ungültig, der
1. nicht in einem für diese Wahl bestimmten amtlichen Stimmzettelumschlag oder in einem Stimmzettelumschlag abgegeben worden ist, der offensichtlich in einer das Wahlgeheimnis gefährdenden Weise von den übrigen abweicht oder einen deutlich fühlbaren Gegenstand enthält, bei dem jedoch eine Zurückweisung gemäß § 18 Absatz 1 Satz 1 Nummer 7 oder Nummer 8 nicht erfolgt ist, oder
2. in einem Stimmzettelumschlag abgegeben worden ist, der einen beleidigenden oder auf die Person des Wählers hinweisenden Zusatz enthält.

[2]Ein Stimmzettelumschlag, der keinen Stimmzettel enthält, gilt als ein ungültiger Stimmzettel, wenn nicht bereits nach Satz 1 Nummer 1 ein ungültiger Stimmzettel vorliegt. [3]Mehrere für denselben Wahlkreis geltende Stimmzettel in einem Stimmzettelumschlag gelten als ein Stimmzettel, wenn sie gleich lauten oder nur einer von ihnen gekennzeichnet ist; sonst gelten sie als ein ungültiger Stimmzettel.

§ 20
Ungültige Stimmen

(1) Bei Verhältniswahl sind Stimmen ungültig,
1. wenn der Wille des Wählers, einen Bewerber als gewählt zu kennzeichnen, nicht zweifelsfrei erkennbar ist, insbesondere gegenüber dem Gewählten ein Vorbehalt beigefügt ist,
2. soweit bei Stimmenhäufung die Zuwendung der Stimmen an einen bestimmten Bewerber nicht erkennbar ist.

(2) Bei Mehrheitswahl ist eine Stimme ungültig, wenn
1. der Wille des Wählers, einen Bewerber oder eine Person als gewählt zu kenn-

zeichnen, nicht zweifelsfrei erkennbar ist, insbesondere gegenüber dem Gewählten ein Vorbehalt beigefügt ist,
2. der Name des Gewählten auf dem Stimmzettel nicht lesbar oder die Person des Gewählten aus dem Stimmzettel nicht unzweifelhaft erkennbar ist,
3. sie durch unzulässige Häufung auf einen Bewerber abgegeben wurde.

§ 21 Verteilung der Sitze bei Verhältniswahl in Gemeinden mit einem Wahlkreis

(1) [1]Die Sitze werden vom Gemeindewahlausschuss nach den Sätzen 2 bis 5 auf die Wahlvorschläge verteilt (Höchstzahlverfahren nach Sainte-Laguë). [2]Die für jeden Bewerber eines Wahlvorschlags insgesamt abgegebenen Stimmen werden zusammengezählt und die Gesamtstimmenzahl eines jeden Wahlvorschlags nacheinander solange durch 0,5; 1,5; 2,5; 3,5 und so weiter geteilt, bis so viele Höchstzahlen ermittelt sind, als Sitze zu vergeben sind. [3]Jedem Wahlvorschlag wird dabei der Reihe nach so oft ein Sitz zugeteilt, als er jeweils die höchste Teilungszahl aufweist. [4]Ergeben sich für den letzten Sitz oder die letzten Sitze gleiche Höchstzahlen für eine größere Anzahl von Wahlvorschlägen, als Sitze zu vergeben sind, entscheidet das vom Vorsitzenden des Gemeindewahlausschusses zu ziehende Los. [5]Erhält bei der Verteilung der Sitze nach den Sätzen 2 bis 4 ein Wahlvorschlag, auf dessen Bewerber insgesamt mehr als die Hälfte der Gesamtzahl aller abgegebenen gültigen Stimmen entfallen ist, nicht mehr als die Hälfte der zu vergebenden Sitze, wird ihm abweichend von Sätzen 2 bis 4 zunächst ein weiterer Sitz zugeteilt; danach noch zu vergebende Sitze werden wieder nach Sätzen 2 bis 4 zugeteilt.

(2) [1]Die auf die einzelnen Wahlvorschläge nach Absatz 1 entfallenen Sitze werden den in den Wahlvorschlägen aufgeführten Bewerbern in der Reihenfolge der von ihnen erreichten Stimmenzahlen zugeteilt. [2]Die Bewerber, auf die danach kein Sitz entfällt, sind in der Reihenfolge der von ihnen erreichten Stimmenzahlen als Ersatzpersonen ihres Wahlvorschlags festzustellen. [3]Bei Stimmengleichheit von Bewerbern nach Satz 1 oder 2 entscheidet jeweils die Reihenfolge der Benennung der Bewerber im Wahlvorschlag.

(3) Entfallen auf einen Wahlvorschlag mehr Sitze, als Bewerber vorhanden sind, bleiben die überschüssigen Sitze unbesetzt.

§ 22 Verteilung der Sitze bei Verhältniswahl in Gemeinden mit mehreren Wahlkreisen

(1) [1]Die Sitze werden vom Gemeindewahlausschuss nach den Sätzen 2 bis 4 auf die einzelnen Parteien und Wählervereinigungen verteilt (Höchstzahlverfahren nach Sainte-Laguë). [2]Zunächst wird die Gesamtstimmenzahl jeder Partei und jeder Wählervereinigung im Wahlgebiet ermittelt, indem die für die Bewerber ihrer Wahlvorschläge in den einzelnen Wahlkreisen insgesamt abgegebenen Stimmen zusammengezählt werden. [3]Anschließend wird die ermittelte Gesamtstimmenzahl jeder Partei und jeder Wählervereinigung nacheinander solange durch 0,5; 1,5; 2,5; 3,5 und so weiter geteilt, bis so viele Höchstzahlen ermittelt sind, als Sitze zu vergeben sind. [4]Für das weitere Verfahren gilt § 21 Absatz 1 Satz 3 bis 5 entsprechend.

(2) Die einer Partei oder Wählervereinigung nach Absatz 1 im Wahlgebiet zugefallenen Sitze werden ihren Wahlvorschlägen in den einzelnen Wahlkreisen entsprechend dem Verfahren nach § 21 Absatz 1 Satz 1 bis 4 zugeteilt.

(3) [1]Die auf die einzelnen Wahlvorschläge nach Absatz 2 entfallenen Sitze werden den in den Wahlvorschlägen aufgeführten Bewerbern in der Reihenfolge der von ihnen erreichten Stimmenzahlen zugeteilt. [2]Entfallen auf einen Wahlvorschlag mehr Sitze, als Bewerber vorhanden sind, so werden die überschüssigen Sitze Bewerbern derselben Partei oder Wählervereinigung zugeteilt, denen in den anderen Wahlkreisen kein Sitz zugeteilt wird; die Sitze werden an diese Bewerber in der Reihenfolge der von ihnen erreichten Stimmenzahlen zugeteilt. [3]Bei Stim-

mengleichheit nach Satz 1 oder 2 entscheidet jeweils die Reihenfolge der Benennung der Bewerber im Wahlvorschlag; im Falle von Satz 2 entscheidet bei Nennung in den Wahlvorschlägen an gleicher Stelle das vom Vorsitzenden des Gemeindewahlausschusses zu ziehende Los.

(4) [1]Die Bewerber eines Wahlvorschlags, auf die nach Absatz 3 kein Sitz entfällt, sind in der Reihenfolge der von ihnen erreichten Stimmenzahlen als Ersatzpersonen ihres Wahlvorschlags festzustellen; bei Stimmengleichheit entscheidet die Reihenfolge der Benennung der Bewerber im Wahlvorschlag. [2]Sofern für einen Wahlvorschlag keine Ersatzperson zur Verfügung steht, rückt im Falle des § 34 Absatz 2 der Sächsischen Gemeindeordnung die Ersatzperson im Sinne von Satz 1 derselben Partei oder Wählervereinigung mit der höchsten Stimmenzahl in den Gemeinderat nach.

(5) Entfallen auf eine Partei oder Wählervereinigung im Wahlgebiet mehr Sitze, als Bewerber in allen Wahlvorschlägen vorhanden sind, bleiben die überschüssigen Sitze unbesetzt.

(6) [1]Findet in einem Wahlkreis Mehrheitswahl statt, so wird die Zahl der in diesem Wahlkreis zu vergebenden Sitze ermittelt, indem die Zahl der zu wählenden Gemeinderäte durch die Zahl der in der Gemeinde Wahlberechtigten geteilt und die sich hieraus ergebende Zahl mit der Zahl der im Wahlkreis Wahlberechtigten multipliziert wird; Bruchteile der hiernach ermittelten Zahl werden ab 0,5 aufgerundet. [2]Für die Verteilung der danach in diesem Wahlkreis zu vergebenden Sitze und die Feststellung der Ersatzpersonen gilt § 23 entsprechend. [3]Wer in mehreren Wahlkreisen der Gemeinde gewählt worden ist, erhält den Sitz in dem Wahlkreis zugeteilt, in dem er die meisten Stimmen erhalten hat; bei Stimmengleichheit entscheidet das vom Vorsitzenden des Gemeindewahlausschusses zu ziehende Los.

§ 23
Verteilung der Sitze bei Mehrheitswahl

[1]Findet Mehrheitswahl statt, sind die Bewerber und Personen mit den höchsten Stimmenzahlen in der Reihenfolge dieser Zahlen gewählt. [2]Die nicht gewählten Bewerber und Personen sind in der Reihenfolge der auf sie entfallenen Stimmenzahlen als Ersatzpersonen festzustellen. [3]Bei Stimmengleichheit nach Satz 1 oder 2 entscheidet das vom Vorsitzenden des Gemeindewahlausschusses zu ziehende Los.

§ 24
Wahlergebnis

(1) Die Feststellung des Wahlergebnisses ist öffentlich.

(2) [1]Das Wahlergebnis für das Wahlgebiet und die Wahlkreise ist vom Gemeindewahlausschuss unverzüglich festzustellen und von der Gemeinde danach unverzüglich öffentlich bekannt zu machen. [2]In der Bekanntmachung ist anzugeben, bei welcher Behörde und innerhalb welcher Frist gegen die Wahl Einspruch erhoben werden kann, in welchen Fällen dem Einspruch weitere Wahlberechtigte beitreten müssen und wie hoch die erforderliche Zahl ist.

(3) [1]Im Falle einer Nachwahl nur in einzelnen Wahlkreisen oder Wahlbezirken (§ 31 Satz 2) ist unverzüglich im Anschluss an die Hauptwahl auf der Grundlage der erfolgten Stimmabgaben ein vorläufiges Ergebnis zu ermitteln und durch den Gemeindewahlausschuss festzustellen. [2]Die öffentliche Bekanntmachung des Wahlergebnisses durch die Gemeinde erfolgt nach Feststellung des Wahlergebnisses der Nachwahl.

VIERTER UNTERABSCHNITT
Wahlanfechtung, Wahlprüfung

§ 25
Wahlanfechtung

(1) [1]Jeder Wahlberechtigte, jeder Bewerber und jede Person, auf die bei der Wahl Stimmen entfallen sind, kann innerhalb zwei Wochen nach der öffentlichen Bekanntmachung des Wahlergebnisses gegen die Wahl unter Angabe des Grundes Einspruch bei der Rechtsaufsichtsbehörde erheben. [2]Nach Ab-

lauf der in Satz 1 genannten Frist können weitere Einspruchsgründe nicht mehr geltend gemacht werden.

(2) [1]Soweit der Einspruch erfolgreich ist, hat die Gemeinde dem Einsprechenden die notwendigen Aufwendungen zu erstatten. [2]Dies gilt auch, wenn der Einspruch nur deshalb nicht erfolgreich ist, weil der geltend gemachte Mangel keinen Einfluss auf das Wahlergebnis hatte. [3]Über den Umfang der Erstattung entscheidet die Rechtsaufsichtsbehörde.

(3) Gegen die Entscheidung über den Einspruch können der Einsprechende und der durch die Entscheidung Betroffene unmittelbar Anfechtungs- oder Verpflichtungsklage erheben.

§ 26
Wahlprüfung

(1) [1]Die Gültigkeit der Wahl ist durch die Rechtsaufsichtsbehörde binnen einer Frist von einem Monat zu prüfen (Wahlprüfungsfrist). [2]Die Wahlprüfungsfrist beginnt am Tag nach der öffentlichen Bekanntmachung des Wahlergebnisses; im Falle der Wahlanfechtung beginnt die Wahlprüfungsfrist am Tag nach der Entscheidung der Rechtsaufsichtsbehörde über den letzten Einspruch.

(2) [1]Wird die Wahl von der Rechtsaufsichtsbehörde innerhalb der Wahlprüfungsfrist nicht beanstandet, ist sie als gültig anzusehen. [2]Ist ein Gewählter nicht wählbar, so ist die Zuteilung des Sitzes auch nach Ablauf der Wahlprüfungsfrist für ungültig zu erklären.

(3) Gegen die Entscheidung der Rechtsaufsichtsbehörde kann der von ihr Betroffene unmittelbar Anfechtungsklage erheben.

§ 27
Grundsätze für die Wahlprüfung, Amtsantritt

(1) Die Wahl ist für ungültig zu erklären, wenn ihr Ergebnis dadurch beeinflusst werden konnte, dass

1. wesentliche Vorschriften über die Wahlvorbereitung, die Wahlhandlung oder über die Ermittlung und Feststellung des Wahlergebnisses unbeachtet geblieben sind,
2. Bewerber oder Dritte bei der Wahl eine gegen ein Gesetz, insbesondere die §§ 107, 107a, 107b, 107c, 108, 108a, 108b, 108d Satz 2 oder § 240 des Strafgesetzbuches verstoßende Wahlbeeinflussung begangen haben.

(2) [1]Wenn Verstöße, durch die das Ergebnis der Wahl im Wahlgebiet beeinflusst werden konnte, nur in einzelnen Wahlkreisen oder Wahlbezirken vorgekommen sind, kann die Wahl auch nur in diesen Wahlkreisen oder Wahlbezirken für ungültig erklärt werden. [2]War das Wählerverzeichnis in einem Wahlbezirk unrichtig und konnte das Ergebnis der Wahl im Wahlgebiet dadurch beeinflusst werden, kann abweichend von Satz 1 nur die ganze Wahl, bei Gemeinden mit mehreren Wahlkreisen auch beschränkt auf die Wahl in dem Wahlkreis, dem der Wahlbezirk angehört, für ungültig erklärt werden.

(3) [1]Ist ein Gewählter nicht wählbar oder hätte er aus anderen Gründen nach § 7 Absatz 1 aus dem Wahlvorschlag gestrichen werden müssen, so ist die Zuteilung des Sitzes für ungültig zu erklären. [2]Das Gleiche gilt, wenn ein Gewählter zugunsten seiner eigenen Wahl eine gegen ein Gesetz, insbesondere die §§ 107, 107a, 107b, 107c, 108, 108a, 108b, 108d Satz 2 oder § 240 des Strafgesetzbuches, verstoßende Wahlbeeinflussung begangen hat, auch wenn dadurch das Wahlergebnis nicht beeinflusst werden konnte.

(4) Wird die Feststellung des Wahlergebnisses für unrichtig erachtet, ist sie aufzuheben und eine neue Feststellung des Wahlergebnisses anzuordnen.

(5) Die Gewählten treten ihr Amt erst nach Feststellung der Gültigkeit der Wahl durch die Rechtsaufsichtsbehörde oder nach ungenutztem Ablauf der Wahlprüfungsfrist an.

FÜNFTER UNTERABSCHNITT Neuwahl, Wiederholungswahl, Neufeststellung des Wahlergebnisses, Wahlabsage und Nachwahl

§ 28 Neuwahl

Der Gemeinderat hat unverzüglich eine Neuwahl im Wahlgebiet oder Wahlkreis anzuordnen, wenn

1. die Wahl wegen Unrichtigkeit der Wählerverzeichnisse oder Mängel der Wahlvorschläge für ungültig erklärt wird oder
2. eine Wiederholungswahl wegen Fristablaufs (§ 29 Absatz 1 Satz 3, Absatz 2 Satz 3) nicht mehr zulässig ist.

§ 29 Wiederholungswahl

(1) [1]Soweit die Wahl aus anderen als den in § 28 Nummer 1 genannten Gründen für ungültig erklärt wird, hat der Gemeinderat unverzüglich eine Wiederholungswahl anzuordnen. [2]Hierbei sind die Wahlvorbereitungen nur insoweit zu erneuern, als dies nach der rechtskräftigen Entscheidung erforderlich ist. [3]Eine Wiederholungswahl ist nur innerhalb der Frist von sechs Monaten vom Tag der für ungültig erklärten Wahl an zulässig.

(2) [1]Ist nur in einzelnen Wahlkreisen oder Wahlbezirken die Wahl für ungültig erklärt worden, findet nur in diesen Wahlkreisen oder Wahlbezirken eine Wiederholungswahl statt. [2]Das Wahlergebnis im Wahlgebiet und in den Wahlkreisen ist aufgrund der Ergebnisse der Wiederholungswahl neu festzustellen. [3]Ist eine Wiederholungswahl wegen des Ablaufs der Frist des Absatzes 1 Satz 3 nicht mehr zulässig, gilt die Wahl im gesamten Wahlgebiet als ungültig.

(3) In den für die ungültig erklärte Wahl erstellten Wählerverzeichnissen sind die Wahlberechtigten zu streichen, die im Zeitraum zwischen dem Tag dieser Wahl und dem Tag der Wiederholungswahl ihr Wahlrecht verlieren.

(4) Auf den Wahlvorschlägen sind die Bewerber zu streichen, die zwischen dem Tag der für ungültig erklärten Wahl und dem Tag der Wiederholungswahl die Wählbarkeit verlieren.

§ 30 Neufeststellung des Wahlergebnisses

[1]Ist die Feststellung des Wahlergebnisses rechtskräftig aufgehoben, hat der Gemeindewahlausschuss das Wahlergebnis der Entscheidung entsprechend unverzüglich neu festzustellen. [2]Auf die Bekanntmachung des berichtigten Wahlergebnisses findet § 24 Anwendung.

§ 31 Wahlabsage, Nachwahl

[1]Wird während der Vorbereitung der Wahl ein offenkundiger, vor der Wahl nicht mehr behebbarer Mangel festgestellt, wegen dem die Wahl im Falle ihrer Durchführung im Wahlprüfungsverfahren für ungültig erklärt werden müsste, oder kann die Wahl aufgrund höherer Gewalt oder aus sonstigem Grund nicht durchgeführt werden, hat die Rechtsaufsichtsbehörde die Wahl abzusagen und gleichzeitig eine Nachwahl anzuordnen. [2]Kann die Wahl nur in einzelnen Wahlkreisen oder Wahlbezirken nicht durchgeführt werden, findet nur in diesen Wahlkreisen oder Wahlbezirken eine Nachwahl statt. [3]Die Gemeinde hat die Wahlabsage unverzüglich öffentlich bekannt zu machen und hierbei darauf hinzuweisen, dass eine Nachwahl stattfinden wird. [4]Die Nachwahl hat unverzüglich nach dem für die abgesagte Wahl bestimmten Wahltag stattzufinden; die Gemeinde macht den Termin der Nachwahl öffentlich bekannt. [5]Die Fristen des § 1 Absatz 4 gelten nicht. [6]Im Übrigen finden die Vorschriften über Neuwahlen und Wiederholungswahlen entsprechende Anwendung.

SECHSTER UNTERABSCHNITT
Wahlkosten

§ 32

Die Kosten für die Wahl trägt die Gemeinde, soweit diese bei ihr anfallen.

ZWEITER ABSCHNITT
Wahlen zu den Ortschaftsräten und Stadtbezirksbeiräten

§ 33
Anwendbarkeit von Rechtsvorschriften

Die Vorschriften des Ersten Abschnitts gelten für Ortschaftsratswahlen entsprechend, soweit sich aus den Vorschriften dieses Abschnitts nicht etwas Anderes ergibt.

§ 34
Wahltag

(1) Die regelmäßigen Ortschaftsratswahlen finden gemeinsam mit den regelmäßigen Gemeinderatswahlen statt.
(2) Wird die Ortschaftsverfassung während der Wahlperiode des Gemeinderats eingeführt (§ 66 Absatz 1 Satz 2 der Sächsischen Gemeindeordnung), bestimmt der Gemeinderat den Wahltag.

§ 35
Wahlgebiet, Wahlkreise, Wahlberechtigung

(1) Wahlgebiet ist das Gebiet der Ortschaft.
(2) Jede Ortschaft bildet nur einen Wahlkreis.
(3) [1]Wahlberechtigt und wählbar ist jeder Bürger der Gemeinde, der seit mindestens drei Monaten in der Ortschaft wohnt. [2]§ 15 Absatz 1 der Sächsischen Gemeindeordnung gilt entsprechend.

§ 35a
Inhalt der Wahlvorschläge und Unterstützungsunterschriften

(1) In den Ortschaften wird die höchstzulässige Zahl an Bewerbern jedes Wahlvorschlags in der Weise ermittelt, dass die Zahl der zu wählenden Ortschaftsräte mit der Zahl 1,5 multipliziert wird; Bruchteile der hiernach ermittelten Zahl werden aufgerundet.
(2) [1]Jeder Wahlvorschlag muss in Ortschaften mit
1. bis zu 500 Einwohnern von 10,
2. bis zu 2 000 Einwohnern von 20 und
3. mehr als 2 000 Einwohnern von 30

zum Zeitpunkt der Unterzeichnung des Wahlvorschlags Wahlberechtigten der Ortschaft, die keine Bewerber des Wahlvorschlags sind, unterstützt werden (Unterstützungsunterschriften). [2]Die Wahlberechtigten haben ihre Unterstützungsunterschrift bei der Gemeindeverwaltung zu deren allgemeinen Öffnungszeiten zu leisten. [3]§ 6b Absatz 1 Satz 4 und Absatz 3 gilt entsprechend. [4]Darüber hinaus bedarf auch ein Wahlvorschlag einer Partei oder Wählervereinigung, die aufgrund eigenen Wahlvorschlags seit der letzten regelmäßigen Wahl im Ortschaftsrat vertreten ist, keiner Unterstützungsunterschriften.

§ 36
Aufstellung von Bewerbern

[1]Reicht die Zahl der wahlberechtigten Mitglieder der Partei oder mitgliedschaftlich organisierten Wählervereinigung in der Ortschaft nicht zur Durchführung einer Mitgliederversammlung (§ 6c Absatz 1) aus, tritt an deren Stelle eine Versammlung der wahlberechtigten Mitglieder oder Vertreter der Partei oder mitgliedschaftlich organisierten Wählervereinigung in der Gemeinde. [2]Soweit auch die Anzahl der in der Gemeinde wahlberechtigten Mitglieder nicht für die Durchführung einer Mitgliederversammlung ausreicht, findet § 6c Absatz 1 Satz 4 Anwendung.

§ 37
Stimmzettel

Für jede Ortschaftsratswahl in einer Gemeinde sind besondere Stimmzettel zu verwenden.

§ 37a
Stadtbezirksbeiratswahlen

Die Wahlen zu den Stadtbezirksbeiräten erfolgen entsprechend den Vorschriften für die Ortschaftsratswahlen (§§ 33 bis 37).

DRITTER ABSCHNITT
Bürgermeisterwahlen

§ 38
Anwendbarkeit von Rechtsvorschriften

Die Vorschriften des Ersten Abschnitts mit Ausnahme des § 2 Absatz 2 und 3 Satz 2 bis 4 sowie der §§ 19 bis 23 gelten für Bürgermeisterwahlen entsprechend, soweit sich aus den Vorschriften dieses Abschnitts nicht etwas Anderes ergibt.

§ 39
Wahltag, Bekanntmachung der Durchführung der Wahl

(1) Der Gemeinderat bestimmt den Wahltag.
(2) [1]Die Gemeinde hat den Tag eines etwa notwendig werdenden zweiten Wahlgangs öffentlich bekannt zu machen. [2]Die öffentliche Bekanntmachung des Termins für den zweiten Wahlgang soll gleichzeitig mit der öffentlichen Bekanntmachung der Durchführung der Wahl erfolgen und kann bis zum 15. Tag vor der Wahl nachgeholt werden.

§ 40
Wählerverzeichnisse

Die für die erste Wahl erstellten Wählerverzeichnisse sind auch für einen etwa notwendig werdenden zweiten Wahlgang maßgebend; in den Wählerverzeichnissen sind die erst für den zweiten Wahlgang Wahlberechtigten gesondert aufzuführen.

§ 41
Wahlvorschläge

(1) [1]Wahlvorschläge können von Parteien, von Wählervereinigungen und von Einzelbewerbern eingereicht werden. [2]Jede Partei, jede Wählervereinigung und jeder Einzelbewerber kann nur einen Wahlvorschlag einreichen. [3]Der Wahlvorschlag eines Einzelbewerbers ist von diesem eigenhändig zu unterzeichnen. [4]Auch ein Einzelbewerber ist berechtigt, verbindliche Erklärungen zum Wahlvorschlag abzugeben, Erklärungen von Wahlorganen entgegenzunehmen und den Wahlvorschlag zurückzunehmen oder inhaltlich zu ändern.
(2) [1]Jeder Wahlvorschlag darf nur einen Bewerber enthalten. [2]Über § 6b Absatz 3 hinaus bedarf auch ein Wahlvorschlag keiner Unterstützungsunterschriften, der als Bewerber den amtierenden Amtsinhaber enthält. [3]Satz 2 gilt auch für Amtsverweser nach § 54 Absatz 5 Satz 1 der Sächsischen Gemeindeordnung sowie bei der erstmaligen Bürgermeisterwahl in nach § 8 Absatz 1 Nummer 2 der Sächsischen Gemeindeordnung neugebildeten Gemeinden für die bis zum Zeitpunkt der Gebietsänderung amtierenden Bürgermeister der an der Gemeindevereinigung beteiligten bisherigen Gemeinden.
(3) [1]Als Anlage zum Wahlvorschlag ist eine schriftliche Erklärung des Bewerbers gegenüber dem Vorsitzenden des Gemeindewahlausschusses über das Vorliegen der allgemeinen persönlichen Voraussetzungen für die Berufung in das Beamtenverhältnis gemäß § 49 Absatz 1 Satz 1 der Sächsischen Gemeindeordnung abzugeben. [2]Die elektronische Form ist ausgeschlossen.
(4) Mit der Abgabe der schriftlichen Erklärung nach Absatz 3 gelten für die Prüfung und Beschlussfassung nach § 7 die allgemeinen persönlichen Voraussetzungen für die Berufung in das Beamtenverhältnis gemäß § 49 Absatz 1 Satz 1 der Sächsischen Gemeindeordnung als vorliegend.

§ 42
Stimmzettel

[1]Der Stimmzettel muss die Bezeichnungen und die Bewerber der zugelassenen Wahlvorschläge enthalten. [2]Ist nur ein Wahlvorschlag zugelassen worden, muss der Stimmzettel neben Bezeichnung und dem Bewerber dieses Wahlvorschlags eine freie Zeile enthalten. [3]Ist kein Wahlvorschlag zugelassen worden, muss der Stimmzettel eine freie Zeile enthalten.

§ 43
Stimmenzahl, Stimmabgabe

(1) Jeder Wahlberechtigte hat eine Stimme.

(2) [1]Sind mehrere Wahlvorschläge zugelassen worden, kann der Wähler seine Stimme nur einem der im Stimmzettel aufgeführten Bewerber geben. [2]Er gibt seine Stimme in der Weise ab, dass er auf dem Stimmzettel den Bewerber durch Ankreuzen oder auf eine andere eindeutige Weise als gewählt kennzeichnet.

(3) [1]Ist nur ein oder kein Wahlvorschlag zugelassen worden, kann der Wähler seine Stimme dem im Stimmzettel aufgeführten Bewerber oder einer anderen Person geben. [2]Er gibt seine Stimme in der Weise ab, dass er entweder den Bewerber durch Ankreuzen oder auf eine andere eindeutige Weise oder eine andere Person durch eindeutige Benennung als gewählt kennzeichnet.

§ 44
Ungültige Stimmen

[1]Ungültig ist eine Stimme, wenn der Stimmzettel

1. ganz durchgestrichen oder durchgetrennt ist,
2. nicht amtlich hergestellt oder für eine andere Wahl gültig ist,
3. unverändert abgegeben worden ist,
4. den Willen des Wählers nicht zweifelsfrei erkennen lässt oder
5. einen beleidigenden oder auf die Person des Wählers hinweisenden Zusatz oder einen nicht nur gegen einzelne Bewerber gerichteten Vorbehalt enthält.

[2]§ 19 Absatz 2 gilt entsprechend.

§ 44a
Erforderliche Stimmenzahl, zweiter Wahlgang

(1) [1]Gewählt ist, wer mehr als die Hälfte der gültigen Stimmen erhalten hat. [2]Entfällt auf keinen Bewerber mehr als die Hälfte der gültigen Stimmen, findet frühestens am zweiten und spätestens am vierten Sonntag nach der ersten Wahl ein zweiter Wahlgang statt.

(2) Für den zweiten Wahlgang gelten die Vorschriften für die erste Wahl mit folgenden Maßgaben:

1. Wahlvorschläge, die zu der ersten Wahl zugelassen waren, können bis zum fünften Tag nach der Wahl, 18.00 Uhr, zurückgenommen werden.
2. Wahlvorschläge, die zu der ersten Wahl zugelassen waren, können nach Maßgabe des § 6d Absatz 2 bis zum fünften Tag nach der Wahl, 18.00 Uhr, geändert werden; über die Zulassung des geänderten Wahlvorschlags entscheidet der Wahlausschuss unverzüglich.
3. Die am zweiten Wahlgang teilnehmenden Wahlvorschläge sind bis zum achten Tag vor der Wahl öffentlich bekannt zu machen.
4. Im zweiten Wahlgang ist gewählt, wer die höchste Stimmenzahl auf sich vereint; bei Stimmengleichheit entscheidet das Los.
5. Wird der zweite Wahlgang abgesagt oder nicht nur teilweise für ungültig erklärt, hat der Gemeinderat stets eine Neuwahl nach den Vorschriften für die erste Wahl anzuordnen.

§ 45
Wahlanfechtung und Wahlprüfung

(1) Gegen die Wahl eines Bürgermeisters ist der Einspruch eines Einsprechenden, der nicht die Verletzung seiner Rechte geltend macht, nur zulässig, wenn ihm 0,1 Prozent der Wahlberechtigten, mindestens jedoch

zwei Wahlberechtigte, bei mehr als 10 000 Wahlberechtigten mindestens zehn Wahlberechtigte beitreten.

(2) Ist ein Gewählter nicht wählbar, so ist die Wahl auch nach Ablauf der Wahlprüfungsfrist für ungültig zu erklären.

(3) Stellt nach rechtskräftiger Aufhebung des Wahlergebnisses der Gemeindewahlausschuss gemäß § 30 Satz 1 und § 38 fest, dass auf keinen Bewerber mehr als die Hälfte der gültigen Stimmen entfällt, hat der Gemeinderat stets eine Neuwahl nach den Vorschriften für die erste Wahl anzuordnen.

§ 46
Amtsantritt

[1]Der Gewählte kann sein Amt erst antreten, wenn die Rechtsaufsichtsbehörde die Gültigkeit der Wahl festgestellt hat oder die Wahlprüfungsfrist ungenutzt verstrichen ist. [2]Im Falle der Anfechtung der Wahl kann der Gewählte abweichend von Satz 1 sein Amt erst nach der rechtskräftigen Entscheidung über die Gültigkeit der Wahl antreten.

§ 47
(weggefallen)

ZWEITER TEIL
Kreiswahlen

Erster Abschnitt
Kreistagswahlen

§ 48
Anwendbarkeit von Rechtsvorschriften

Die Vorschriften zu Gemeinderatswahlen (Erster Teil, Erster Abschnitt) gelten für Kreistagswahlen entsprechend, soweit sich aus den Vorschriften dieses Abschnitts nicht etwas Anderes ergibt.

§ 49
Wahltag

Die regelmäßigen Kreistagswahlen sollen gemeinsam mit den regelmäßigen Gemeinderatswahlen stattfinden.

§ 50
Wahlgebiet, Wahlkreise, Wahlbezirke

(1) Wahlgebiet ist das Gebiet des Landkreises.

(2) [1]Die Wahl wird in Wahlkreisen durchgeführt. [2]Der Landkreis wird hierzu in mehrere Wahlkreise unterteilt. [3]Bei der Abgrenzung der Wahlkreise sollen die örtlichen Verhältnisse und der räumliche Zusammenhang berücksichtigt und die Gemeindegrenzen eingehalten werden. [4]Die Einwohnerzahl eines Wahlkreises darf von der durchschnittlichen Einwohnerzahl aller Wahlkreise des Landkreises nicht um mehr als 25 Prozent abweichen. [5]Der Kreistag beschließt über die Zahl und die Abgrenzung der Wahlkreise, sobald der Wahltag feststeht. [6]Es sind mindestens acht und höchstens 20 Wahlkreise zu bilden.

(3) [1]Für die Stimmabgabe bildet jede Gemeinde des Wahlgebiets einen oder mehrere Wahlbezirke. [2]Bei der Bildung von Wahlbezirken sind die Grenzen der Wahlkreise einzuhalten.

§ 50a
Unterstützungsunterschriften

[1]Die Wahlberechtigten haben ihre Unterstützungsunterschrift bei der zuständigen Gemeindeverwaltung zu leisten. [2]Im Übrigen gilt § 6b entsprechend.

§ 51
Wahlorgane

Wahlorgane sind der Kreiswahlausschuss, der Vorsitzende des Kreiswahlausschusses und die Wahlvorstände.

§§ 52 und 53
(weggefallen)

§ 54
Besorgung der laufenden Wahlgeschäfte

[1]Die laufenden Geschäfte der Wahl besorgen der Landrat und die von ihm beauftragten Bediensteten des Landratsamtes. [2]Die örtlichen Geschäfte der Wahl besorgen der Bürgermeister und die von ihm beauftragten Gemeindebediensteten.

§ 55
Wahlkosten

[1]Die Kosten für die Wahl trägt der Landkreis, soweit sie bei ihm anfallen. [2]Kosten, die bei den Gemeinden anfallen, werden von diesen getragen.

ZWEITER ABSCHNITT
Landratswahlen

§ 56

[1]Die §§ 50 bis 55 mit Ausnahme der Regelungen zu Wahlkreisen finden bei Landratswahlen sinngemäß Anwendung. [2]Im Übrigen gelten die Vorschriften zu Bürgermeisterwahlen (Erster Teil, Dritter Abschnitt) für Landratswahlen entsprechend.

DRITTER TEIL
Gleichzeitige Durchführung mehrerer Wahlen

§ 57
Verbundene Wahlen

(1) [1]Finden mehrere Wahlen nach diesem Gesetz am gleichen Wahltag statt, werden sie als verbundene Wahlen durchgeführt. [2]Hierfür gilt Folgendes:
1. Für alle Wahlen sind einheitliche Wahlbezirke zu bilden und einheitliche Wählerverzeichnisse mit der Maßgabe zu erstellen, dass die nicht für alle Wahlen Wahlberechtigten gesondert aufgeführt werden;
2. in jedem Landkreis wird nur ein gemeinsamer Kreiswahlausschuss für die Kreistagswahl und die Landratswahl gewählt;
3. in jeder Gemeinde wird nur ein gemeinsamer Gemeindewahlausschuss für alle Wahlen gewählt;
4. die Wahlräume müssen für alle Wahlen dieselben sein;
5. für alle Wahlen sind gemeinsame Wahlscheine auszustellen;
6. die Stimmzettel der Wahlen müssen sich in ihrer Farbe voneinander unterscheiden;
7. bei Briefwahl ist nur ein Wahlbriefumschlag zu verwenden;
8. die Unterstützungsverzeichnisse werden an demselben Verwaltungsstandort ausgelegt.

(2) [1]Finden am gleichen Wahltag mit einer Wahl nach diesem Gesetz die Wahl zum Europäischen Parlament, dem Deutschen Bundestag oder dem Sächsischen Landtag statt, können diese in der Gemeinde organisatorisch miteinander verbunden werden. [2]In diesem Fall gilt Absatz 1 Satz 2 Nummer 1, 4 und 6 entsprechend. [3]Finden am gleichen Wahltag Volks- oder Bürgerentscheide statt, können diese ebenfalls entsprechend mit der Kommunalwahl verbunden werden.

VIERTER TEIL
Sonstige Vorschriften

§§ 58 und 59
(weggefallen)

§ 60
Fristen und Termine

(1) Die in diesem Gesetz und in der Kommunalwahlordnung bestimmten Fristen und Termine im Verfahren zur Vorbereitung einer Wahl verlängern oder ändern sich nicht dadurch, dass der letzte Tag der Frist oder ein Termin auf einen Sonnabend, Sonntag oder einen gesetzlichen Feiertag fällt.

(2) Eine Wiedereinsetzung in den vorigen Stand ist ausgeschlossen.

§ 61
Ordnungswidrigkeiten

(1) Ordnungswidrig handelt, wer entgegen § 17 Absatz 3 Ergebnisse von Wählerbefragungen nach der Stimmabgabe über den Inhalt der Wahlentscheidung vor Ablauf der Wahlzeit veröffentlicht.
(2) Die Ordnungswidrigkeit kann mit einer Geldbuße bis zu 50 000 Euro geahndet werden.
(3) Zuständige Verwaltungsbehörde im Sinne des § 36 Absatz 1 Nummer 1 des Gesetzes über Ordnungswidrigkeiten ist die obere Rechtsaufsichtsbehörde.

§ 62
Kommunalwahlordnung

[1]Das Staatsministerium des Innern erlässt durch Rechtsverordnung (Kommunalwahlordnung) die zur Durchführung dieses Gesetzes erforderlichen Vorschriften. [2]In der Kommunalwahlordnung können insbesondere nähere Bestimmungen getroffen werden über
1. öffentliche Bekanntmachungen,
2. die Bildung von Wahlkreisen und Wahlbezirken und ihre öffentliche Bekanntmachung,
3. die Bildung von Sonderwahlbezirken, in denen nur mit Wahlschein gewählt werden darf, für Krankenhäuser, Heime und ähnliche Einrichtungen mit Wahlberechtigten, die keinen Wahlraum außerhalb der Einrichtung aufsuchen können,
4. den Nachweis des Wahlrechts, die Aufstellung, die Berichtigung und den Abschluss des Wählerverzeichnisses, die Einsichtnahme ins Wählerverzeichnis sowie die Benachrichtigung der Wahlberechtigten,
5. die Erteilung von Wahlscheinen und Briefwahlunterlagen sowie die Ausgabe von Wahlscheinen von Amts wegen in besonderen Fällen,
6. die Einreichung, den Inhalt und die Form der Wahlvorschläge sowie der mit ihnen einzureichenden Nachweise, die Leistung von Unterstützungsunterschriften für Wahlvorschläge, die Änderung und Rücknahme von Wahlvorschlägen, ihre Prüfung, die Beseitigung von Mängeln, die Zulassung und die öffentliche Bekanntmachung der Wahlvorschläge,
7. die Verlängerung der Frist zur Einreichung von Wahlvorschlägen zur Gemeinderatswahl, Ortschaftsratswahl oder Kreistagswahl, wenn ein oder kein zulassungsfähiger Wahlvorschlag eingereicht worden ist, oder wenn mehrere Wahlvorschläge eingereicht worden sind und diese zusammen weniger Bewerber als das Eineinhalbfache der Zahl der zu besetzenden Sitze enthalten,
8. die Bildung, die Tätigkeit und das Verfahren der Wahlorgane,
9. die Bereitstellung und Ausstattung der Wahlräume,
10. die Form und den Inhalt der Stimmzettel,
11. die Auswertung von Stimmzetteln,
12. die Form von Stimmzettelumschlägen und Wahlbriefumschlägen,
13. den Vorgang der Stimmabgabe und die Ausübung der Briefwahl,
14. die Ermittlung, Feststellung, öffentliche Bekanntmachung und statistische Auswertung der Wahlergebnisse sowie die Benachrichtigung der Gewählten,
15. die Wahlprüfung und Wahlanfechtung,
16. die Vorbereitung und Durchführung von Neuwahlen, Wiederholungswahlen und Nachwahlen,
17. die Wahlhandlung in Krankenhäusern, Heimen, Klöstern und Justizvollzugsanstalten,
18. das Verfahren bei der gleichzeitigen Durchführung mehrerer Kommunalwahlen,
19. das Verfahren bei gleichzeitiger Durchführung von Kommunalwahlen mit anderen Wahlen oder Abstimmungen; dabei kann, soweit dies für die ordnungsgemäße Vorbereitung und Durchführung der Wahlen oder Abstimmungen erforderlich ist, von den Vorschriften der §§ 4 und 10 Abweichendes geregelt werden,
20. die Besonderheiten bei der Durchführung von Kommunalwahlen in Verwaltungsgemeinschaften und Verwaltungsverbänden, dabei kann, soweit dies für

die ordnungsgemäße Vorbereitung und Durchführung der Wahlen erforderlich ist, von den Vorschriften der §§ 9 und 10 Abweichendes geregelt werden,

21. die Festsetzung der Wahlzeit abweichend von § 16, sofern besondere Verhältnisse vorliegen.

§ 63
Verwaltungsvorschriften

Das Staatsministerium des Innern erlässt die zur Durchführung dieses Gesetzes erforderlichen Verwaltungsvorschriften.

§ 64
Einschränkung von Grundrechten

Das Recht auf informationelle Selbstbestimmung (Artikel 2 Absatz 1 in Verbindung mit Artikel 1 Absatz 1 des Grundgesetzes für die Bundesrepublik Deutschland, Artikel 33 der Verfassung des Freistaates Sachsen) wird durch dieses Gesetz eingeschränkt.

§ 65
Maßgebende Einwohnerzahl

[1]Für Wahlen nach diesem Gesetz sind die vom Statistischen Landesamt zum 31. Dezember des zweiten der Wahl vorhergehenden Jahres auf der Grundlage der jeweils letzten Volkszählung fortgeschriebenen Einwohnerzahlen der Gemeinden und Landkreise maßgebend. [2]Abweichend von Satz 1 sind Gebietsänderungen vom Tage der Rechtswirksamkeit an zu berücksichtigen.

§ 65a
Übergangsbestimmung

Wurde die Hauptwahl vor dem 20. Februar 2022 durchgeführt, sind bei einer Ergänzungswahl nach § 34 Absatz 7 der Sächsischen Gemeindeordnung oder § 30 Absatz 7 der Sächsischen Landkreisordnung die §§ 21 und 22 in der bis zum 19. Februar 2022 geltenden Fassung anzuwenden.

§ 65b
Ausnahmebestimmung aus Anlass einer epidemischen Lage von nationaler Tragweite

(1) [1]Im Falle einer epidemischen Lage von nationaler Tragweite im Sinne von § 5 Absatz 1 Satz 1 des Infektionsschutzgesetzes vom 20. Juli 2000 (BGBl. I S. 1045), das zuletzt durch Artikel 5 des Gesetzes vom 19. Juni 2020 (BGBl. I S. 1385) geändert worden ist, ist eine Wahl abzusagen und eine Nachwahl anzuordnen, wenn die Wahl aufgrund der epidemischen Lage nicht durchgeführt werden kann oder im Vorfeld der Wahl keine hinreichende politische Willensbildung möglich ist. [2]§ 31 Satz 2 und 3 findet entsprechende Anwendung.

(2) [1]Ein Bewerber zum Amt des Bürgermeisters oder Landrates verliert im Fall der Absage einer Wahl nach Absatz 1 die Wählbarkeit nach § 49 Absatz 1 Satz 2 der Sächsischen Gemeindeordnung oder § 45 Absatz 1 der Sächsischen Landkreisordnung dann nicht, wenn er das 65. Lebensjahr zwischen abgesagter Wahl und Nachwahl vollendet hat. [2]Dies gilt nicht, wenn zwischen abgesagter Wahl und Nachwahl mehr als sechs Monate liegen. [3]§ 29 Absatz 4 findet insoweit keine Anwendung.

(3) Im Falle des Absatzes 1 kann die Rechtsaufsichtsbehörde im Einvernehmen mit der obersten Rechtsaufsichtsbehörde die Ausübung des Wahlrechts für die Durchführung des zweiten Wahlgangs gemäß § 44a Absatz 2 auf die Stimmabgabe durch Briefwahl nach § 3 Absatz 3 Nummer 2 beschränken, wenn die persönliche Stimmabgabe im Wahlbezirk wegen angeordneter Schutzmaßnahmen nach dem Infektionsschutzgesetz unmöglich ist.

§ 66
(Inkrafttreten)

6. Sächsisches Gesetz über kommunale Zusammenarbeit (SächsKomZG)

in der Fassung der Bekanntmachung vom 15. April 2019 (SächsGVBl. S. 270), das durch Artikel 3 des Gesetzes vom 9. Februar 2022 (SächsGVBl. S. 134) geändert worden ist

– Fassung ab 20. Februar 2022 –

Inhaltsübersicht

ERSTER TEIL
Allgemeine Vorschriften

§ 1
Anwendungsbereich

Zur gemeinsamen Erfüllung ihrer Aufgaben können Gemeinden und Landkreise zusammenarbeiten, soweit gesetzlich nichts anderes bestimmt ist.

§ 2
Formen der kommunalen Zusammenarbeit

(1) Formen der gemeinsamen Erfüllung von Aufgaben sind:
1. Zweckverband, Zweckvereinbarung und kommunale Arbeitsgemeinschaft,
2. Verwaltungsverband und Verwaltungsgemeinschaft, sofern diese bis zum 17. November 2012 wirksam entstanden sind.

(2) Die Zulässigkeit der kommunalen Zusammenarbeit in hierfür geeigneten Rechtsformen des Privatrechts wird durch dieses Gesetz nicht berührt.

ZWEITER TEIL
Verwaltungsverband

Erster Abschnitt
Grundlagen des Verwaltungsverbandes

§ 3
Mitgliedsgemeinden

(1) Ein Verwaltungsverband besteht aus benachbarten Gemeinden desselben Landkreises, die sich hierzu zusammengeschlossen haben (Freiverband) oder zusammengeschlossen worden sind (Pflichtverband).

(2) Eine Gemeinde kann nur einem Verwaltungsverband angehören.

(3) [1]Der Verwaltungsverband dient der Stärkung der Leistungs- und Verwaltungskraft unter Aufrechterhaltung der rechtlichen Selbständigkeit der beteiligten Gemeinden. [2]Der Verwaltungsverband ist nach der Zahl der Gemeinden und ihrer Einwohner sowie nach der räumlichen Ausdehnung unter Berücksichtigung der örtlichen Verhältnisse so abzugrenzen, dass er seine Aufgaben zweckmäßig und wirtschaftlich erfüllen kann. [3]Eine sinnvolle strukturelle Entwicklung bei der Bildung größerer Verwaltungseinheiten soll berücksichtigt und gefördert werden. [4]Die Mitgliedsgemeinden sollen zusammen mindestens 5 000 Einwohner haben; in besonderen Fällen können Verwaltungsverbände weniger als 5 000 Einwohner haben.

§ 4
Bürgermeister der Mitgliedsgemeinden

Ein ehrenamtlicher Bürgermeister einer Mitgliedsgemeinde kann gleichzeitig Bediensteter des Verwaltungsverbandes sein.

§ 5
Rechtsnatur, Rechtsverhältnisse

(1) [1]Der Verwaltungsverband ist eine rechtsfähige Körperschaft des öffentlichen Rechts. [2]Er verwaltet seine Angelegenheiten im Rahmen der Gesetze unter eigener Verantwortung.

(2) Die Rechtsverhältnisse des Verwaltungsverbandes werden im Rahmen dieses Gesetzes durch die Verbandssatzung geregelt.

(3) [1]Soweit keine besonderen Rechtsvorschriften bestehen, finden auf den Verwaltungsverband die für Gemeinden geltenden Vorschriften entsprechende Anwendung. [2]Abweichende Regelungen kann die Verbandssatzung nur insoweit treffen, als dies ausdrücklich zugelassen ist.

(4) Auf Satzungen über die Benutzung öffentlicher Einrichtungen, über den Anschluss- und Benutzungszwang sowie über die Erhebung von Gebühren und Beiträgen finden die für die Gemeinden geltenden Vorschriften über das Recht der Einwohner, Grundbesitzer und Gewerbetreibenden zur Benutzung öffentlicher Einrichtungen der Gemeinde, über die Erhebung von Gebühren und Beiträgen sowie über die Verfolgung und Ahndung von Ordnungswidrigkeiten bei Zuwiderhandlungen gegen Satzungen entsprechende Anwendung.

§ 6
Erlass von Satzungen und Rechtsverordnungen

(1) Der Verwaltungsverband kann nach den für die Mitgliedsgemeinden geltenden Vorschriften für sein Aufgabengebiet Satzungen und Rechtsverordnungen erlassen.

(2) [1]Der Verwaltungsverband ist Verwaltungsbehörde im Sinne von § 36 Absatz 1 Nummer 1 des Gesetzes über Ordnungswidrigkeiten in der Fassung der Bekanntmachung vom 19. Februar 1987 (BGBl. I S. 602), das zuletzt durch Artikel 5 des Gesetzes vom 27. August 2017 (BGBl. I S. 3295) geändert worden ist, in der jeweils geltenden Fassung, bei Zuwiderhandlungen gegen seine Satzungen. [2]§ 124 Absatz 1 bis 3 der Sächsischen Gemeindeordnung in der Fassung der Bekanntmachung vom 3. März 2014 (SächsGVBl. S. 146), die zuletzt durch Artikel 1 des Gesetzes vom 13. Dezember 2017 (SächsGVBl. S. 626) geändert worden ist, in der jeweils geltenden Fassung, gilt entsprechend.

ZWEITER ABSCHNITT
Aufgaben des Verwaltungsverbandes

§ 7
Übergang von Aufgaben

(1) Auf den Verwaltungsverband gehen folgende Aufgaben der Mitgliedsgemeinden über:

1. die Weisungsaufgaben einschließlich des Erlasses von dazu erforderlichen Satzungen und Rechtsverordnungen,
2. die Aufgaben der vorbereitenden Bauleitplanung.

(2) [1]Mitgliedsgemeinden können dem Verwaltungsverband weitere Aufgaben einschließlich des Erlasses von Satzungen und Rechtsverordnungen durch öffentlich-rechtlichen Vertrag übertragen. [2]Der öffentlich-rechtliche Vertrag wird erst mit der Änderung der Verbandssatzung wirksam. [3]Einzelne Aufgaben sind auf Antrag einer oder mehrerer übertragender Mitgliedsgemeinden rückzuübertragen, wenn sich die Verhältnisse, die der Übertragung zugrunde lagen, so wesentlich geändert haben, dass den Mitgliedsgemeinden ein Festhalten an der Übertragung nicht weiter zugemutet werden kann und wenn die Verbandsversammlung mit der Mehrheit aller Stimmen der Vertreter in der Verbandsversammlung der Rückübertragung zustimmt. [4]Der Beschluss der Verbandsversammlung bedarf der Genehmigung der Rechtsaufsichtsbehörde. [5]Verweigert die Verbandsversammlung die Zustimmung zur Rückübertragung, entscheidet die Rechtsaufsichtsbehörde über die Zustimmung. [6]§ 12 Absatz 1 Satz 2 und Absatz 2 sowie § 13 gelten entsprechend.

(3) Die Mitgliedsgemeinden sind über die sie betreffenden Vorgänge zu unterrichten.

§ 8
Erledigung von Aufgaben

(1) Der Verwaltungsverband erledigt folgende Aufgaben der Mitgliedsgemeinden nach deren Weisung:

1. Vorbereitung und Vollzug der Beschlüsse der Mitgliedsgemeinden,
2. Besorgung der Geschäfte, die für die Mitgliedsgemeinden keine grundsätzliche Bedeutung haben und keine erheblichen Verpflichtungen erwarten lassen (Geschäfte der laufenden Verwaltung),
3. Vertretung der Mitgliedsgemeinden in gerichtlichen Verfahren und förmlichen Verwaltungsverfahren, soweit der Verwaltungsverband nicht selbst Beteiligter ist.

(2) [1]Mitgliedsgemeinden können dem Verwaltungsverband durch öffentlich-rechtlichen Vertrag die Erledigung weiterer Aufgaben nach Weisung übertragen. [2]§ 7 Absatz 2 Satz 2 bis 6 gilt entsprechend.

(3) [1]Soweit Aufgaben nach § 7 auf den Verwaltungsverband übergehen, nach Absatz 1 von ihm erledigt werden oder ihm nach Absatz 2 übertragen sind, beschäftigen die Mitgliedsgemeinden kein eigenes Personal. [2]§ 61 Absatz 1 der Sächsischen Gemeindeordnung bleibt unberührt.

§ 9
Beratung und Unterstützung

Der Verwaltungsverband berät und unterstützt die Mitgliedsgemeinden bei der Erfüllung ihrer Aufgaben.

§ 10
Pflichten der Mitgliedsgemeinden

(1) Die Mitgliedsgemeinden sind verpflichtet, den Verwaltungsverband bei der Durchführung seiner Aufgaben zu unterstützen.

(2) In Angelegenheiten, die mehrere Mitgliedsgemeinden berühren, haben sich die Mitgliedsgemeinden untereinander und mit dem Verwaltungsverband abzustimmen.

DRITTER ABSCHNITT
Bildung des Verwaltungsverbandes

§ 11
Verbandssatzung

(1) [1]Zur Bildung des Verwaltungsverbandes haben die Beteiligten eine Verbandssatzung vereinbart. [2]Die Verbandssatzung und deren Änderungen bedürfen der Schriftform.

(2) Die Verbandssatzung muss bestimmen:
1. die Mitgliedsgemeinden,
2. die Aufgaben des Verwaltungsverbandes,
3. den Namen und den Sitz,
4. die Verfassung und die Verwaltung des Verwaltungsverbandes, insbesondere die Zuständigkeit der Verbandsorgane und deren Geschäftsgang,
5. den Maßstab, nach dem die Mitgliedsgemeinden zur Deckung des Finanzbedarfs beizutragen haben,
6. die Form der öffentlichen Bekanntmachungen,
7. die Abwicklung im Falle der Auflösung des Verwaltungsverbandes.

(3) Die Verbandssatzung kann die sonstigen Rechtsverhältnisse des Verwaltungsverbandes im Rahmen dieses Gesetzes regeln.

§ 12
Genehmigung

(1) [1]Die Verbandssatzung bedarf der Genehmigung der Rechtsaufsichtsbehörde. [2]Sie entscheidet nach pflichtgemäßem Ermessen. [3]Über die Genehmigung ist binnen acht Wochen nach Eingang des Antrags zu entscheiden. [4]Die Genehmigungsfrist kann durch die nächsthöhere Rechtsaufsichtsbehörde verlängert werden.

(2) Will die Rechtsaufsichtsbehörde die Genehmigung versagen, sind die Beteiligten vorher zu hören.

(3) Die Genehmigung der Verbandssatzung ersetzt die Ausfertigung.

§ 13
Entstehung des Verwaltungsverbandes

(1) Die Genehmigung der Verbandssatzung ist mit der Verbandssatzung von der Rechtsaufsichtsbehörde im Sächsischen Amtsblatt bekanntzumachen.
(2) Der Verwaltungsverband entsteht durch die öffentliche Bekanntmachung der Genehmigung und der Verbandssatzung nach Absatz 1 am Tage nach dieser Bekanntmachung, sofern in der Verbandssatzung kein späterer Zeitpunkt bestimmt wird.
(3) [1]Ist die Bekanntmachung nach Absatz 1 ordnungsgemäß erfolgt, kann eine Verletzung von Rechtsvorschriften bei der Bildung des Verwaltungsverbandes nur mit Wirkung für die Zukunft geltend gemacht werden. [2]Die Geltendmachung kann nur binnen eines Jahres nach der Bekanntmachung erfolgen.
(4) [1]Ein Mangel, der eine Bestimmung des § 11 Absatz 2 über die Verbandssatzung betrifft, kann nach den Vorschriften dieses Gesetzes über Änderungen der Verbandssatzung (§ 26) geheilt werden. [2]Die Rechtsaufsichtsbehörde kann hierzu eine angemessene Frist setzen. [3]Ist die Änderung der Verbandssatzung bis zu diesem Zeitpunkt nicht beschlossen, verfügt die Rechtsaufsichtsbehörde die Änderung der Verbandssatzung. [4]Vor dieser Entscheidung sind die Beteiligten anzuhören. [5]Absätze 1 bis 3 gelten entsprechend.

§ 14
(weggefallen)

VIERTER ABSCHNITT
Verfassung und Verwaltung des Verwaltungsverbandes

§ 15
Organe

Organe des Verwaltungsverbandes sind die Verbandsversammlung und der Verbandsvorsitzende.

§ 16
Zusammensetzung der Verbandsversammlung

(1) [1]Die Verbandsversammlung des Verwaltungsverbandes besteht aus dem Verbandsvorsitzenden, den Bürgermeistern der Mitgliedsgemeinden und den weiteren Vertretern nach Absatz 3. [2]Die Vertreter einer Mitgliedsgemeinde können in der Verbandsversammlung nur einheitlich abstimmen.
(2) Ist ein ehrenamtlicher Bürgermeister einer Mitgliedsgemeinde gleichzeitig Bediensteter des Verwaltungsverbandes, wird die Mitgliedsgemeinde in der Verbandsversammlung durch den Stellvertreter des Bürgermeisters vertreten.
(3) [1]Gemeinden mit mehr als 500 Einwohnern entsenden weitere Vertreter in die Verbandsversammlung. [2]Die Zahl der weiteren Vertreter beträgt in Gemeinden mit

bis zu	1000 Einwohnern	1,
bis zu	2000 Einwohnern	2,
bis zu	3000 Einwohnern	3,
bis zu	5000 Einwohnern	4,
mit mehr als	5000 Einwohnern	5.

[3]Eine Mitgliedsgemeinde darf in einem Verwaltungsverband mit zwei Mitgliedsgemeinden nicht mehr als drei Fünftel der Vertreter in die Verbandsversammlung entsenden, in einem Verwaltungsverband mit mehr als zwei Mitgliedsgemeinden nicht mehr als zwei Fünftel.
(4) [1]Die weiteren Vertreter werden vom Gemeinderat für die Dauer seiner Wahlperiode aus seiner Mitte gewählt; nach Ablauf der Wahlperiode führen sie die Geschäfte bis zur Neuwahl der weiteren Vertreter fort. [2]Für jeden weiteren Vertreter ist ein Stellvertreter zu wählen, der diesen im Falle seiner Verhinderung vertritt; Satz 1 gilt entsprechend. [3]Sind mehrere weitere Vertreter oder Stellvertreter zu wählen, soll die Mandatsverteilung im Gemeinderat berücksichtigt werden. [4]Kommt eine Einigung nicht zustande, werden die weiteren Vertreter von den Gemeinderäten aufgrund von Wahlvorschlägen nach den Grundsätzen der Verhältniswahl unter Bindung an die Wahlvorschläge gewählt. [5]Wird nur ein gültiger oder kein Wahlvorschlag

eingereicht, findet Mehrheitswahl ohne Bindung an die vorgeschlagenen Bewerber statt.

(5) [1]Die Mitgliedsgemeinden können ihren Vertretern in der Verbandsversammlung Weisungen erteilen. [2]Die Vertreter haben den Gemeinderat ihrer Mitgliedsgemeinden frühzeitig über alle Angelegenheiten des Verwaltungsverbandes von besonderer Bedeutung zu unterrichten.

(6) [1]Die Vertreter der Mitgliedsgemeinden in der Verbandsversammlung sind ehrenamtlich tätig. [2]Für ihre Rechtsverhältnisse gelten die für Gemeinderäte maßgebenden Vorschriften entsprechend.

§ 17
Zuständigkeit der Verbandsversammlung

[1]Die Verbandsversammlung ist das Hauptorgan des Verwaltungsverbandes. [2]Sie nimmt die Aufgaben des Verwaltungsverbandes, insbesondere den Erlass von Satzungen und Rechtsverordnungen, wahr, soweit nicht der Verbandsvorsitzende zuständig ist.

§ 18
Ausschüsse

(1) [1]Durch die Verbandssatzung können beschließende Ausschüsse der Verbandsversammlung gebildet werden; ihnen können bestimmte Aufgaben zur dauernden Erledigung übertragen werden. [2]Durch Beschluss kann die Verbandsversammlung einzelne Angelegenheiten auf bestehende beschließende Ausschüsse übertragen oder für ihre Erledigung beschließende Ausschüsse bilden. [3]Jede Mitgliedsgemeinde muss im beschließenden Ausschuss vertreten sein. [4]Die für beschließende Ausschüsse des Gemeinderats geltenden Vorschriften finden entsprechende Anwendung.

(2) [1]Die Verbandsversammlung kann zur Vorberatung auf bestimmten Gebieten beratende Ausschüsse bilden. [2]Jede Mitgliedsgemeinde soll im beratenden Ausschuss vertreten sein. [3]Die für beratende Ausschüsse des Gemeinderats geltenden Vorschriften finden entsprechende Anwendung.

§ 19
Geschäftsgang

(1) [1]Die Sitzungen der Verbandsversammlung sind öffentlich, sofern nicht das öffentliche Wohl oder berechtigte Interessen einzelner eine nichtöffentliche Verhandlung erfordern. [2]Auf die Verbandsversammlung finden die Bestimmungen der Sächsischen Gemeindeordnung über den Gemeinderat entsprechende Anwendung, soweit dieses Gesetz keine Bestimmungen enthält.

(2) Die Verbandsversammlung wird, wenn noch kein Verbandsvorsitzender gewählt ist, durch den an Lebensjahren ältesten Bürgermeister der Mitgliedsgemeinden, sonst durch den Verbandsvorsitzenden schriftlich oder in elektronischer Form einberufen.

(3) [1]Die Beschlüsse der Verbandsversammlung werden mit Stimmenmehrheit gefasst; die Verbandssatzung kann eine größere Mehrheit bestimmen. [2]Gegen Beschlüsse der Verbandsversammlung, die für eine Mitgliedsgemeinde von besonderer Wichtigkeit oder erheblicher wirtschaftlicher Bedeutung sind, kann diese binnen drei Wochen nach der Beschlussfassung Einspruch einlegen. [3]Der Einspruch hat aufschiebende Wirkung. [4]Auf den Einspruch hat die Verbandsversammlung erneut zu beschließen. [5]Der Einspruch gegen Beschlüsse der Verbandsversammlung zu Aufgaben des Verbandes nach § 7 Absatz 1 Nummer 2 ist zurückgewiesen, wenn der neue Beschluss mit einer Mehrheit von mindestens zwei Dritteln der Stimmen der anwesenden Stimmberechtigten gefasst wird. [6]Soweit der Verwaltungsverband eine Aufgabe nur für einzelne Verbandsmitglieder erfüllt, kann die Verbandssatzung bestimmen, dass der Einspruch in diesen Angelegenheiten zurückgewiesen ist, wenn der neue Beschluss mit einer Mehrheit von mindestens zwei Dritteln der Stimmen der anwesenden Stimmberechtigten gefasst wird. [7]In den übrigen Fällen ist der Einspruch zurückgewiesen, wenn der neue Beschluss mindestens mit der Mehrheit gefasst wird, die für den ursprünglichen Beschluss erforderlich war.

(4) Für den Geschäftsgang von beschließenden Ausschüssen der Verbandsversammlung

finden die für die Verbandsversammlung geltenden Vorschriften entsprechende Anwendung.

(5) [1]Die Vertreter eines Verbandsmitglieds haben in allen Angelegenheiten des Verwaltungsverbandes Stimmrecht, auch wenn einzelne Aufgaben nicht von allen Verbandsmitgliedern auf den Verwaltungsverband übertragen worden sind. [2]Die Verbandssatzung kann Abweichendes bestimmen.

§ 20
Verbandsvorsitzender und Stellvertreter

(1) [1]Der Verbandsvorsitzende ist hauptamtlicher Beamter auf Zeit. [2]Seine Amtszeit beträgt sieben Jahre. [3]§ 49 sowie § 51 Absatz 3 Satz 2 und 3, Absatz 5 mit Ausnahme von Satz 2 Nummer 1 Buchstabe c sowie Absatz 6 der Sächsischen Gemeindeordnung gelten entsprechend. [4]Der hauptamtliche Bürgermeister einer Mitgliedsgemeinde kann nicht gleichzeitig Verbandsvorsitzender sein.

(2) [1]Wird die Wahl des Verbandsvorsitzenden wegen des Ablaufs der Amtszeit oder wegen des Eintritts in den Ruhestand oder Verabschiedung infolge Erreichens der Altersgrenze notwendig, ist sie frühestens drei Monate und spätestens einen Monat vor Freiwerden der Stelle durchzuführen. [2]Von der Wahl kann abgesehen werden, wenn innerhalb eines Jahres nach Freiwerden der Stelle der Verwaltungsverband aufgelöst oder in eine kreisangehörige Gemeinde umgewandelt wird.

(3) [1]Die Verbandsversammlung wählt den Verbandsvorsitzenden. [2]Die Stelle ist spätestens zwei Monate vor dem Wahltag öffentlich auszuschreiben. [3]Die Wahl bedarf der Mehrheit aller Vertreter in der Verbandsversammlung. [4]Wird diese Mehrheit nicht erreicht, findet ein zweiter Wahlgang statt. [5]Erhält auch dabei niemand die erforderliche Mehrheit, findet eine Stichwahl zwischen den zwei Bewerbern statt, die im zweiten Wahlgang die meisten Stimmen erhalten haben; gewählt ist, wer die meisten Stimmen erhält. [6]Bei Stimmengleichheit entscheidet das Los.

(4) [1]Die Verbandsversammlung wählt aus ihrer Mitte einen Stellvertreter des Verbandsvorsitzenden. [2]Die Wahl erfolgt nach jeder regelmäßigen Gemeinderatswahl. [3]Die Verbandssatzung kann bestimmen, dass mehrere Stellvertreter zu wählen sind. [4]Absatz 3 Satz 3 bis 6 gilt entsprechend.

(5) Der Verbandsvorsitzende kann entsprechend den für die Abwahl der Beigeordneten geltenden Vorschriften der Sächsischen Gemeindeordnung (§ 56 Absatz 4) vorzeitig abgewählt werden.

§ 21
Stellung des Verbandsvorsitzenden in der Verbandsversammlung

(1) [1]Der Verbandsvorsitzende ist Vorsitzender der Verbandsversammlung. [2]Er bereitet die Sitzungen der Verbandsversammlung und der Ausschüsse vor und vollzieht die Beschlüsse.

(2) [1]In dringenden Angelegenheiten, deren Erledigung auch nicht bis zu einer ohne Frist und formlos einberufenen Sitzung der Verbandsversammlung aufgeschoben werden kann, entscheidet der Verbandsvorsitzende an Stelle der Verbandsversammlung. [2]Die Gründe für die Eilentscheidung und die Art der Erledigung sind der Verbandsversammlung unverzüglich mitzuteilen.

(3) [1]Der Verbandsvorsitzende muss Beschlüssen der Verbandsversammlung widersprechen, wenn er der Auffassung ist, dass sie rechtswidrig sind; er kann ihnen widersprechen, wenn er der Auffassung ist, dass sie für den Verwaltungsverband nachteilig sind. [2]§ 52 Absatz 2 Satz 2 bis 5 der Sächsischen Gemeindeordnung gilt entsprechend.

(4) [1]Der Verbandsvorsitzende hat die Verbandsversammlung über alle wichtigen, den Verwaltungsverband und seine Verwaltung betreffenden Angelegenheiten zu informieren; bei wichtigen Planungen und Vorhaben ist die Verbandsversammlung möglichst frühzeitig über die Absichten und Vorstellungen der Verbandsverwaltung und laufend über den Stand und den Inhalt der Planungsarbeiten zu informieren. [2]§ 52 Absatz 5 Satz 2 der Sächsischen Gemeindeordnung gilt entsprechend.

§ 22
Leitung der Verbandsverwaltung

(1) Der Verbandsvorsitzende ist Leiter der Verbandsverwaltung und vertritt den Verwaltungsverband.

(2) Der Verbandsvorsitzende ist Vorgesetzter, Dienstvorgesetzter und oberste Dienstbehörde der Verbandsbediensteten.

(3) [1]Der Verbandsvorsitzende erledigt in eigener Zuständigkeit die Geschäfte der laufenden Verwaltung und die ihm sonst durch Rechtsvorschrift oder von der Verbandsversammlung übertragenen Aufgaben. [2]Die dauernde Übertragung der Erledigung bestimmter Aufgaben auf den Verbandsvorsitzenden ist in der Verbandssatzung zu regeln. [3]Die Verbandsversammlung kann die Erledigung von Angelegenheiten, die sie nicht auf beschließende Ausschüsse übertragen kann, auch nicht auf den Verbandsvorsitzenden übertragen.

(4) Weisungsaufgaben erledigt der Verbandsvorsitzende in eigener Zuständigkeit, soweit gesetzlich nichts anderes geregelt ist; dies gilt nicht für den Erlass von Rechtsverordnungen und Satzungen.

§ 23
Bedienstete

(1) [1]Der Verwaltungsverband ist verpflichtet, die zur Erfüllung seiner Aufgaben erforderlichen geeigneten Bediensteten einzustellen. [2]Er fördert die Aus- und Fortbildung seiner Bediensteten.

(2) Bei der personellen Ausstattung der Verbandsverwaltung sollen Bedienstete der Mitgliedsgemeinden vorrangig berücksichtigt werden, wenn sie über ausreichende Fachkenntnisse verfügen und bereit sind, an Fortbildungsveranstaltungen teilzunehmen.

(3) Der Verwaltungsverband kann Dienstherr von Beamten sein.

FÜNFTER ABSCHNITT
Wirtschafts- und Finanzverfassung

§ 24
Wirtschaftsführung

Für die Wirtschaftsführung des Verwaltungsverbandes gelten die Vorschriften über die Gemeindewirtschaft entsprechend.

§ 25
Deckung des Finanzbedarfs

(1) [1]Der Verwaltungsverband kann, soweit seine sonstigen Erträge zur Deckung seines Finanzbedarfs nicht ausreichen, von den Mitgliedsgemeinden nach Maßgabe der Verbandssatzung eine Umlage erheben. [2]Die Umlage soll nach dem Verhältnis der Einwohnerzahl der Mitgliedsgemeinden bemessen werden. [3]Die Höhe der Umlage ist in der Haushaltssatzung für jedes Haushaltsjahr festzusetzen; sie soll getrennt für den Ergebnishaushalt und den Finanzhaushalt festgesetzt werden. [4]Der Verwaltungsverband kann für rückständige Beträge Verzugszinsen in Höhe von zwei Prozent über dem jeweiligen Basiszinssatz nach § 247 des Bürgerlichen Gesetzbuches verlangen.

(2) Der Kostenersatz für die Wahrnehmung der von einzelnen Mitgliedsgemeinden auf den Verwaltungsverband übertragenen Aufgaben bleibt der besonderen Regelung in einem öffentlich-rechtlichen Vertrag vorbehalten.

(3) [1]Soweit Aufgaben auf den Verwaltungsverband übergehen (§ 7 Absatz 1) oder ihm übertragen werden (§ 7 Absatz 2), geht das Recht, Entgelte von den Benutzern einer Einrichtung zu erheben, auf den Verwaltungsverband über. [2]Das Recht zur Erhebung von eigenen Steuern steht dem Verwaltungsverband nicht zu.

SECHSTER ABSCHNITT Änderungen der Verbandssatzung und Auflösung des Verwaltungsverbandes

§ 26 Änderungen der Verbandssatzung

(1) [1]Änderungen der Verbandssatzung werden von der Verbandsversammlung mit einer Mehrheit von mindestens zwei Dritteln der Stimmen aller Vertreter in der Verbandsversammlung beschlossen. [2]Die Verbandssatzung kann bestimmen, dass eine größere Mehrheit erforderlich ist oder dass der Beschluss der Verbandsversammlung der Zustimmung einzelner oder aller Mitgliedsgemeinden bedarf.

(2) Eine Änderung der Verbandssatzung, die die Aufnahme einer neuen Mitgliedsgemeinde zum Gegenstand hat, ist unzulässig.

(3) [1]Änderungen der Verbandssatzung bedürfen der Genehmigung der Rechtsaufsichtsbehörde. [2]§ 11 Absatz 2 und 3, § 12 Absatz 1 Satz 2 und Absatz 2 sowie § 13 gelten entsprechend. [3]Die Änderungssatzung wird durch den Verbandsvorsitzenden vor der Erteilung der Genehmigung ausgefertigt.

§ 27 Auflösung des Verwaltungsverbandes und Ausscheiden von Mitgliedsgemeinden

(1) [1]Der Verwaltungsverband kann aus Gründen des öffentlichen Wohls mit Genehmigung der Rechtsaufsichtsbehörde im Einvernehmen mit der obersten Rechtsaufsichtsbehörde aufgelöst werden, wenn feststeht, dass jede Mitgliedsgemeinde mit Wirksamwerden der Auflösung in eine andere Gemeinde eingegliedert wird, sich mit einer anderen Gemeinde zu einer neuen Gemeinde vereinigt oder noch den Anforderungen des § 3 Absatz 3 entspricht. [2]Die Rechtsaufsichtsbehörde entscheidet nach pflichtgemäßem Ermessen. [3]Der Beschluss über die Auflösung des Verwaltungsverbandes bedarf einer Mehrheit von mindestens drei Viertel der Stimmen aller Vertreter in der Verbandsversammlung. [4]§ 12 Absatz 2 und § 13 gelten entsprechend.

(2) Absatz 1 gilt für das Ausscheiden einzelner Mitgliedsgemeinden entsprechend, wenn der Verwaltungsverband mit den verbleibenden Mitgliedsgemeinden noch den Anforderungen des § 3 Absatz 3 entspricht.

(3) [1]Aus Gründen des öffentlichen Wohls kann die Rechtsaufsichtsbehörde im Einvernehmen mit der obersten Rechtsaufsichtsbehörde und nach Anhörung der Betroffenen den Ausschluss einzelner Mitgliedsgemeinden oder die Auflösung des Verwaltungsverbandes anordnen. [2]Absatz 1 Satz 1 und 2, Absatz 2 und § 13 gelten entsprechend.

(4) [1]Aus dringenden Gründen des öffentlichen Wohls kann die Rechtsaufsichtsbehörde im Einvernehmen mit der obersten Rechtsaufsichtsbehörde nach Anhörung der Betroffenen auch ansonsten die Auflösung des Verwaltungsverbandes anordnen. [2]§ 13 gilt entsprechend.

§ 28 *(weggefallen)*

§ 29 Abwicklung des Verwaltungsverbandes

(1) Der Verwaltungsverband gilt nach seiner Auflösung als fortbestehend, soweit der Zweck der Abwicklung es erfordert.

(2) Die Abwicklung ist Aufgabe des Verbandsvorsitzenden, wenn die Verbandsversammlung nicht etwas anderes beschließt.

(3) Das Verbandsvermögen ist nach dem Umlageschlüssel (§ 25 Absatz 1) im Zeitpunkt der Auflösung auf die Mitgliedsgemeinden zu verteilen, soweit die Mitgliedsgemeinden und der Verwaltungsverband nicht mit Genehmigung der Rechtsaufsichtsbehörde eine abweichende Vereinbarung treffen.

§ 30 Haftung

(1) [1]Scheidet eine Mitgliedsgemeinde aus dem Verwaltungsverband aus, haftet sie dem Verwaltungsverband gegenüber für alle Verbindlichkeiten des Verbandes, die vor ihrem

Ausscheiden entstanden sind, nach Maßgabe des Umlageschlüssels (§ 25 Absatz 1) im Zeitpunkt des Ausscheidens. [2]Die Dauer der Haftung kann durch die Verbandssatzung beschränkt werden.
(2) Wird ein Verwaltungsverband aufgelöst, haften die Mitgliedsgemeinden für die Verbindlichkeiten des Verwaltungsverbandes als Gesamtschuldner.

§ 31
(weggefallen)

SIEBTER ABSCHNITT
Umwandlung eines Verwaltungsverbandes in eine kreisangehörige Gemeinde

§ 32
Umwandlung

(1) [1]Der Verwaltungsverband und die Mitgliedsgemeinden können vereinbaren, sich zu einer kreisangehörigen Gemeinde zu vereinigen (Umwandlung). [2]Die Umwandlung bedarf der Genehmigung der Rechtsaufsichtsbehörde. [3]Kommt eine Vereinbarung nicht zustande, kann die Umwandlung nur durch Gesetz erfolgen.
(2) [1]Der Beschluss der Verbandsversammlung über die Vereinbarung bedarf der Mehrheit von mindestens zwei Dritteln der Stimmen aller Vertreter in der Verbandsversammlung. [2]Die Beschlüsse der Gemeinderäte der Mitgliedsgemeinden über die Vereinbarung bedürfen jeweils mindestens der Mehrheit der Stimmen aller Mitglieder. [3]Vor der Beschlussfassung der Gemeinderäte sind die Einwohner der Mitgliedsgemeinden zu hören. [4]Dies gilt nicht, soweit über die Umwandlung ein Bürgerentscheid durchgeführt wird.
(3) Die Vereinbarung über die Umwandlung des Verwaltungsverbandes muss auch Bestimmungen über
1. den Namen der neuen Gemeinde,
2. das in dem künftigen Gemeindegebiet geltende Ortsrecht,
3. die vorläufigen Organe der neuen Gemeinde,
4. den Tag der Rechtswirksamkeit und
5. die befristete Vertretung der bisherigen Mitgliedsgemeinden bei Streitigkeiten über die Vereinbarung enthalten.

(4) [1]Wird auf Grund der Vereinbarung auf unbestimmte Zeit die Ortschaftsverfassung eingeführt, kann sie nur mit Zustimmung des Ortschaftsrats aufgehoben werden, frühestens jedoch zur übernächsten regelmäßigen Wahl der Gemeinderäte nach ihrer Einführung. [2]Der Beschluss des Ortschaftsrats bedarf der Mehrheit der Stimmen aller Mitglieder.

§ 33
Entstehung der neuen Gemeinde

(1) Die Genehmigung nach § 32 Absatz 1 Satz 2 ist von der Rechtsaufsichtsbehörde öffentlich bekanntzumachen.
(2) Die neue Gemeinde entsteht am Tage nach der öffentlichen Bekanntmachung der Genehmigung nach § 32 Absatz 1 Satz 2, sofern die Vereinbarung keinen späteren Zeitpunkt bestimmt.

§ 34
Rechtsnachfolge

Die neue Gemeinde ist Rechtsnachfolgerin des Verwaltungsverbandes und der Mitgliedsgemeinden.

§ 35
Abgabenfreiheit

[1]Für Rechtshandlungen, die wegen der Umwandlung des Verwaltungsverbandes und der Mitgliedsgemeinden notwendig werden, werden Abgaben nicht erhoben. [2]Dies gilt insbesondere für Kosten, die nach dem Gerichtskostengesetz, dem Gerichts- und Notarkostengesetz sowie dem Justizverwaltungskostengesetz erhoben werden. [3]Auslagen werden nicht erstattet.

DRITTER TEIL
Verwaltungsgemeinschaft

§ 36
Voraussetzungen einer Verwaltungsgemeinschaft

(1) In einer Verwaltungsgemeinschaft haben benachbarte Gemeinden desselben Landkreises die Vereinbarung geschlossen, dass eine Gemeinde (erfüllende Gemeinde) für die anderen beteiligten Gemeinden die Aufgaben eines Verwaltungsverbandes übernimmt.
(2) Eine Gemeinde kann nur einer Verwaltungsgemeinschaft angehören.
(3) [1]§ 3 Absatz 3, § 4 und §§ 7 bis 10 gelten entsprechend. [2]In den Fällen des § 7 wird die erfüllende Gemeinde im eigenen Namen, in den Fällen des § 8 im Namen der beteiligten Gemeinde tätig.

§ 37
Rechtsverhältnisse

[1]Die Rechtsverhältnisse der Verwaltungsgemeinschaft sind durch die beteiligten Gemeinden in einer Gemeinschaftsvereinbarung zu regeln. [2]Die Vereinbarung ist schriftlich abzuschließen.

§ 38
Genehmigung, Wirksamwerden der Gemeinschaftsvereinbarung

(1) [1]Die Gemeinschaftsvereinbarung sowie deren Änderung bedürfen der Genehmigung der Rechtsaufsichtsbehörde. [2]§ 12 Absatz 1 Satz 2 und Absatz 2 sowie § 13 gelten entsprechend.
(2) [1]Die Vereinbarung einer Verwaltungsgemeinschaft kann aus Gründen des öffentlichen Wohls auf Antrag aufgehoben werden. [2]§ 27 Absatz 1 Satz 1 und 2, § 12 Absatz 2 und § 13 gelten entsprechend.
(3) Absatz 2 gilt für das Ausscheiden einzelner beteiligter Gemeinden entsprechend, wenn die Verwaltungsgemeinschaft mit den verbleibenden beteiligten Gemeinden noch den Anforderungen des § 36 Absatz 3 Satz 1 in Verbindung mit § 3 Absatz 3 entspricht.
(4) § 27 Absatz 3 und 4 gilt entsprechend.

§ 39
Vollzug von Rechtsvorschriften

Die erfüllende Gemeinde kann im Geltungsbereich der vom Gemeinschaftsausschuss für die beteiligten Gemeinden und der von den beteiligten Gemeinden erlassenen Satzungen und Rechtsverordnungen alle zur Durchführung erforderlichen Maßnahmen wie im eigenen Gebiet treffen.

§ 40
Gemeinschaftsausschuss

(1) [1]Die beteiligten Gemeinden bilden einen Gemeinschaftsausschuss. [2]Die für die Verbandsversammlung des Verwaltungsverbandes geltenden Vorschriften finden entsprechende Anwendung.
(2) Den Vorsitz im Gemeinschaftsausschuss führt der Gemeinschaftsvorsitzende.
(3) [1]Gemeinschaftsvorsitzender ist der Bürgermeister der erfüllenden Gemeinde. [2]Stellvertretende Gemeinschaftsvorsitzende sollen Bürgermeister der beteiligten Gemeinden sein; das Nähere bestimmt die Gemeinschaftsvereinbarung.
(4) § 16 Absatz 2 gilt entsprechend.

§ 41
Zuständigkeit des Gemeinschaftsausschusses

(1) [1]Soweit die erfüllende Gemeinde Aufgaben im Rahmen der Verwaltungsgemeinschaft wahrnimmt, entscheidet anstelle des Gemeinderates der erfüllenden Gemeinde der Gemeinschaftsausschuss, es sei denn, dass der Bürgermeister der erfüllenden Gemeinde kraft Gesetzes zuständig ist oder dass ihm der Gemeinschaftsausschuss bestimmte Aufgaben übertragen hat. [2]Eine dauernde Übertragung ist in der Gemeinschaftsvereinbarung zu regeln. [3]§ 28 Absatz 2 der Sächsischen Gemeindeordnung gilt entsprechend.
(2) § 19 Absatz 3 gilt entsprechend.

§ 42
Deckung des Finanzbedarfs

[1]Die erfüllende Gemeinde kann zur Deckung des ihr durch die Wahrnehmung der Aufgaben gemäß § 7 Absatz 1 und § 8 Absatz 1 in Verbindung mit § 36 Absatz 3 Satz 1 entstehenden Finanzbedarfs von den anderen beteiligten Gemeinden eine Umlage erheben. [2]Die Gemeinschaftsvereinbarung kann Bestimmungen zur Ermittlung des Finanzbedarfs der Verwaltungsgemeinschaft und nach Maßgabe des § 25 Absatz 1 Satz 2 zum Maßstab enthalten, nach dem die beteiligten Gemeinden zur Deckung des Finanzbedarfs beizutragen haben. [3]Im Übrigen gilt § 25 entsprechend.

§ 43
(weggefallen)

VIERTER TEIL
Zweckverband

Erster Abschnitt
Grundlagen des Zweckverbandes

§ 44
Verbandsmitglieder

(1) [1]Gemeinden, Verwaltungsverbände, Landkreise und Zweckverbände können sich zu einem Zweckverband (Freiverband) zusammenschließen und ihm bestimmte Aufgaben, zu deren Erfüllung sie berechtigt oder verpflichtet sind, übertragen oder zur Erfüllung von Pflichtaufgaben zu einem Zweckverband zusammengeschlossen werden (Pflichtverband). [2]Der Zweckverband kann daneben auch Aufgaben für einzelne Verbandsmitglieder erfüllen. [3]Die Erfüllung der Aufgaben kann auf einen Teil des Verbandsgebiets eines Verbandsmitglieds beschränkt werden.
(2) [1]Neben einer der in Absatz 1 genannten Körperschaften können auch andere Körperschaften, Anstalten und Stiftungen des öffentlichen Rechts Mitglied eines Zweckverbandes sein, soweit nicht die für sie geltenden besonderen Vorschriften die Beteiligung ausschließen oder beschränken. [2]Natürliche Personen und juristische Personen des Privatrechts können Mitglied eines Zweckverbandes sein, wenn die Erfüllung der Verbandsaufgabe dadurch gefördert wird und Gründe des öffentlichen Wohls nicht entgegenstehen.
(3) Gemeinden, die demselben Verwaltungsverband angehören, können keinen Zweckverband bilden, wenn der Verwaltungsverband die zu übertragende Aufgabe ebenso gut wahrnehmen kann.

§ 45
Rechtsnatur

(1) [1]Der Zweckverband ist eine Körperschaft des öffentlichen Rechts. [2]Er verwaltet seine Angelegenheiten im Rahmen der Gesetze unter eigener Verantwortung.
(2) Der Zweckverband führt weder Flagge noch Wappen.

§ 46
Übergang von Aufgaben

Das Recht und die Pflicht der an einem Zweckverband beteiligten Gemeinden, Verwaltungsverbände, Landkreise und Zweckverbände, die diesem übertragenen Aufgaben wahrzunehmen und die dazu notwendigen Befugnisse auszuüben, gehen auf den Zweckverband über.

§ 47
Rechtsverhältnisse

(1) Die Rechtsverhältnisse des Zweckverbandes werden im Rahmen dieses Gesetzes durch die Verbandssatzung geregelt.
(2) [1]Soweit keine besonderen Rechtsvorschriften bestehen, finden auf den Zweckverband die für Verwaltungsverbände geltenden Vorschriften entsprechende Anwendung. [2]Abweichende Regelungen kann die Verbandssatzung nur insoweit treffen, als dies ausdrücklich zugelassen ist.

ZWEITER ABSCHNITT
Bildung eines Zweckverbandes

§ 48
Verbandssatzung

(1) [1]Zur Bildung des Zweckverbandes vereinbaren die Beteiligten eine Verbandssatzung. [2]Die Vereinbarung bedarf der Schriftform. [3]§ 11 Absatz 2 gilt entsprechend.
(2) [1]Die Verbandssatzung kann die Mitgliedschaft einzelner Verbandsmitglieder nur für eine bestimmte Zeit vorsehen. [2]Für diesen Fall hat die Verbandssatzung auch die Grundlagen für eine Auseinandersetzung mit dem ausscheidenden Verbandsmitglied zu regeln.

§ 49
Genehmigung

(1) [1]Die Verbandssatzung bedarf der Genehmigung der Rechtsaufsichtsbehörde. [2]Die Genehmigung ist zu erteilen, wenn Gründe des öffentlichen Wohls nicht entgegenstehen, die Bildung des Zweckverbandes zulässig und die Verbandssatzung den gesetzlichen Vorschriften entsprechend vereinbart ist. [3]Soll der Zweckverband Weisungsaufgaben erfüllen oder ist für die Übernahme der Übertragung einer Aufgabe, für die der Zweckverband gebildet werden soll, eine besondere Genehmigung erforderlich, entscheidet die Rechtsaufsichtsbehörde im Einvernehmen mit der Fachaufsichtsbehörde über die Genehmigung nach pflichtgemäßem Ermessen. [4]§ 13 gilt entsprechend.
(2) Will die Rechtsaufsichtsbehörde die Genehmigung versagen, sind die Beteiligten vorher zu hören.

§ 50
Pflichtverband

(1) Besteht für die Bildung eines Zweckverbandes zur Erfüllung bestimmter Pflichtaufgaben ein dringendes öffentliches Bedürfnis, insbesondere weil eine Gebietskörperschaft eine Pflichtaufgabe nicht erfüllen kann, weil das ihre Wirtschafts- oder Verwaltungskraft übersteigt, aber mehrere Gebietskörperschaften im Weg eines Zweckverbandes diese Aufgaben erfüllen können, so kann die Rechtsaufsichtsbehörde den beteiligten Gemeinden, Verwaltungsverbänden und Landkreisen eine angemessene Frist zur Bildung eines Zweckverbandes setzen.
(2) [1]Wird der Zweckverband innerhalb der gesetzten Frist nicht gebildet, verfügt die Rechtsaufsichtsbehörde die Bildung eines Zweckverbandes und erlässt gleichzeitig die Verbandssatzung. [2]Vor dieser Entscheidung sind die Beteiligten zu hören.
(3) Die Absätze 1 und 2 gelten entsprechend für die Übertragung bestimmter Pflichtaufgaben auf einen bestehenden Zweckverband und für den Anschluss von Gemeinden, Verwaltungsverbänden und Landkreisen zur Erfüllung bestimmter Pflichtaufgaben an einen bestehenden Zweckverband.
(4) [1]Die Vorschriften über den Inhalt der Verbandssatzung gelten entsprechend. [2]Die Verbandssatzung muss, soweit erforderlich, die Ausstattung des Zweckverbandes mit Dienstkräften regeln.
(5) Im Übrigen gelten § 49 Absatz 1 Satz 3 und § 13 entsprechend.

DRITTER ABSCHNITT
Verfassung und Verwaltung des Zweckverbandes

§ 51
Organe

(1) Organe des Zweckverbandes sind die Verbandsversammlung und der Verbandsvorsitzende.
(2) [1]Die Verbandssatzung kann als weiteres Organ einen Verwaltungsrat vorsehen. [2]Für die Mitglieder des Verwaltungsrats gilt § 16 Absatz 6 entsprechend.

§ 52
Zusammensetzung der Verbandsversammlung

(1) [1]Die Verbandsversammlung des Zweckverbandes besteht aus mindestens einem Vertreter eines jeden Verbandsmitgliedes. [2]Die

Verbandssatzung kann bestimmen, dass einzelne oder alle Verbandsmitglieder mehrere Vertreter in die Verbandsversammlung entsenden. [3]Die Stimmenzahl eines Verbandsmitglieds kann unabhängig von der Zahl der von ihm entsandten Vertreter bestimmt werden. [4]Die Stimmen eines Verbandsmitglieds werden einheitlich durch dessen Vertreter nach Absatz 3 Satz 1 abgegeben.

(2) Die in § 44 Absatz 2 Satz 2 genannten Verbandsmitglieder dürfen zusammen nicht mehr als zwei Fünftel der satzungsmäßigen Stimmenzahl haben; dabei bleiben diejenigen Verbandsmitglieder außer Betracht, an denen ausschließlich Gemeinden oder Landkreise beteiligt sind.

(3) [1]Eine Gemeinde wird in der Verbandsversammlung durch den Bürgermeister, ein Landkreis durch den Landrat und ein Verwaltungs- oder Zweckverband durch den Verbandsvorsitzenden vertreten, sofern nicht auf dessen Vorschlag das Hauptorgan des Verbandsmitglieds einen anderen leitenden Bediensteten zum Vertreter wählt. [2]Sind mehrere Vertreter zu entsenden, werden diese vom Hauptorgan des Verbandsmitglieds gewählt. [3]§ 16 Absatz 4 gilt entsprechend.

(4) [1]Die Verbandsmitglieder können ihren Vertretern Weisungen erteilen. [2]Die Vertreter haben das Hauptorgan ihres Verbandsmitglieds im Sinne des § 44 Absatz 1 frühzeitig über alle Angelegenheiten des Zweckverbandes von besonderer Bedeutung zu unterrichten.

(5) § 39 Absatz 1 Satz 2 der Sächsischen Gemeindeordnung ist auf die Beschlussfassung der Verbandsversammlung entsprechend anzuwenden.

(6) [1]Die Vertreter der Verbandsmitglieder in der Verbandsversammlung sind ehrenamtlich tätig. [2]Für ihre Rechtsverhältnisse gelten die für Gemeinderäte maßgebenden Vorschriften entsprechend.

§ 53
Zuständigkeit der Verbandsversammlung

[1]Die Verbandsversammlung ist das Hauptorgan des Zweckverbandes. [2]Sie nimmt die Aufgaben des Zweckverbandes, insbesondere den Erlass von Satzungen und Rechtsverordnungen, wahr, soweit nicht der Verbandsvorsitzende oder ein beschließender Ausschuss zuständig ist.

§ 54
Ausschüsse

[1]Durch die Verbandssatzung können beschließende und beratende Ausschüsse gebildet werden. [2]§ 18 gilt entsprechend.

§ 55
Geschäftsgang des Verwaltungsrats

Für den Geschäftsgang des Verwaltungsrats finden die für die Verbandsversammlung geltenden Vorschriften entsprechende Anwendung, soweit die Verbandssatzung nicht anderes bestimmt.

§ 56
Verbandsvorsitzender und Stellvertreter

(1) [1]Der Verbandsvorsitzende und mindestens ein Stellvertreter werden von der Verbandsversammlung aus der Mitte ihrer gemäß § 52 Absatz 3 Satz 1 entsandten Vertreter gewählt. [2]Ist in der Verbandssatzung ein Verwaltungsrat vorgesehen, kann diese bestimmen, dass die Stellvertreter aus dessen Mitte gewählt werden; die Stellvertreter müssen dem Kreis der gemäß § 52 Absatz 3 Satz 1 entsandten Vertreter angehören.

(2) [1]Der Verbandsvorsitzende und seine Stellvertreter sind ehrenamtlich tätig. [2]Sie werden für die Dauer von fünf Jahren, sind sie Inhaber eines kommunalen Wahlamtes eines Verbandsmitgliedes, für die Dauer dieses Amtes gewählt. [3]Durch Satzung können angemessene Aufwandsentschädigungen festgesetzt werden. [4]Im Übrigen gelten für ihre Rechtsverhältnisse die für die Gemeinderäte maßgebenden Vorschriften entsprechend.

(3) [1]Der Verbandsvorsitzende ist Vorsitzender der Verbandsversammlung und des Verwaltungsrats sowie Leiter der Verbandsverwaltung. [2]§ 20 Absatz 1 Satz 3 und Absatz 5, §§ 21 und 22 gelten entsprechend.

§ 57
Bedienstete

(1) [1]Die Verbandssatzung bestimmt, ob der Zweckverband hauptamtliche Bedienstete hat. [2]§ 61 Absatz 2 und § 62 der Sächsischen Gemeindeordnung sind anzuwenden, soweit die Größe des Zweckverbandes es rechtfertigt.

(2) [1]Einem Zweckverband kann das Recht, Dienstherr von Beamten zu sein, von der obersten Rechtsaufsichtsbehörde verliehen werden. [2]Die Verleihung darf nur erfolgen, wenn dies wegen der Wahrnehmung hoheitsrechtlicher Aufgaben zwingend geboten ist und wenn dem Zweckverband nur juristische Personen des öffentlichen Rechts mit Dienstherrenfähigkeit angehören.

(3) [1]Gehen Aufgaben eines Zweckverbandes wegen Auflösung oder aus anderen Gründen ganz oder teilweise auf andere juristische Personen des öffentlichen Rechts mit Dienstherrenfähigkeit über, so gelten für die Übernahme und die Rechtsstellung der Beamten und Versorgungsempfänger des Zweckverbandes §§ 33 bis 37 des Sächsischen Beamtengesetzes vom 18. Dezember 2013 (SächsGVBl. S. 970, 971), das durch das Gesetz vom 4. Juli 2017 (SächsGVBl. S. 347) geändert worden ist, in der jeweils geltenden Fassung. [2]Die Verbandssatzung eines Zweckverbandes, der Dienstherr von Beamten werden soll, muss Bestimmungen darüber enthalten, wer die Beamten und Versorgungsempfänger zu übernehmen hat, wenn der Zweckverband aufgelöst wird, ohne dass seine bisherigen Aufgaben auf andere juristische Personen des öffentlichen Rechts mit Dienstherrenfähigkeit übergehen.

VIERTER ABSCHNITT
Wirtschafts- und Finanzverfassung

§ 58
Wirtschaftsführung

(1) [1]Für die Wirtschaftsführung des Zweckverbandes gelten die Vorschriften über die Gemeindewirtschaft entsprechend. [2]Die Rechtsaufsichtsbehörde kann Zweckverbände mit dem Zweck der unmittelbaren Trägerschaft an Sparkassen von den Verpflichtungen

1. nach § 72 Absatz 3 und 5,
2. zur Publizität des Entwurfs der Haushaltssatzung nach § 76 Absatz 1 Satz 3 und des Haushaltsplans nach § 76 Absatz 3 Satz 2 sowie
3. zur Publizität des Jahresabschlusses nach § 88c Absatz 3 Satz 2 der Sächsischen Gemeindeordnung freistellen.

(2) [1]Die Verbandssatzung eines Zweckverbandes, dessen Hauptzweck der Betrieb eines Unternehmens im Sinne des § 95a der Sächsischen Gemeindeordnung ist, kann bestimmen, dass für die Wirtschaftsführung, das Rechnungswesen und den Jahresabschluss des Zweckverbandes die für die Wirtschaftsführung, das Rechnungswesen und den Jahresabschluss der Eigenbetriebe geltenden Vorschriften entsprechend Anwendung finden mit der Maßgabe, dass

1. an die Stelle der Gemeinde der Zweckverband, an die Stelle der Betriebssatzung die Verbandssatzung, an die Stelle des Gemeinderats die Verbandsversammlung, an die Stelle des Bürgermeisters und an die Stelle der Betriebsleitung der Verbandsvorsitzende tritt,
2. an die Stelle des Betriebsausschusses der Verwaltungsrat treten kann,
3. neben dem Betriebsausschuss weitere beratende oder beschließende Ausschüsse gebildet werden können.

[2]Gleiches gilt für die Wirtschaftsführung, das Rechnungswesen und die Jahresabschlussprüfung des Zweckverbandes, der einen Eigenbetrieb führt.

§ 58a
Haushaltsstrukturkonzept

(1) [1]Zweckverbände, die gemäß § 58 Absatz 2 die für die Wirtschaftsführung, das Rechnungswesen und die Jahresabschlussprüfung der Eigenbetriebe geltenden Vorschriften entsprechend anwenden, sind zur Aufstellung eines Haushaltsstrukturkonzepts verpflichtet, wenn

1. ein im Jahresabschluss festgestellter Verlust um mehr als drei Jahre vorgetragen

werden soll und die Eigenkapitalausstattung einen Ausgleich des Verlustes aus dem Eigenkapital nicht zulässt,
2. der Finanzmittelbestand am Ende des Planungszeitraumes negativ ist oder die Zahlungsfähigkeit in sonstiger Weise gefährdet ist oder
3. in der Bilanz ein nicht durch Eigenkapital gedeckter Fehlbetrag (Überschuldung) ausgewiesen wird.

[2]In begründeten Einzelfällen kann die Rechtsaufsichtsbehörde Ausnahmen von der Pflicht zur Aufstellung eines Haushaltsstrukturkonzepts zulassen.

(2) Das Haushaltsstrukturkonzept soll sicherstellen, dass
1. in den Fällen des Absatzes 1 Satz 1 Nummer 1 die Verlustvorträge bis zum dritten Folgejahr ausgeglichen werden,
2. in den Fällen des Absatzes 1 Satz 1 Nummer 2 der Finanzmittelbestand am Ende des Planungszeitraumes positiv ist und die Zahlungsfähigkeit jederzeit gewährleistet ist,
3. in den Fällen des Absatzes 1 Satz 1 Nummer 3 eine Überschuldung bis zum dritten Folgejahr beseitigt wird.

(3) [1]Das Haushaltsstrukturkonzept bedarf der Genehmigung durch die Rechtsaufsichtsbehörde. [2]Im begründeten Einzelfall kann mit Genehmigung der Rechtsaufsichtsbehörde von den in Absatz 2 genannten Konsolidierungszeiträumen abgewichen werden. [3]Die Genehmigung kann unter Bedingungen und Auflagen erteilt werden. [4]Das Haushaltsstrukturkonzept ist der Entwicklung der Vermögens-, Ertrags- und Finanzlage anzupassen.

§ 59
Prüfungswesen

(1) Die Verbandssatzung kann bestimmen, dass der Zweckverband
1. ein eigenes Rechnungsprüfungsamt einrichtet, wenn die Größe des Zweckverbandes dies rechtfertigt, oder
2. sich eines anderen kommunalen Rechnungsprüfungsamtes oder Rechnungsprüfers, eines Wirtschaftsprüfers oder einer Wirtschaftsprüfungsgesellschaft bedient.

(2) Trifft die Verbandssatzung keine Regelung nach Absatz 1, so ist ein geeigneter Bediensteter des Zweckverbandes oder eines Verbandsmitglieds im Sinne des § 44 Absatz 1 oder Absatz 2 Satz 1 zum Rechnungsprüfer zu bestellen.

(3) Im Übrigen gelten §§ 103 bis 109 der Sächsischen Gemeindeordnung entsprechend.

§ 60
Deckung des Finanzbedarfs

(1) [1]Der Zweckverband kann, soweit seine sonstigen Erträge zur Deckung seines Finanzbedarfs nicht ausreichen, von den Verbandsmitgliedern eine Umlage erheben. [2]Die Maßstäbe für die Umlagen für die einzelne Aufgabe sollen so bestimmt werden, dass der Aufwand entsprechend dem Nutzen aus der Aufgabenerfüllung auf die einzelnen Verbandsmitglieder verteilt wird. [3]Die Höhe der Umlage ist in der Haushaltssatzung für jedes Haushaltsjahr festzusetzen; sie soll getrennt für den Ergebnishaushalt und den Finanzhaushalt festgesetzt werden. [4]Der Zweckverband kann für rückständige Beträge Verzugszinsen in Höhe von zwei Prozent über dem jeweiligen Basiszinssatz nach § 247 des Bürgerlichen Gesetzbuches verlangen.

(2) Für die Kostentragung bei einzelnen Aufgaben kann eine andere Regelung vereinbart werden.

(3) [1]Soweit Aufgaben auf den Zweckverband übergehen, steht das Recht, Abgaben und für die Benutzung einer Einrichtung Entgelte zu erheben, dem Zweckverband zu; die Verbandssatzung kann jedoch bestimmen, dass dieses Recht bei den Verbandsmitgliedern verbleibt. [2]Das Recht zur Erhebung von eigenen Steuern steht dem Zweckverband nicht zu.

FÜNFTER ABSCHNITT
Änderungen der Verbandssatzung und Auflösung des Zweckverbandes

§ 61
Änderungen der Verbandssatzung

(1) Für Änderungen der Verbandssatzung gilt § 26 Absatz 1 und 3 mit der Maßgabe entsprechend, dass die Genehmigung zu erteilen ist, wenn Gründe des öffentlichen Wohls nicht entgegenstehen und die Änderung der Verbandssatzung den gesetzlichen Vorschriften entsprechend beschlossen worden ist.
(2) Für die Übertragung weiterer Aufgaben und die Rückübertragung einzelner Aufgaben gelten § 7 Absatz 2 und § 49 Absatz 1 Satz 3 entsprechend.

§ 62
Auflösung des Zweckverbandes

(1) [1]Der Zweckverband kann mit einer Mehrheit von mindestens drei Vierteln der satzungsmäßigen Stimmenzahl der Verbandsmitglieder seine Auflösung beschließen. [2]Der Beschluss über die Auflösung bedarf der Genehmigung der Rechtsaufsichtsbehörde. [3]Die Genehmigung darf nur erteilt werden, wenn Gründe des öffentlichen Wohls der Auflösung nicht entgegenstehen, insbesondere die weitere Erfüllung der Pflichtaufgaben gesichert ist, keine unvertretbaren haushaltswirtschaftlichen Auswirkungen zu erwarten sind und sich die Verbandsmitglieder über die Auseinandersetzung geeinigt haben. [4]§ 13 und § 49 Absatz 1 Satz 3 und Absatz 2 gelten entsprechend.
(2) [1]Absatz 1 gilt für den Ausschluss und das Ausscheiden einzelner Verbandsmitglieder entsprechend. [2]Für den Beschluss über das Ausscheiden einzelner Verbandsmitglieder kann die Verbandssatzung eine von Absatz 1 Satz 1 abweichende Mehrheit der satzungsmäßigen Stimmenzahl festsetzen.
(3) [1]Aus dringenden Gründen des öffentlichen Wohls kann die obere Rechtsaufsichtsbehörde nach Anhörung der Beteiligten die Auflösung des Zweckverbandes oder den Ausschluss einzelner Verbandsmitglieder anordnen. [2]§ 13 gilt entsprechend.
(4) [1]Der Zweckverband ist aufgelöst, wenn seine Aufgaben vollständig auf eine andere Körperschaft des öffentlichen Rechts übergehen oder wenn er nur noch aus einem Mitglied besteht. [2]Im letzteren Fall tritt das Mitglied an die Stelle des Zweckverbandes. [3]Die Rechtsaufsichtsbehörde hat die Auflösung und den Übergang der Aufgaben öffentlich bekanntzumachen.
(5) Hinsichtlich der Abwicklung und der Haftung gelten die §§ 29 und 30 entsprechend.

§ 63
Wegfall von Verbandsmitgliedern

(1) Fällt ein Verbandsmitglied weg, tritt dessen Rechtsnachfolger in die Rechtsstellung des weggefallenen Verbandsmitgliedes ein.
(2) [1]Wenn Gründe des öffentlichen Wohls nicht entgegenstehen, kann der Zweckverband binnen drei Monaten nach Wirksamwerden der Änderung den Ausschluss des Rechtsnachfolgers mit einer Mehrheit von zwei Dritteln der satzungsmäßigen Stimmenzahl beschließen; in gleicher Weise kann dieser sein Ausscheiden aus dem Zweckverband erklären. [2]Der Beschluss über den Ausschluss des Rechtsnachfolgers und die Erklärung über sein Ausscheiden bedürfen der Genehmigung der Rechtsaufsichtsbehörde. [3]Die Entscheidung ergeht nach pflichtgemäßem Ermessen. [4]§ 13 gilt entsprechend. [5]Falls der Rechtsnachfolger dem Ausschluss widerspricht oder der Zweckverband dessen Verlangen auf Ausscheiden nicht entspricht, entscheidet auf Antrag eines der Beteiligten die Rechtsaufsichtsbehörde. [6]In diesem Fall regelt die Rechtsaufsichtsbehörde auch die aus der Veränderung sich ergebenden Verhältnisse zwischen dem Zweckverband und dem ausscheidenden Mitglied.

§ 64
Besondere Bestimmungen für Pflichtverbände

[1]Ist eine der Voraussetzungen für die Bildung eines Pflichtverbandes entfallen, hat

die Rechtsaufsichtsbehörde den Zweckverband auf Antrag eines Verbandsmitgliedes zu einem Freiverband zu erklären. [2]§ 13 gilt entsprechend.

SECHSTER ABSCHNITT
Vereinigung und Eingliederung von Zweckverbänden

§ 65
Voraussetzungen einer Vereinigung

(1) [1]Die Verbandsversammlungen zweier oder mehrerer Zweckverbände können vereinbaren, dass die Zweckverbände zu einem neuen Zweckverband vereinigt werden. [2]In den Beschlüssen ist festzulegen, wer die Rechte des Verbandsvorsitzenden des neuen Zweckverbandes bis zur erstmaligen, unverzüglich durchzuführenden Wahl eines Verbandsvorsitzenden durch die Verbandsversammlung wahrnimmt.
(2) [1]Die Vereinigung bedarf übereinstimmender Beschlüsse durch die Verbandsversammlung der betroffenen Zweckverbände. [2]Die Beschlüsse bedürfen jeweils der Mehrheit von mindestens zwei Dritteln der satzungsmäßigen Stimmenzahl.
(3) § 50 gilt entsprechend.

§ 66
Verbandssatzung

(1) [1]Zur Bildung des neuen Zweckverbandes muss von den Beteiligten eine Verbandssatzung vereinbart werden. [2]§ 11 Absatz 2 und 3 gilt entsprechend.
(2) [1]Die Verbandssatzung des neuen Zweckverbandes bedarf der Genehmigung der Rechtsaufsichtsbehörde. [2]§ 49 Absatz 1 Satz 2 und 3 und Absatz 2 sowie § 13 gelten entsprechend.

§ 67
Rechtsnachfolge

Der neue Zweckverband ist Rechtsnachfolger der bisherigen Zweckverbände.

§ 68
Abgabenfreiheit

[1]Für Rechtshandlungen, die wegen einer Vereinigung oder Eingliederung von Zweckverbänden notwendig werden, werden Abgaben nicht erhoben. [2]Dies gilt insbesondere für Kosten, die nach dem Gerichtskostengesetz, dem Gerichts- und Notarkostengesetz sowie dem Justizverwaltungskostengesetz erhoben werden. [3]Auslagen werden nicht erstattet.

§ 69
Ausscheiden eines Verbandsmitgliedes

[1]Aus wichtigem Grund kann ein Verbandsmitglied sein Ausscheiden aus dem neuen Zweckverband erklären. [2]§ 63 Absatz 2 Satz 2 bis 4 gilt entsprechend.

§ 70
Eingliederung von Zweckverbänden

Die §§ 65 bis 69 gelten für die Eingliederung eines Zweckverbandes in einen anderen entsprechend.

FÜNFTER TEIL
Zweckvereinbarung

§ 71
Voraussetzungen und Formen einer Zweckvereinbarung

(1) [1]Gemeinden, Verwaltungsverbände, Landkreise und Zweckverbände können vereinbaren, dass eine der beteiligten Körperschaften (beauftragte Körperschaft) bestimmte Aufgaben, zu deren Erfüllung jede der beteiligten Körperschaften berechtigt oder verpflichtet ist, für alle wahrnimmt, insbesondere den übrigen Beteiligten die Mitbenutzung einer von ihr betriebenen Einrichtung gestattet (Zweckvereinbarung). [2]§ 44 Absatz 2 gilt entsprechend. [3]Das Recht und die Pflicht der übrigen Beteiligten zur Wahrnehmung der Aufgaben und die dazu notwendigen Befugnisse gehen auf die beauftragte Körperschaft über; § 60 Absatz 3 gilt entsprechend.

(2) [1]Durch eine Zweckvereinbarung können auch die Durchführung bestimmter Aufgaben durch eine der beteiligten Körperschaften im Namen und nach Weisung der übrigen Beteiligten oder der Betrieb einer gemeinsamen Dienststelle vereinbart werden. [2]Die Zuständigkeit der Beteiligten als Träger der Aufgabe bleibt unberührt. [3]In einer Zweckvereinbarung nach Satz 1 kann auch geregelt werden, dass eine Gebietskörperschaft oder ein Zweckverband den beteiligten anderen Gebietskörperschaften oder Zweckverbänden Dienstkräfte zur Erfüllung ihrer Aufgaben zeitanteilig zur Verfügung stellt.

(3) [1]Beim Betrieb einer gemeinsamen Dienststelle üben die Bediensteten ihre Tätigkeiten nach der fachlichen Weisung der im Einzelfall zuständigen Körperschaft aus. [2]Ihre dienstrechtliche Stellung im Übrigen bleibt unberührt. [3]Verletzt ein Bediensteter in Ausübung seiner Tätigkeit in der gemeinsamen Dienststelle die ihm einem Dritten gegenüber obliegende Amtspflicht, haftet der Beteiligte, der für die Amtshandlung sachlich und örtlich zuständig ist.

(4) Im Falle des Betriebs einer gemeinsamen Dienststelle hat jede beteiligte Körperschaft zu gewährleisten, dass bei ihr eine Stelle mit ausreichend qualifiziertem Personal besteht, die im Tätigkeitsbereich der gemeinsamen Dienststelle die erforderlichen Auskünfte erteilt und Anträge oder sonstige Erklärungen von den Bürgern entgegennimmt.

§ 72
Rechtsverhältnisse

(1) [1]Die Rechtsverhältnisse sind durch die Beteiligten in einer Zweckvereinbarung schriftlich zu regeln. [2]Die Zweckvereinbarung kann auf bestimmte oder unbestimmte Zeit geschlossen werden. [3]Die Zweckvereinbarung sowie deren Änderung bedürfen der Genehmigung der Rechtsaufsichtsbehörde, sofern sie einen Aufgabenübergang oder den Betrieb einer gemeinsamen Dienststelle zum Gegenstand hat. [4]§ 49 Absatz 1 Satz 2 bis 4 und Absatz 2 gilt entsprechend.

(2) [1]In der Zweckvereinbarung kann den übrigen Beteiligten ein Mitwirkungsrecht bei der Wahrnehmung der Aufgaben eingeräumt werden. [2]Es kann insbesondere vereinbart werden, dass die Beteiligten einen gemeinsamen Ausschuss bilden. [3]Für den gemeinsamen Ausschuss gelten die Vorschriften über die Verbandsversammlung des Zweckverbandes entsprechend, soweit in der Zweckvereinbarung nichts anderes bestimmt ist.

(3) [1]Die Zweckvereinbarung kann aus Gründen des öffentlichen Wohls mit Genehmigung der Rechtsaufsichtsbehörde aufgehoben werden; die nicht genehmigungspflichtige Zweckvereinbarung bedarf auch zur Aufhebung keiner Genehmigung. [2]§ 12 Absatz 2 und § 13 gelten entsprechend. [3]Sätze 1 und 2 gelten für das Ausscheiden einzelner Beteiligter entsprechend.

(4) [1]Aus dringenden Gründen des öffentlichen Wohls kann die obere Rechtsaufsichtsbehörde nach Anhörung der Beteiligten die Aufhebung der Zweckvereinbarung oder das Ausscheiden einzelner Beteiligter anordnen. [2]§ 13 gilt entsprechend.

§ 73
Pflichtvereinbarung

(1) Besteht für den Abschluss einer Zweckvereinbarung zur Erfüllung bestimmter Pflichtaufgaben ein dringendes öffentliches Bedürfnis, kann die Rechtsaufsichtsbehörde den beteiligten Gemeinden, Verwaltungsverbänden, Landkreisen und Zweckverbänden eine angemessene Frist zum Abschluss einer Zweckvereinbarung setzen.

(2) [1]Wird die Zweckvereinbarung innerhalb der gesetzten Frist nicht abgeschlossen, legt die Rechtsaufsichtsbehörde die Zweckvereinbarung fest. [2]Vor dieser Entscheidung sind die Beteiligten zu hören.

(3) [1]Ist eine der Voraussetzungen für die Pflichtvereinbarung weggefallen, hat die Rechtsaufsichtsbehörde die Pflichtvereinbarung auf Antrag eines Beteiligten aufzuheben. [2]§ 13 gilt entsprechend.

(4) Die Absätze 1 und 2 gelten entsprechend für die Einbeziehung von Gemeinden, Landkreisen, Verwaltungsverbänden und Zweckverbänden in eine bestehende Zweckvereinbarung.

SECHSTER TEIL
Kommunale Arbeitsgemeinschaften

§ 73a
Kommunale Arbeitsgemeinschaften

(1) [1]Gemeinden, Landkreise, Verwaltungsverbände und Zweckverbände können sich zu kommunalen Arbeitsgemeinschaften zusammenschließen. [2]In diese Arbeitsgemeinschaften können auch sonstige Körperschaften, Anstalten und Stiftungen des öffentlichen Rechts sowie natürliche Personen und juristische Personen des Privatrechts aufgenommen werden.
(2) Die Arbeitsgemeinschaften beraten entsprechend der getroffenen Vereinbarung ihre Mitglieder in den sie gemeinsam betreffenden Angelegenheiten, stimmen Planungen sowie Tätigkeiten von Einrichtungen ihrer Mitglieder aufeinander ab, um eine möglichst wirtschaftliche und zweckmäßige Erfüllung der Aufgaben in einem größeren nachbarlichen Gebiet sicherzustellen.
(3) [1]Die Arbeitsgemeinschaften fassen keine die Mitglieder bindenden Beschlüsse. [2]Die Zuständigkeit der Organe der einzelnen Mitglieder bleibt unberührt.

SIEBTER TEIL
Aufsicht

§ 74
Rechtsaufsichtsbehörde

(1) [1]Rechtsaufsichtsbehörde ist
1. das Landratsamt, wenn nur Gemeinden oder Verwaltungsverbände beteiligt sind, die seiner Aufsicht unterstehen;
2. die Landesdirektion Sachsen, wenn ein Landkreis beteiligt ist, wenn Gemeinden oder Verwaltungsverbände mehrerer Landkreise beteiligt sind oder wenn ein Verwaltungsverband oder die erfüllende Gemeinde einer Verwaltungsgemeinschaft die Aufgaben der unteren Verwaltungsbehörde wahrnimmt;
3. das Staatsministerium des Innern, wenn sich der Kreis der beteiligten Gemeinden, Verwaltungsverbände oder Landkreise über den Freistaat Sachsen hinaus erstreckt oder wenn der Freistaat Sachsen oder der Bund beteiligt sind.

[2]Das Staatsministerium des Innern kann die Zuständigkeit nach Satz 1 Nummer 2 und 3 abweichend bestimmen.
(2) Obere Rechtsaufsichtsbehörde ist in den Fällen des Absatzes 1 Nummer 1 und 2 die Landesdirektion Sachsen, im Fall des Absatzes 1 Nummer 3 das Staatsministerium des Innern.
(3) Oberste Rechtsaufsichtsbehörde ist das Staatsministerium des Innern.

§ 75
Aufsicht über Verwaltungsverbände und Zweckverbände

[1]Verwaltungsverbände und Zweckverbände unterstehen der Rechtsaufsicht, bei Erfüllung von Weisungsaufgaben der Fachaufsicht. [2]Die §§ 111, 112 Absatz 2 bis 4 und §§ 113 bis 123 der Sächsischen Gemeindeordnung gelten entsprechend.

ACHTER TEIL
Übergangs- und Schlussbestimmungen

§ 76
Planungsverbände

(1) Auf Planungsverbände nach § 205 Absatz 1 bis 5 des Baugesetzbuches sind die Vorschriften dieses Gesetzes über Zweckverbände entsprechend anwendbar, soweit sich aus dem Baugesetzbuch nichts anderes ergibt.
(2) Auf Wasser- und Bodenverbände sind die Vorschriften dieses Gesetzes über Zweckverbände entsprechend anwendbar, soweit sich aus dem Wasserverbandsgesetz nichts anderes ergibt.

§ 77
(weggefallen)

§ 78 Anwendung auf bestehende Zweckverbände, Verwaltungsgemeinschaften und gemeinsame Verwaltungsämter

(1) [1]Die zum Zeitpunkt des Inkrafttretens dieses Gesetzes bestehenden Verwaltungsgemeinschaften und gemeinsamen Verwaltungsämter haben spätestens bis zum 31. Dezember 1994 ihre Rechtsverhältnisse nach diesem Gesetz zu ordnen. [2]Insbesondere sind die Gemeinschaftsvereinbarungen den Vorschriften dieses Gesetzes anzupassen und zur Genehmigung nach Absatz 3 vorzulegen. [3]Bis dahin bleiben die Gemeinschaftsvereinbarungen in Kraft, auch soweit sie Vorschriften dieses Gesetzes widersprechen.

(2) Verbandssatzungen von Zweckverbänden sind bis zum 31. Dezember 1994 den Vorschriften dieses Gesetzes anzupassen.

(3) Verbandssatzungen, Gemeinschaftsvereinbarungen und Zweckvereinbarungen bedürfen nach Maßgabe dieses Gesetzes einer Genehmigung der zuständigen Rechtsaufsichtsbehörde, auch wenn und soweit eine Anpassung nicht erforderlich ist.

(4) Zweckverbände, die am 1. Februar 1998 die Dienstherrnfähigkeit besessen haben, bleiben dienstherrnfähig im Hinblick auf die zu diesem Zeitpunkt bestehenden Beamtenverhältnisse.

§ 78a Übergangsbestimmung aus Anlass des Gesetzes zur Erleichterung freiwilliger Gebietsänderungen

Nach § 52 Absatz 2 Satz 1 dieses Gesetzes in der Fassung vom 19. August 1993 (SächsGVBl. S. 827, 1103) bestehende satzungsmäßige Bestimmungen über Stimmrechtsbeschränkungen gelten fort.

§ 78b Übernahme der Angestellten, Arbeiter sowie der in einem Ausbildungsverhältnis stehenden Beschäftigten

[1]Die §§ 33 und 34 Absatz 2 bis 4 des Sächsischen Beamtengesetzes gelten bei der Bildung eines Verwaltungsverbandes oder einer Verwaltungsgemeinschaft für die Angestellten und Arbeiter sowie die in einem Ausbildungsverhältnis stehenden Beschäftigten entsprechend. [2]Treten diese danach in den Dienst des Verwaltungsverbandes oder der erfüllenden Gemeinde über, wird das Arbeitsverhältnis mit dem neuen Arbeitgeber fortgesetzt.

§ 78c Übergangsbestimmungen aus Anlass des Gesetzes zur Fortentwicklung des Kommunalrechts

(1) [1]Nach § 19 Absatz 3 Satz 5 dieses Gesetzes in der Fassung vom 19. August 1993 (SächsGVBl. S. 815, 1103) bestehende satzungsmäßige Bestimmungen sind an die Vorschriften dieses Gesetzes in der am 1. Januar 2014 geltenden Fassung bis zum 31. Dezember 2014 anzupassen und zur Genehmigung vorzulegen. [2]Bis dahin bleiben sie in Kraft, auch soweit sie den geänderten Vorschriften widersprechen.

(2) Geltende satzungsmäßige Bestimmungen zur Verteilung des Stimmrechts in der Verbandsversammlung gemäß den §§ 16 und 19 Absatz 3 Satz 1 dieses Gesetzes in der Fassung vom 19. August 1993 (SächsGVBl. S. 815, 1103) gelten fort.

(3) [1]Für am 1. Januar 2014 bestehende öffentlich-rechtliche Verträge nach § 1 des Gesetzes zur Übertragung von Aufgaben auf kreisangehörige Gemeinden vom 29. Januar 2008 (SächsGVBl. S. 138) gilt das Gesetz zur Übertragung von Aufgaben auf kreisangehörige Gemeinden in der bis zum 31. Dezember 2013 geltenden Fassung fort. [2]Eine Verlängerung der vertraglich vereinbarten Befristung ist ausgeschlossen.

§ 79
Rechtsverordnungen

[1]Das Staatsministerium des Innern wird ermächtigt, durch Rechtsverordnung zu regeln
1. das Verfahren bei der Bildung von Verbandsversammlungen, Ausschüssen und gemeinsamen Ausschüssen,
2. die Anwendung der Bestimmungen des Gemeindewirtschaftsrechts auf Zweckverbände,
3. das Verfahren für die Erteilung von Genehmigungen nach diesem Gesetz.

[2]§ 5 Absatz 3 dieses Gesetzes in Verbindung mit § 127 der Sächsischen Gemeindeordnung bleibt unberührt.

§ 80
Verwaltungsvorschriften

Das Staatsministerium des Innern kann Verwaltungsvorschriften zur Durchführung dieses Gesetzes erlassen.

§ 81
Grenzüberschreitende Zweckverbände

[1]Die Mitgliedschaft einer Gemeinde, eines Verwaltungsverbandes, eines Landkreises, eines Zweckverbandes oder einer sonstigen der Aufsicht des Freistaates Sachsen unterstehenden Körperschaft, Anstalt oder Stiftung des öffentlichen Rechts in einem Zweckverband, der seinen Sitz außerhalb des Freistaates Sachsen hat, ist nur möglich, wenn ein Staatsvertrag dies zulässt. [2]Das gleiche gilt für die Mitgliedschaft einer Gemeinde, eines Landkreises oder einer sonstigen, nicht der Aufsicht des Freistaates Sachsen unterstehenden Körperschaft, Anstalt oder Stiftung des öffentlichen Rechts in einem Zweckverband, der seinen Sitz innerhalb des Freistaates Sachsen hat.

§§ 82 bis 85
(weggefallen)

§ 86
(Inkrafttreten)

III. Sächsisches Kommunalabgabengesetz
(SächsKAG)
in der Fassung der Bekanntmachung vom 9. März 2018 (SächsGVBl. S. 116), das zuletzt durch Artikel 2 des Gesetzes vom 13. Dezember 2023 (SächsGVBl. S. 876) geändert worden ist

– Fassung ab 31. Dezember 2023 –

INHALTSÜBERSICHT

ABSCHNITT 1
Allgemeine Vorschriften

§ 1
Geltungsbereich

(1) Die Gemeinden und Landkreise sind berechtigt, nach diesem Gesetz Abgaben zu erheben, soweit nicht Bundesrecht oder Landesrecht etwas anderes bestimmen.

(2) Kommunalabgaben im Sinne dieses Gesetzes sind Steuern, Verwaltungsgebühren und Auslagen für Leistungen zur Erfüllung weisungsfreier Aufgaben, Benutzungsgebühren, Beiträge, Aufwandsersatz, die Gästetaxe, die Tourismusabgabe und abgabenrechtliche Nebenleistungen.

§ 2
Rechtsgrundlage für Kommunalabgaben

(1) [1]Kommunalabgaben werden aufgrund einer Satzung erhoben. [2]Die Abgabensatzung muss die Abgabenschuldner, den die Abgabe begründenden Tatbestand, den Maßstab und den Satz der Abgabe sowie die Entstehung und die Fälligkeit der Abgabenschuld bestimmen. [3]Die Sätze 1 und 2 finden keine Anwendung auf abgabenrechtliche Nebenleistungen (§ 1 Absatz 2).

(2) [1]Die fehlerhafte oder fehlende Ermittlung des Betriebskapitals, eines Beitrags-, Gebühren-, Einheits- oder sonstigen Abgabensatzes führt nur dann zur Nichtigkeit seiner Festsetzung in der Abgabensatzung, wenn die nach diesem Gesetz zulässige Höchstgrenze des Beitrags-, Gebühren-, Einheits- oder sonstigen Abgabensatzes überschritten ist. [2]§ 4 Absatz 4 der Sächsischen Gemeindeordnung bleibt unberührt.

§ 3
Verwaltungsverfahren

(1) Auf die Kommunalabgaben sind die folgenden Bestimmungen der Abgabenordnung sinngemäß anzuwenden, soweit sie sich nicht auf bestimmte Steuern beziehen und soweit nicht dieses Gesetz besondere Vorschriften enthält:

1. aus dem Ersten Teil – Einleitende Vorschriften –
   a) über den Anwendungsbereich die §§ 2, 2a Absatz 1 und 3 bis 5,
   b) über die steuerlichen Begriffsbestimmungen § 3 Absatz 1, 4 Nummer 1 bis 5 und Absatz 5 sowie die §§ 4, 5 und 7 bis 15,
   c) über die Verarbeitung geschützter Daten § 29b Absatz 1 und § 29c Absatz 1, wobei die Verarbeitung personenbezogener Daten zu anderen Zwecken auch zulässig ist, wenn sie für die Wahrnehmung von Aufsichtsbefugnissen der Rechtsaufsichtsbehörde erforderlich ist,
   d) über das Steuergeheimnis § 30 Absatz 1 bis 9 und 11 mit folgenden Maßgaben:
      aa) die bei der Verwaltung von Kommunalabgaben bekannt gewordenen Verhältnisse dürfen auch offenbart und verwertet werden, soweit es der Durchführung ei-

nes anderen Abgabeverfahrens dient, das denselben Abgabenpflichtigen betrifft,
- bb) bei der Hundesteuer darf in Schadensfällen und bei Störung der öffentlichen Sicherheit oder Ordnung, wenn ein überwiegendes öffentliches Interesse vorliegt, Behörden und Schadensbeteiligten Auskunft über Namen und Anschrift des Hundehalters erteilt werden,
- cc) die Offenbarung oder Verwertung geschützter Daten ist neben den in Absatz 4 Nummer 2b genannten Fällen auch zulässig, soweit sie der Erfüllung der im Sächsischen Statistikgesetz vom 17. Mai 1993 (SächsGVBl. S. 453), das zuletzt durch Artikel 26 des Gesetzes vom 26. April 2018 (SächsGVBl. S. 198) geändert worden ist, festgelegten Aufgaben des Statistischen Landesamtes dient,
- dd) die Entscheidung nach Absatz 4 Nummer 5 Buchstabe c trifft das Hauptorgan der Körperschaft, der die Abgabe zusteht,
- ee) die Offenbarung oder Verwertung geschützter Daten ist auch zulässig, soweit sie durch Landesgesetz ausdrücklich zugelassen ist,

e) über die Haftungsbeschränkung für Amtsträger § 32,

f) über die Rechte der betroffenen Person die §§ 32a bis 32f mit der Maßgabe, dass in § 32c Absatz 5 an die Stelle der oder des Bundesbeauftragten für den Datenschutz und die Informationsfreiheit die oder der Sächsische Datenschutzbeauftragte tritt und eine Beschränkung der Auskunftspflicht nach Satz 1 dieser oder diesem gegenüber nicht geltend gemacht werden kann,

g) über den gerichtlichen Rechtsschutz in datenschutzrechtlichen Angelegenheiten § 32i Absatz 9 Satz 1,

2. aus dem Zweiten Teil – Steuerschuldrecht –
   a) über die Steuerpflichtigen die §§ 33 bis 36,
   b) über das Steuerschuldverhältnis die §§ 37 bis 50,
   c) über steuerbegünstigte Zwecke die §§ 51 bis 68,
   d) über die Haftung die §§ 69, 70, § 71 mit der Maßgabe, dass die Vorschriften über die Steuerhehlerei keine Anwendung finden, § 72a Absatz 1, 2 und 4 sowie die §§ 73 bis 75 und 77,
3. aus dem Dritten Teil – Allgemeine Verfahrensvorschriften –
   a) über die Verfahrensgrundsätze die §§ 78 bis 80, 81 sowie 82 Absatz 1 und 2, § 83 Absatz 1 mit der Maßgabe, dass in den Fällen des Satzes 2 die Anordnung von der obersten Dienstbehörde getroffen wird, die §§ 85 und 86, § 87 mit der Maßgabe, dass in den Fällen des Absatzes 2 Satz 2 die Vorlage einer von einem öffentlich bestellten und beeidigten Urkundenübersetzer angefertigten oder beglaubigten Übersetzung verlangt werden kann, die §§ 87a, 87c bis 87e sowie 88 Absatz 1, 2 und 5, die §§ 88a und 89 Absatz 1, die §§ 90 bis 93 Absatz 1 bis 6, die §§ 95 sowie 96 Absatz 1 bis 7 Satz 1 und 2, die §§ 97 bis 99 und 101 Absatz 1, die §§ 102 bis 109 Absatz 1 und 3, die §§ 110 sowie 111 Absatz 1 bis 3 und 5, die §§ 112 bis 115 sowie § 117 Absatz 1, 2 und 4,
   b) über die Verwaltungsakte §§ 118 bis 133 mit der Maßgabe, dass in § 122 Absatz 5 Teil 2 des Gesetzes zur Regelung des Verwaltungsverfahrens- und des Verwaltungszustellungsrechts für den Freistaat Sachsen vom 19. Mai 2010 (SächsGVBl. S. 142), das durch Artikel 3 des Gesetzes vom 12. Juli 2013 (SächsGVBl. S. 503) geändert worden ist, in der jeweils geltenden Fassung, Anwendung findet und dass in § 126 Absatz 2 und in § 132 an die Stelle des finanzgerichtlichen Ver-

fahrens das verwaltungsgerichtliche Verfahren tritt,
4. aus dem Vierten Teil – Durchführung der Besteuerung –
   a) über das Erfassen der Steuerpflichtigen § 138 Absatz 1 und 4,
   b) über die Mitwirkungspflichten die §§ 140, 143, 145 bis 148, 149 Absatz 1 und 2, § 150 Absatz 1 Satz 1 und 2, Absatz 2 bis 5, 7 und 8, §§ 151, 152 Absatz 1, 2 Nummer 1 und 2, Absatz 3 Nummer 1 bis 3, Absatz 4 bis 6, 8 bis 12, § 153 Absatz 1 und 2,
   c) über die Festsetzungs- und Feststellungsverfahren die §§ 155, 156 Absatz 2 Satz 1, §§ 157 bis 162, 163 Absatz 1 Satz 1, Absatz 2 bis 4, §§ 164 bis 168, § 172 mit der Maßgabe, dass Absatz 1 Satz 3 Halbsatz 2 keine Anwendung findet und auch rechtswidrige, aber bestandskräftige Abgabenbescheide bei Vorliegen eines dauerhaften Vollstreckungshindernisses aufgehoben oder geändert werden können, die §§ 173 bis 177, 191 bis 194, § 195 Satz 1 und die §§ 196 bis 203,
5. aus dem Fünften Teil – Erhebungsverfahren –
   a) über die Verwirklichung, die Fälligkeit und das Erlöschen von Ansprüchen aus dem Steuerschuldverhältnis die §§ 218, 219 und 220 Absatz 2, die §§ 221, 222 und 224 Absatz 2 sowie die §§ 225 bis 232,
   b) über die Verzinsung und die Säumniszuschläge die §§ 233, 234 Absatz 1 und 2, § 235 Absatz 1 bis 3, § 236 Absatz 1 bis 3 und 5 mit der Maßgabe, dass in Absatz 3 anstelle des § 137 Satz 1 der Finanzgerichtsordnung § 155 Absatz 4 der Verwaltungsgerichtsordnung Anwendung findet, § 237 Absatz 1 mit der Maßgabe, dass als außergerichtlicher Rechtsbehelf anstelle des abgabenrechtlichen Einspruchs (§ 348 der Abgabenordnung) der Widerspruch (§ 68 der Verwaltungsgerichtsordnung) gegeben ist, Absatz 2, Absatz 4 mit der Maßgabe, dass § 234 Absatz 3 keine Anwendung findet, und Absatz 5 sowie die §§ 238 bis 240,
   c) über die Sicherheitsleistung die §§ 241 bis 248,
6. aus dem Sechsten Teil – Vollstreckung –
   a) über die allgemeinen Vorschriften § 251 Absatz 3,
   b) über die Niederschlagung § 261,
7. aus dem Siebenten Teil – Außergerichtliches Rechtsbehelfsverfahren –
   über die besonderen Verfahrensvorschriften § 367 Absatz 2 Satz 2 mit der Maßgabe, dass an die Stelle des abgabenrechtlichen Einspruchs (§ 348 der Abgabenordnung) der Widerspruch (§ 68 der Verwaltungsgerichtsordnung) tritt.

(2) Für Verspätungszuschläge, Zinsen und Säumniszuschläge (abgabenrechtliche Nebenleistungen) gelten die in Absatz 1 Nummer 4 Buchstabe c enthaltenen Vorschriften nur, soweit dies besonders bestimmt ist.

(3) [1]Abweichend von den Bestimmungen der §§ 222 und 234 der Abgabenordnung werden Beiträge im Sinne der § 17, § 19 Absatz 2 und § 26 für Grundstücke, die vom Eigentümer landwirtschaftlich im Sinne von § 135 Absatz 4 des Baugesetzbuches in der Fassung der Bekanntmachung vom 23. September 2004 (BGBl. I S. 2414), das zuletzt durch Artikel 6 des Gesetzes vom 20. Oktober 2015 (BGBl. I S. 1722) geändert worden ist, in der jeweils geltenden Fassung, genutzt werden, auf Antrag so lange zinslos und ohne besondere Sicherheitsleistung gestundet, wie das Grundstück zur Erhaltung der Wirtschaftlichkeit des Betriebs genutzt werden muss; dasselbe gilt für entsprechende Teilflächen eines Grundstücks, deren grundbuchmäßige Abschreibung nach baurechtlichen Vorschriften ohne Übernahme einer Baulast zulässig wäre. [2]Bei bebauten und bei tatsächlich angeschlossenen Grundstücken und Teilflächen eines Grundstücks im Sinne von Satz 1 Halbsatz 2 gilt dies unbeschadet des Satzes 3 nur, wenn
1. die Bebauung ausschließlich der landwirtschaftlichen Nutzung dient; bei der Abgrenzung nach Satz 1 Halbsatz 2 bleibt eine solche Bebauung unberücksichtigt, und

2. die öffentliche Einrichtung nicht in Anspruch genommen wird; eine Entsorgung von Niederschlagswasser in unbedeutender Menge bleibt unberücksichtigt.

[3]Wird die öffentliche Einrichtung ausschließlich zur Entsorgung von Niederschlagswasser über das in Satz 2 Nummer 2 Halbsatz 2 genannte Maß hinaus in Anspruch genommen, ist der Anspruch auf Stundung nach den Sätzen 1 und 2 auf die Hälfte des Beitrags beschränkt. [4]Sätze 1 bis 3 gelten auch für die Fälle der Nutzungsüberlassung und Betriebsübergabe an Familienangehörige im Sinne des § 15 der Abgabenordnung. [5]Auf Beiträge für Wirtschaftswege (§ 26 Absatz 1 Satz 2) finden ausschließlich die allgemeinen Stundungsbestimmungen der §§ 222 und 234 der Abgabenordnung Anwendung.

(4) Die in Absatz 1 genannten Vorschriften sind jeweils mit der Maßgabe anzuwenden, dass

1. anstelle der Finanzbehörde oder des Finanzamtes die Körperschaft tritt, der die Abgabe zusteht,
2. dem Begriff Steuer, allein oder im Wortzusammenhang, der Begriff Abgabe entspricht,
3. dem Wort „Besteuerung" die Worte „Heranziehung zu Abgaben" entsprechen.

(5) Widerspruch und Anfechtungsklage gegen Bescheide über Kommunalabgaben im Sinne von § 1 Absatz 2 haben unbeschadet des § 80 Absatz 2 Satz 1 Nummer 1 der Verwaltungsgerichtsordnung keine aufschiebende Wirkung.

§ 3a
Festsetzungsverjährung

(1) [1]Die Festsetzung von Kommunalabgaben sowie die Aufhebung oder Änderung der Festsetzung sind nicht mehr zulässig, wenn die Festsetzungsfrist gemäß Absatz 2 oder 3 abgelaufen ist. [2]Dies gilt auch für die Berichtigung wegen offenbarer Unrichtigkeit gemäß § 129 der Abgabenordnung. [3]Die Frist ist gewahrt, wenn vor Ablauf der Festsetzungsfrist

1. der Abgabenbescheid oder im Fall des § 122a der Abgabenordnung die elektronische Benachrichtigung den Bereich der für die Abgabenfestsetzung zuständigen Behörde verlassen hat oder
2. bei öffentlicher Zustellung nach § 10 des Verwaltungszustellungsgesetzes vom 12. August 2005 (BGBl. I S. 2354), das zuletzt durch Artikel 11 Absatz 3 des Gesetzes vom 18. Juli 2017 (BGBl. I S. 2745) geändert worden ist, in Verbindung mit § 4 Absatz 1 des Gesetzes zur Regelung des Verwaltungsverfahrens- und des Verwaltungszustellungsrechts für den Freistaat Sachsen die Benachrichtigung bekannt gemacht oder veröffentlicht wird.

(2) [1]Die allgemeine Festsetzungsfrist beträgt vier Jahre und beginnt mit Ablauf des Kalenderjahrs, in dem der Abgabenanspruch entstanden ist. [2]§ 169 Absatz 2 Satz 2 und 3, § 170 Absatz 2 und 3 sowie § 171 Absatz 1 und 2 der Abgabenordnung gelten entsprechend. [3]§ 171 Absatz 3 und 3a der Abgabenordnung gilt mit der Maßgabe entsprechend, dass im Falle der Rücknahme oder Aufhebung eines Verwaltungsakts wegen Unwirksamkeit einer Abgabensatzung die Festsetzungsfrist spätestens drei Jahre nach Rücknahme oder Aufhebung des Verwaltungsakts endet und dass anstelle des § 100 Absatz 1 Satz 1, Absatz 2 Satz 2 und Absatz 3 Satz 1 sowie des § 101 der Finanzgerichtsordnung § 113 Absatz 1 Satz 1, Absatz 2 Satz 2 und Absatz 3 Satz 1 sowie Absatz 5 der Verwaltungsgerichtsordnung Anwendung findet. [4]§ 171 Absatz 4 und 6 bis 14 der Abgabenordnung gilt entsprechend.

(3) [1]Für Beiträge gemäß § 17 Absatz 1 in Verbindung mit § 22 Absatz 1 Satz 1 bis 3 und Satz 6 (Erstbeiträge), § 26 in Verbindung mit § 30 Absatz 1 und 2 sowie gemäß § 127 in Verbindung mit § 133 des Baugesetzbuches besteht eine besondere Festsetzungsfrist. [2]Sie beträgt 20 Jahre und beginnt mit Ablauf des Kalenderjahres, in dem erstmals alle Voraussetzungen für das Entstehen der Beitragspflicht, mit Ausnahme des Erlasses der Beitragssatzung, erfüllt sind (Vorteilslage), frühestens jedoch mit Ablauf des Jahres 1999. [3]Absatz 2 Satz 3 sowie § 171 Absatz 1 und 2 der Abgabenordnung gelten entsprechend.

§ 3b
Abgabenbescheide mit Dauerwirkung

(1) [1]In einem Bescheid über Abgaben, die für einen bestimmten Zeitabschnitt erhoben werden, kann bestimmt werden, dass er auch für künftige Zeitabschnitte gilt (Abgabenbescheid mit Dauerwirkung). [2]Dabei ist anzugeben, an welchen Tagen und mit welchen Beträgen die Abgaben jeweils fällig werden.
(2) Abgabenbescheide mit Dauerwirkung sind von Amts wegen aufzuheben oder zu ändern, wenn die Abgabepflicht entfällt oder sich die Höhe der Abgaben ändert.

§ 4
Beleihung von Verwaltungshelfern

[1]Durch Satzung kann ein mit der Abgabenberechnung beauftragter privater Dritter (Verwaltungshelfer) ermächtigt werden, im Namen der Gemeinde oder des Landkreises in kommunalabgabenrechtlichen Verwaltungsverfahren einschließlich der Vollstreckung Verwaltungsakte gemäß § 3 Absatz 1 Nummer 3 Buchstabe b in Verbindung mit § 118 der Abgabenordnung zu erlassen. [2]Die Ermächtigung darf nur erteilt werden, wenn die ordnungsgemäße Erledigung der Aufgabe gewährleistet ist. [3]Andernfalls ist sie aufzuheben. [4]Die Gebietskörperschaft hat den Verwaltungshelfer vertraglich zu verpflichten, den örtlichen und überörtlichen Prüfungsbehörden (§§ 103, 108 der Sächsischen Gemeindeordnung) das Recht zur Prüfung der Erledigung der gemäß Satz 1 übertragenen Aufgaben einzuräumen.

§ 5
Abgabenhinterziehung

(1) [1]Mit Freiheitsstrafe bis zu zwei Jahren oder mit Geldstrafe wird bestraft, wer bei Kommunalabgaben

1. der Körperschaft, der die Abgabe zusteht, oder einer anderen Behörde über abgabenrechtlich erhebliche Tatsachen unrichtige oder unvollständige Angaben macht oder
2. die Körperschaft, der die Abgabe zusteht, pflichtwidrig über abgabenrechtliche Tatsachen in Unkenntnis lässt

und dadurch Abgaben verkürzt oder für sich oder einen anderen nicht gerechtfertigte Abgabenvorteile erlangt. [2]§ 370 Absatz 4, §§ 371 und 376 der Abgabenordnung sind sinngemäß anzuwenden.
(2) Der Versuch ist strafbar.
(3) Für das Strafverfahren sind die §§ 385, 391, 393 bis 398 und 407 der Abgabenordnung sinngemäß anzuwenden.

§ 6
Leichtfertige Abgabenverkürzung und Abgabengefährdung

(1) [1]Ordnungswidrig handelt, wer als Abgabenpflichtiger oder bei der Wahrnehmung der Angelegenheiten eines Abgabenpflichtigen eine der in § 5 Absatz 1 bezeichneten Taten leichtfertig begeht (leichtfertige Abgabenverkürzung). [2]§ 370 Absatz 4 und § 378 Absatz 3 der Abgabenordnung sind sinngemäß anzuwenden.
(2) [1]Ordnungswidrig handelt auch, wer vorsätzlich oder leichtfertig

1. Belege ausstellt, die in tatsächlicher Hinsicht unrichtig sind, oder
2. den Vorschriften einer Abgabensatzung zur Sicherung oder Erleichterung der Abgabenerhebung, insbesondere zur Anmeldung und Anzeige von Tatsachen, zur Führung von Aufzeichnungen oder Nachweisen, zur Kennzeichnung oder Vorlegung von Gegenständen oder zur Erhebung und Abführung von Abgaben zuwiderhandelt

und es dadurch ermöglicht, eine Kommunalabgabe zu verkürzen oder nicht gerechtfertigte Abgabenvorteile zu erlangen (Abgabengefährdung). [2]Die Ordnungswidrigkeit nach Satz 1 Nummer 2 kann nur verfolgt werden, wenn die Satzung (§ 2) für einen bestimmten Tatbestand auf diese Bußgeldvorschrift verweist.
(3) Die Ordnungswidrigkeit kann mit einer Geldbuße bis 10 000 Euro geahndet werden.

(4) Für das Bußgeldverfahren sind die §§ 391, 393, 396, 397, 407 und 411 der Abgabenordnung sinngemäß anzuwenden.
(5) Verwaltungsbehörde im Sinne des § 36 Absatz 1 Nummer 1 des Gesetzes über Ordnungswidrigkeiten ist die Körperschaft, der die Abgabe zusteht.

ABSCHNITT 2
Steuern

§ 7
Gemeindesteuern

(1) Die Gemeinden erheben Steuern nach Maßgabe der Gesetze.
(2) Soweit solche Gesetze nicht bestehen, können die Gemeinden örtliche Verbrauch- und Aufwandsteuern erheben, solange und soweit sie nicht bundesgesetzlich geregelten Steuern gleichartig sind, jedoch nicht Steuern, die vom Land erhoben werden oder den Kreisfreien Städten und Landkreisen vorbehalten sind.
(3) Eine Steuer auf Übernachtungsleistungen darf nicht erhoben werden, wenn die Gemeinde Abgaben nach den §§ 34 oder 35 erhebt.
(4) [1]Die Festsetzung und die Erhebung der Realsteuern obliegt den Gemeinden. [2]Die Bekanntgabe oder Zustellung der Realsteuermessbescheide wird den hebeberechtigten Gemeinden übertragen. [3]Die Befugnis der Finanzämter, die Realsteuermessbescheide selbst bekannt zu geben oder zuzustellen, bleibt unberührt. [4]Durch Rechtsverordnung des Staatsministeriums der Finanzen kann bestimmt werden, dass den Gemeinden die zur Fertigung der Realsteuermessbescheide erforderlichen Daten ganz oder teilweise auf maschinell verwertbaren Datenträgern oder durch Datenfernübertragung übermittelt werden; in diesem Falle obliegt den hebeberechtigten Gemeinden auch die Fertigung der Messbescheide.

§ 8
Kreissteuern

(1) Die Kreisfreien Städte und die Landkreise erheben Steuern nach Maßgabe der Gesetze.
(2) [1]Die Kreisfreien Städte und die Landkreise können eine Steuer auf die Ausübung des Jagdrechts (Jagdsteuer) erheben. [2]Der Steuersatz beträgt für Inländer höchstens 15 Prozent, für Personen, die ihren ständigen Wohnsitz oder gewöhnlichen Aufenthalt im Ausland haben, höchstens 60 Prozent des Jahreswertes der Jagd, soweit nicht Staatsverträge entgegenstehen.

ABSCHNITT 2A
Verwaltungsgebühren und Auslagen

§ 8a
Erhebung von Verwaltungsgebühren und Auslagen für Leistungen zur Erfüllung weisungsfreier Aufgaben

(1) [1]Gemeinden und Landkreise können für ihre Amtshandlungen und sonstigen öffentlich-rechtlichen Leistungen in weisungsfreien Angelegenheiten Verwaltungsgebühren und Auslagen erheben, sofern nicht dafür andere Abgaben nach diesem Gesetz erhoben werden können. [2]Abweichend von § 2 Absatz 1 Satz 2 muss die Satzung die verwaltungsgebühren- und auslagenpflichtigen Tatbestände sowie die Höhe der Gebühren bestimmen.
(2) [1]Auf die Erhebung von Verwaltungsgebühren und Auslagen finden abweichend von den §§ 3 bis 4 dieses Gesetzes §§ 2, 3 Absatz 4 bis 6, § 4 Absatz 2, 3 und 5, §§ 6 bis 9, 11 bis 13, 15, 16, 17 Absatz 1 bis 3 und 5, §§ 18 bis 20, 22 und 23 des Sächsischen Verwaltungskostengesetzes vom 5. April 2019 (SächsGVBl. S. 245), in der jeweils geltenden Fassung, entsprechende Anwendung. [2]Für Stundung, Niederschlagung und Erlass von Forderungen aus dem Aufkommen an Verwaltungsgebühren und Auslagen gelten die Vorschriften des Gemeindehaushaltsrechts. [3]Für die Kosten der Mahnung und der Vollstreckung gelten abweichend von Absatz 1 die Vorschriften des Sächsischen Verwal-

tungskostengesetzes und der hierzu erlassenen Rechtsverordnungen.
(3) Fehlerhafte Verwaltungskostenfestsetzungen können von der Verwaltungskostenfestsetzungsbehörde innerhalb der Festsetzungsfrist geändert werden; die Befugnisse der Rechtsaufsichtsbehörde bleiben unberührt.

ABSCHNITT 3 Benutzungsgebühren

§ 9 Erhebungsermächtigung, Einrichtungsbegriff

(1) Die Gemeinden und Landkreise können für die Benutzung ihrer öffentlichen Einrichtungen Benutzungsgebühren erheben.
(2) [1]Die Einrichtung umfasst alle Anlagen, die der Erfüllung einer öffentlichen Aufgabe (zum Beispiel der Wasserversorgung, der Abwasserbeseitigung, der Abfallwirtschaft) im Gebiet eines Aufgabenträgers dienen, auch wenn die Anlagen technisch voneinander unabhängig sind (aufgabenbezogene Einheitseinrichtung); dies gilt auch, wenn die Aufgabe auf unterschiedliche Weise oder gegenüber einem Teil der Benutzer nur teilweise erfüllt wird. [2]Durch Satzung kann davon abweichend bestimmt werden, dass einzelne oder mehrere technisch voneinander unabhängige Anlagen eine jeweils eigene Einrichtung bilden (anlagenbezogene Einrichtung); Satz 1 Halbsatz 2 gilt entsprechend. [3]Bei der Eingliederung oder dem Zusammenschluss von Gemeinden oder Zweckverbänden sowie dem Beitritt von Gemeinden zu einem bestehenden Zweckverband kann durch Satzung für längstens zehn Jahre bestimmt werden, dass die bisherigen Einrichtungen beibehalten werden, auch wenn die Voraussetzungen des Satzes 2 nicht vorliegen. [4]Zur Einrichtung gehören auch stillgelegte Anlagen, solange sie der Nachsorge bedürfen.
(3) [1]Die Gebühren werden innerhalb einer Einrichtung nach einheitlichen Sätzen erhoben. [2]Sind Leistungen einer Einrichtung nicht allen Benutzern in gleichem Umfang zugänglich, sind für die einzelnen Teilleistungen jeweils gesonderte Gebührensätze festzusetzen.
(4) [1]Werden Aufgaben aufgrund gesetzlicher Festlegung, Aufgabendelegation oder Vereinbarung in Teilbereichen von mehreren Körperschaften (Gemeinden, Landkreisen und Verbänden) erfüllt, so können die Beteiligten vereinbaren, dass anstelle der Erhebung jeweils eigener Benutzungsgebühren eine der beteiligten Körperschaften die Benutzungsgebühr für die gemeinschaftlich erbrachte Leistung erhebt. [2]Die übrigen Beteiligten stellen der erhebenden Körperschaft ihren Aufwand in Rechnung. [3]Für die Bemessung des Aufwands gelten die Bestimmungen der §§ 11 bis 13 sinngemäß. [4]Die Vereinbarung ist durch die Beteiligten öffentlich bekannt zu machen.
(5) [1]Grundstücksbezogene Benutzungsgebühren ruhen als öffentliche Last auf dem Grundstück. [2]Sofern die Satzung (§ 2 Absatz 1) bestimmt, dass anstelle des Grundstückseigentümers der Erbbauberechtigte oder sonst dinglich zur baulichen Nutzung Berechtigte anstelle des Grundstückseigentümers gebührenpflichtig ist, ruhen grundstücksbezogene Benutzungsgebühren auf dem Erbbaurecht oder sonstigen dinglichen Nutzungsrecht.

§ 10 Kostendeckungsgrundsatz, Kalkulationszeitraum

(1) [1]Die Gebühren dürfen höchstens so bemessen werden, dass die Gesamtkosten (§§ 11 bis 13) der Einrichtung gedeckt werden. [2]Wirtschaftliche Unternehmen im Sinne von § 94a der Sächsischen Gemeindeordnung können darüber hinaus angemessene Gewinne erwirtschaften.
(1a) [1]Im Falle der Ablagerung von Abfällen müssen die Gebühren alle Kosten für die Errichtung und den Betrieb der Deponie, einschließlich der Kosten einer vom Betreiber zu leistenden Sicherheit oder eines zu erbringenden Sicherungsmittels, sowie die geschätzten Kosten für die Stilllegung und die Nachsorge für einen Zeitraum von mindestens 30 Jahren abdecken. [2]Dies gilt entsprechend für

immissionsschutzrechtlich genehmigungsbedürftige Anlagen, die vom Anwendungsbereich der Richtlinie 1999/31/EG des Rates vom 26. April 1999 über Abfalldeponien (ABl. L 182 vom 16.7.1999, S. 1), die zuletzt durch die Richtlinie (EU) 2018/850 (ABl. L 150 vom 14.6.2018, S. 100) geändert worden ist, erfasst sind.

(2) [1]Bei der Gebührenbemessung können die Kosten in einem mehrjährigen Zeitraum berücksichtigt werden, der jedoch höchstens fünf Jahre umfassen soll. [2]Kostenüberdeckungen, die sich am Ende des Bemessungszeitraumes ergeben, sind innerhalb der folgenden fünf Jahre auszugleichen; Absatz 1 Satz 2 und § 94a Absatz 4 Halbsatz 2 der Sächsischen Gemeindeordnung bleiben unberührt. [3]Unerwartet oder auf Grund der nach § 73 Absatz 2 der Sächsischen Gemeindeordnung zu beachtenden Vertretbarkeitsgrenze entstandene Kostenunterdeckungen können im gleichen Zeitraum ausgeglichen werden. [4]Das Staatsministerium des Innern wird ermächtigt, im Einvernehmen mit dem Staatsministerium der Finanzen durch Rechtsverordnung die Rangfolge zwischen einzelnen Kostenkategorien zu bestimmen und die Grundsätze für die Feststellung und den Ausgleich von Kostenüber- oder Kostenunterdeckungen festzulegen und dabei auch vereinfachende Regelungen hinsichtlich der Anwendung des betriebswirtschaftlichen Kostenbegriffs (§ 11) und der Anforderungen an die Rechnungslegung zu treffen.

§ 11
Kosten

(1) Die Kosten sind nach betriebswirtschaftlichen Grundsätzen zu ermitteln.

(2) Zu den Kosten gehören auch

1. die angemessene Verzinsung des Anlagekapitals und der gemäß § 10 Absatz 2 Satz 3 zum Ausgleich vorgesehenen Kostenunterdeckungen sowie angemessene Abschreibungen; dabei sind auch der Wert der aus dem Vermögen der Gemeinde und des Landkreises bereitgestellten Sachen und Rechte und der vom Personal des Einrichtungsträgers erbrachten Werk- und Dienstleistungen sowie die Vorfinanzierungskosten bis zur Inbetriebnahme der Einrichtung zu berücksichtigen,
2. die Abwasserabgabe nach dem Abwasserabgabenrecht des Bundes und die landesrechtlich geregelte Wasserentnahmeabgabe,
3. alle Aufwendungen für von den entsorgungspflichtigen Körperschaften selbst oder in ihrem Auftrag wahrgenommenen abfallwirtschaftlichen Aufgaben einschließlich der Vermeidung und Verwertung, insbesondere auch die Kosten der Beratung der Abfallbesitzer und der getrennten Erfassung von Abfällen außerhalb der regelmäßigen Grundstücksentsorgung,
4. die anteiligen Barwerte des später anfallenden Nachsorge- und Rekultivierungsaufwands für Anlagen der Ver- und Entsorgung. [2]Die daraus erwachsenden Gebührenerträge sind in einer Rückstellung für die Rekultivierung und Nachsorge von Deponien anzusammeln, der bis zu ihrer Verwendung angemessene Zinsen aus allgemeinen Haushaltsmitteln zuzuführen sind. [3]Soweit der Aufwand für die Nachsorge und die Rekultivierung nicht durch Rückstellungen gedeckt ist, kann er im Jahr des Anfalls in den gebührenfähigen Aufwand einbezogen werden; dies gilt auch für Anlagen, die bei Inkrafttreten dieses Gesetzes bereits stillgelegt sind (§ 9 Absatz 2 Satz 4). [4]§ 10 Absatz 2 Satz 3 ist entsprechend anzuwenden.

(3) Bei Einrichtungen der Abwasserbeseitigung bleibt der Teilaufwand, der auf den Anschluss von öffentlichen Straßen, Wegen und Plätzen entfällt (Straßenentwässerungskostenanteil), bei den Kosten außer Betracht; ein weitergehendes öffentliches Interesse (Hygiene, Sicherheit und Ordnung) ist weder bei der Abwasserbeseitigung noch bei der Abfallentsorgung und Wasserversorgung in Abzug zu bringen.

§ 12
Zinsen

(1) [1]Der Verzinsung des Anlagekapitals (§ 11 Absatz 2 Nummer 1) sind die um Beiträge (§§ 17 bis 25), Zuweisungen und Zuschüsse Dritter gekürzten Anschaffungs- und Herstellungskosten abzüglich der Abschreibungen aus Nominalwerten zugrunde zu legen (Restwertmethode). [2]Anstelle von nach der Restwertmethode berechneten Zinsen können diese während der Nutzungsdauer eines Wirtschaftsguts zur Verstetigung der Kosten mit gleichbleibenden Annuitätsraten angesetzt werden (Durchschnittswertmethode).
(2) Soweit von der Möglichkeit der Passivierung und Auflösung der Ertragszuschüsse nach § 13 Absatz 3 Gebrauch gemacht wird, werden bei der Ermittlung des zu verzinsenden Anlagekapitals vom Restbuchwert des Anlagevermögens jeweils die Restbuchwerte der Ertragszuschüsse abgesetzt.
(3) [1]Kostenmindernd sind angemessene Zinsen für ausgleichspflichtige Kostenüberdeckungen im Sinne von § 10 Absatz 2 Satz 2, für refinanzierte Kapitalzuschüsse im Sinne von § 13 Absatz 1 Satz 2 und Absatz 2 sowie für Sonderposten im Sinne von § 13 Absatz 4 zu berücksichtigen. [2]Entsprechendes gilt für abzugspflichtige Beträge im Sinne des Absatzes 1 Satz 1, soweit sie das Anlagekapital übersteigen.
(4) Bei Einrichtungen, die als Sondervermögen geführt werden, können anstelle eines kalkulatorischen Zinses die Zinsen für Kredite, abzüglich etwaiger Habenzinsen, und eine angemessene Verzinsung des von der Gemeinde oder dem Landkreis aufgewandten Eigenkapitals angesetzt werden.

§ 13
Abschreibungen

(1) [1]Den Abschreibungen (§ 11 Absatz 2 Nummer 1) können die Wiederbeschaffungszeitwerte oder die Anschaffungs- und Herstellungskosten des Anlagevermögens zugrunde gelegt werden. [2]Die Anlagewerte sind um Zuweisungen und Zuschüsse Dritter zu kürzen, soweit die Zuweisungen und Zuschüsse Dritter nicht zur Bildung von Eigenkapital gewährt worden sind (Kapitalzuschüsse).
(2) Beiträge nach §§ 17 bis 25 sind Kapitalzuschüsse.
(3) [1]Anstelle der Kürzung der Anlagewerte nach Absatz 1 Satz 2 können die Zuweisungen und Zuschüsse Dritter, soweit sie nicht als Kapitalzuschüsse gewährt worden sind, als Ertragszuschüsse passiviert und jährlich mit einem durchschnittlichen Abschreibungssatz ertragswirksam aufgelöst werden. [2]Soweit den Abschreibungen das Anlagevermögen zu Wiederbeschaffungszeitwerten zugrunde gelegt wird, sind bei der Ermittlung der Auflösungsraten aus den passivierten Ertragszuschüssen jeweils Werte zugrunde zu legen, die um einen Zuschlag erhöht sind, der sich aus einem amtlichen, einschlägigen oder vergleichbaren Baukostenindex ergibt.
(4) Werden den Abschreibungen Wiederbeschaffungszeitwerte zugrunde gelegt (Absatz 1), so sind die sich daraus gegenüber einer Kalkulation mit Anschaffungs- und Herstellungskosten ergebenden Mehrerträge einem Sonderposten für den Gebührenausgleich für Investitionen der Einrichtung zuzuführen und bei ihrer Verwendung wie ein Ertragszuschuss zu behandeln.

§ 14
Gebührenbemessung

(1) [1]Die Gebühren können nach dem Ausmaß der Benutzung (Leistung) oder den durch die Benutzung durchschnittlich verursachten Kosten bemessen werden. [2]Es können auch beide Kriterien miteinander verbunden werden. [3]Für die fixen Vorhaltekosten können unabhängig vom Umfang der tatsächlichen Inanspruchnahme angemessene Grundgebühren erhoben werden. [4]Die Erhebung von Grundgebühren kann auf Benutzer mit saisonal stark schwankender Beanspruchung der Einrichtung beschränkt werden.
(2) [1]Bei der Gebührenbemessung können umwelt- und rohstoffschonende Lenkungsziele abweichend von Absatz 1 Satz 1 und 2 ermäßigend oder erhöhend berücksichtigt werden; § 10 Absatz 1 Satz 1 bleibt unberührt. [2]Lenkungsbezogene Zuschläge sind nur innerhalb

der Grenzen eines angemessenen Verhältnisses zwischen Leistung und Gegenleistung zulässig. [3]Sozial bedingte Gebührenermäßigungen dürfen nicht zu Lasten der übrigen Benutzer eingeräumt werden; § 10 Absatz 1 Satz 2 bleibt unberührt.

§ 15
Vorauszahlungen

Durch Satzung kann bestimmt werden, dass auf die Gebührenschuld im Rahmen eines Dauerbenutzungsverhältnisses angemessene Vorauszahlungen zu leisten sind.

§ 16
Eigenverbrauch

Soweit Gemeinden und Landkreise ihre öffentlichen Einrichtungen selbst benutzen, haben sie für deren Leistungen die üblichen Sätze zu verrechnen.

ABSCHNITT 4
Beiträge für öffentliche Einrichtungen

§ 17
Erhebungsermächtigung, Grundsätze

(1) [1]Die Gemeinden und Landkreise können zur angemessenen Ausstattung öffentlicher Einrichtungen mit Betriebskapital Beiträge für Grundstücke erheben, denen durch die Möglichkeit des Anschlusses an die Einrichtung nicht nur vorübergehende Vorteile zuwachsen. [2]Bei der Abwasserbeseitigung gilt dies nicht für Grundstücke, für die eine leitungsgebundene Anschlussmöglichkeit an ein zentrales Klärwerk nicht besteht und deren Abwasser in einer Kleinkläranlage behandelt oder in einer geschlossenen Grube gesammelt und abgefahren wird (dezentrale Entsorgung). [3]Für die von der öffentlichen Einrichtung in diesen Fällen erbrachten Leistungen, einschließlich der Aufnahme des Überlaufwassers aus Kleinkläranlagen in öffentliche Kanäle, können ausschließlich Benutzungsgebühren erhoben werden.

(2) [1]Zur angemessenen Aufstockung des Betriebskapitals bis zu der nach Absatz 3 zulässigen Höhe oder infolge weiteren Kapitalbedarfs zum Ausbau oder zur Erneuerung einer Einrichtung können weitere Beiträge erhoben werden. [2]Das gilt auch für den Fall, dass sich die Investitionen gegenüber den in die ursprüngliche Globalberechnung eingestellten Summen erhöhen oder erwartete Zuweisungen und Zuschüsse nicht oder nicht in der erwarteten Höhe gewährt werden und die dadurch entstehenden Veränderungen mehr als 10 Prozent des bisher als zulässig betrachteten Höchstbetrags betragen.

(3) [1]Die Höhe des Betriebskapitals wird durch Satzung (§ 2) festgesetzt. [2]Es soll den Wiederbeschaffungszeitwert der insgesamt vorhandenen und zukünftig erforderlichen Anlagen, abzüglich der gewährten und noch zu erwartenden Zuweisungen und Zuschüsse Dritter, unabhängig davon, ob diese als Ertrags- oder Kapitalzuschüsse zu behandeln sind, sowie des Straßenentwässerungskostenanteils (§ 11 Absatz 3) bei der Abwasserbeseitigung, nicht überschreiten; § 11 Absatz 3 Halbsatz 2 gilt entsprechend. [3]Nutzen mehrere Aufgabenträger Anlagen im Sinne des § 9 Absatz 2 gemeinsam oder beteiligen sich Aufgabenträger an einem Zweckverband, der selbst keine Entgelte erhebt, ist der Wiederbeschaffungszeitwert dieser Anlagen in Anwendung des § 60 Absatz 1 Satz 2 des Sächsischen Gesetzes über kommunale Zusammenarbeit in der Fassung der Bekanntmachung vom 3. März 2014 (SächsGVBl. S. 196), das zuletzt durch Artikel 3 des Gesetzes vom 13. Dezember 2017 (SächsGVBl. S. 626) geändert worden ist, in der jeweils geltenden Fassung, auf die einzelnen Aufgabenträger aufzuteilen. [4]Maßgebend für den Wiederbeschaffungszeitwert sind die Preise zum Zeitpunkt der Aufstellung der Globalberechnung. [5]Für die Bewertung der abzusetzenden Zuweisungen und Zuschüsse gilt § 13 Absatz 3 Satz 2 entsprechend. [6]Das nach Satz 1 festgesetzte Betriebskapital ist außer in den Fällen des Absatzes 2 zu erhöhen, wenn eine Änderung der Globalberechnung (§ 18 Absatz 2 Satz 1) wegen zusätzlicher Bemessungseinheiten (§ 18 Absatz 2 Satz 3 Fall 1) erforderlich wird

und die Anlagen deshalb gegenüber der bisherigen Planung vergrößert oder ausgedehnt werden müssen. [7]Maßgebend für den Ansatz des Wiederbeschaffungszeitwerts in der Berechnung der zulässigen Erhöhung in den Fällen des Absatzes 2 Satz 1 Fall 1 und des Absatzes 2 Satz 2 sind die der ursprünglichen Globalberechnung zugrundeliegenden Preisverhältnisse.

(4) [1]§ 9 Absatz 2 Satz 1 bis 3 und Absatz 3 gilt entsprechend. [2]Vermittelt eine Einrichtung den angeschlossenen und anschließbaren Grundstücken unterschiedliche Vorteile im Sinne des Absatzes 1 Satz 1, kann die Beitragserhebung durch Satzung ausschließlich auf den Teil der Einrichtung beschränkt werden, der von allen angeschlossenen oder anschließbaren Grundstücken in Anspruch genommen werden kann.

(5) Ist für Grundstücke, für die lediglich eine Entsorgung des Schmutzwassers angeboten wird, der volle Beitrag im Sinne von Absatz 1 Satz 1 erhoben worden, kann durch Satzung nachträglich entsprechend Absatz 4 Satz 2 bestimmt werden, dass die Beiträge nur als Teilbeiträge für die Schmutzwasserentsorgung zu behandeln sind, soweit der Beitragssatz durch das zulässige Betriebskapital (Absatz 3 Satz 2) der Schmutzwasseranlagen gerechtfertigt ist.

§ 18
Beitragsmaßstab, Beitragssatz

(1) Die Beiträge sind nach einem Maßstab zu bemessen, der die den Grundstücken gemäß ihrer baulichen oder sonstigen Nutzungsmöglichkeit durch die Einrichtung vermittelten unterschiedlichen Vorteile berücksichtigt.

(2) [1]Die höchstzulässigen Beitragssätze sind auf der Grundlage des Betriebskapitals (§ 17 Absatz 1), des Beitragsmaßstabs (Absatz 1) und der Summe aller Bemessungseinheiten der an die Einrichtung angeschlossenen und noch anzuschließenden Grundstücke zu ermitteln (Globalberechnung). [2]Angemessen im Sinne von § 17 Absatz 1 und 2 sind Beitragssätze, die im vom Aufgabenträger bestimmten Investitionszeitraum (Prognosezeitraum) zu einem Beitragsaufkommen führen, das den Finanzbedarf für Investitionen in diesem Zeitraum nicht wesentlich übersteigt. [3]Die Globalberechnung ist fortzuschreiben, wenn sich die Summe der Beitragsbemessungseinheiten gegenüber der letzten Globalberechnung um mehr als 5 Prozent verändert hat, weitere Beiträge im Sinne von § 17 Absatz 2 erhoben werden sollen oder der Beitragsmaßstab durch einen anderen ersetzt wird. [4]Im Falle der Erhebung weiterer Beiträge gemäß § 17 Absatz 2 setzt sich der Beitragssatz im Sinne des § 17 Absatz 1 für künftig erstmals beitragspflichtig werdende Grundstücke aus dem bisherigen Beitragssatz und dem Satz für den weiteren Beitrag zusammen.

§ 19
Abgrenzung von Teilflächen bei der Beitragsbemessung, weitere Beitragspflichten

(1) Ist nach der Satzung bei der Beitragsbemessung die Fläche des Grundstücks zu berücksichtigen, bleiben Teilflächen unberücksichtigt, die nicht baulich oder gewerblich genutzt werden können, soweit sie nicht tatsächlich angeschlossen, bebaut oder gewerblich genutzt sind und ihre grundbuchmäßige Abschreibung nach baurechtlichen Vorschriften ohne Übernahme einer Baulast zulässig wäre.

(2) [1]Fallen die Voraussetzungen des Absatzes 1 später weg, so entsteht insoweit eine Beitragspflicht. [2]Dies gilt auch, wenn ein Grundstück oder Grundstücksteile, für die eine Beitragspflicht bereits entstanden oder die beitragsfrei angeschlossen worden sind, mit Grundstücksflächen vereinigt werden, für die eine Beitragspflicht bisher nicht entstanden ist, oder wenn sich die bauliche Nutzbarkeit eines solchen Grundstücks erhöht.

§ 20
Zusätzliche Beiträge von Großverbrauchern

[1]Für Grundstücke, die die Einrichtung nachhaltig nicht nur unerheblich über das normale Maß hinaus in Anspruch nehmen, können

zusätzliche Beiträge erhoben werden. [2]Das normale Maß bestimmt sich nach dem bei Wohnnutzung nach Art und Menge durchschnittlich anfallenden häuslichen Abwasser. [3]Das Nähere ist in der Satzung (§ 2) zu bestimmen. [4]Einzelheiten können durch Vertrag geregelt werden.

§ 21 Beitragsschuldner

(1) [1]Beitragsschuldner ist, wer im Zeitpunkt der Bekanntgabe des Beitragsbescheids Eigentümer des Grundstücks ist. [2]Die Satzung kann bestimmen, dass Beitragsschuldner ist, wer im Zeitpunkt des Entstehens der Beitragsschuld Eigentümer des Grundstücks ist.
(2) [1]Der Erbbauberechtigte oder sonst dinglich zur baulichen Nutzung Berechtigte ist anstelle des Eigentümers Beitragsschuldner. [2]Mehrere Beitragsschuldner haften als Gesamtschuldner; bei Wohnungs- und Teileigentum sind die einzelnen Wohnungs- und Teileigentümer nur entsprechend ihrem Miteigentumsanteil Beitragsschuldner.

§ 22 Entstehung der Beitragsschuld, Verrentung

(1) [1]Die Beitragsschuld entsteht bei Einrichtungen mit Anschluss- und Benutzungszwang, sobald das Grundstück an die Einrichtung angeschlossen werden kann, frühestens jedoch mit Inkrafttreten der Satzung. [2]Für andere Einrichtungen entsteht die Beitragsschuld mit dem Anschlussantrag. [3]Für bereits angeschlossene Grundstücke entsteht die Beitragsschuld mit dem Inkrafttreten der Satzung. [4]Beiträge im Sinne von § 17 Absatz 2 und § 20 entstehen zu dem in der Satzung zu bestimmenden Zeitpunkt. [5]Beiträge im Sinne von § 19 Absatz 2 entstehen mit dem Eintritt der Änderungen in den Grundstücksverhältnissen. [6]Teilbeiträge im Sinne von § 17 Absatz 4 Satz 1 in Verbindung mit § 9 Absatz 3 Satz 2 oder Beiträge im Sinne von § 17 Absatz 4 Satz 2 entstehen, sobald ein Grundstück an den Teil der Einrichtung angeschlossen werden kann, für den der Beitrag erhoben werden soll.
(2) Für Grundstücke, die im Eigentum des Beitragsberechtigten stehen, oder an denen dem Beitragsberechtigten ein Erbbaurecht oder ein anderes dingliches bauliches Nutzungsrecht zusteht, sind die satzungsgemäßen Beiträge zu verrechnen; § 21 Absatz 1 Satz 1 findet keine Anwendung.
(3) Durch Satzung kann bestimmt werden, dass die Beitragsschuld in mehreren Raten entsteht.
(4) [1]Bei mangelnder wirtschaftlicher Leistungskraft des Beitragsschuldners kann der Beitragsberechtigte zulassen, dass der Beitrag in Form einer Rente gezahlt wird. [2]Der Beitrag ist dabei durch Bescheid in eine Schuld umzuwandeln, die in höchstens zehn Jahresleistungen zu entrichten ist. [3]In dem Bescheid sind Höhe und Fälligkeit der Jahresleistungen zu bestimmen. [4]Der Restbetrag soll jährlich mindestens mit dem jeweiligen Basiszinssatz nach § 247 des Bürgerlichen Gesetzbuches verzinst werden. [5]§ 135 Absatz 3 Satz 4 des Baugesetzbuches gilt entsprechend.

§ 23 Vorauszahlungen

(1) [1]Der Beitragsberechtigte kann angemessene Vorauszahlungen auf die Beitragsschuld verlangen, sobald er mit der Herstellung der Einrichtung beginnt. [2]Die Vorauszahlung ist mit der endgültigen Beitragsschuld zu verrechnen, auch wenn derjenige, der die Vorauszahlung geleistet hat, nicht beitragspflichtig ist.
(2) [1]Ist die Beitragsschuld sechs Jahre nach Bekanntgabe des Vorauszahlungsbescheids noch nicht entstanden, kann die Vorauszahlung vom Grundstückseigentümer oder Erbbauberechtigten oder sonst dinglich zur baulichen Nutzung Berechtigten zurückverlangt werden, wenn die Einrichtung bis zu diesem Zeitpunkt noch nicht benutzbar ist. [2]§ 133 Absatz 3 Satz 4 des Baugesetzbuches gilt entsprechend. [3]Satz 1 findet keine Anwendung, soweit Teilanlagen erst später errichtet werden und die darauf entfallenden Investitio-

nen bei der Bemessung der Vorauszahlung nicht berücksichtigt worden sind.

§ 24
Öffentliche Last

Der Beitrag ruht als öffentliche Last auf dem Grundstück, im Falle des § 21 Absatz 2 Satz 1 auf dem dinglichen Nutzungsrecht, im Falle des § 21 Absatz 2 Satz 2 Halbsatz 2 auf dem Wohnungs- und Teileigentum.

§ 25
Ablösung, Erschließung durch Dritte

(1) [1]Der Beitragsberechtigte kann die Ablösung des Beitrags im Sinne von § 17 Absatz 1 vor der Entstehung der Beitragsschuld zulassen; die weiteren Beitragspflichten nach § 17 Absatz 2 und § 19 Absatz 2 sowie die zusätzliche Beitragspflicht nach § 20 bleiben unberührt. [2]Das Nähere ist durch Satzung (§ 2) zu bestimmen.
(2) [1]Wird die Erschließung gemäß § 11 Absatz 1 Satz 2 Nummer 1 des Baugesetzbuches oder einer anderen Rechtsgrundlage von einem Dritten auf seine Kosten durchgeführt, sind die für die erschlossenen Grundstücke nachgewiesenen beitragsfähigen Aufwendungen von der Beitragslast dieser Grundstücke abzusetzen. [2]Soweit Beiträge nicht erhoben werden oder die Aufwendungen den Beitrag übersteigen, werden die übersteigenden Beträge in der Gebührenkalkulation wie Kapitalzuschüsse behandelt (§ 12 Absatz 1 Satz 1 und § 13 Absatz 2).

ABSCHNITT 5
Beiträge für Verkehrsanlagen

§ 26
Erhebungsermächtigung für Beiträge zu Verkehrsanlagen, beitragsfähige Maßnahmen

(1) [1]Die Gemeinden können, soweit das Baugesetzbuch nicht anzuwenden ist, zur Deckung des Aufwands für die Anschaffung, Herstellung oder den Ausbau von Straßen, Wegen und Plätzen (Verkehrsanlagen) Beiträge für Grundstücke erheben, denen durch die Verkehrsanlage Vorteile zuwachsen. [2]Zu den Verkehrsanlagen im Sinne dieses Gesetzes gehören auch Wirtschaftswege und aus tatsächlichen oder rechtlichen Gründen mit Kraftfahrzeugen nicht befahrbare Wohnwege sowie Immissionsschutzanlagen in der Baulast des Beitragsberechtigten. [3]Für Lärmschutzanlagen können Beiträge nur für Grundstücke erhoben werden, die durch die Anlage eine Schallpegelminderung von mindestens 3 dB(A) erfahren. [4]Gemeindeverbindungsstraßen im Sinne von § 3 Absatz 1 Nummer 3 Buchstabe a des Sächsischen Straßengesetzes vom 21. Januar 1993 (SächsGVBl. S. 93), das zuletzt durch Artikel 1 des Gesetzes vom 24. Februar 2016 (SächsGVBl. S. 78) geändert worden ist, in der jeweils geltenden Fassung, können durch Satzung von der Beitragspflicht ausgenommen werden.
(2) Der Ausbau umfasst die Erweiterung, Verbesserung (ohne laufende Unterhaltung und Instandsetzung) und Erneuerung der Verkehrsanlagen.

§ 27
Beitragsfähiger Aufwand

(1) [1]Beitragsfähig ist insbesondere der Aufwand für die Anschaffung, die Herstellung und den Ausbau der Fahrbahnen, Gehwege, Radwege, unselbständigen Parkierungsflächen, unselbständigen Grünflächen mit Bepflanzung, Beleuchtung und Entwässerung sowie der Wert der vom Beitragsberechtigten aus seinem Vermögen bereitgestellten Sachen und Rechte im Zeitpunkt der Bereitstellung und der vom Personal des Beitragsberechtigten erbrachten Werk- und Dienstleistungen. [2]Durch Satzung kann bestimmt werden, dass § 128 Absatz 3 Nummer 2 des Baugesetzbuches entsprechend gilt.
(2) Der Aufwand nach Absatz 1 kann auch nach Einheitssätzen ermittelt werden, wobei der dem Beitragsberechtigten für gleichartige Verkehrsanlagen durchschnittlich entstehende Aufwand zugrunde zu legen ist.

(3) Der Aufwand kann insgesamt für mehrere Verkehrsanlagen, die für die Erschließung der Grundstücke eine Einheit bilden, oder für bestimmte Abschnitte einer Verkehrsanlage ermittelt werden.

§ 28
Grundsätze der Beitragsbemessung, öffentliches Interesse

(1) [1]Die Beiträge sind nach den Vorteilen zu bemessen. [2]Soweit Verkehrsanlagen neben den Beitragspflichtigen auch der Allgemeinheit zugute kommen, hat der Beitragsberechtigte einen angemessenen, dem Vorteil der Allgemeinheit entsprechenden Anteil (öffentliches Interesse) des beitragsfähigen Aufwands selbst zu tragen. [3]§ 2 Absatz 1 Satz 2 findet mit der Maßgabe Anwendung, dass die Festsetzung eines Beitragssatzes entfällt.
(2) [1]Bei Verkehrsanlagen, die überwiegend dem Anliegerverkehr dienen, beträgt der Anteil des öffentlichen Interesses mindestens 25 Prozent, bei Verkehrsanlagen, die überwiegend dem innerörtlichen Durchgangsverkehr dienen, mindestens 50 Prozent und bei Verkehrsanlagen, die überwiegend dem überörtlichen Durchgangsverkehr dienen, mindestens 75 Prozent des beitragsfähigen Aufwands. [2]§ 135 Absatz 5 des Baugesetzbuches gilt entsprechend.
(3) Zuweisungen und Zuschüsse Dritter sind, sofern der Zuwendende nichts anderes bestimmt hat, zunächst zur Deckung des Anteils des öffentlichen Interesses und nur, soweit sie diesen übersteigen, zur Deckung des restlichen Aufwands nach § 27 zu verwenden.

§ 29
Maßstäbe für die Beitragsbemessung

(1) [1]Verteilungsmaßstäbe sind insbesondere die Art und das Maß der baulichen oder sonstigen Nutzung für sich allein oder in Verbindung mit der Grundstücksfläche oder der Grundstücksbreite an der Verkehrsanlage. [2]Für Wirtschaftswege können abweichend von Satz 1 die Grundstücksfläche oder die Grundstücksbreite an der Verkehrsanlage oder beide Maßstäbe in Verbindung miteinander gewählt werden.
(2) In Gebieten mit unterschiedlicher zulässiger baulicher oder sonstiger Nutzung hat der Verteilungsmaßstab diese Unterschiede nach Art und Maß zu berücksichtigen.
(3) § 19 Absatz 1 gilt, Wirtschaftswege ausgenommen, entsprechend.

§ 30
Entstehung der Beitragsschuld, Verrentung

(1) Die Beitragsschuld entsteht mit der Fertigstellung der Verkehrsanlage, frühestens jedoch mit Inkrafttreten der Satzung.
(2) Die Beiträge können für Teile einer Verkehrsanlage erhoben werden, wenn diese Teile nutzbar sind.
(3) § 22 Absatz 2 bis 4 gelten entsprechend.

§ 31
Beitragsschuldner, Vorauszahlungen, öffentliche Last, Ablösung

Die Bestimmungen der § 21, § 23 Absatz 1 und Absatz 2 Sätze 1 und 2, § 24 und des § 25 Absatz 1 gelten entsprechend.

§ 32
Besondere Wegebeiträge

(1) Müssen Straßen und Wege, die nicht dem öffentlichen Verkehr gewidmet sind, deshalb kostspieliger, als es ihrer gewöhnlichen Bestimmung gemäß notwendig wäre, gebaut oder ausgebaut werden, weil sie im Zusammenhang mit der Bewirtschaftung oder Ausbeutung von Grundstücken oder im Zusammenhang mit einem gewerblichen Betrieb außergewöhnlich beansprucht werden, so kann die Gemeinde zum Ersatz der Mehraufwendungen von den Eigentümern dieser Grundstücke oder von den Unternehmern der gewerblichen Betriebe besondere Wegebeiträge erheben.
(2) [1]Die §§ 21, 22 Absatz 2 bis 4, § 23 Absatz 1 sowie 2 Satz 1 und 2, die §§ 24, 25 Absatz 1, § 27 Absatz 1 Satz 1 sowie § 30 Absatz 1 und 2 sind entsprechend anzuwenden. [2]§ 2 Absatz 1

Satz 2 findet mit der Maßgabe Anwendung, dass die Festsetzung eines Beitragssatzes entfällt und die Festlegung eines Beitragsmaßstabs sich auf die Fälle beschränkt, in denen die Mehraufwendungen auf mehrere Beitragsschuldner aufzuteilen sind.

ABSCHNITT 6
Aufwandsersatz und sonstige Abgaben

§ 33
Ersatz des Aufwands für Haus- und Grundstücksanschlüsse

(1) [1]Die Gemeinden können bestimmen, dass ihnen der Aufwand für die Herstellung, Erneuerung, Veränderung und Beseitigung sowie für die Unterhaltung der Haus- oder Grundstücksanschlüsse an Versorgungsleitungen und Abwasserbeseitigungsanlagen anstelle über Gebühren (§§ 9 bis 16) oder Beiträge (§§ 17 bis 25) gesondert zu ersetzen ist, soweit die Maßnahmen vom Anschlussnehmer zu vertreten sind oder ihm dadurch Vorteile zuwachsen. [2]Die Regelung kann auf Mehrfachanschlüsse beschränkt werden. [3]Der Aufwand kann in der tatsächlich entstandenen Höhe oder nach Einheitssätzen ermittelt werden; § 11 Absatz 2 Satz 1 Nummer 1 Halbsatz 2 gilt sinngemäß. [4]Den Einheitssätzen ist der üblicherweise erwachsende Aufwand zugrunde zu legen. [5]Durch Satzung kann bestimmt werden, dass Versorgungs- und Abwasserleitungen, die nicht in der Straßenmitte verlaufen, als in der Straßenmitte verlaufend gelten.

(2) [1]Der Ersatzanspruch entsteht unter der Voraussetzung, dass die Maßnahmen nach Inkrafttreten der Satzung abgeschlossen worden sind, mit der betriebsfertigen Herstellung der Anschlussleitung, im Übrigen mit der Beendigung der Maßnahme. [2]§ 22 Absatz 2 gilt sinngemäß. [3]Durch Satzung kann die Durchführung der Maßnahme von der Entrichtung einer angemessenen Vorauszahlung abhängig gemacht werden; § 23 Absatz 1 Satz 2 und Absatz 2 Satz 1 und 2 gilt sinngemäß.

(3) Die §§ 21 und 24 gelten entsprechend.

§ 34
Gästetaxe

(1) [1]Gemeinden können zur Deckung ihrer besonderen Kosten, die ihnen
1. für die Herstellung, Anschaffung, Erweiterung und Unterhaltung der zu touristischen Zwecken bereitgestellten Einrichtungen und Anlagen,
2. für die zu touristischen Zwecken durchgeführten Veranstaltungen und
3. für die, gegebenenfalls auch im Rahmen eines überregionalen Verbunds, den Abgabepflichtigen eingeräumte Möglichkeit der kostenlosen oder ermäßigten Benutzung des öffentlichen Personennahverkehrs und anderer Angebote

entstehen, eine Gästetaxe erheben. [2]Zu den Kosten im Sinne des Satzes 1 zählen auch die Kosten, die einem Dritten entstehen, dessen sich die Gemeinde bedient, soweit sie dem Dritten von der Gemeinde geschuldet werden. [3]Die Erträge aus der Gästetaxe sind für die in den Sätzen 1 und 2 genannten Aufgaben zweckgebunden. [4]Kurorte und anerkannte Erholungsorte können die Abgabe nach Satz 1 auch weiterhin als Kurtaxe bezeichnen.

(2) [1]Die Gästetaxe wird als Gegenleistung dafür erhoben, dass den abgabepflichtigen Personen die Möglichkeit geboten wird, die Einrichtungen, Anlagen und Angebote im Sinne des Absatzes 1 Satz 1 Nummer 1 und 3 in Anspruch zu nehmen und an den Veranstaltungen im Sinne des Absatzes 1 Satz 1 Nummer 2 teilzunehmen. [2]Abgabepflichtig sind Personen, die in der Gemeinde Unterkunft nehmen, aber nicht Einwohner der Gemeinde sind oder, obwohl sie Einwohner sind, den Schwerpunkt der Lebensbeziehungen in einer anderen Gemeinde haben und nicht in der die Gästetaxe erhebenden Gemeinde arbeiten oder in Ausbildung stehen. [3]Die Gästetaxe kann auch von Personen erhoben werden, die in dazu geschaffenen Einrichtungen zu Heil- oder Kurzwecken betreut werden, ohne in der Gemeinde Unterkunft zu nehmen; die Gästetaxe kann in diesem Fall niedriger als für Abgabepflichtige nach Satz 2 festgesetzt werden. [4]Durch Satzung können, insbesondere aus sozialen oder tourismuspo-

litischen Gründen, Befreiungs- oder weitere Ermäßigungstatbestände bestimmt werden. [5]Die nach Tagessätzen bemessene Gästetaxe entsteht und wird fällig kraft Satzung. [6]§ 9 Absatz 1 bleibt unberührt.

(3) [1]Wer Personen gegen Entgelt beherbergt oder zu Heil- oder Kurzwecken betreut, einen Campingplatz oder eine Hafenanlage mit Schiffsliegeplatz betreibt, kann durch Satzung verpflichtet werden, die bei ihm verweilenden oder in Behandlung befindlichen ortsfremden Personen der Gemeinde zu melden sowie die Gästetaxe einzuziehen und an die Gemeinde abzuführen; er haftet insoweit für die Einziehung und Abführung der Gästetaxe. [2]Durch Satzung können die in Satz 1 genannten Pflichten Reiseunternehmen auferlegt werden, wenn die Gästetaxe in dem Entgelt enthalten ist, das die Reiseteilnehmer an die Reiseunternehmer zu entrichten haben.

(4) In den Gemeinden mit Staatsbädern kann anstelle der Erhebung einer eigenen Gästetaxe nach Absatz 1 die Gemeinde einvernehmlich am Aufkommen der Kurtaxe nach § 25 des Sächsischen Verwaltungskostengesetzes beteiligt werden, sofern die Voraussetzungen des Absatzes 1 erfüllt sind.

§ 35
Tourismusabgabe

(1) [1]Gemeinden können zur Deckung der Kosten, die ihnen aus der Erfüllung der in § 34 Absatz 1 genannten Aufgaben und für die Tourismuswerbung entstehen, von selbständig tätigen natürlichen und juristischen Personen, denen durch den Tourismus im Gemeindegebiet unmittelbar oder mittelbar besondere wirtschaftliche Vorteile erwachsen, eine Tourismusabgabe erheben. [2]Für nicht am Ort ansässige Personen oder Unternehmen besteht die Abgabepflicht, soweit eine Betriebsstätte im Sinne von § 12 der Abgabenordnung gegeben ist. [3]Die Erträge aus der Tourismusabgabe sind für die in Satz 1 genannten Aufgaben zweckgebunden.

(2) [1]Die Tourismusabgabe bemisst sich nach den besonderen wirtschaftlichen Vorteilen, die dem Abgabepflichtigen aus dem Tourismus erwachsen. [2]Das Nähere ist durch Satzung (§ 2) zu bestimmen. [3]Durch Satzung können auch, insbesondere aus tourismuspolitischen Gründen, Befreiungs- oder Ermäßigungstatbestände bestimmt werden.

§ 36
Sonstige öffentlich-rechtliche Abgaben und Umlagen

§ 2 Absatz 2, § 3 Absatz 1 bis 4, § 3a Absatz 1 und 2 sowie die §§ 5 und 6 gelten entsprechend für sonstige öffentlich-rechtliche Abgaben und Umlagen, die von Gemeinden, Gemeindeverbänden, Landkreisen und sonstigen öffentlich-rechtlichen Körperschaften, Anstalten und Stiftungen mit Ausnahme des Kommunalen Sozialverbandes Sachsen erhoben werden, soweit nicht eine besondere gesetzliche Regelung besteht.

ABSCHNITT 7
Übergangs- und Schlussbestimmungen

§ 37
Übergangsbestimmungen

(1) Für eine Übergangszeit bis 31. Dezember 1996 können die Gemeinden und Landkreise

1. fehlende Kalkulationsgrundlagen bei der Festsetzung der Gebühren- und Beitragssätze (zum Beispiel Anschaffungs- und Herstellungskosten, Nachsorgeaufwand, Verbrauchs- oder Einleitungsmengen, Beitragsbemessungseinheiten) schätzen,
2. ohne eigene Kalkulation Benutzungsgebühren bis zu den Sätzen erheben, die gemäß Absatz 2 festgelegt worden sind oder
3. private Gesellschaften in der Rechtsnachfolge der ehemaligen Wasser- und Abwasserkombinate (WAB), auf die sie allein oder zusammen mit anderen Gemeinden oder Landkreisen einen bestimmenden Einfluss haben, ermächtigen, von den Benutzern im eigenen Namen und auf eigene Rechnung angemessene

Vergütungen für ihre Leistungen im Sinne von § 9 Absatz 1 zu verlangen. [2]Als angemessen gelten die gemäß Nummer 2 festgelegten Sätze. [3]Höhere Sätze können erhoben werden, wenn ihre Angemessenheit durch eine Kalkulation nach diesem Gesetz nachgewiesen ist; die Erleichterungen nach Nummer 1 können in Anspruch genommen werden. [4]Die Ermächtigung kann mit der Maßgabe verliehen werden, dass in mehreren beteiligten Gemeinden oder Landkreisen einheitliche Vergütungen auf der Grundlage einer zusammenfassenden Kalkulation erhoben werden. [5]Für Streitigkeiten über Ansprüche nach dieser Bestimmung ist der ordentliche Rechtsweg gegeben.

(2) [1]Das Staatsministerium des Innern wird ermächtigt, im Einvernehmen mit dem Staatsministerium der Finanzen durch Rechtsverordnung für die Erhebung von Benutzungsgebühren Höchstsätze festzulegen, die von den Gemeinden und Landkreisen nach Absatz 1 Nummer 2 ohne eigene Kalkulation übernommen werden können. [2]Bei der Festlegung der Höchstsätze ist auf die Belastbarkeit der Benutzer (§ 73 Absatz 2 Nummer 1 der Sächsischen Gemeindeordnung) und auf die Kostensituation vergleichbarer Einrichtungen abzustellen. [3]Durch die Rechtsverordnung kann dabei bestimmt werden,

1. welcher Anteil an den Gebührensätzen als kalkulatorische Kosten im Sinne von § 11 Absatz 2 Nummer 1 zu betrachten sind,
2. dass Kostenüberdeckungen für die Einrichtung zweckbestimmt sind und
3. dass § 10 Absatz 2 Satz 2 in diesem Falle keine Anwendung findet.

(3) [1]Für die Bewertung der vor dem 1. Juli 1990 angeschafften oder hergestellten Wirtschaftsgüter gilt § 46 der Gemeindehaushaltsverordnung entsprechend. [2]Absatz 1 Nummer 1 bleibt unberührt.

(4) [1]Entgelte für kommunale Leistungen können bis zum 31. Dezember 1993 nach dem bisherigen Recht weiter erhoben werden; für Beiträge nach dem Vierten Abschnitt gilt eine Übergangsfrist bis 31. Dezember 1996. [2]Soweit nach § 5 des Vorschaltgesetzes zur Erhebung von Abgaben und Umlagen sowie zur Führung der Haushaltswirtschaft in den Kommunen (Vorschaltgesetz Kommunalfinanzen) vom 19. Dezember 1990 (SächsGVBl. S. 18), geändert durch das Gesetz zur Änderung des Vorschaltgesetzes Kommunalfinanzen vom 24. März 1992 (SächsGVBl. S. 105), Vorauszahlungen auf Benutzungsentgelte erhoben worden sind, können die nach § 2 zu erlassenden Satzungen rückwirkend zum 1. Januar 1991 in Kraft gesetzt werden. [3]Im Übrigen können Satzungen und Gebührenordnungen bis 31. Dezember 1993 rückwirkend bis zum Inkrafttreten dieses Gesetzes in Kraft gesetzt werden, auch wenn die Betroffenen auf diese Absicht nicht hingewiesen worden sind.

(5) Satzungen und Gebührenordnungen, die diesem Gesetz inhaltlich entsprechen, bleiben auch nach Inkrafttreten dieses Gesetzes in Kraft.

(6) [1]Ist eine Abgabenschuld nach bisherigem Recht entstanden, aber noch nicht festgesetzt worden, so sind die bisherigen Vorschriften anzuwenden. [2]Auf Grundstücke, für die entsprechend § 4 des Vorschaltgesetzes Kommunalfinanzen Beiträge für öffentliche Einrichtungen erhoben oder abgelöst worden sind, finden die Bestimmungen des Vierten Abschnitts mit der Maßgabe Anwendung, dass die Erhebung eines Beitrags im Sinne von § 17 Absatz 1 entfällt.

(7) Für Grundstücke und Gebäude, die im Grundbuch noch als Eigentum des Volkes eingetragen sind, tritt an die Stelle des Eigentümers der Verfügungsberechtigte im Sinne von § 8 Absatz 1 des Vermögenszuordnungsgesetzes in der Fassung der Bekanntmachung vom 29. März 1994 (BGBl. I S. 709), das zuletzt durch Artikel 3 des Gesetzes vom 3. Juli 2009 (BGBl. I S. 1688) geändert worden ist, in der jeweils geltenden Fassung.

§ 38
Einschränkung von Grundrechten

Durch Maßnahmen aufgrund dieses Gesetzes können die Grundrechte auf Freiheit der Person, der Unverletzlichkeit der Wohnung und des Eigentums (Artikel 2 Absatz 2, Artikel 13, Artikel 14 Absatz 1 des Grundgesetzes und

Artikel 16 Absatz 1 Satz 2, Artikel 30 und Artikel 31 Absatz 1 der Verfassung des Freistaates Sachsen) eingeschränkt werden.

§ 39
Aufhebung von Rechtsvorschriften

Aufgehoben werden
1. unbeschadet der Bestimmungen des § 37 Absatz 4 die §§ 1, 2, 4, 5 und 7 des Vorschaltgesetzes Kommunalfinanzen,
2. die aufgrund von Artikel 9 Absatz 1 des Vertrags zwischen der Bundesrepublik Deutschland und der Deutschen Demokratischen Republik über die Herstellung der Einheit Deutschlands – Einigungsvertrag – in Verbindung mit Artikel 1 des Gesetzes vom 23. September 1990 (BGBl. II S. 885) als Landesrecht weitergeltenden Verordnungen der Regierung der Deutschen Demokratischen Republik über die Erhebung der Vergnügungssteuer vom 18. Juli 1957 (GBl. DDR I Nr. 49 S. 381) und über die Erhebung der Hundesteuer vom 18. Juli 1957 (GBl. DDR I Nr. 49 S. 385).

§ 39a
Anpassung der Satzungen an die durch das Verwaltungsmodernisierungsgesetz geänderte Rechtslage

[1]Die örtlichen Satzungen gelten weiter und sind erforderlichenfalls bis zum 1. Januar 2006 anzupassen. [2]Die Änderungssatzungen können rückwirkend bis zum Zeitpunkt des Inkrafttretens des Artikels 38 des Gesetzes zur Modernisierung der Sächsischen Verwaltung und zur Vereinfachung von Verwaltungsgesetzen (Sächsisches Verwaltungsmodernisierungsgesetz – SächsVwModG) vom 5. Mai 2004 (SächsGVBl. S. 148, 160) in Kraft gesetzt werden. [3]§ 2 Absatz 2 gilt auch für Satzungen, die nach bisherigem Recht erlassen worden sind.

§ 39b
Anpassung von Satzungen an die durch das Gesetz zur Änderung des Sächsischen Kommunalabgabengesetzes vom 26. Oktober 2016 geltende Rechtslage

[1]Örtliche Satzungen zur Erhebung der Kurtaxe oder Fremdenverkehrsabgabe, die aufgrund dieses Gesetzes in der bis zum 19. November 2016 geltenden Fassung erlassen worden sind, gelten weiter und sind erforderlichenfalls bis zum 31. Dezember 2018 anzupassen. [2]§ 2 Absatz 2 gilt auch für Satzungen, die nach den §§ 34 und 35 in der bis zum 19. November 2016 geltenden Fassung erlassen worden sind.

§ 39c
Anpassung von Satzungen an die durch das Gesetz zur Änderung des Verwaltungsvollstreckungsrechts und weiterer verwaltungsverfahrensrechtlicher Vorschriften im Freistaat Sachsen vom 13. Dezember 2023 geltende Rechtslage

Satzungen, die aufgrund von § 8a in der bis zum 30. Dezember 2023 geltenden Fassung erlassen worden sind, gelten weiter und sind erforderlichenfalls bis zum 30. Juni 2024 anzupassen.

§ 40
Inkrafttreten

(1) (Inkrafttreten)
(2) Die Vorschriften des Fünften Abschnittes finden mit der Maßgabe Anwendung, dass solche Beiträge nur erhoben werden können, wenn die Anschaffung, Herstellung oder der Ausbau der Verkehrsanlagen sowie der Straßen und Wege nach dem Inkrafttreten dieses Gesetzes endgültig erfolgt ist.

B. Aus den Gesetzesmaterialien des Dritten Gesetzes zur Fortentwicklung des Kommunalrechts[1]

I. Änderungen des Gesetzentwurfs

Das Dritte Gesetz zur Fortentwicklung des Kommunalrechts ist mit den nachfolgenden Änderungen gemäß dem Änderungsantrag der Fraktionen CDU, BÜNDNIS 90/GRÜNEN und SPD vom Sächsischen Landtag am 09.02.2022 beschlossen worden (vgl. das Plenarprotokoll 7/44, S. 3364 i. V. m. Anlage 1 der Beschlussempfehlung und Bericht des Innenausschusses, 04.02.2022, LT-Drs. 7/8968).

Änderungsantrag der Fraktionen CDU, BÜNDNIS 90/GRÜNEN und SPD

Der Ausschuss für Inneres und Sport möge beschließen, dem Landtag die Annahme des Gesetzentwurfs mit folgenden Änderungen zu empfehlen:

I. Artikel 1 wird wie folgt geändert:

1. Nummer 1 wird wie folgt gefasst:

‚1. Die Inhaltsübersicht wird wie folgt geändert:
a) Die Angabe zu § 36a wird wie folgt gefasst:
„§ 36a Durchführung von Sitzungen ohne persönliche Anwesenheit im Sitzungsraum".
b) Nach der Angabe zu § 36a wird folgende Angabe eingefügt:
„§ 36b Veröffentlichung von Informationen".
c) Die Angabe zu § 130 wird wie folgt gefasst:
„§ 130 Übergangsvorschriften aus Anlass des Dritten Gesetzes zur Fortentwicklung des Kommunalrechts".
d) Die Angabe zu § 131 wird wie folgt gefasst:
„§ 131 (weggefallen)".'

2. Nummer 4 wird wie folgt gefasst:
‚4. § 21 Absatz 2 wird wie folgt gefasst:
„(2) Gemeinderäten, Ortschaftsräten, Mitgliedern von Stadtbezirksbeiräten und sonstigen Mitgliedern der Ausschüsse und Beiräte des Gemeinderats und Ortschaftsrats ist darüber hinaus eine angemessene Aufwandsentschädigung zu gewähren."'

1 Diese Gesetzesmaterialien von 2022 berücksichtigen naturgemäß noch nicht die Gesetzesänderungen seitdem. Da jedoch Änderungen nur in sehr geringem Umfang erfolgt sind (siehe unten C), sind die Materialien weiterhin nutzbringend zur Erläuterung sowie in Auslegungsfragen. (Anm. der Hrsg.)

3. Nummer 8 wird wie folgt gefasst:
   ‚8. § 28 wird wie folgt geändert:
   a) In Absatz 2 Nummer 21 werden nach dem Wort „diesen" die Wörter „sowie den Abschluss und die Aufhebung von Zweckvereinbarungen" eingefügt.
   b) Absatz 5 wird wie folgt geändert:
   aa) In Satz 1 werden die Wörter „Ein Fünftel der Gemeinderäte" durch die Wörter „Ein Zehntel der Gemeinderäte, mindestens jedoch zwei Personen," ersetzt.
   bb) Nach Satz 1 wird folgender Satz eingefügt:
   „Das Recht, nach Satz 1 Akteneinsicht zu verlangen, steht auch einer Fraktion zu."'

4. Nach Nummer 8 wird folgende Nummer 8a eingefügt:
   ‚8a. In § 32 Absatz 1 Nummer 5 werden die Wörter „die leitenden Beamten und Arbeitnehmer sowie" gestrichen.'

5. Nummer 9 Buchstabe a Doppelbuchstabe aa wird wie folgt gefasst:
   ‚aa) In Satz 1 werden nach dem Wort „zusammenschließen" ein Komma und die Wörter „sofern diese fünf Prozent der Gemeinderäte, mindestens jedoch zwei Personen, umfassen" eingefügt.'

6. Nach Nummer 10 wird folgende Nummer 10a eingefügt:
   ‚10a. § 36a wird wie folgt gefasst:

„§ 36a
Durchführung von Sitzungen
ohne persönliche Anwesenheit im Sitzungsraum

(1) In Ausnahmefällen, die durch Naturkatastrophen, aus Gründen des Infektionsschutzes oder sonstigen außergewöhnlichen Notsituationen entstehen, können Sitzungen des Gemeinderates ohne persönliche Anwesenheit der Mitglieder im Sitzungsraum durchgeführt werden, sofern eine Beratung und Beschlussfassung durch zeitgleiche Übertragung von Bild und Ton mittels geeigneter technischer Hilfsmittel, insbesondere in Form einer Videokonferenz, möglich ist.

(2) Bei öffentlichen Sitzungen nach Absatz 1 muss eine unmittelbare Übertragung von Bild und Ton an einen öffentlich zugänglichen Ort erfolgen. § 37 Absatz 3 Satz 2 bis 4 gilt entsprechend.

(3) Die Gemeinde hat sicherzustellen, dass die technischen Anforderungen und die datenschutzrechtlichen Bestimmungen für eine ordnungsgemäße Durchführung der Sitzungen einschließlich Beratung und Beschlussfassung eingehalten werden. In Sitzungen nach Absatz 1 dürfen Wahlen im Sinne von § 39 Absatz 7 nicht durchgeführt und keine Beschlüsse über die Haushaltssatzung im Sinne von § 76 Absatz 2 gefasst werden. Im Übrigen gelten die Regelungen für Sitzungen gemäß § 36 entsprechend.

(4) Die beabsichtigte Durchführung von Sitzungen nach Absatz 1 ist der Rechtsaufsichtsbehörde sieben Tage vor der Sitzung anzuzeigen."'

7. Nach Nummer 11 wird folgende Nummer 11a eingefügt:
,11a. § 37 Absatz 2 wird durch folgende Absätze 2 und 3 ersetzt:
„(2) Die Gemeinderäte und der Bürgermeister sind zur Verschwiegenheit über alle in nichtöffentlicher Sitzung behandelten Angelegenheiten so lange verpflichtet, bis der Gemeinderat im Einvernehmen mit dem Bürgermeister die Verschwiegenheit aufhebt; dies gilt nicht für den Wortlaut der in nichtöffentlicher Sitzung gefassten Beschlüsse, sofern nicht das öffentliche Wohl oder berechtigte Interessen Einzelner entgegenstehen.
(3) Bei öffentlichen Sitzungen nach Absatz 1 kann eine unmittelbare Übertragung von Bild und Ton in einen öffentlich zugänglichen Ort erfolgen. Unterhält die Gemeinde einen Internetauftritt kann die Übertragung von Bild und Ton auch über einen Live-Stream erfolgen, wenn hierfür eine Einwilligung vorliegt. Eine Aufzeichnung von Bild und Ton sowie eine entsprechende Abrufmöglichkeit sind nur zulässig, wenn diese von der Einwilligung ausdrücklich umfasst sind. Im Fall der Sätze 2 und 3 ist bei fehlender Einwilligung oder nach Widerspruch eines Gemeinderatsmitglieds gegen die Übertragung oder gegen die Aufzeichnung oder den Abruf seines Bildes und Tons durch technische Mittel sicherzustellen, dass dessen Recht auf informationelle Selbstbestimmung ohne Beeinträchtigung der Übertragung, der Aufzeichnung oder des Abrufs der Sitzung im Übrigen gewahrt wird."'

8. Nummer 12 wird wie folgt gefasst:
,12. § 39 wird wie folgt geändert:
   a) Nach Absatz 1 Satz 1 werden folgende Sätze eingefügt:
   „Eine Verletzung von Form oder Frist der Ladung eines Gemeinderatsmitglieds gilt als geheilt, wenn das Mitglied zur Sitzung erscheint und den Mangel nicht spätestens bei Eintritt in die Tagesordnung der Sitzung geltend macht. Die Mitglieder des Gemeinderats sind hierauf zu Beginn der Sitzung hinzuweisen."
   b) In Absatz 5 Satz 1 werden nach dem Wort „und" ein Komma und die Wörter „soweit gesetzlich oder in der Geschäftsordnung vorgeschrieben, durch" eingefügt.'

9. Nach Nummer 13 wird folgende Nummer 13a eingefügt:
,13a. § 42 Absatz 1 wird wie folgt geändert:
   a) In Satz 2 werden die Wörter „in gleicher Zahl" gestrichen.
   b) Satz 3 wird wie folgt gefasst:
   „Das Nähere regelt die Hauptsatzung."'

10. In Nummer 14 wird die Angabe „Satz 3" durch die Angabe „Satz 2" ersetzt.

11. Nummer 15 wird wie folgt gefasst:
,15. In § 49 Absatz 1 Satz 1 werden nach dem Wort „Beamtenverhältnis" die Wörter „gemäß § 7 des Beamtenstatusgesetzes vom 17. Juni 2008 (BGBl. I S. 1010), das zuletzt durch Artikel 2 des Gesetzes vom 28. Juni 2021 (BGBl. I S. 2250) geändert worden ist, in der jeweils geltenden Fassung und gemäß § 4 des Sächsischen Beamtengesetzes vom 18. Dezember 2013 (SächsGVBl. S. 970, 971), das zuletzt durch Artikel 5 des Gesetzes vom [einsetzen: Datum und Fundstelle dieses Gesetzes] geändert worden ist, in der jeweils geltenden Fassung" eingefügt.'

12. Nach Nummer 17 werden folgende Nummer 17a bis 17c eingefügt:
,17a. In § 55 Absatz 1 Satz 3 werden die Wörter
„mit mehr als 400 000 Einwohnern 7." durch die Wörter
„bis zu 500 000 Einwohnern 7,
mit mehr als 500 000 Einwohnern 8." ersetzt.
17b. § 60 wird wie folgt geändert:
a) Absatz 1 wird wie folgt gefasst:
„(1) Erklärungen, durch welche die Gemeinde verpflichtet werden soll, bedürfen der Schriftform und sind vom Bürgermeister handschriftlich zu unterzeichnen. Erklärungen nach Satz 1 sind auch in elektronischer Form zulässig, sofern sie mit einer dauerhaft überprüfbaren elektronischen Signatur des Bürgermeisters versehen sind."
b) In Absatz 2 wird das Wort „handschriftlich" gestrichen.
17c. Dem § 62 Absatz 2 wird folgender Satz 2 angefügt:
„Mit Zustimmung der oberen Rechtsaufsichtsbehörde darf zudem zum Fachbediensteten für das Finanzwesen bestellt werden, wer über mindestens eine einjährige Berufserfahrung im öffentlichen Rechnungs- und Haushaltswesen verfügt und aufgrund seiner Ausbildung in der Lage ist, die Aufgaben des Fachbediensteten für das Finanzwesen vollumfänglich wahrzunehmen."'

13. Nummer 26 wird aufgehoben.

14. In Nummer 28 Buchstabe b werden die Wörter „Höchst- und" gestrichen.

15. Nummer 29 wird wie folgt gefasst:
,29. § 130 wird wie folgt gefasst:

„§ 130
Übergangsvorschriften aus Anlass des Dritten Gesetzes zur Fortentwicklung des Kommunalrechts

„§ 51 Absatz 2 in der ab dem … [einsetzen: Datum des Inkrafttretens dieses Gesetzes] geltenden Fassung ist anzuwenden, wenn die Bekanntmachung der Bürgermeisterwahl gemäß §§ 1 Absatz 4, 38 Kommunalwahlgesetz nach dem … [einsetzen: Datum des Inkrafttretens dieses

Gesetzes] erfolgt. In Gemeinden unter 5 000 Einwohnern, die Mitglied eines Verwaltungsverbandes oder, ohne erfüllende Gemeinde zu sein, einer Verwaltungsgemeinschaft sind, kann die Bürgermeisterwahl durch Beschluss des Gemeinderats und mit Genehmigung der Rechtsaufsichtsbehörde um bis zu sechs Monate nach Freiwerden der Stelle, längstens jedoch bis zum Ablauf des 28. Februar 2023 aufgeschoben werden."'

II. Artikel 2 wird wie folgt geändert:

1. Nummer 1 wird wie folgt gefasst:
   ,1. Die Inhaltsübersicht wird wie folgt geändert:
   a) Die Angabe zu § 32a wird wie folgt gefasst:
   „§ 32a Durchführung von Sitzungen ohne persönliche Anwesenheit im Sitzungsraum".
   b) Nach der Angabe zu § 32a wird folgende Angabe eingefügt:
   „§ 32b Veröffentlichung von Informationen".'

2. Nummer 3 wird wie folgt gefasst:
   ,3. § 19 Absatz 2 wird wie folgt gefasst:
   „(2) Kreisräten und sonstigen Mitgliedern der Ausschüsse und Beiräte des Kreistages ist darüber hinaus eine angemessene Aufwandsentschädigung zu gewähren."'

3. Nummer 7 Buchstabe b wird wie folgt gefasst:
   ,b) Absatz 5 wird wie folgt geändert:
   aa) In Satz 1 werden die Wörter „Ein Fünftel" durch die Wörter „Ein Zehntel" ersetzt.
   bb) Nach Satz 1 wird folgender Satz eingefügt:
   „Das Recht, nach Satz 1 Akteneinsicht zu verlangen, steht auch einer Fraktion zu."'

4. Nummer 8 Buchstabe a Doppelbuchstabe aa wird wie folgt gefasst:
   ,aa) In Satz 1 werden nach dem Wort „zusammenschließen" ein Komma und die Wörter „sofern diese fünf Prozent der Kreisräte, mindestens jedoch zwei Personen, umfassen" eingefügt.'

5. Nach Nummer 9 wird folgende Nummer 9a eingefügt:
   ,9a. § 32a wird wie folgt gefasst:

„§ 32a
Durchführung von Sitzungen
ohne persönliche Anwesenheit im Sitzungsraum

(1) In Ausnahmefällen, die durch Naturkatastrophen, aus Gründen des Infektionsschutzes oder sonstigen außergewöhnlichen Notsituationen entstehen, können Sitzungen des Kreistages ohne persönliche Anwesenheit der Mitglieder im Sitzungsraum durchgeführt werden, sofern

eine Beratung und Beschlussfassung durch zeitgleiche Übertragung von Bild und Ton mittels geeigneter technischer Hilfsmittel, insbesondere in Form einer Videokonferenz, möglich ist.
(2) Bei öffentlichen Sitzungen nach Absatz 1 muss eine unmittelbare Übertragung von Bild und Ton an einen öffentlich zugänglichen Ort erfolgen. § 33 Absatz 3 Satz 2 bis 4 gilt entsprechend.
(3) Der Landkreis hat sicherzustellen, dass die technischen Anforderungen und die datenschutzrechtlichen Bestimmungen für eine ordnungsgemäße Durchführung der Sitzungen einschließlich Beratung und Beschlussfassung eingehalten werden. In Sitzungen nach Absatz 1 dürfen Wahlen im Sinne von § 35 Absatz 7 nicht durchgeführt und keine Beschlüsse über die Haushaltssatzung im Sinne von § 61 in Verbindung mit § 76 Absatz 2 der Sächsischen Gemeindeordnung gefasst werden. Im Übrigen gelten die Regelungen für Sitzungen gemäß § 32 entsprechend.
(4) Die beabsichtigte Durchführung von Sitzungen nach Absatz 1 ist der Rechtsaufsichtsbehörde anzuzeigen."'

6. Nach Nummer 10 wird folgende Nummer 10a eingefügt:
   ‚10a. § 33 Absatz 2 wird durch folgende Absätze 2 und 3 ersetzt:
   „(2) Die Kreisräte und der Landrat sind zur Verschwiegenheit über alle in nichtöffentlicher Sitzung behandelten Angelegenheiten so lange verpflichtet, bis der Kreistag im Einvernehmen mit dem Landrat die Verschwiegenheit aufhebt; dies gilt nicht für den Wortlaut der in nichtöffentlicher Sitzung gefassten Beschlüsse, sofern nicht das öffentliche Wohl oder berechtigte Interessen Einzelner entgegenstehen.
   (3) Bei öffentlichen Sitzungen nach Absatz 1 kann eine unmittelbare Übertragung von Bild und Ton in einen öffentlich zugänglichen Ort erfolgen. Unterhält der Landkreis einen Internetauftritt kann die Übertragung von Bild und Ton auch über einen Live-Stream erfolgen, wenn hierfür eine Einwilligung vorliegt. Eine Aufzeichnung von Bild und Ton sowie eine entsprechende Abrufmöglichkeit sind nur zulässig, wenn diese von der Einwilligung ausdrücklich umfasst sind. Im Fall der Sätze 2 und 3 ist bei fehlender Einwilligung oder nach Widerspruch eines Kreistagsmitglieds gegen die Übertragung oder gegen die Aufzeichnung oder den Abruf seines Bildes und Tons durch technische Mittel sicherzustellen, dass dessen Recht auf informationelle Selbstbestimmung ohne Beeinträchtigung der Übertragung, der Aufzeichnung oder des Abrufs der Sitzung im Übrigen gewahrt wird."'

7. In Nummer 13 wird die Angabe „Satz 3" durch die Angabe „Satz 2" ersetzt.

8. Nummer 14 wird aufgehoben.

9. Nach Nummer 15 wird folgende Nummer 15a eingefügt:
‚15a. Dem § 50 Absatz 1 wird folgender Satz angefügt:
„In Landkreisen mit mehr als 250 000 Einwohnern können bis zu drei Beigeordnete bestellt werden."'

10. In Nummer 17 Buchstabe a werden die Wörter „Höchst- und" gestrichen.

11. Nummer 18 wird aufgehoben.

III. Artikel 4 wird wie folgt geändert:

1. Der Nummer 1 wird folgende Nummer 1 vorangestellt:
‚1. In der Inhaltsübersicht wird die Angabe zu § 45 wird wie folgt gefasst:
„§ 45 Wahlanfechtung und Wahlprüfung"'

2. Die bisherige Nummer 1 wird Nummer 1a.

3. Nummer 5 wird wie folgt gefasst:
‚5. § 25 Absatz 1 wird wie folgt geändert:
a) In Satz 1 werden die Wörter „eine Woche" durch die Wörter „zwei Wochen" ersetzt.
b) Satz 3 wird aufgehoben.'

4. Nach Nummer 6 wird folgende Nummer 6a eingefügt:
‚6a. § 45 wird wie folgt geändert:
a) Die Überschrift wird wie folgt gefasst:
„§ 45
Wahlanfechtung und Wahlprüfung"
b) Dem Absatz 1 wird folgender Absatz 1 vorangestellt:
„(1) Gegen die Wahl eines Bürgermeisters ist der Einspruch eines Einsprechenden, der nicht die Verletzung seiner Rechte geltend macht, nur zulässig, wenn ihm 0,1 Prozent der Wahlberechtigten, mindestens jedoch 2 Wahlberechtigte, bei mehr als 10 000 Wahlberechtigten mindestens 10 Wahlberechtigte beitreten."
c) Die bisherigen Absätze 1 und 2 werden die Absätze 2 und 3.'

IV. In Artikel 5 Nummer 3 wird im neuen § 155b Absatz 1 Satz 1 die Angabe „3. Oktober" durch die Angabe „6. Mai" ersetzt und die Angabe „100" wird durch die Angabe „200" ersetzt.

V. Artikel 6 Nummer 2 wird wie folgt gefasst:
‚2. In Anlage 2 zu § 24 Absatz 1 wird die Angabe „200 000 Einwohnern4)" durch die Angabe „200 000 Einwohnern" ersetzt und die Fußnote 4 wird wie folgt gefasst:

„4) Die Zahl der Planstellen in einer Stadt bis zu 450 000 Einwohnern darf höchstens 3 betragen."'

VI. In Artikel 7 Nummer 1 werden die Wörter „das zuletzt durch Artikel 4 des Gesetzes vom 17. Dezember 2020 (SächsGVBl. S. 731) geändert worden ist" durch die Wörter „das zuletzt durch Artikel 5 des Gesetzes vom [einsetzen: Datum und Fundstelle dieses Gesetzes] geändert worden ist, in der jeweils geltenden Fassung" ersetzt.

Begründung:

Artikel 1:

Zu Nummer 1: Es handelt sich um Anpassungen der Rechtsförmigkeit.

Zu Nummer 2: Es wird dem Wunsch der kommunalen Praxis entsprochen, dass die beabsichtigte Stärkung der kommunalen Gremienarbeit durch Festlegung von Mindestaufwandsentschädigungen nicht zu einer Überfrachtung der gesetzlichen Ausgestaltung und des kommunalen Ausgestaltungsspielraums führt. Die konkreten Bemessungskriterien der Entschädigung nach Aufwand zusätzlich zu Entschädigungen nach § 21 Absatz 1 obliegen dem Verordnungsgeber. Ferner wird durch die Aufnahme der Stadtbezirksbeiräte in den Kreis der begünstigten Gremien dem Ziel der Angleichung der Rechte der Stadtbezirksbeiräte gegenüber Ortschaftsräten Rechnung getragen.

Zu Nummer 3: Mit der Änderung wird nach der Vereinbarung des Koalitionsvertrages Rechnung getragen, dass die Inanspruchnahme des Informationsrechts durch die Quorenabsenkung erleichtert werden soll und zugleich dieses und das weitergehende Akteneinsichtsrecht in seiner Verfasstheit als organschaftliches Recht erhalten bleibt. Deshalb wird sichergestellt, dass das Quorum von 1/10 nicht die grundsätzliche Größenordnung zur Bildung von Fraktionen aus mindestens zwei Gemeinderäten unterlaufen soll.

Zu Nummer 4: Die Streichung der leitenden Beamten und Arbeitnehmer dient dem Abbau von Hinderungsgründen als Einschränkung des passiven Wahlrechts. Es ist in diesem Fällen nicht von einem strukturellen Interessenkonflikt auszugehen, da die Position des leitenden Beamten und Arbeitsnehmers nicht gleichbedeutend mit der Tätigkeit in einer Rechtsaufsicht über die jeweilige Gemeinde ist.

Zu Nummer 5: Die Änderung dient der Klarstellung, dass zur Bildung von Fraktionen die Mindestgröße von fünf Prozent, mindestens jedoch zwei Personen gelten soll. Die Angabe der Fünf-Prozent-Schwelle muss sich dabei auf die Gemeinderäte beziehen. Die Formulierung „Mitglieder des Gemeinderates" ist mit Blick auf § 29 Absatz 1 Satz 1 SächsGemO, wonach auch der Bürgermeister Teil des Gemeindesrates ist, missverständlich. Da der Bürgermeister nie Fraktionsmitglied sein kann, ist es zweckdienlich diesen bei der Fraktionsmindestgröße als Bemessungsgrundlage auszuschließen.

Zu Nummer 6: Da die epidemische Lage von nationaler Tragweite beendet wurde, es wegen des Infektionsgeschehens möglicherweise aber weiterhin erforderlich ist, auf ein Präsenztreffen der Räte zu verzichten, wird die Möglichkeit von Gremiensitzungen als Videokonferenzen verstetigt und auf Ausnahmefälle, die durch Naturkatastrophen, aus Gründen des Infektionsschutzes oder sonstigen außergewöhnlichen Notsituationen entstehen, erweitert. Bei solchen Sitzungen ist zu gewährleisten, dass eine unmittelbare Übertragung von Bild und Ton in einen öffentlichen zugänglichen Ort erfolgt. Diese hat unter Berücksichtigung der Möglichkeiten technischer Umsetzungen möglichst zeitgleich zu erfolgen. Öffentlich zugängliche Orte können dabei sowohl Räumlichkeiten (z. B. Rats- oder Gemeindehäuser, von der Gemeinde angemietete Objekte) sein, als auch Orte im Gemeindegebiet unter freiem Himmel (z. B. der Marktplatz). Die nach Absatz 1 beabsichtigten Sitzungen sind der Rechtsaufsichtsbehörde sieben Tage vor Durchführung anzuzeigen. Die Anzeige hat entsprechend vor der erstmalig in einer Sitzung geplanten Anwendung des Verfahrens nach Absatz 1 zu erfolgen. Liegen die Voraussetzungen nicht vor, muss die Rechtsaufsichtsbehörde innerhalb von sieben Tagen widersprechen. Widerspricht sie nicht, findet die Sitzung in der beabsichtigten Weise statt. Damit wird ein Gleichlauf mit der Einladungsfrist und rechtzeitige Rechtssicherheit vor der Sitzungsdurchführung erreicht. Eine Anzeige vor jeder (folgenden) Sitzung in einem Verfahren nach Absatz 1 ist nicht erforderlich. Vielmehr hat die Gemeinde selbständig und regelmäßig zu prüfen, ob die Voraussetzungen nach Absatz 1 weiterhin gegeben sind und das Sitzungsverfahren entsprechend anzupassen.

Zu Nummer 7: Mit den Änderungen unter Buchstabe a) wird klargestellt, dass die Pflicht zur Verschwiegenheit naturgemäß nicht besteht, soweit es um die Bekanntgabe von Beschlüssen nach § 37 Absatz 1 Satz 3 SächsGemO sowie Informationen hierzu geht. Die Regelung dient der interessengerechten Auflösung des Verhältnisses von Verschwiegenheitspflicht und Mitteilungsrecht betreffend nichtöffentliche Sitzungen. Nichtöffentliche Sitzungen sind keine geheimen Sitzungen. Es muss daher für die Mitglieder etwa von nicht-öffentlichen Ausschüssen möglich sein, über wesentliche Argumente und das Ergebnis zu berichten.

Die Änderungen unter Buchstabe b) betreffen die mediale Zugänglichkeit zu öffentlichen Ratssitzungen. Mit Absatz 3 wird ermöglicht, dass Gemeinden auch außerhalb von Ausnahmesituationen wie Pandemiegeschehen ihre Ratssitzungen ihren Einwohnerinnen und Einwohnern medial breiter zugänglich machen. Das ist in etlichen Kommunen bereits gelebte Praxis. Dies kann durch eine Übertragung an einen öffentlich zugänglichen Ort oder aber auf einem – soweit vorhandenen – Internetauftritt via Live-Streaming erfolgen. Dies erleichtert es für die Einwohnerinnen und Einwohner den kommunalen Debatten und Entscheidungen zu folgen, ohne eine körperliche Anwesenheit am Sitzungsort des Rates zu erfordern. Im Fall des Live-

Streamings auf einem Internetauftritt der Gemeinde muss jedoch die informationelle Selbstbestimmung des einzelnen Gemeinderatsmitglieds Berücksichtigung finden. Dies gilt auch für eine Abrufmöglichkeit von Streams über eine gemeindeeigene Mediathek. Dem wird mit einem expliziten Einwilligungserfordernis entsprechend des § 22 KunstUrhG, welches individuell ausgeübt auch nur personenbezogene Wirkung entfaltet, Rechnung getragen, ohne dass eine Übertragung für den gesamten Gemeinderat unmöglich wird. Da diese Einwilligung zu Beginn der jeweiligen Wahlperiode eingeholt wird, ist der entsprechende Verwaltungsaufwand überschaubar. Mit dieser Regelung wird die bisherige Praxis der vorherigen Einholung einer Einwilligung beibehalten und rechtlich nachgezeichnet.

Zu Nummer 8: Die Änderungen unter Buchstabe a) dienen der Korrektur der Satznummerierungen. Die Änderungen unter Buchstabe b) dienen der Rechtsklarheit für die kommunale Praxis, wonach sichergestellt sein soll, dass Wahlen durch die entsprechenden Rechtsquellen als solche kenntlich gemacht werden, um die damit einhergehenden Folgen ihrer Durchführung sinnvoll einzugrenzen.

Zu Nummer 9: Nach Rückmeldungen aus der Rechts- und kommunalen Praxis ist die konkrete Benennung der Stellvertreterinnen und Stellvertreter in den Kommunalparlamenten hinderlich. Die Erhöhung der möglichen Stellvertreterinnen und Stellvertreter löst das Problem der konkreten Benennung nicht. Zur Sicherung der Ausschussvertretungen sollen Stellvertreter und Stellvertreterinnen benannt werden. Es ist jedoch nicht erforderlich, durch den Landesgesetzgeber eine weitergehende Vertretungsregelung für die Gemeinden vorzugeben. Im Sinne der Stärkung der kommunalen Selbstverwaltung soll es den Gemeinden übertragen werden, die für sie erforderlichen und zweckdienlichen Regelungen in die Hauptsatzung aufzunehmen.

Zu Nummer 10 und 11: Es handelt sich um Anpassungen im Rahmen der Rechtsförmigkeit. Zur Streichung der Nummer 15 b) im Gesetzentwurf: § 104 Abs. 1 S. 1 SächsBG stellt eine eindeutige und ausreichende Regelung dar. In den Fällen, in denen eine Nebentätigkeit des Bürgermeisters als Geschäftsführer einen Interessenskonflikt für die Gemeinde bedeutet, ist diese zu untersagen. Aus diesen Gründen ist eine generalisierende Regelung in der Sächsischen Gemeindeordnung nicht nötig. Insofern sind die rechtsaufsichtsführenden Behörden zur Durchsetzung der geltenden Rechtslage angehalten.

Zu Nummer 12: Mit der Einfügung von Nummer 17a wird dem Wunsch der kommunalen Praxis entsprochen, dass in Städten mit über 500 000 Einwohnerinnen und Einwohnern die Etablierung einer oder eines 8. Beigeordneten möglich ist.

Mit der Einfügung von Nummer 17b wird durch die Erweiterung des Schriftlichkeitsgebots um die Möglichkeit elektronischer Zeichnung sowie die Streichung der Handschriftlichkeit der Digitalität des Geschäfts- und Rechtsverkehrs Rechnung getragen, insbesondere bei elektronischen Vertragsschlüssen mit privaten Dritten. Die Änderung behebt einen Nachteil der Kommunen im modernen Wirtschaftsleben.

Die Einfügung von Nummer 17c folgt dem Wunsch der kommunalen Praxis und trägt zugleich weiterhin der verantwortungsvollen Tätigkeit des Fachbediensteten für Finanzwesen Rechnung. Im interkommunalen Wettbewerb zeigt sich, dass der Bedarf an Personal mit den entsprechenden Regelvoraussetzungen nicht gedeckt werden kann.

Die Ausnahmegenehmigung im Einzelfall wird durch entsprechende Nachweise einer äquivalenten Kompetenz ergehen und liegt in der Zuständigkeit der oberen Rechtsaufsichtsbehörde. Der Mindestzeitraum von einer einjährigen Berufsausübung sichert eine ausreichende Einzelfallbetrachtung zur Sicherung der qualitativen Standards.

Zu Nummer 13: Mit der Streichung wird den Bedenken des Sächsischen Rechnungshofs gefolgt.

Zu Nummer 14: Die Streichung der Höchstbeträge dient der Stärkung der kommunalen Selbstverwaltung und Arbeit in kommunalpolitischen Gremien.

Zu Nummer 15: Es handelt sich unter Nummer 29 um eine Anpassung im Rahmen der Rechtsförmigkeit. Die Neufassung der im Gesetzentwurf enthaltenen Nummer 29 folgt aus der Streichung der Nummer 15 b des Gesetzesentwurfes in Nummer 13 dieses Änderungsantrages, da es einer Übergangsvorschrift nicht mehr bedarf.

Artikel 2

Zu Nummer 1 bis 6 sowie Nummer 8,10 und 11: Es wird auf die Begründung zu den gleichlautenden Änderungen in der Sächsischen Gemeindeordnung verwiesen.

Zu Nummer 7: Es handelt sich um Anpassungen im Rahmen der Rechtsförmigkeit.

Zu Nummer 9: Landkreisen mit mehr als 250.000 Einwohnerinnen und Einwohner wird durch Regelung in der Hauptsatzung die Möglichkeit eingeräumt, bis zu drei Beigeordnete zu bestellen.

Artikel 4:

Die Einspruchsfrist wird generell von einer auf zwei Wochen verlängert. Bei Bürgermeister- und Landratswahlen bleibt aufgrund der Folgen für den Amtsantritt des gewählten die Notwendigkeit der Beibringung von Unterstützenden erhalten. Jedoch wird die Zahl im Vergleich zur bisherigen Regelung erheblich reduziert.

Artikel 5:

Die Änderungen folgen auf die Anmerkungen aus der Anhörung. Auf Wunsch der kommunalen Praxis im Rahmen der Anhörung und unter Berücksichtigung der wertschätzenden Wirkung des Ehrensolds wird dieser angemessen erhöht und auch der Stichtag auf den 6. Mai 1990 wird verändert, weil an diesem Tag die ersten freien Kommunalwahlen in der damaligen DDR stattfanden.

Artikel 6:

Die Streichung der Begrenzung der Planstellen in der Besoldungsgruppe B2 für Städte ab 450 000 Einwohnergröße sowie Landkreise folgt der Anregung der kommunalen Praxis im Rahmen der Anhörung zur Sicherstellung der Flexibilität im Wettbewerb um Fachkräfte.

Artikel 7:

Es handelt sich um Anpassungen im Rahmen der Rechtsförmigkeit.

II. Gesetzentwurf
der Staatsregierung
LT-Drs. 7/7991; 20.10.2021
Drittes Gesetz zur Fortentwicklung des Kommunalrechts
Vom ...

Der Sächsische Landtag hat am ... das folgende Gesetz beschlossen:

Artikel 1 Änderung der Sächsischen Gemeindeordnung

Die Sächsische Gemeindeordnung in der Fassung der Bekanntmachung vom 9. März 2018 (SächsGVBl. S. 62), die zuletzt durch Artikel 2 des Gesetzes vom 16. Dezember 2020 (SächsGVBl. S. 722) geändert worden ist, wird wie folgt geändert:

1. Die Inhaltsübersicht wird wie folgt geändert:
   a) Nach der Angabe zu § 36a wird folgende Angabe eingefügt:
   „§ 36b Veröffentlichung von Informationen".
   b) Die Angabe zu § 130 wird wie folgt gefasst:
   „§ 130 Übergangsbestimmung".
   c) Die Angabe zu § 131 wird wie folgt gefasst:
   „§ 131 (weggefallen)".

2. Nach § 4 Absatz 1 Satz 1 wird folgender Satz eingefügt:
   „Insbesondere können die Gemeinden zur Einräumung und Ausgestaltung von Informations- und Beteiligungsrechten Bürgerbeteiligungssatzungen erlassen."

3. § 8a wird wie folgt geändert:
   a) Absatz 2 wird aufgehoben und der bisherige Absatz 3 wird Absatz 2.
   b) Folgender Absatz 3 wird angefügt:
   „(3) Abweichend von Absatz 1 ist bei Gebietsänderungen durch Vereinbarungen nach § 8 Absatz 1 Satz 1 Nummer 2 in der einzugliedernden und aufnehmenden Gemeinde oder in den Gemeinden, die sich zu einer neuen Gemeinde vereinigen wollen, über den Entwurf der Vereinbarung ein Bürgerentscheid durchzuführen."

4. § 21 Absatz 2 wird wie folgt gefasst:
   „(2) Gemeinderäten, Ortschaftsräten, Mitgliedern von Stadtbezirksbeiräten und sonstigen Mitgliedern der Ausschüsse und Beiräte des Gemeinderats und Ortschaftsrats ist darüber hinaus eine pauschale Entschädigung für den Zeitaufwand zu gewähren, der für die Gremiensitzungen sowie deren Vor- und Nachbereitung erforderlich ist. Durch Satzung kann bestimmt werden, dass die Entschädigungen nach Absatz 1 und nach Satz 1 zusammengefasst und als pauschale Aufwandsentschädigung gewährt werden."

5. § 22 wird wie folgt geändert:
   a) In Absatz 1 Satz 2 wird das Wort „einmal" durch das Wort „zweimal" ersetzt.
   b) Absatz 2 wird wie folgt geändert:
      aa) In Satz 3 wird die Angabe „10 Prozent" durch die Angabe „5 Prozent" ersetzt.
      bb) Satz 4 wird aufgehoben.

6. § 24 Absatz 3 wird wie folgt geändert:
   a) Nach Satz 1 wird folgender Satz eingefügt:
   „In Kreisfreien Städten kann die Hauptsatzung ein geringeres Quorum, jedoch nicht weniger als 15 Pro-

zent der Stimmberechtigten, festsetzen."

b) Im neuen Satz 3 werden die Wörter „nach Satz 1" gestrichen.

7. § 25 Absatz 1 Satz 2 wird wie folgt gefasst:
„Das Bürgerbegehren muss mindestens von 5 Prozent der Bürger der Gemeinde unterzeichnet sein."

8. § 28 wird wie folgt geändert:
   a) In Absatz 2 Nummer 21 werden nach dem Wort „diesen" die Wörter „sowie den Abschluss und die Aufhebung von Zweckvereinbarungen" eingefügt.
   b) In Absatz 5 Satz 1 werden nach dem Wort „Gemeinderäte" die Wörter „oder eine Fraktion" eingefügt.

9. § 35a wird wie folgt geändert:
   a) Absatz 1 wird wie folgt geändert:
      aa) In Satz 1 werden nach dem Wort „zusammenschließen" ein Komma und die Wörter „sofern diese mindestens zwei Personen und fünf Prozent der Mitglieder des Gemeinderats umfassen" eingefügt.
      bb) Satz 3 wird wie folgt gefasst:
      „Das Nähere über die Bildung der Fraktionen sowie ihre Rechte und Pflichten innerhalb des Gemeinderats regelt die Gemeinde durch Geschäftsordnung."
   b) Absatz 3 wird wie folgt gefasst:
   „(3) Die Gemeinden haben den Fraktionen durch Satzung Mittel für deren angemessene sächliche Mindestausstattung zu gewähren. In Gemeinden bis zu 5 000 Einwohnern kann, in Gemeinden über 5 000 Einwohnern soll durch Satzung bestimmt werden, dass aus ihrem Haushalt den Fraktionen Mittel für deren angemessene personelle Mindestausstattung gewährt werden. Die sächliche und personelle Mindestausstattung muss in einem angemessenen Verhältnis zur Einwohnergröße der Gemeinde und zur Größe der Fraktion stehen. Diese Mittel sind in einer besonderen Anlage zum Haushaltsplan darzustellen. Über ihre Verwendung ist ein Nachweis in einfacher Form zu führen."

10. § 36 Absatz 5 Satz 2 wird aufgehoben.

11. Nach § 36a wird folgender § 36b eingefügt:

„§ 36b

Veröffentlichung von Informationen

Die Gemeinde hat auf ihrer Internetseite oder in anderer geeigneter Form Zeit, Ort und Tagesordnung der öffentlichen Sitzungen des Gemeinderats und seiner Ausschüsse sowie die der Tagesordnung beigefügten Beratungsunterlagen zu veröffentlichen, sobald diese den Mitgliedern des Gemeinderats zur Verfügung gestellt wurden und sofern keine berechtigten Interessen Einzelner entgegenstehen. Die in einer solchen Sitzung gefassten oder bekannt gegebenen Beschlüsse hat die Gemeinde im Wortlaut oder in Form eines zusammenfassenden Berichts nach Bestätigung der Niederschrift auf ihrer Internetseite oder in anderer geeigneter Form zu veröffentlichen. Personenbezogene Daten oder Betriebs- und Geschäftsgeheimnisse dürfen nicht offenbart werden. Sind Maßnahmen zur Wahrung des Datenschutzes oder von Betriebs- und Geschäftsgeheimnissen nicht ohne erheblichen Aufwand oder erhebliche Veränderung einer Beratungsunterlage möglich, kann die Gemeinde insoweit von der Veröffentlichung absehen. Soweit von einer Veröffentlichung der Beratungsunterlagen abgesehen wird, ist dies zu Beginn der öffentlichen Sitzung zu begründen."

12. Nach § 39 Absatz 1 Satz 1 werden folgende Sätze eingefügt:
„Eine Verletzung von Form oder Frist der Ladung eines Gemeinderatsmitglieds gilt als geheilt, wenn das Mitglied zur Sitzung erscheint und den Mangel nicht

spätestens bei Eintritt in die Tagesordnung der Sitzung geltend macht. Die Mitglieder des Gemeinderats sind hierauf zu Beginn der Sitzung hinzuweisen."

13. § 41 Absatz 1 Satz 2 wird folgt gefasst:
„Durch Beschluss kann der Gemeinderat einzelne Angelegenheiten auf bestehende beschließende Ausschüsse übertragen oder zeitweilige beschließende Ausschüsse bilden."

14. § 43 Absatz 3 Satz 1 wird wie folgt gefasst:
„Für die beratenden Ausschüsse gelten §§ 36, 36a, 37 Absatz 2 Halbsatz 1, §§ 38 bis 40, 41 Absatz 1 Satz 3 und § 42 entsprechend."

15. § 49 wird wie folgt geändert:
    a) In Absatz 1 Satz 1 werden nach dem Wort „Beamtenverhältnis" die Wörter „(§ 7 des Beamtenstatusgesetzes vom 17. Juni 2008 [BGBl. I. S. 1010], das zuletzt durch Artikel 10 des Gesetzes vom 20. November 2019 [BGBl. I S. 1626] geändert worden ist, in der jeweils geltenden Fassung, und § 4 des Sächsischen Beamtengesetzes vom 18. Dezember 2013 [SächsGVBl. S. 970, 971], das zuletzt durch Artikel 1 des Gesetzes vom 6. Juni 2019 [SächsGVBl. S. 470] geändert worden ist, in der jeweils geltenden Fassung)" eingefügt.
    b) In Absatz 4 werden nach den Wörtern „sonstiger Bediensteter der Gemeinde" ein Komma und die Wörter „Geschäftsführer eines Unternehmens der Gemeinde im Sinne des § 96" eingefügt.

16. § 51 wird wie folgt geändert:
    a) Absatz 2 wird wie folgt gefasst:
    „(2) Der Bürgermeister ist hauptamtlicher Beamter auf Zeit. Abweichend von Satz 1 kann in Gemeinden unter 5 000 Einwohnern, die Mitglied eines Verwaltungsverbandes oder, ohne erfüllende Gemeinde zu sein, einer Verwaltungsgemeinschaft sind, die Hauptsatzung bestimmen, dass der Bürgermeister Ehrenbeamter auf Zeit ist. Ein Bürgermeister behält seine Rechtsstellung bis zum Ende der laufenden Amtszeit."
    b) Nach Absatz 2 wird folgender Absatz 2a eingefügt:
    „(2a) Für haupt- und ehrenamtliche Bürgermeister gilt § 35 Absatz 2 Satz 1, für ehrenamtliche Bürgermeister darüber hinaus auch § 35 Absatz 2 Satz 2 und 3, entsprechend."
    c) Absatz 8 Satz 3 wird wie folgt gefasst:
    „§ 25 Absatz 2 Satz 1, Absatz 3 Satz 1 und 2 sowie Absatz 4 findet Anwendung."

17. § 52 wird wie folgt geändert:
    a) In Absatz 2 Satz 2 werden die Wörter „einer Woche" durch die Wörter „zwei Wochen" ersetzt.
    In Absatz 4 Satz 1 wird die Angabe „(36 Absatz 3 Satz 4)" durch die Angabe „(§ 36 Absatz 3 Satz 6)" ersetzt.

18. In § 67 Absatz 1 Satz 1 wird die Angabe „Absatz 3" durch die Angabe „Absatz 4" ersetzt.

19. In § 68 Absatz 2 Satz 3 wird die Angabe „§ 52 Absatz 2 und 3" durch die Angabe „§ 52 Absatz 2 und 4" ersetzt.

20. § 69 Absatz 1 Satz 3 wird wie folgt gefasst:
„Bedienstete der Gemeinde und Geschäftsführer eines Unternehmens der Gemeinde im Sinne des § 96 können zugleich Ortsvorsteher sein."

21. In § 71a Absatz 1 Satz 1 werden nach der Angabe „§§" die Angabe „34" und ein Komma eingefügt.

22. § 77 Absatz 3 wird wie folgt gefasst:
„(3) Absatz 2 Nummer 3 bis 5 findet keine Anwendung auf

1. geringfügige Investitionen und Investitionsförderungsmaßnahmen sowie unabweisbare Aufwendungen,
2. die Verwendung im Finanzhaushalt bereits veranschlagter Auszahlungen für Investitionen oder Investitionsförderungsmaßnahmen für bisher nicht veranschlagte Investitionen oder Investitionsförderungsmaßnahmen, sofern der Gemeinderat dieser Verwendung zustimmt,
3. die Verwendung bereits veranschlagter Aufwendungen und Auszahlungen eines Budgets für bisher nicht veranschlagte Aufwendungen und Auszahlungen eines anderen Budgets, sofern der Gemeinderat dieser Verwendung zustimmt,
4. die Umschuldung von Krediten,
5. Geldanlagen mit einer Laufzeit von mehr als einem Jahr,
6. Abweichungen vom Stellenplan und die Leistung höherer Personalaufwendungen, die sich unmittelbar aus einer Änderung des Besoldungs- oder Tarifrechts ergeben,
7. eine Mehrung oder Hebung von Beamtenstellen der Besoldungsgruppen A 4 bis A 10 und für vergleichbare Beschäftigte, wenn dies im Verhältnis zur Gesamtzahl der Stellen unerheblich ist."

23. § 81 Absatz 3 wird wie folgt gefasst:
„(3) Die Verpflichtungsermächtigungen gelten bis zum Erlass der folgenden Haushaltssatzung weiter."

24. In § 82 Absatz 3 wird das Wort „erlassen" durch die Wörter „in Kraft getreten" ersetzt.

25. § 88 Absatz 5 wird wie folgt gefasst:
„(5) Die Gemeinden dürfen nach Beschluss des Gemeinderats bei den Jahresabschlüssen der Haushaltsjahre bis einschließlich 2020 auf die Bestandteile gemäß Absatz 2 Satz 2 sowie Absatz 3 und 4 verzichten."

26. Dem § 96a Absatz 2 werden folgende Sätze angefügt:
„Das gilt nicht für Unternehmen, an denen der Freistaat Sachsen unmittelbar oder mittelbar mehrheitlich beteiligt ist. Über die Auswirkungen der Regelung von Satz 2 berichtet das Staatsministerium des Innern dem Landtag im Jahr 2024."

27. § 97 wird wie folgt geändert:
   a) Absatz 4 wird wie folgt gefasst:
   „(4) Eine Gemeinde, die selbst ein kommunales Versorgungsunternehmen errichtet, unterhält oder sich unmittelbar an einem bestehenden Unternehmen beteiligt, hat durch entsprechende gesellschaftsvertragliche Vereinbarungen sicherzustellen, dass
      1. das kommunale Versorgungsunternehmen die Absicht einer mittelbaren Beteiligung spätestens vier Wochen, bevor diese vollzogen werden soll, den an ihm mittelbar beteiligten Gemeinden unter Vorlage der konkreten gesellschaftsrechtlichen Vereinbarungen anzeigt und der Abschluss dieser Vereinbarung nur unter der Bedingung erfolgen darf, dass die Rechtsaufsichtsbehörde gegenüber den beteiligten Gemeinden zuvor keinen Genehmigungsvorbehalt geltend gemacht hat, und
      2. eine mittelbare Beteiligung im Fall der Geltendmachung eines Genehmigungsvorbehaltes erst dann erfolgen darf, wenn die beteiligten Gemeinden der mittelbaren Beteiligung zugestimmt haben und ihre Zustimmung durch die Rechtsaufsichtsbehörde genehmigt wurde."
   b) Absatz 5 wird wie folgt geändert:
      aa) Satz 2 wird wie folgt gefasst:
      „Die Rechtsaufsichtsbehörde kann innerhalb der Frist nach Absatz 4 Nummer 1 bestimmen,

dass die beabsichtigte mittelbare Beteiligung der Zustimmung der Gemeinde und diese der Genehmigung der Rechtsaufsichtsbehörde bedarf."

bb) Satz 3 wird wie folgt gefasst:
„Die Rechtsaufsichtsbehörde kann in der Zeit zwischen Anzeige und beabsichtigtem Vollzugszeitpunkt bei wesentlichen Veränderungen eines kommunalen Versorgungsunternehmens gegenüber der Gemeinde anordnen, dass die beabsichtigte mittelbare Beteiligung der Zustimmung der Gemeinde und diese der Genehmigung der Rechtsaufsichtsbehörde bedarf."

c) Es wird folgender Absatz 7 angefügt:
„(7) Über die Auswirkungen der Regelungen der Absätze 1 bis 6 berichtet das Staatsministerium des Innern dem Landtag im Jahr 2024."

28. § 127 Absatz 1 wird wie folgt geändert:
a) Der Nummer 8 wird ein Komma angefügt.
b) Nummer 9 wird wie folgt gefasst:
„9. das Nähere über die angemessene Entschädigung für ehrenamtliche Tätigkeit nach § 21, insbesondere die Art der Entschädigung sowie die Festsetzung von Höchst- und Mindestbeträgen,".
c) Nach Nummer 9 wird folgende Nummer 9a eingefügt:
„9a. das Nähere zur Fraktionsfinanzierung nach § 35a Absatz 3 Satz 1,".

29. § 130 wird wie folgt geändert:
a) Die Überschrift wird wie folgt gefasst:
„§ 130
Übergangsbestimmung"
b) Der Wortlaut wird Absatz 1 und wie folgt gefasst:
„(1) Bürgermeister und Beigeordnete, die am … [einsetzen: Datum des Inkrafttretens dieses Gesetzes] Geschäftsführer eines kommunalen Unternehmens der Gemeinde nach § 96 sind, dürfen diese Tätigkeit bis zum Ende ihrer laufenden Amtszeit ausüben."
c) Folgender Absatz 2 wird angefügt:
„(2) § 51 Absatz 2 in der ab dem … [einsetzen: Datum des Inkrafttretens dieses Gesetzes] geltenden Fassung ist anzuwenden, wenn die Bekanntmachung der Bürgermeisterwahl gemäß §§ 1 Absatz 4, 38 Kommunalwahlgesetz nach dem … [einsetzen: Datum des Inkrafttretens dieses Gesetzes] erfolgt. In Gemeinden unter 5 000 Einwohnern, die Mitglied eines Verwaltungsverbandes oder, ohne erfüllende Gemeinde zu sein, einer Verwaltungsgemeinschaft sind, kann die Bürgermeisterwahl durch Beschluss des Gemeinderats und mit Genehmigung der Rechtsaufsichtsbehörde um bis zu sechs Monate nach Freiwerden der Stelle, längstens jedoch bis zum Ablauf des 28. Februar 2023 aufgeschoben werden."

30. § 131 wird aufgehoben.

Artikel 2
Änderung der Sächsischen Landkreisordnung

Die Sächsische Landkreisordnung in der Fassung der Bekanntmachung vom 9. März 2018 (SächsGVBl. S. 99), die zuletzt durch Artikel 3 des Gesetzes vom 16. Dezember 2020 (SächsGVBl. S. 722) geändert worden ist, wird wie folgt geändert:

1. In der Inhaltsübersicht wird nach der Angabe zu § 32a folgende Angabe eingefügt:
„§ 32b Veröffentlichung von Informationen".

2. Nach § 3 Absatz 1 Satz 1 wird folgender Satz eingefügt:
„Insbesondere können die Landkreise zur Einräumung und Ausgestaltung von

Informations- und Beteiligungsrechten Bürgerbeteiligungssatzungen erlassen."

3. § 19 Absatz 2 wird wie folgt gefasst:
   „(2) Kreisräten und sonstigen Mitgliedern der Ausschüsse und Beiräte des Kreistages ist darüber hinaus eine pauschale Entschädigung für den Zeitaufwand zu gewähren, der für die Gremiensitzungen sowie deren Vor- und Nachbereitung erforderlich ist. Durch Satzung kann bestimmt werden, dass die Entschädigungen nach Absatz 1 und nach Satz 1 zusammengefasst und als pauschale Aufwandsentschädigung gewährt werden"

4. § 20 Absatz 1 Satz 3 wird wie folgt geändert:
   a) Die Angabe „10 Prozent" wird durch die Angabe „5 Prozent" ersetzt.
   b) Die Angabe „18. Lebensjahr" wird durch die Angabe „16. Lebensjahr" ersetzt.

5. In § 21 Absatz 1 Satz 2 wird die Angabe „10 Prozent" durch die Angabe „5 Prozent" ersetzt.

6. § 22 Absatz 3 wird wie folgt geändert:
   a) Nach Satz 1 wird folgender Satz eingefügt:
      „Die Hauptsatzung kann ein geringeres Quorum, jedoch nicht weniger als 15 Prozent der Stimmberechtigten, festsetzen."
   b) Im neuen Satz 3 werden die Wörter „nach Satz 1" gestrichen.

7. § 24 wird wie folgt geändert:
   a) In Absatz 2 Nummer 20 werden nach dem Wort „diesen" die Wörter „sowie den Abschluss und die Aufhebung von Zweckvereinbarungen" eingefügt.
   b) In Absatz 5 Satz 1 werden nach dem Wort „Kreisräte" die Wörter „oder eine Fraktion" eingefügt.

8. § 31a wird wie folgt geändert:
   a) Absatz 1 wird wie folgt geändert:
      aa) In Satz 1 werden nach dem Wort „zusammenschließen" ein Komma und die Wörter „sofern diese mindestens zwei Personen und fünf Prozent der Mitglieder des Kreistages umfassen" eingefügt.
      bb) Satz 3 wird wie folgt gefasst:
          „Das Nähere über die Bildung der Fraktionen sowie ihre Rechte und Pflichten innerhalb des Kreistages regelt der Landkreis durch Geschäftsordnung."
   b) Absatz 3 Satz 1 wird wie folgt gefasst:
      „Der Landkreis gewährt den Fraktionen Mittel aus seinem Haushalt für deren angemessene sächliche und personelle Mindestausstattung."

9. § 32 Absatz 5 Satz 2 wird aufgehoben.

10. Nach § 32a wird folgender § 32b eingefügt:

„§ 32b

Veröffentlichung von Information

Der Landkreis hat auf seiner Internetseite oder in anderer geeigneter Form Zeit, Ort und Tagesordnung der öffentlichen Sitzungen des Kreistags und seiner Ausschüsse sowie die der Tagesordnung beigefügten Beratungsunterlagen zu veröffentlichen, sobald sie den Mitgliedern des Kreistags zur Verfügung gestellt wurden und sofern keine berechtigten Interessen Einzelner entgegenstehen. Die in einer solchen Sitzung gefassten oder bekannt gegebenen Beschlüsse hat der Landkreis im Wortlaut oder in Form eines zusammenfassenden Berichts nach Bestätigung der Niederschrift auf seiner Internetseite oder in anderer geeigneter Form zu veröffentlichen. Personenbezogene Daten oder Betriebs- und Geschäftsgeheimnisse dürfen nicht offenbart werden. Sind Maßnahmen zur Wahrung des Datenschutzes oder von Betriebs- und Geschäftsgeheimnissen nicht ohne erheblichen Aufwand oder erhebliche Veränderung einer Beratungsunterlage möglich, kann der Landkreis insoweit von der Veröffentlichung absehen. Soweit von einer Veröffentlichung der Beratungsunterlagen abgesehen wird, ist dies zu Beginn der öffentlichen Sitzung zu begründen."

11. Nach § 35 Absatz 1 Satz 1 werden folgende Sätze eingefügt:
„Eine Verletzung von Form oder Frist der Ladung eines Kreistagsmitglieds gilt als geheilt, wenn das Mitglied zur Sitzung erscheint und den Mangel nicht spätestens bei Eintritt in die Tagesordnung der Sitzung geltend macht. Die Mitglieder des Kreistags sind hierauf zu Beginn der Sitzung hinzuweisen."

12. § 37 Absatz 1 Satz 2 wird wie folgt gefasst:
„Durch Beschluss kann der Kreistag einzelne Angelegenheiten auf bestehende beschließende Ausschüsse übertragen oder zeitweilige beschließende Ausschüsse bilden."

13. § 39 Absatz 3 Satz 1 wird wie folgt gefasst:
„Für die beratenden Ausschüsse gelten §§ 32, 32a, 33 Absatz 2 Halbsatz 1, §§ 34 bis 36, 37 Absatz 1 Satz 3 und § 38" entsprechend."

14. § 45 Absatz 3 wird wie folgt gefasst:
„(3) Bedienstete des Landkreises, der oberen und obersten Rechtsaufsichtsbehörde sowie Geschäftsführer eines Unternehmens des Landkreises im Sinne des § 63 in Verbindung mit § 96 der Sächsischen Gemeindeordnung können nicht Landrat sein."

15. § 48 wird wie folgt geändert:
    a) In Absatz 2 Satz 2 werden die Wörter „einer Woche" durch die Wörter „zwei Wochen" ersetzt.
    b) In Absatz 4 Satz 1 werden die Wörter „(§ 32 Absatz 3 Satz 4)" durch die Wörter „(§ 32 Absatz 3 Satz 6)" ersetzt.

16. In § 53 Absatz 2 Satz 2 Halbsatz 2 wird das Wort „Arbeitszeit" durch das Wort „Amtszeit" ersetzt.

17. § 68 Absatz 1 wird wie folgt geändert:
    a) Nummer 6 wird wie folgt gefasst:
    „6. das Nähere über die angemessene Entschädigung für ehrenamtliche Tätigkeit nach § 19, insbesondere die Art der Entschädigung sowie die Festsetzung von Höchst- und Mindestbeträgen,".
    b) Nach Nummer 6 wird folgende Nummer 6a eingefügt:
    „6a. das Nähere zur Fraktionsfinanzierung nach § 31a Absatz 3 Satz 1,".

18. § 73 wird wie folgt geändert:
    a) Der Wortlaut wird Absatz 1.
    b) Folgender Absatz 2 wird angefügt:
    „(2) Landräte und Beigeordnete, die am ... [einsetzen: Datum des Inkrafttretens dieses Gesetzes] Geschäftsführer eines Unternehmens des Landkreises im Sinne des § 63 in Verbindung mit § 96 der Sächsischen Gemeindeordnung sind, dürfen diese Tätigkeit bis zum Ende ihrer laufenden Amtszeit ausüben."

Artikel 3
Änderung des Sächsischen Gesetzes über kommunale Zusammenarbeit

Das Sächsische Gesetz über kommunale Zusammenarbeit in der Fassung der Bekanntmachung vom 15. April 2019 (SächsGVBl. S. 270) wird wie folgt geändert:

1. Dem § 16 Absatz 5 wird folgender Satz angefügt:
„Die Vertreter haben den Gemeinderat ihrer Mitgliedsgemeinden frühzeitig über alle Angelegenheiten des Verwaltungsverbandes von besonderer Bedeutung zu unterrichten".

2. Dem § 52 Absatz 4 wird folgender Satz angefügt:
   „Die Vertreter haben das Hauptorgan ihres Verbandsmitglieds im Sinne des § 44 Absatz 1 frühzeitig über alle Angelegenheiten des Zweckverbandes von besonderer Bedeutung zu unterrichten."

3. In § 56 Absatz 3 Satz 2 werden nach den Wörtern „§ 20 Absatz 1 Satz 3" die Wörter „und Absatz 5"eingefügt.

4. § 58 wird wie folgt geändert:
   a) Dem Absatz 1 wird folgender Satz angefügt:
      „Die Rechtsaufsichtsbehörde kann Zweckverbände mit dem Zweck der unmittelbaren Trägerschaft an Sparkassen von den Verpflichtungen
      1. nach § 72 Absatz 3 und 5,
      2. zur Publizität des Entwurfs der Haushaltssatzung nach § 76 Absatz 1 Satz 3 und des Haushaltsplans nach § 76 Absatz 3 Satz 2 sowie
      3. zur Publizität des Jahresabschlusses nach § 88c Absatz 3 Satz 2 der Sächsischen Gemeindeordnung freistellen."
   b) In Absatz 2 Satz 1 Satzteil vor Nummer 1 und Satz 2 werden jeweils die Wörter „die Jahresabschlussprüfung" durch die Wörter „den Jahresabschluss" ersetzt.

5. In § 71 Absatz 2 Satz 3 werden die Wörter „Gebietskörperschaft den beteiligten anderen Gebietskörperschaften" durch die Wörter „Gebietskörperschaft oder ein Zweckverband den beteiligten anderen Gebietskörperschaften oder Zweckverbänden" ersetzt.

6. In § 72 Absatz 3 Satz 1 werden nach dem Wort „werden" ein Semikolon und die Wörter „die nicht genehmigungspflichtige Zweckvereinbarung bedarf auch zur Aufhebung keiner Genehmigung" eingefügt.

7. § 79 wird wie folgt geändert:
   a) In Nummer 2 wird der Punkt am Ende durch ein Komma ersetzt.
   b) Folgende Nummer 3 wird angefügt:
      „3. das Verfahren für die Erteilung von Genehmigungen nach diesem Gesetz."

Artikel 4
Änderung des Kommunalwahlgesetzes

Das Kommunalwahlgesetz in der Fassung der Bekanntmachung vom 20. April 2018 (SächsGVBl. S. 298), das zuletzt durch Artikel 1 des Gesetzes vom 16. Dezember 2020 (SächsGVBl. S. 722) geändert worden ist, wird wie folgt geändert:

1. In § 18 Absatz 2 wird jeweils die Angabe „Absatz 2" durch die Angabe „Satz 2" ersetzt.

2. § 20 wird wie folgt geändert:
   a) Absatz 1 wird wie folgt geändert:
      aa) In Nummer 2 wird das Komma durch einen Punkt ersetzt.
      bb) Nummer 3 wird aufgehoben.
   b) Absatz 2 wird wie folgt geändert:
      aa) In Nummer 2 wird der Punkt durch ein Komma ersetzt.
      bb) Folgende Nummer 3 wird angefügt:
          „3. sie durch unzulässige Häufung auf einen Bewerber abgegeben wurde."

3. § 21 Absatz 1 wird wie folgt geändert:
   a) In Satz 1 werden die Wörter „d'Hondtsches Höchstzahlverfahren" durch die Wörter „Höchstzahlverfahren nach Sainte-Laguë" ersetzt.
   b) In Satz 2 werden die Angaben „1, 2, 3, 4" durch die Angaben „0,5; 1,5; 2,5; 3,5" ersetzt.

4. § 22 Absatz 1 wird wie folgt geändert:
   a) In Satz 1 werden die Wörter „d'Hondtsches Höchstzahlverfah-

ren" durch die Wörter „Höchstzahlverfahren nach Sainte-Laguë" ersetzt.

b) In Satz 3 werden die Angaben „1, 2, 3, 4" durch die Angaben „0,5; 1,5; 2,5; 3,5" ersetzt.

5. § 25 Absatz 1 Satz 3 wird aufgehoben.

6. Dem § 41 Absatz 1 werden folgende Sätze angefügt:
„Der Wahlvorschlag eines Einzelbewerbers ist von diesem eigenhändig zu unterzeichnen. Auch ein Einzelbewerber ist berechtigt, verbindliche Erklärungen zum Wahlvorschlag abzugeben, Erklärungen von Wahlorganen entgegenzunehmen und den Wahlvorschlag zurückzunehmen oder inhaltlich zu ändern."

7. § 65a wird wie folgt gefasst:

„65a
Übergangsbestimmung

Wurde die Hauptwahl vor dem... [einsetzen: Datum des Inkrafttretens des Gesetzes] durchgeführt, sind bei einer Ergänzungswahl nach § 34 Absatz 7 der Sächsischen Gemeindeordnung oder § 30 Absatz 7 der Sächsischen Landkreisordnung die §§ 21 und 22 in der vor dem... [einsetzen: Datum des Inkrafttretens dieses Gesetzes] geltenden Fassung anzuwenden."

Artikel 5
Änderung des Sächsischen Beamtengesetzes

Das Sächsische Beamtengesetz vom 18. Dezember 2013 (SächsGVBl. S. 970, 971), das zuletzt durch Artikel 4 des Gesetzes vom 26. Februar 2021 (SächsGVBl. S. 318) geändert worden ist, wird wie folgt geändert:

1. In der Inhaltsübersicht wird nach der Angabe zu § 155a folgende Angabe eingefügt:
„§ 155b Ehrensold".

2. § 147 Absatz 1 Nummer 3 Satz 4 wird wie folgt gefasst:
„Die Sätze 1 bis 3 gelten nicht für Bürgermeister, die nach § 51 Absatz 7 bis 9 der Sächsischen Gemeindeordnung abgewählt wurden oder die am Tage der Beendigung der Amtszeit
a) das 58. Lebensjahr vollendet haben,
b) eine Gesamtdienstzeit als Bürgermeister, Beigeordneter, Landrat, Verbandsvorsitzender, hauptamtlicher Ortsvorsteher oder Amtsverweser von 14 Jahren erreicht haben, wobei Zeiten nach § 5 Absatz 2 Satz 2 entsprechend berücksichtigt werden, oder
c) nach Feststellung der Rechtsaufsichtsbehörde dienstunfähig im Sinne von § 26 des Beamtenstatusgesetzes geworden sind."

3. Nach § 155a wird folgender § 155b eingefügt:

„§ 155b
Ehrensold

(1) Die nach dem 3. Oktober 1990 in Sachsen für mindestens eine volle Amtszeit tätig gewesenen ehemaligen ehrenamtlichen Bürgermeister erhalten ab Vollendung ihres 65. Lebensjahres als Anerkennung ihrer Verdienste einen monatlichen Ehrensold in Höhe von 100 Euro. § 155a Absatz 2 Satz 2 gilt entsprechend. Ein Anspruch auf Ehrensold besteht auch dann, wenn eine volle Amtszeit nur deshalb nicht erreicht werden konnte, weil vor deren Ablauf die Gemeinde aufgelöst worden ist oder der ehrenamtliche Bürgermeister ohne Vorsatz oder grobe Fahrlässigkeit einen Dienstunfall im Sinne von § 33 des Sächsischen Beamtenversorgungsgesetzes erlitten hat und dadurch dienstunfähig geworden ist. Die Auszahlung erfolgt monatlich im Voraus.
(2) Der Ehrensold ist von der Gemeinde, die Dienstherr des ehemaligen ehrenamtlichen Bürgermeisters gewesen ist, oder von deren Rechtsnachfolger zu tragen. Hat der ehemalige ehrenamtliche Bürgermeister dieses Amt gleichzeitig in mehreren Gemeinden ausgeübt, so besteht ein

Anspruch auf Ehrensold gegen jede dieser Gemeinden.

(3) Besteht neben dem Anspruch auf Ehrensold auch ein Anspruch auf Ruhegehalt aus einem Beamtenverhältnis auf Zeit in einer sächsischen Gemeinde anlässlich der Tätigkeit als Bürgermeister, so wird das Ruhegehalt auf den Ehrensold angerechnet, soweit die Summe der beiden Leistungen 71,75 Prozent der ruhegehaltsfähigen Dienstbezüge übersteigen würde.

(4) Der Anspruch auf Ehrensold entsteht nicht, wenn der ehrenamtliche Bürgermeister durch Urteil eines Disziplinargerichts aus dem Dienst entfernt wurde oder er sich sonst des Ehrensolds als unwürdig erwiesen hat. Der Anspruch auf Ehrensold endet mit dem Tode und erlischt, wenn die Voraussetzungen von § 68 des Sächsischen Beamtenversorgungsgesetzes eintreten."

Artikel 6
Änderung des
Sächsischen Besoldungsgesetzes

1. In § 30 Absatz 1 Nummer 2 des Sächsischen Besoldungsgesetzes vom 18. Dezember 2013 (SächsGVBl. S. 970, 1005), das zuletzt durch Artikel 2 des Gesetzes vom 21. Mai 2021 (SächsGVBl. S. 578) geändert worden ist, wird die Zeile mit der Angabe „mehr als 1 200" wie folgt gefasst:
   „bis 1 200 A 12 -"

2. In Anlage 2 zu § 24 Absatz 1 wird Satz 1 der Fußnote 4 wie folgt gefasst:
   „Die Zahl der Planstellen in einer Stadt bis zu 450 000 Einwohnern darf höchstens 3 betragen."

Artikel 7
Änderung des
Gesetzes über den Kommunalen Versorgungsverband Sachsen

Das Gesetz über den Kommunalen Versorgungsverband Sachsen in der Fassung der Bekanntmachung vom 30. Januar 2019 (SächsGVBl. S. 106) wird wie folgt geändert:

1. In § 2 Absatz 2 Satz 2 werden die Wörter „das durch das Gesetz vom 4. Juli 2017 (SächsGVBl. S. 347) geändert worden ist" durch die Wörter „das zuletzt durch Artikel 4 des Gesetzes vom 17. Dezember 2020 (SächsGVBl. S. 731) geändert worden ist" ersetzt.

2. In § 10 Absatz 2 Satz 1 Halbsatz 2 werden die Wörter „vom 18. Dezember 2013 (SächsGVBl. S. 970, 971), das durch das Gesetz vom 4. Juli 2017 (SächsGVBl. S. 347) geändert worden ist, in der jeweils geltenden Fassung," gestrichen.

3. § 15 wird wie folgt geändert:
   a) In Nummer 3 wird der Punkt am Ende durch ein Komma ersetzt.
   b) Folgende Nummer 4 wird angefügt:
      „4. die Gewährung der Aufwandsentschädigung an ehrenamtliche Bürgermeister nach § 155a des Sächsischen Beamtengesetzes sowie des Ehrensolds an ehemalige ehrenamtliche Bürgermeister nach § 155b des Sächsischen Beamtengesetzes, soweit die Mitglieder nach § 4 Nummer 1 dies beantragen und der Kommunale Versorgungsverband dem zustimmt."

4. In § 29 Absatz 2 Satz 1 wird nach den Wörtern „geltenden Fassung" ein Komma eingefügt.

Artikel 8
Änderung des
Gesetzes über die öffentlich-rechtlichen Kreditinstitute im Freistaat Sachsen und die Sachsen-Finanzgruppe

Das Gesetz über die öffentlich-rechtlichen Kreditinstitute im Freistaat Sachsen und die Sachsen-Finanzgruppe vom 13. Dezember 2002 (SächsGVBl. S. 333), das zuletzt durch Artikel 16 des Gesetzes vom 18. Dezember

2013 (SächsGVBl. S. 970) geändert worden ist, wird wie folgt geändert:

1. Der Überschrift werden ein Zeilenumbruch und die Wörter „(Sächsisches Sparkassengesetz – SächsSpG)" angefügt.

2. § 1 Absatz 4 wird wie folgt gefasst:
   „(4) Auf Sparkassenzweckverbände findet § 58 des Sächsischen Gesetzes über kommunale Zusammenarbeit in der Fassung der Bekanntmachung vom 15. April 2019 (SächsGVBl. S. 270), das durch Artikel 3 des Gesetzes vom [einsetzen: Ausfertigungsdatum dieses Gesetzes] (SächsGVBl. S. [einsetzen: Seitenzahl]) geändert worden ist, in der jeweils geltenden Fassung, keine Anwendung. Dies gilt nicht, wenn die Trägerschaft an der Sparkasse durch Kredite oder kreditähnliche Rechtsgeschäfte finanziert ist."

3. Nach § 12 Absatz 1 wird folgende Nummer 1a eingefügt:
   „1a. Personen, die in derselben Sparkasse Mitglied oder stellvertretendes Mitglied des Vorstands oder Beschäftigte der Sparkasse im Sinne des § 19 Absatz 7 Satz 1 sind;"

Artikel 9
Inkrafttreten

Dieses Gesetz tritt am Tag nach der Verkündung in Kraft.

Begründung

A. Allgemeiner Teil

I. Zum Inhalt

Im Wesentlichen sollen folgende Neuregelungen getroffen werden:

Das vorliegende Artikelgesetz setzt neben den im Koalitionsvertrag von CDU, BÜNDNIS 90/DIE GRÜNEN und SPD für die 7. Legislaturperiode vereinbarten Änderungen zur Stärkung der kommunalen Selbstverwaltung sowie der Beteiligung der Bürger an kommunalpolitischen Entscheidungen auch die Erkenntnisse aus der Auswertung der Kommunalwahlen 2019 um.

Insbesondere realisiert das Gesetz die Erweiterung der Beteiligung von Bürgern an kommunalpolitischen Entscheidungen, die Einführung des Grundsatzes der Hauptamtlichkeit von Bürgermeistern auch in Gemeinden mit weniger als 5.000 Einwohnern, die Ausbringung eines pauschalen Ehrensoldes für ehemalige ehrenamtliche Bürgermeister sowie die Änderung des Sitzzuteilungsverfahrens im Kommunalwahlrecht.

Zu den wesentlichen Regelungspunkten im Einzelnen:

1. Sächsische Gemeindeordnung (SächsGemO)

- Ausdrückliche Eröffnung der Möglichkeit für die Gemeinden zum Erlass von Bürgerbeteiligungssatzungen zur Stärkung der Informations- und Teilhaberechte der Bürger.

- Anordnung eines obligatorischen Bürgerentscheids bei freiwilligen Eingemeindungen.

- Stärkung der Bürgerbeteiligung an kommunalpolitischen Entscheidungen durch Erhöhung der jährlichen Anzahl obligatorischer Einwohnerversammlungen sowie die Absenkung der Quoren für Bürgerbegehren, Bürgerentscheide sowie für die Beantragung von Einwohnerversammlungen.

- Einräumung des Anspruchs für Fraktionen auf die Gewährung von Akteneinsicht.

- Regelung der Mindestzahl für die Fraktionsbildung (kumulativ zwei Personen und mindestens 5 Prozent der Gemeinderatsmitglieder) sowie des Anspruchs der Fraktionen auf eine angemessene sächliche Mindestausstattung. Gemeinden über 5 000 Einwohner sollen darüber hinaus in ihrer Satzung eine angemessene personelle Mindestausstattung vorsehen.

- Verpflichtung der Gemeinden unter Beachtung datenschutzrechtlicher Bestimmungen zur Vorabveröffentlichung der Beratungsunterlagen öffentlicher Gemeinderatssitzungen und der darin gefassten Beschlüsse.

- Ausdrückliche Zulassung der Bildung zeitweiliger beschließender und beratender Ausschüsse durch den Gemeinderat.

- Regelung der Unvereinbarkeit zwischen dem Amt des Bürgermeisters und der Tätigkeit als Geschäftsführer eines kommunalen Unternehmens, mit abweichender Regelung für Ortsvorsteher.

- Einräumung der Möglichkeit für alle Gemeinden – unabhängig von ihrer Einwohnerzahl – einen hauptamtlichen Bürgermeister zu haben, bei gleichzeitiger Optionsmöglichkeit für Gemeinden, die Mitglied eines Verwaltungsverbandes oder, ohne erfüllende Gemeinde zu sein, einer Verwaltungsgemeinschaft sind, für einen ehrenamtlichen Bürgermeister.

- Übernahme der für Gemeinderäte geltenden Schutzregelungen vor beruflichen Nachteilen bei Übernahme eines Mandats für ehrenamtliche Bürgermeister.

- Verlängerung der Widerspruchsfrist des Bürgermeisters bei nachteiligen bzw. rechtswidrigen Gemeinderatsbeschlüssen auf zwei Wochen.

- Schließung einer Regelungslücke durch die Aufnahme des Abschlusses und die Aufhebung von Zweckvereinbarungen in den Katalog der Vorbehaltsaufgaben des Gemeinderats.

- Entsprechende Geltung der Vorschrift des § 34 (Ausscheiden von Gemeinderäten, Nachrücken von Ersatzpersonen, Ergänzungswahl) auch für Stadtbezirksbeiräte.

- Aufnahme der Verwendung bereits veranschlagter Aufwendungen und Auszahlungen sowie Geldanlagen in den Katalog der Ausnahmetatbestände von der Pflicht zur Aufstellung einer Nachtragssatzung.

- Beseitigung der sachlich nicht gerechtfertigten Ungleichbehandlung von Kommunen mit Doppelhaushalten im Zusammenhang mit Verpflichtungsermächtigungen und Kreditgenehmigungen.

- Erweiterung des zeitlichen Anwendungsbereichs der Regelungen zu den formellen Erleichterungen bei der Aufstellung von Jahresabschlüssen und Einführung des Erfordernisses eines Ratsbeschlusses über die Ausübung des Wahlrechtes.

- Ermächtigung des Staatsministeriums des Innern zur Regelung einer angemessenen Entschädigung der ehrenamtlichen Tätigkeit, insbesondere der Gemeinderäte, sowie für die angemessene Fraktionsfinanzierung durch Rechtsverordnung.

2. Sächsische Landkreisordnung (SächsLKrO)

- Entsprechende Übernahme der Änderungen aus der Sächsischen Gemeindeordnung.

3. Sächsisches Gesetz über kommunale Zusammenarbeit (SächsKomZG)

- Verbesserung der Grundlage für Weisungen der Verbandsvertreter gegenüber ihren Vertretern in der Verbandsversammlung durch Schaffung einer ausdrücklich geregelten Informationspflicht.

- Schaffung der Möglichkeit im Zweckverbandsrecht zur Abwahl des Zweckverbandsvorsitzenden.

- Schaffung der Möglichkeit für Zweckverbände, einem Zweckverband oder einer Gebietskörperschaft Dienstkräfte zeitanteilig zur Verfügung zu stellen.

- Ausdrückliche Ausnahme der Aufhebung einer mandatierenden Zweckvereinbarung von der Genehmigungspflicht durch die Rechtsaufsichtsbehörde.

- Schaffung einer Verordnungsermächtigung für die Genehmigung von Veränderungen der Gebietsstruktur in Verwaltungsgemeinschaften und Verwaltungsverbänden.

  Diese wird durch die geänderte Abgrenzung der Geschäftsbereiche der Ressorts bei der Ausgestaltung des Genehmigungsverfahrens erforderlich.

- Ersetzung des Begriffs „Jahresabschlussprüfung“ in § 58 Absatz 2 Satz 1 und 2 SächsKomZG durch den richtigen Begriff „Jahresabschluss“ zur Klarstellung im Rahmen der Wirtschaftsführung der Zweckverbände.

- Aufnahme einer Ausnahmeregelung für Zweckverbände mit unmittelbarer Trägerschaft an Sparkassen, die diese – bei Vorliegen besonderer Voraussetzungen – von der Verpflichtung zur Haushaltskonsolidierung freistellt.

4. Gesetz über die Kommunalwahlen im Freistaat Sachsen (KomWG)

- Ersetzung des Sitzzuteilungsverfahrens nach d'Hondt durch das Höchstzahlverfahren nach Sainte-Laguë für Gemeinderats- und Kreistagswahlen (mit

Übergangsregelung für gegebenenfalls in Einzelfällen nötige Ergänzungswahlen).

- Angleichung des Einspruchsrechts bei Kommunalwahlen an jenes der Landtagswahlen.

5. Sächsisches Beamtengesetz (SächsBG)

- Berechtigung kommunaler Wahlbeamter in § 147 Absatz 1 Nummer 3, im Falle einer durch die Rechtsaufsichtsbehörde festgestellten Dienstunfähigkeit im Sinne von § 26 des Beamtenstatusgesetzes oder der vorherigen Abwahl, bei Vorliegen der übrigen beamtenversorgungsrechtlichen Voraussetzungen zum Eintritt in den Ruhestand, ohne vorherige Bewerbung für eine Wiederwahl.

- Einführung eines von den Kommunen zu tragenden pauschalen monatlichen Ehrensolds für ihre ehemaligen ehrenamtlichen Bürgermeister durch Einfügung eines neuen § 155b.

6. Sächsisches Besoldungsgesetz (SächsBesG)

- Ausbringung der Besoldungsgruppe A 12 für hauptamtlich tätige Bürgermeister von Gemeinden bis 1 200 Einwohnern.

- Aufhebung der Begrenzung für Städte mit mehr als 450 000 Einwohnern für die Ausbringung von Planstellen der Besoldungsgruppe B 2 durch Neufassung des Satzes 1 der Fußnote 4 zur Anlage 2 zu § 24 Absatz 1 SächsBesG.

7. Gesetz über den Kommunalen Versorgungsverband Sachsen (SächsGKV)

- Berechtigung des Kommunalen Versorgungsverbandes Sachsen, als freiwillige Aufgabe den Gemeinden als Serviceleistung die Gewährung des Ehrensolds an deren ehemalige ehrenamtliche Bürgermeister gegen Kostenerstattung anzubieten.

8. Gesetz über die öffentlich-rechtlichen Kreditinstitute im Freistaat Sachsen und die Sachsen-Finanzgruppe

- Klarstellung, dass auf Sparkassenzweckverbände § 58 des Sächsischen Gesetzes über kommunale Zusammenarbeit in der Fassung der Bekanntmachung vom 15. April 2019 (SächsGVBl. S. 270), in der jeweils geltenden Fassung, grundsätzlich keine Anwendung findet. Dies gilt nicht, soweit die Sparkassenträgerschaft durch Kredite oder kreditähnliche Rechtsgeschäfte finanziert ist.

- Definition des Personenkreises, die nicht Mitglied des Verwaltungsrates einer Sparkasse sein dürfen: Personen, die in derselben Sparkasse Mitglied oder stellvertretendes Mitglied des Vorstands oder Beschäftigte der Sparkasse im Sinne des § 19 Absatz 7 Satz 1 sind.

II. Zum Erfüllungsaufwand:

1. Sächsische Gemeindeordnung

a) § 4 Absatz 1 SächsGemO: Erlass von Bürgerbeteiligungssatzungen
Es wird lediglich klargestellt, dass die Gemeinden bzw. Landkreise Bürgerbeteiligungssatzungen erlassen können. Diese Möglichkeit hatten sie bereits bisher im Rahmen ihres kommunalen Selbstverwaltungsrechtes. Durch die Änderung wird kein Erfüllungsaufwand begründet.

b) § 8a Absatz 3 SächsGemO: Durchführung von Bürgerentscheiden bei Gebietsänderungen durch Vereinbarung
Bei Gebietsänderungen (Eingliederung und Vereinigung) durch Vereinbarung müssen künftig in den betroffenen Gemeinden zwingend Bürgerentscheide durchgeführt werden. Dafür entfällt das bisher verpflichtend durchzuführende Anhörungsverfahren. Bisher sah die Regelung vor, dass das Anhörungsverfahren entfällt, wenn ein Bürgerentscheid durchgeführt wurde.
Seit 2017 kamen insgesamt vier Gebietsänderungen (drei Eingliederungen und eine Gemeindevereinigung) durch eine Vereinbarung zustande. Zumindest in einem Fall haben die Bürger im Wege eines Bürgerentscheides unmittelbar über die Eingemeindung abgestimmt. Derzeit sind keine weiteren Planungen von Gemeindezusammenschlüssen oder Eingemeindungen bekannt, so dass davon ausgegangen werden kann, dass der Anwendungsbereich dieser Vorschrift und der damit einhergehende Erfüllungsaufwand auch zukünftig sehr gering sein werden.
Selbst wenn künftig Gebietsänderungen in Form von Eingemeindungen oder Vereinigungen vollzogen werden, dürfte es weder für die Bürger noch für die Verwaltung zu einem nennenswerten Mehraufwand kommen, da das bisher durchzuführende Anhörungsverfahren lediglich durch ein anderes Bürgerbeteiligungsverfahren ersetzt wird.
Das Anhörungsverfahren sieht vor, dass der Entwurf der Vereinbarung für die Dauer eines Monats öffentlich auszulegen und die Auslegung zuvor öffentlich bekanntzumachen ist. Die Auslegung erfolgt üblicherweise in den Räumen der Gemeindeverwaltung während der üblichen Öffnungszeiten. Während der Dauer der Auslegung hat ein Gemeindebediensteter in den Räumen anwesend zu sein. Er sollte die nötige Sachkunde besitzen, um ggf. Auskünfte erteilen zu können. Die Gemeinde hat sicherzustellen, dass Niederschriften zu den Stellungnahmen aufgenommen werden können. Die von den Anhörungsberechtigten vorgetragenen Stellungsnahmen sind im An-

schluss an das Anhörungsverfahren auszuwerten und dem Gemeinderat zur Beschlussfassung vorzulegen.
Erst danach kann der Gemeinderat einen Beschluss über die Vereinbarung fassen. Sofern das Vorhaben der Gebietsänderung auf Grund der Anhörung wesentlich geändert werden muss und die Anhörungsberechtigten noch keine Gelegenheit hatten, zu diesen Änderungen Stellung zu nehmen, ist die Anhörung zu wiederholen.
Im Rahmen des Bürgerentscheides wird den Bürgern ein Entscheidungsvorschlag zur Abstimmung gestellt. Der Bürgerentscheid steht einem Beschluss des Gemeinderates gleich. Er kann jedoch, anders als ein jederzeit abänderbarer Gemeinderatsbeschluss, innerhalb von drei Jahren nur durch einen neuen Bürgerentscheid abgeändert werden. Der Tag der Abstimmung muss ein Sonntag sein und ist öffentlich bekanntzumachen. Für die Abstimmung selbst gelten die kommunalwahlrechtlichen Vorschriften entsprechend.
Die Abstimmungen im Rahmen von Bürgerentscheiden werden zwar entsprechend der für Wahlen vorgesehenen Verfahren durchgeführt. Gebietsänderungen sind jedoch langfristige Verfahren, so dass entsprechende Abstimmungen im Rahmen von Bürgerentscheiden mit ohnehin regelmäßig stattfindenden Wahlen (Europa-, Bundestags-, Landtags- oder Kommunalwahlen) verbunden werden können. So fand z. B. der Bürgerentscheid zur Eingemeindung der Gemeinde Schönteichen nach Kamenz zusammen mit der Oberbürgermeisterwahl statt. Es kann davon ausgegangen werden, dass nicht nur auf Grund der sehr geringen Anwendungsfälle (s. o.), sondern auch auf Grund der Möglichkeit, die Abstimmung mit Wahlen zu verbinden, kein nennenswerter Mehraufwand entsteht.
Im Ergebnis dürfte für die Verwaltung ein geringer Mehraufwand durch die Vorbereitung der Abstimmung (Bekanntmachung der Abstimmung, Erstellen des Entscheidungsvorschlages und Vorbereitung und Druck des Stimmzettels, Unterrichtung und Einweisung der Wahlhelfer, Erfrischungsgeld, Bestellung und Entscheidung des Gemeindewahlausschusses) entstehen. Dieser wird auf insgesamt 16 Arbeitsstunden der ersten Einstiegsebene und acht Arbeitsstunden der zweiten Einstiegsebene der Laufbahngruppe 2 geschätzt. Unter Berücksichtigung der VwV Kostenfestlegung wird daher für den Personalaufwand von Mehrkosten in Höhe von ca. 2.000 Euro ausgegangen. Für den Druck der Stimmzettel werden für eine Gemeinde mit 5.000 Einwohnern Kosten von 250 Euro zu Grunde gelegt, so dass der Erfüllungsaufwand für eine Gemeinde auf ca. 2.250 Euro geschätzt wird.
Die Bürger können, wie auch bisher, beim Anhörungsverfahren selbstständig entscheiden, ob sie das ihnen eingeräumte Teilhaberecht nutzen möchten. Im Ergebnis führt die Möglichkeit der Abstimmung durch „Ankreuzen" zu einer sehr geringen Reduzierung des Erfüllungsaufwands für die Bürger.

c) § 21 Absatz 2 SächsGemO: Entschädigung ehrenamtliche Tätigkeit

Durch die Neufassung wird nunmehr geregelt, dass den dort genannten Gremienmitgliedern eine zusätzliche pauschale Entschädigung für den erforderlichen Zeitaufwand für die Gremiensitzungen sowie deren Vor- und Nachbereitung zu gewähren ist. Ferner werden die Stadtbezirksbeiräte in den Kreis der begünstigten Gremien aufgenommen. Durch die erforderlichen Satzungsänderungen, die zusätzlichen pauschalen Entschädigungen und den erforderlichen Auszahlungsaufwand entsteht ein nicht quantifizierbarer Erfüllungsaufwand.

d) § 22 Absatz 1 Satz 2 SächsGemO: Einwohnerversammlung zweimal im Jahr

Künftig soll in den Gemeinden statt einmal im Jahr zweimal jährlich eine Einwohnerversammlung stattfinden. Die Einwohnerversammlungen können auf Gemeindeteile beschränkt werden. Der Aufwand für die insgesamt 419 Gemeinden ist nicht verlässlich bezifferbar, da er schon allein auf Grund der unterschiedlichen Gemeindegrößen nicht vergleichbar ist. Der Aufwand für die Vorbereitung und Durchführung dürfte auch maßgebend von den zu behandelnden Themen abhängen. Bei größeren und strittigen Vorhaben dürfte die Vorbereitung und Durchführung (ggf. unter Einbeziehung von Experten) finanziell und zeitlich aufwendiger sein als eine Einwohnerversammlung, deren Gegenstand zum „normalen Gemeindealltag" zählt. Es kann im Übrigen auch nicht ausgeschlossen werden, dass Gemeinden bereits jetzt mehr als eine Einwohnerversammlung pro Jahr durchgeführt haben und für sie durch die Regelung kein Mehraufwand entsteht. Die bisherigen und auch neuen Regelungen geben eine Mindestanzahl der durchzuführenden Einwohnerversammlungen vor, was jedoch die Gemeinde nicht daran hindert, im Rahmen ihres kommunalen Selbstverwaltungsrechtes darüber hinaus Versammlungen mit ihren Einwohnern abzuhalten. Auch durch die Absenkung des Einwohneranteils, der die Durchführung einer Einwohnerversammlung verlangen kann, kann es zu einer häufigeren Durchführung von Einwohnerversammlungen kommen.

e) § 23 Satz 2 in Verbindung mit § 22 Absatz 2 Satz 3 SächsGemO: Einwohneranträge

Die Absenkung der Quoren kann ebenso zu einer höheren Anzahl von Einwohneranträgen und somit zu einem Mehraufwand führen, der nicht bezifferbar ist, da unbekannt ist, inwieweit hiervon Gebrauch gemacht wird.

f) § 25 Absatz 1 Satz 2 SächsGemO: Bürgerbegehren

Auch bei der Absenkung der Quoren für Bürgerbegehren kann es nicht ausgeschlossen werden, dass dies zu einer höheren Anzahl an Bürgerentscheiden und damit zu einem höheren Erfüllungsaufwand führt, der jedoch nicht bezifferbar ist.

g) § 28 Absatz 5 Satz 1 SächsGemO: Akteneinsichtsrecht für Fraktionen

Durch das nunmehr auch den Fraktionen zustehende Akteneinsichtsrecht kann den Kommunen ein nicht quantifizierbarer Mehraufwand entstehen.

h) § 35a Absatz 3 Satz 1 SächsGemO: Fraktionsfinanzierung

Wenn künftig mindestens zwei Personen und fünf Prozent der Mitglieder des Gemeinderats eine Fraktion bilden können, kann es dazu führen, dass mehr Fraktionen gebildet werden und somit mehr Erfüllungsaufwand durch die Fraktionsfinanzierung entsteht. Da nunmehr alle Gemeinden gemäß § 35 Absatz 3 Satz 1 SächsGemO verpflichtet werden, den Fraktionen eine angemessene sächliche Mindestausstattung zu gewähren und Gemeinden über 5 000 Einwohner darüber hinaus in ihrer Satzung auch Mittel für eine angemessene personelle Ausstattung vorsehen sollen, kommt es bei Gemeinden unter 30 000 Einwohnern, sofern sie ihren Fraktionen noch keine Finanzierung gewährt haben, zu einem zusätzlichen Erfüllungsaufwand.

i) § 36b SächsGemO: Veröffentlichung von Informationen

Durch die Verpflichtung der Gemeinden, zukünftig die Beratungsunterlagen für öffentliche Gemeinderatssitzungen auf ihrer Internetseite oder auf andere geeignete Weise zu veröffentlichen, entsteht ein Mehraufwand.

j) § 51 Absatz 2 SächsGemO: Hauptamtlichkeit von Bürgermeistern in Gemeinden unter 5 000 Einwohnern

Mit Inkrafttreten der Neufassung des § 51 Absatz 2 SächsGemO werden die Bürgermeister in allen Gemeinden grundsätzlich hauptamtlich tätig sein. Dabei entstehen den Gemeinden gegenüber den jetzigen Kosten für die Aufwandsentschädigung für den ehrenamtlichen Bürgermeister erhebliche Mehrausgaben für die Besoldung der Bürgermeister. Sollten zukünftig alle Bürgermeister hauptamtlich tätig sein, würden sich die Mehrausgaben auf insgesamt 8.500.011,24 Euro belaufen, vgl. beigefügte Tabelle. Entsprechend der einzelnen Größenklasse sind die jährlichen Mehrausgaben der Gemeinden sehr unterschiedlich. So betragen zum Beispiel für eine Gemeinde der Größenklasse unter 1.000 Einwohnern die Mehrausgaben jährlich 56.110,64 Euro.

Bei Gemeinden der Größenklasse von 3.000 bis 5.000 Einwohnern betragen die jährlichen Mehrausgaben 72.870,75 Euro. Allerdings haben die Gemeinden unter 5.000 Einwohnern, die Mitglied eines Verwaltungsverbandes oder, ohne erfüllende Gemeinde zu sein, einer Verwaltungsgemeinschaft sind, die Möglichkeit, in der Hauptsatzung zu regeln, dass der Bürgermeister weiterhin ehrenamtlich tätig ist. Machen diese Gemeinden von dieser Option Gebrauch, entsteht ihnen kein zusätzlicher Erfüllungsaufwand. Die für die Dienstherren von Beamten grundsätzliche Verpflichtung zur Gewährung von Beihilfe ist bei kommunalen Beamten gemäß § 13 SächsGKV eine gesetzliche Aufgabe des Kommunalen Versorgungsverbandes Sachsen. Der finanzielle Mehraufwand an Verwaltungskosten, der den Gemeinden gegenüber dem Kommunalen Versorgungsverbandes Sachsen entsteht, beträgt 550 Euro. Sollten zukünftig alle Bürgermeister hauptamtlich tätig sein, würde sich der zusätzliche Sachaufwand bei derzeit noch 125 ehrenamtlichen Bürgermeistern auf insgesamt 68.750 Euro jährlich belaufen.

1	2	3	4	5	6	7	8
	Anzahl der ehrenamtlichen Bürgermeister (BM)	Aufwandsentschädigung ehrenamtl. BM pro Monat	Besoldung hauptamtl. BM pro Monat	Personalnebenkosten (DienstAE, Beihilfe, Versorgungszuschlag**)	Gesamtkosten hauptamtl. BM pro Monat (Sp. 4+5)	ergibt Mehrkosten pro ehr. BM pro Monat (Sp. 6 - 3)	monatliche Mehrkosten Gesamt (Sp. 2 * 7)
5000-3000 EINW	8	2.598,00 €	5.625,41 €	3.045,15 €	8.670,56 €	6.072,56 €	48.580,50 €
3000-2000 EINW	30	2.446,00 €	5.625,41 €	3.045,15 €	8.670,56 €	6.224,56 €	186.736,88 €
2000-1200 EINW	54	2.293,00 €	5.221,10 €	3.022,15 €	8.243,25 €	5.950,25 €	321.313,64 €
1200-1000 EINW	17	2.293,00 €	4.700,83 €	2.115,06 €	6.815,89 €	4.522,89 €	76.889,07 €
unter 1000 EINW	16	2.140,00 €	4.700,83 €	2.115,06 €	6.815,89 €	4.675,89 €	74.814,19 €
Gesamt	125						

Mehrkosten der Gemeinden pro Monat
gesamt: 708.334,27 €
jährliche Mehrkosten gesamt: **8.500.011,24 €**

Gebietsstand: 01.01.2019
Bevölkerung: 30.06.2017 auf Basis der Zensusdaten vom 9. Mai 2011
Besoldung/Aufwandsentschädigung: 01.06.2020

*es wird von der künftigen BesGr A 12 ausgegangen
** entsprechend KomDAEVO bzw. Kostensätze VwV Kostenfestlegung 2020, Anlage 2a

k) § 96a Absatz 2 und § 97 Absatz 7 SächsGemO: Berichtspflicht und Genehmigungsvorbehalt der Rechtsaufsichtsbehörde

Dem Staatsministerium des Innern und der Landesdirektion Sachsen entstehen ein einmaliger Erfüllungsaufwand durch die Berichte an den Landtag. Der einmalige Personalaufwand des Staatsministeriums des Innern wird auf jeweils 40 Stunden für die Laufbahngruppe 2 erste und zweite Einstiegsebene geschätzt. Für die Landesdirektion Sachsen wird der einmalige Personalaufwand auf 40 Stunden für die Laufbahngruppe 2 erste Einstiegsebene und 20 Stunden für die Laufbahngruppe 2 zweite Einstiegsebene geschätzt. Damit entsteht den Freistaat Sachsen ein einmaliger Personalaufwand von 9.830 Euro und einmaliger Sachaufwand von 1.102 Euro.

Auf kommunaler Ebene entstehen bei den zehn Rechtsaufsichtsbehörden ein einmaliger Personalaufwand von jeweils 40 Stunden für die Laufbahngruppe 2 erste Einstiegsebene sowie jeweils 20 Stunden für die Laufbahngruppe 2 zweite Einstiegsebene durch die Zuarbeit an das Staatsministerium des Innern zu den Berichten an den Landtag. Mithin entstehen ein einmaliger Personalaufwand in Höhe von 52.910 Euro und ein einmaliger Sachaufwand in Höhe von 6.139 Euro (780 Stunden x 7,87 Euro Sachkosten gemäß VwV Kostenfestlegung). Für die untere kommunale Ebene werden der Personal- und der Sachaufwand anteilig auf ein Drittel des vorgenannten Teilumfangs geschätzt. Dies entspricht einem einmaligen Personalaufwand in Höhe von 17.637 Euro und einem einmaligen Sachaufwand von 2.046 Euro.

2. Sächsische Landkreisordnung

Die Ausführungen unter Nummer 1 gelten für die Landkreise entsprechend, sofern die dort vorgesehenen Regelungen ihrem Wesen nach auch auf die Landkreise anwendbar sind.

3. Sächsisches Gesetz über kommunale Zusammenarbeit

a) § 16 Absatz 5 und § 52 Absatz 4 SächsKomZG: Informationspflicht Verbandsversammlung gegenüber Entsendungsorgan
Auch wenn künftig eine Informationspflicht der Vertreter in der Verbandsversammlung der Gebietskörperschaften und Zweckverbände gegenüber ihrem Entsendungsorgan ausdrücklich in § 16 Absatz 5 SächsKomZG für Verwaltungsverbände und in § 52 Absatz 4 SächsKomZG für Zweckverbände verankert wird, dürfte es für die Verwaltung nicht zu einem nennenswerten Mehraufwand kommen, da schon bisher im Rahmen des Weisungsrechts des Hauptorgans des Verbandsmitglieds Informationen grundsätzlich weitergeleitet werden mussten.

b) § 56 Absatz 2 Satz 2 SächsKomZG:
Die Änderung ermöglicht die vorzeitige Abwahl des Verbandsvorsitzenden und kann somit einen zusätzlichen Erfüllungsaufwand für die Vorbereitung und Durchführung entsprechender Ab- und vorzeitiger Neuwahlen verursachen.

4. Kommunalwahlgesetz

a) § 21 und § 22 KomWG: Sitzzuteilungsverfahren
Die Änderung des Sitzzuteilungsverfahrens führt zu keinem Erfüllungsaufwand, da bei der Berechnung lediglich ein anderer Divisor als bisher verwendet werden muss.

b) § 25 KomWG: Einspruchsrecht des Wahlberechtigten
Die Änderung stellt eine Erleichterung für die Wahlberechtigten dar, die nicht die Verletzung eigener Rechte geltend machen. Ihrem Einspruch müssen keine weiteren Wahlberechtigten beitreten. Durch die Änderung reduziert sich der Prüfungsumfang der Rechtsaufsichtsbehörde. Für sie entfällt die Prüfung, ob die erforderliche Anzahl der Beitretenden den Einspruch unterstützen. Dieser Erleichterung steht eine erhöhte Anzahl von Einsprüchen gegenüber.

5. Sächsisches Beamtengesetz

Durch die Einführung des Ehrensolds für ehemalige ehrenamtliche Bürgermeister entsteht für die Gemeinden ein entsprechender Erfüllungsaufwand. Der Umfang des Erfüllungsaufwands hängt von der, der Staatsregierung allerdings nicht bekannten, genauen Anzahl der ehemaligen ehrenamtlichen Bürgermeister ab, für die die Gemeinde als ehemaliger Dienstherr zur Zahlung des Ehrensolds verpflichtet ist. Schätzungen zufolge, die auf einer zeitlich lückenhaften, da ursprünglich nicht vorgesehenen Erhebung der entsprechenden Daten durch das Statistische Landesamt des Freistaates Sachsen beruhen, dürften derzeit circa 1.244 ehrenamtliche Bürgermeister anspruchsberechtigt sein. Aufgrund der fehlenden Angaben ist es auch nicht möglich zu prüfen, ob Bürgermeister mehrere Amtsperioden das Amt innehatten, bereits verstorben sind oder später als hauptamtliche Bürgermeister tätig waren.

Einen Sonderfall stellt zudem die Ermittlung der Anspruchsberechtigten in der Wahlperiode von 1990 bis 1994 dar. Mit Inkrafttreten des Gesetzes über die Selbstverwaltung der Gemeinden und Landkreise in der DDR (Kommunalverfassung) vom 17. Mai 1990 (GBl. DDR I. 1990, S. 255ff.) wurde der Bürgermeister vom Gemeinderat für vier Jahre gewählt und war grundsätzlich hauptamtlich tätig. Jedoch konnte in kleineren Gemeinden der Bürgermeister aufgrund § 27 Absatz 1 Satz 3 Kommunalverfassung ehrenamtlich tätig sein. Diese Festlegung wurde vom Gemeinderat getroffen und in der Hauptsatzung festgelegt. Das Ministerium für Regionale und Kommunale Angelegenheiten der DDR hat in seinen Orientierungen für die Ausarbeitung von Hauptsatzungen der Gemeinden (kreisfreie Städte, kreisangehörige Städte und Gemeinden) in der DDR die Ehrenamtlichkeit des Bürgermeisters für Gemeinden bis etwa 300 Einwohner unter Berücksichtigung der örtlichen Gegebenheiten empfohlen, vgl. Schmidt-Eichstaedt/Petzold/Melzer u. a., in: Gesetz über die Selbstverwaltung der Gemeinden und Landkreise in der DDR (Kommunalverfassung DDR- Kommentar, Deutscher Gemeindeverlag GmbH, Band 1, 1990, S. 243). Es handelt sich hierbei um Empfehlungen, die örtlichen Gegebenheiten der damaligen Gemeinden in Sachsen sind nicht bekannt. Weiterhin hat das Statistische Landesamt des Freistaates Sachsen in seiner Übersicht zu den Gemeindeklassen 1990 nur eine Größenklasse von 200 bis 500 Einwohnern aufgeführt. Damit errechnen sich maximal 504 ehrenamtliche Bürgermeister, welche 1990 eigenständigen Gemeinden von einen bis 500 Einwohnern vorstanden.

Bei einem monatlichen Ehrensold in Höhe von geplanten 100 Euro ergibt sich daher ein jährlicher Erfüllungsaufwand für die Kommunen in Höhe von insgesamt 1.492.800 Euro (100 Euro x 12 Monate x 1.244 ehrenamtliche Bürgermeister).

Weiterhin fällt bei den Gemeinden ein nicht ermittelbarer Erfüllungsaufwand an Personalausgaben bei der erstmaligen Festsetzung des Ehrensolds (Ermittlung der Anspruchsberechtigten, Prüfung der Anträge, Auszahlungsanordnung) an. In jedem darauffolgenden Kalenderjahr fallen zusätzliche Kosten für die Anpassung der Höhe des Ehrensolds an die gestiegenen Lebenshaltungskosten an. Alternativ kann die Gemeinde die Aufgabe der Berechnung und der Auszahlung des Ehrensolds gegen Entgelt auf den Kommunalen Versorgungsverband Sachsen übertragen. Hierfür fallen Gebühren an.

6. Gesetz über den Kommunalen Versorgungsverband Sachsen

Durch die Einführung der grundsätzlichen Hauptamtlichkeit der Bürgermeister sowie durch den Ehrensold entsteht dem Kommunalen Versorgungsverband ein Mehraufwand. Dieser ist allerdings nicht bezifferbar, da nicht einzuschätzen ist, wie viele Gemeinden von der Option der Beibehaltung der Ehrenamtlichkeit des Bürgermeisters bzw. von der Möglichkeit, die Auszahlung des Ehrensolds auf den Kommunalen Versorgungsverband zu übertragen, Gebrauch machen werden.

B. Besonderer Teil

Zu Artikel 1 (Änderung der Sächsischen Gemeindeordnung)

Zu Nummer 1

Nummer 1 stellt eine Ergänzung des Inhaltsverzeichnisses hinsichtlich der Einfügung des neuen § 36b (Veröffentlichung von Informationen), der Umbenennung des § 130 sowie des Wegfalls des § 131 dar.

Zu Nummer 2

Durch die Änderung in § 4 Absatz 1 wird ausdrücklich klargestellt, dass die Gemeinden die Möglichkeit haben, Bürgerbeteiligungsatzungen zu erlassen, um Beteiligungs- und Informationsrechte rechtssicher zu regeln.

Zu Nummer 3

Durch die Änderung des § 8a wird die Durchführung eines vorherigen Bürgerentscheides für freiwillige Eingemeindungen bzw. Gebietszusammenschlüsse obligatorisch.

Zu Nummer 4

Durch die Neufassung des § 21 Absatz 2 wird nunmehr klargestellt, dass den dort genannten Gremienmitgliedern über den Ersatz ihrer notwendigen Auslagen und des Verdienstausfalls nach Absatz 1 hinaus eine zusätzliche pauschale Entschädigung für den erforderlichen Zeitaufwand für die Gremiensitzungen sowie deren Vor- und Nachbereitung zu gewähren ist und diese durch Satzung mit der Entschädigung nach Absatz 1 zu einer pauschalen Aufwandsentschädigung zusammengefasst werden kann. Ferner wird durch die Aufnahme der Stadtbezirksbeiräte in den Kreis der begünstigten Gremien dem Ziel der Angleichung der Rechte der Stadtbezirksbeiräte gegenüber den Ortschaftsräten Rechnung getragen.

Zu Nummer 5

Zu Buchstabe a

Mit der Änderung des § 22 Absatz 1 Satz 2 wird erreicht, dass nunmehr mindestens zweimal im Jahr eine Einwohnerversammlung stattfindet.

Zu Buchstabe b

Die Änderung des Absatzes 2 bewirkt, dass das Quorum für die Beantragung einer Einwohnerversammlung stets 5 Prozent der Stimmberechtigten beträgt.

Zu Nummer 6

Die Einfügung des § 24 Absatz 3 Satz 2 gibt den Kreisfreien Städten die Möglichkeit, durch entsprechende Regelung in der Hauptsatzung das Zustimmungsquorum für Bürgerentscheide auf bis zu 15 Prozent herabzusetzen.

Zu Nummer 7

Durch die Änderung des § 25 Absatz 1 Satz 2 wird das Quorum für Bürgerbegehren einheitlich auf 5 Prozent festgesetzt.

Zu Nummer 8

Durch die Änderung des § 28 Absatz 2 wird geregelt, dass auch der Abschluss und die Aufhebung von Zweckvereinbarungen durch den Gemeinderat beschlossen werden müssen. Durch die Änderung des § 28 Absatz 5 erhalten zukünftig auch die Fraktionen das Recht, vom Bürgermeister zu verlangen, dass er dem Gemeinderat bzw. einen von ihm bestellten Ausschuss Akteneinsicht gewährt.

Zu Nummer 9

Zu Buchstabe a

Durch die Änderung in Absatz 1 Satz 1 wird bestimmt, dass Fraktionen mindestens 5 Prozent der Mitglieder des Gemeinderats und mindestens zwei Personen umfassen müssen. Als Folgeänderung zu der Regelung wird durch die Neufassung des Satzes 3 und die Streichung des Wortes „Stärke“ in Absatz 1 Satz 3 klargestellt, dass die Gemeinden keine von der nunmehr gesetzlich vorgesehenen Mindeststärke abweichende Mindeststärke für die Bildung von Fraktionen festlegen können.

Zu Buchstabe b

Durch die Neufassung des § 35a Absatz 3 Satz 1 werden die Gemeinden verpflichtet, den Fraktionen Mittel aus ihrem Haushalt für deren angemessene sächliche Mindestausstattung zu gewähren. Durch die Streichung des Satzes 2 in § 35a Absatz 1 wird klargestellt, dass die Verpflichtung zur Fraktionsfinanzierung nicht mehr wie bisher nur Gemeinden ab 30 000 Einwohnern betrifft, sondern alle Gemeinden, unabhängig von ihrer Einwohnerzahl. Gemeinden über 5 000 Einwohner sollen darüber hinaus in ihrer Satzung Haushaltsmittel für eine angemessene personelle Mindestausstattung der Fraktionen vorsehen.

Zu Nummer 10

In Absatz 5 ist Satz 2 zu streichen, da er eine Doppelung zu der Regelung in Absatz 3 Satz 5 darstellt, auf dessen entsprechende Anwendung bereits in Absatz 5 Satz 1 verwiesen wird.

Zu Nummer 11

Mit der durch die Einfügung eines neuen § 36b verbundenen Neuregelung werden die Gemeinden zur Bereitstellung von Informationen im Zusammenhang mit Sitzungen der kommunalen Gremien verpflichtet. Für den Umfang der Veröffentlichungspflicht ist § 36 Absatz 3 Satz 1 SächsGemO maßgebend, so dass von einer Veröffentlichung der Beratungsunterlagen abgesehen werden muss, wenn dieser das öffentliche Wohl oder berechtigte Interessen Einzelner entgegenstehen.

Zu Nummer 12

Die Einfügung eines neuen Satzes 2 in Absatz 1 des § 39 stellt klar, dass eine Verletzung von Form oder Frist der Ladung eines Gemeinderatsmitglieds als geheilt gilt, wenn das Mitglied zur Sitzung erscheint und den Mangel nicht spätestens bis zum Eintritt in die Tagesordnung der Sitzung geltend macht. Die Mitglieder des Gemeinderats sind hierauf zu Beginn der Sitzung hinzuweisen.

Zu Nummer 13

Durch die Ergänzung des § 41 Absatz 1 um einen neuen Satz 3 wird klargestellt, dass bei beschließenden Ausschüssen auch die Bildung zeitweiliger Ausschüsse zulässig ist.

Zu Nummer 14

Durch die Ergänzung der Verweisungskette in § 43 Absatz 3 Satz 1 um § 36a sowie um § 41 Absatz 1 Satz 3 wird klargestellt, dass auch die Regelung des § 36a auf beratende Ausschüsse entsprechend angewendet werden und somit auch beratende

Ausschüsse im Wege der Videokonferenz tagen können. Ferner ist auch die Bildung zeitweiliger beratender Ausschüsse zulässig.

Zu Nummer 15

Zu Buchstabe a

§ 49 Absatz 1 Satz 1 enthält eine rein redaktionelle Änderung, indem der Verweis auf das Beamtenrecht aktualisiert wird.

Zu Buchstabe b

Durch die Ergänzung des § 49 Absatz 4 um einen weiteren Hinderungsgrund für die Übernahme des Amtes eines Bürgermeisters soll die Konstellation verhindert werden, dass ein Bürgermeister gleichzeitig Geschäftsführer eines Unternehmens in Privatrechtsform im Sinne des § 96 ist, an dem die Gemeinde beteiligt ist. Durch diese Regelung soll eine Ämterhäufung vermieden werden, die eine strukturelle Befangenheit des Betroffenen aufgrund von Interessenskollisionen zur Folge hat. Ferner soll durch diese Regelung sichergestellt werden, dass sich der Bürgermeister mit voller Hingabe seinem Amt als Bürgermeister widmen kann.

Zu Nummer 16

Zu Buchstabe a

Durch die Änderung des § 51 Absatz 2 wird in Umsetzung des Koalitionsvertrages der Grundsatz der Hauptamtlichkeit für Bürgermeister von Gemeinden auch unter 5 000 Einwohnern eingeführt.

Die komplexen Aufgaben eines Bürgermeisters sind regelmäßig nicht im Ehrenamt zu bewältigen. Deshalb soll der Grundsatz der Hauptamtlichkeit des Bürgermeisters auch in Gemeinden unter 5 000 Einwohnern eingeführt werden.

In Gemeinden unter 5 000 Einwohnern, die Mitglied eines Verwaltungsverbandes oder, ohne erfüllende Gemeinde zu sein, einer Verwaltungsgemeinschaft sind, soll die Hauptsatzung jedoch bestimmen können, dass der Bürgermeister – was eine Ausnahme zum Grundsatz der Hauptamtlichkeit darstellt – Ehrenbeamter auf Zeit ist. Diese Ausnahmemöglichkeit vom Grundsatz der Hauptamtlichkeit betrifft mithin also nur solche Gemeinden, die – im Gegensatz zu Einheitsgemeinden – nur ein eingeschränktes Aufgabenspektrum zu bewältigen haben. Satz 3 stellt gleichzeitig klar, dass ein Wechsel vom Ehrenamt in das Hauptamt bzw. umgekehrt nicht während der laufenden Amtszeit erfolgen kann, sondern erst nach deren Ablauf und der ersten auf das Inkrafttreten dieses Gesetzes folgenden Bürgermeisterwahl.

Zu Buchstabe b

Durch den Verweis im neu geschaffenen Absatz 2a in § 51 auf § 35 Absatz 2 Satz 1 werden die für Gemeinderäte geltenden Schutzvorschriften für Bürgermeister entsprechend anwendbar erklärt.

Zu Buchstabe c

Bei der Ergänzung des Verweises in § 51 Absatz 8 Satz 3 um den Absatz 4 des § 25 handelt es sich um eine redaktionelle Änderung. Dass über die Zulässigkeit eines auf die Durchführung eines Abwahlverfahrens gegen den Bürgermeister gerichteten Bürgerbegehrens der Gemeinderat entscheidet, war durch Verweis in § 51 Absatz 8 Satz 3 auch bisher schon so geregelt. Da es aber im Verlaufe der Jahre zu Änderungen des § 25 kam, und diese Regelung nun nicht mehr in § 25 Absatz 3, sondern mittlerweile dort im Absatz 4 zu finden ist, muss der Verweis in § 51 Absatz 8 Satz 3 entsprechend angepasst werden. Allerdings ist in § 51 Absatz 8 Satz 3 auch der Verweis auf § 25 Absatz 3 beizubehalten, da er auf das Verfahren bei der Durchführung von Bürgerbegehren verweist und auf die Frist, innerhalb derer die Unterstützungsunterschriften beizubringen sind. Bei der Abwahl handelt es sich nicht um ein kassatorisches Bürgerbegehren gegen einen Gemeinderatsbeschluss wie in § 25 Absatz 3 Satz 3. Daher wird zur Klarstellung der Verweis auf § 25 Absatz 3 Satz 1 und 2 konkretisiert, womit auch klargestellt wird, dass die Jahresfrist für die Sammlung der Unterschriften gilt.

Zu Nummer 17

Zu Buchstabe a

Die Frist für den Widerspruch des Bürgermeisters gegen nachteilige bzw. rechtswidrige Gemeinderatsbeschlüsse wird von einer Woche auf zwei Wochen verlängert. Die bislang geltende Frist von einer Woche ist nach den Erfahrungen der kommunalen Praxis zu kurz bemessen, da die rechtliche Prüfung von Gemeinderatsbeschlüssen – und über Verweisungen auch der beschließenden Ausschüsse oder von Ortschaftsräten – häufig anspruchsvoll und zeitintensiv ist.

Zu Buchstabe b

Es handelt sich um eine redaktionelle Änderung.

Zu Nummer 18

Es handelt sich um eine redaktionelle Änderung.

Zu Nummer 19

Es handelt sich um eine redaktionelle Änderung.

Zu Nummer 20

§ 69 Absatz 1 Satz 3 wird redaktionell geändert. Zudem wird vor dem Hintergrund der für Bürgermeister neu eingeführten Unvereinbarkeit mit der Tätigkeit als Geschäftsführer eines gemeindlichen Unternehmens klargestellt, dass dies für Ortsvorsteher nicht gilt. Im Hinblick auf das vergleichbare Risiko von Interessenkollisionen würde es einen Wertungswiderspruch darstellen, wenn der Ortsvorsteher gleichzeitig Bediensteter der Gemeinde, nicht aber Geschäftsführer eines gemeindlichen Unternehmens sein könnte.

Zu Nummer 21

Durch die Änderung des § 71a Absatz 1 wird auch die Geltung der Vorschrift des § 34 auf den Stadtbezirksbeirat erstreckt, da insoweit ein Regelungsbedürfnis für gewählte und bestellte Stadtbezirksbeiräte besteht. § 34 regelt das Ausscheiden von Gemeinderäten, Nachrücken von Ersatzpersonen und die Ergänzungswahl.

Zu Nummer 22

Mit der Änderung werden die Verwendung bereits veranschlagter Aufwendungen und Auszahlungen sowie Geldanlagen in den Katalog der Ausnahmetatbestände von der Pflicht zur Aufstellung einer Nachtragssatzung neu aufgenommen. Die Änderung greift eine im Rahmen des Anhörungsverfahrens durch den Sächsischen Städte- und Gemeindetag vorgetragene Anregung auf und dient der Reduzierung des Verwaltungsaufwandes und der Stärkung der kommunalen Selbstverwaltung.

Die Aufnahme einer Regelung für bereits veranschlagte Aufwendungen und Auszahlungen verschafft den Kommunen analog der bereits bestehenden Regelung für Investitionen künftig auch für nicht investive Ausgaben die Möglichkeit, bei entsprechender Beschlussfassung über die geänderte Verwendung der veranschlagten Haushaltsmittel nach den örtlichen Regelungen der Hauptsatzung bzw. der Haushaltssatzung auf die jeweiligen Erfordernisse reagieren zu können, ohne dass dadurch die Pflicht zur Aufstellung einer Nachtragssatzung begründet wird.

Auch für Geldanlageentscheidungen, die bei einer Laufzeit von mehr als einem Jahr als investive Auszahlungen nach bestehender Rechtslage der Nachtragssatzungspflicht unterliegen können, ist ein Ausnahmetatbestand sachgerecht, um die in der Praxis im Rahmen des Liquiditätsmanagements erforderliche Flexibilität zu gewährleisten.

Zu Nummer 23

§ 81 Absatz 3 befristet die Weitergeltung der Verpflichtungsermächtigungen auf den Zeitraum, bis die Haushaltssatzung für das folgende Haushaltsjahr erlassen ist. Diese Sonderregelung gewährleistet die Weitergeltung in der haushaltslosen Zeit, wenn die folgende Haushaltssatzung nicht rechtzeitig bekannt gemacht wurde. Die Regelung bedingt jedoch, dass sich in Fällen von Doppelhaushalten die im ersten Jahr eines Doppelhaushaltes veranschlagten Verpflichtungsermächtigungen nicht auf eine auf das zweite Haushaltsjahr folgende haushaltslose Zeit erstrecken können. Eine Haushaltssatzung ist bereits dann erlassen, wenn das in § 76 normierte Verfahren abgeschlossen ist. Im Fall eines Doppelhaushaltes wird eine Haushaltssatzung für zwei Jahre, jedoch nach Jahren getrennt, erlassen. Das bedeutet, dass die Haushaltssatzung für den Zeitraum des zweiten Haushaltsjahres bereits zusammen mit der Haushaltssatzung für das erste Haushaltsjahr erlassen wurde. Nicht in Anspruch genommene Verpflichtungsermächtigungen verfallen somit automatisch mit Ablauf des ersten Haushaltsjahres. Die Verpflichtungsermächtigungen können auch nicht ohne Weiteres in den Haushalt für das zweite Haushaltsjahr neu aufgenommen werden.

Mit der Regelung wird die Ungleichbehandlung bzgl. der Weitergeltung der Verpflichtungsermächtigungen bei Doppelhaushalten gegenüber Kommunen, die einen Haushalt für nur ein Haushaltsjahr erlassen haben, beseitigt.

Zu Nummer 24

§ 82 Absatz 3 befristet die Weitergeltung der Kreditermächtigung auf den Zeitraum bis die Haushaltssatzung für das übernächste Haushaltsjahr erlassen wurde. Auch diese Regelung kann in ihrer aktuellen Fassung zu einer Ungleichbehandlung bzgl. der Weitergeltung der Kreditermächtigung bei Doppelhaushalten gegenüber Kommunen, die einen Haushalt für nur ein Haushaltsjahr erlassen haben, führen. Da die Kreditermächtigung jedoch bis zum Erlass der Haushaltssatzung für das übernächste Jahr weitergilt, würde hier eine vergleichbare Änderung wie sie für § 81 Absatz 3 vorgesehen ist, aufgrund der verschiedenen möglichen Fallkonstellationen nicht weiterhelfen und zu weiteren Ungleichbehandlungen führen. Daher wird die Ungleichbehandlung hier dadurch beseitigt, dass nicht auf den Erlass der Haushaltssatzung für das übernächste Jahr abgestellt wird, sondern auf deren Inkrafttreten. Damit wird eine Gleichbehandlung von Kommunen mit Doppelhaushalten mit Kommunen, die einen Haushalt für ein Haushaltsjahr erlassen haben, gewährleistet.

Zu Nummer 25

Nachdem der Anwendungszeitraum für die optionalen Erleichterungen bei der Aufstellung von Jahresabschlüssen zuletzt mit dem Gesetz zur Unterstützung der Kommunen des Freistaates Sachsen zur Bewältigung der COVID-19-Pandemie vom 15. Juli 2020 (SächsGVBl. S. 425) ausgeweitet wurde, wird einer im Rahmen des Anhörungsverfahrens durch den Sächsischen Städte- und Gemeindetag vorgetragenen

Anregung folgend nunmehr letztmalig der Anwendungsbereich bis auf die Jahresabschlüsse bis einschließlich für das Haushaltsjahr 2020 erweitert. Ziel der Regelung ist es nach wie vor, durch die Reduzierung des Verwaltungsaufwandes die bei einer nicht unwesentlichen Anzahl von Kommunen weiterhin bestehenden Bearbeitungsrückstände bei der Aufstellung der Jahresabschlüsse abzubauen. Die in Verzug befindlichen Kommunen sollen so schnell wie möglich in ein geordnetes Verfahren unter Einhaltung der regulären Fristen überführt und sie somit zur Vorlage jeweils aktueller Jahresabschlussdaten befähigt werden.

Um die Wirksamkeit der formellen Erleichterungen sicherzustellen bzw. noch zu erhöhen, ist beabsichtigt, diese durch untergesetzliche Regelungen (auch) mit materiellen Erleichterungen in wesentlichem Umfang zu flankieren. Der bei entsprechender Ausübung der Wahlrechte entstehende Transparenzverlust ist hinnehmbar, sofern es sich um Jahresabschlüsse vorvergangener Jahre handelt, deren Steuerungswirkung und Aussagekraft ohnehin eingeschränkt ist. Die Anwendung auch auf relativ aktuelle Jahresabschlüsse (des Jahres 2020) ist nur deshalb hinnehmbar, weil durch das neu eingeführte Erfordernis eines Beschlusses des Gemeinderates vor der Aufstellung des Jahresabschlusses ein eigenmächtiges Handeln der Verwaltung ausgeschlossen wird. Gleichzeitig dient das Beschlusserfordernis dazu, der Verwaltung vorab – und nicht erst im Rahmen der Feststellung des Jahresabschlusses – die erforderliche Rechtssicherheit über die Ausübung der Wahlrechte zu verschaffen.

Zu Nummer 26

Die neue Ausnahmeregelung soll zur Entlastung der Gemeinde von der sogenannten „Hinwirkungspflicht" nach Satz 1 führen, und zwar nur für den Fall, dass der Freistaat Sachsen als Mehrheitsgesellschafter des Unternehmens, an dem eine Beteiligung geplant ist, bereits mitbeteiligt ist. In einer solchen Konstellation ist die Hinwirkungspflicht der Gemeinde, die in aller Regel lediglich in Minimalquote beteiligt ist (häufig geringer als ein Prozent), obsolet, da die Interessen der öffentlichen Hand durch den Freistaat Sachsen gewahrt werden. Damit soll keinesfalls ein Automatismus zugunsten des Freistaats hinsichtlich der Wahrnehmung der Interessen der öffentlichen Hand im jeweils betroffenen Unternehmen etabliert werden. Die in Satz 3 enthaltene Vorgabe einer Berichtspflicht des Sächsischen Staatsministeriums des Innern zu den Auswirkungen der Regelung ist zweckmäßig und geboten.

Zu Nummer 27

Zu Buchstabe a

Die erst im Sommer 2019 unter erheblichem Zeitdruck erfolgte Implementierung des § 97 Sächsische Gemeindeordnung als notwendiger Privilegierungstatbestand für kommunale Versorgungsunternehmen hat sich in der Praxis sehr bald als präzisierungsbedürftig erwiesen. Grund ist, dass das unter anderem vorgesehene rechtsaufsichtliche Genehmigungserfordernis nach Absatz 4 in dem Fall, dass eine Gemeinde die mittelbare Beteiligung an einem Unternehmen beabsichtigt, faktisch ins Leere läuft.

Zu Buchstabe b

Die Neufassung von § 97 Absatz 5 Satz 2 dient der Klarstellung, auf welche Entscheidung sich der Genehmigungsvorbehalt (§ 97 Absatz 4 Nummer 1) und die Genehmigung (§ 97 Absatz 4 Nummer 2) der zuständigen Rechtsaufsichtsbehörde beziehen. Die bundesrechtlichen Regelungen des Handels- und Gesellschaftsrechts sehen eine Genehmigungspflicht von gesellschaftsrechtlichen Beschlüssen zu Beteiligungen nicht vor. Wegen des Vorrangs des Bundesrechts (Artikel 31 Grundgesetz) kann sich die Erklärung eines Genehmigungsvorbehalts und eine sich daran anschließende Genehmigung oder Versagung einer Genehmigung nur auf Gestaltungsakte, die einer landesrechtlichen Regelung zugänglich sind, und mithin nur auf kommunalrechtlich gebotene Beschlüsse kommunaler Organe (§ 97 Absatz 5 Satz 2 und 3), beziehen. Die Präzisierung ist danach dringlich geboten, um die Sicherungsklausel des Absatzes 4 anwendungssicher und praktikabel zu machen.

Zu Buchstabe c

Die in Absatz 7 für das Staatsministerium des Innern vorgesehene Berichtspflicht zu den Auswirkungen der Regelungen der Absätze 1 bis 6 ist zweckmäßig und geboten.

Zu Nummer 28

Zu Buchstabe a und b

Durch die Neufassung des § 127 Absatz 1 Nummer 9 wird das Staatsministerium des Innern ermächtigt, durch Rechtsverordnung nicht nur Mindest- oder Höchstbeträge für die Entschädigung für ehrenamtliche Tätigkeit nach § 21 festzulegen, sondern den Entschädigungsanspruch auch nach Art und Maß zu konkretisieren (z. B. Kostenerstattung oder pauschalierte Aufwandsentschädigung etc.).

Zu Buchstabe c

Durch die Einfügung einer neuen Nummer 9 a) in § 127 wird das Staatsministerium des Innern ermächtigt, durch Rechtsverordnung das Nähere zu einer angemessenen Fraktionsfinanzierung zu regeln, insbesondere unter Berücksichtigung einer sachgerechten sächlichen und personellen Mindestausstattung der Fraktionen.

Zu Nummer 29

Zu Buchstabe a

Es handelt sich um eine redaktionelle Änderung.

Zu Buchstabe b

Die Neufassung des § 130 enthält in Absatz 1 eine Übergangsregelung für Bürgermeister und Beigeordnete, die gleichzeitig Geschäftsführer eines Unternehmens im Sinne des § 96 sind, an dem die Gemeinde beteiligt ist. Bürgermeister und Beigeordnete dürfen beide Tätigkeiten bis zum Ende der bei Inkrafttreten dieses Gesetzes laufenden Amtszeit als Bürgermeister oder Beigeordnete weiterführen.

Zu Buchstabe c

§ 130 Absatz 2 stellt eine Übergangsregelung für die nach Inkrafttreten des Gesetzes stattfindenden Bürgermeisterwahlen dar. Da die Bekanntmachung der Wahldurchführung spätestens am 90. Tag davor erfolgen und die Angabe enthalten muss, ob es eine hauptoder ehrenamtliche Stelle ist, kann § 51 Absatz 2 in der neuen Fassung entsprechend Satz 1 der Übergangsregelung nur gelten für nach Inkrafttreten bekanntgemachte Wahlen. Die Mitgliedsgemeinden von Verwaltungsgemeinschaften und Verwaltungsverbänden mit weniger als 5 000 Einwohnern sollen vor der Bekanntmachung der Wahl ausreichend Zeit erhalten, um eine fundierte Entscheidung treffen zu können, ob sie von der Optionsmöglichkeit Gebrauch machen wollen, auch zukünftig einen ehrenamtlichen Bürgermeister zu haben. Daher erhalten sie mit Satz 2 die Möglichkeit zur Verschiebung der Wahl, jedoch zeitlich begrenzt.

Zu Nummer 30

Die Regelung zur Zuerkennung der Eigenschaft einer Großen Kreisstadt in § 131 betraf die Städte Geithain, Hainichen und Klingenthal, die den Status Große Kreisstadt nunmehr erhalten haben, so dass die Regelung aufgehoben werden kann.

Zu Artikel 2 (Änderung der Sächsischen Landkreisordnung)

Zu Nummer 1

Nummer 1 stellt eine Ergänzung des Inhaltsverzeichnisses hinsichtlich der Einfügung des neuen § 32b dar.

Zu Nummer 2

Durch die Änderung in § 3 Absatz 1 wird ausdrücklich klargestellt, dass die Landkreise die Möglichkeit haben, Bürgerbeteiligungsatzungen zu erlassen, um Beteiligungs- und Informationsrechte rechtssicher zu regeln.

Zu Nummer 3

Durch die Neufassung des § 19 Absatz 2 wird nunmehr klargestellt, dass den Mitgliedern der dort genannten Gremien über den Ersatz ihrer notwendigen Auslagen und des Verdienstausfalls nach Absatz 1 hinaus eine zusätzliche pauschale Entschädigung für den erforderlichen Zeitaufwand für die Gremiensitzungen sowie für deren Vor- und Nachbereitung zu gewähren ist, und diese durch Satzung mit der Entschädigung nach Absatz 1 zu einer pauschalen Aufwandsentschädigung zusammengefasst werden kann.

Zu Nummer 4

Die Änderung des § 20 Absatz 1 Satz 3 bewirkt zum einen die Herabsetzung des Quorums für Einwohneranträge auf 5 Prozent und führt zum anderen zur Angleichung der Altersgrenzen an die entsprechende Regelung zur Einwohnerversammlung in der Sächsischen Gemeindeordnung.

Zu Nummer 5

Durch die Änderung des § 21 Absatz 1 Satz 2 wird das Quorum für Bürgerbegehren einheitlich auf 5 Prozent festgesetzt.

Zu Nummer 6

Zu Buchstabe a und b

Die Ergänzung des § 22 Absatz 3 Satz 2 eröffnet die Möglichkeit, durch entsprechende Regelung in der Hauptsatzung das Zustimmungsquorum für Bürgerentscheide auf bis zu 15 Prozent herabzusetzen.

Zu Nummer 7

Durch die Änderung des § 24 Absatz 2 wird klargestellt, dass auch der Abschluss und die Aufhebung von Zweckvereinbarungen durch den Kreistag beschlossen werden müssen. Durch die Änderung des § 24 Absatz 5 erhalten zukünftig auch die Fraktionen das Recht, vom Landrat zu verlangen, dass er dem Kreistag bzw. einem von ihm bestellten Ausschuss Akteneinsicht gewährt.

Zu Nummer 8

Zu Buchstabe a

Durch die Änderung des § 31a Absatz 1 Satz 1 wird klargestellt, dass Fraktionen mindestens 5 Prozent der Mitglieder des Kreistages und mindestens zwei Personen umfassen müssen. Als Folgeänderung zu der Regelung wird durch die Neufassung des Satzes 1 und die Streichung des Wortes „Stärke" in Absatz 1 Satz 3 klargestellt, dass die Landkreise keine von der nunmehr gesetzlich vorgesehenen Mindeststärke abweichende Mindeststärke für die Bildung von Fraktionen festlegen können.

Zu Buchstabe b

Durch die Neufassung von Absatz 3 Satz 1 werden die Landkreise verpflichtet, ihren Fraktionen Mittel aus ihrem Haushalt für deren angemessene sächliche und personelle Mindestausstattung zu gewähren.

Zu Nummer 9

Zu Buchstabe a und b

In § 32 ist Absatz 5 ist Satz 2 zu streichen, da er eine Doppelung zu der Regelung in Absatz 3 Satz 5 darstellt, auf dessen entsprechende Anwendung bereits in Absatz 5 Satz 1 verwiesen wird.

Zu Nummer 10

Mit der durch die Einfügung eines neuen § 32b verbundenen Neuregelung werden die Landkreise zur Bereitstellung von Informationen im Zusammenhang mit Sitzungen der kommunalen Gremien verpflichtet. Für den Umfang der Veröffentlichungspflicht ist § 32 Absatz 3 Satz 1 SächsLKrO maßgebend, so dass von einer Veröffentlichung der Beratungsunterlagen abgesehen werden muss, wenn dieser das öffentliche Wohl oder berechtigte Interessen Einzelner entgegenstehen.

Zu Nummer 11

Die Einfügung eines neuen Satzes 2 in Absatz 1 des § 35 stellt klar, dass eine Verletzung von Form oder Frist der Ladung eines Kreistagsmitglieds als geheilt gilt, wenn das Mitglied zur Sitzung erscheint und den Mangel nicht spätestens bis zum Eintritt in die Tagesordnung der Sitzung geltend macht. Die Mitglieder des Kreistages sind hierauf zu Beginn der Sitzung hinzuweisen.

Zu Nummer 12

Durch die Ergänzung des § 37 Absatz 1 um einen neuen Satz 3 wird klargestellt, dass bei beschließenden Ausschüssen auch die Bildung zeitweiliger Ausschüsse zulässig ist.

Zu Nummer 13

Durch die Ergänzung der Verweisungskette in § 39 Absatz 3 Satz 1 um § 32a sowie um § 37 Absatz 1 Satz 3 wird klargestellt, dass auch die Regelung des § 32a auf beratende Ausschüsse entsprechend angewendet werden und somit auch beratende Ausschüsse im Wege der Videokonferenz tagen können. Ferner ist auch die Bildung zeitweiliger beratender Ausschüsse zulässig.

Zu Nummer 14

Entsprechend der für die Bürgermeister geltenden Regelung des § 49 Absatz 4 SächsGemO und auch für die Beigeordneten gemäß § 57 Absatz 1 SächsGemO geltenden Regelung soll die Inkompatibilitätsregelung des § 48 Absatz 2 Satz 2 um den Geschäftsführer von Unternehmen des Landkreises im Sinne des § 96 SächsGemO ergänzt werden, der über § 63 für die Landkreise entsprechend gilt.

Zu Nummer 15

Zu Buchstabe a

Die Frist für den Widerspruch des Landrats gegen nachteilige bzw. rechtswidrige Kreistagsbeschlüsse wird von einer Woche auf zwei Wochen verlängert. Die bislang geltende Frist von einer Woche ist nach den Erfahrungen der kommunalen Praxis zu kurz bemessen, da die rechtliche Prüfung von Kreistagsbeschlüssen – und über Verweisungen auch der beschließenden Ausschüsse – häufig anspruchsvoll und zeitintensiv ist.

Zu Buchstabe b

Bei der Änderung des Verweises in § 48 Absatz 4 Satz 1 auf § 32 Absatz 3 Satz 6 handelt es sich um eine redaktionelle Änderung.

Zu Nummer 16

In § 53 Absatz 2 Satz 2 Halbsatz 2 wird das Wort „Arbeitszeit" richtigerweise durch das Wort „Amtszeit" ersetzt.

Zu Nummer 17

Zu Buchstabe a

Durch den neugefassten § 68 Absatz 1 Nummer 6 wird das Staatsministerium des Innern ermächtigt, durch Rechtsverordnung nicht nur Mindest- oder Höchstbeträge für die Entschädigung für ehrenamtliche Tätigkeit nach § 19 festzulegen, sondern den Entschädigungsanspruch auch nach Art und Maß zu konkretisieren (z.B. Kostenerstattung oder pauschalierte Aufwandsentschädigung etc.).

Zu Buchstabe b

Durch die Einfügung einer neuen Nummer 6a in § 68 wird das Staatsministerium des Innern ermächtigt, durch Rechtsverordnung das Nähere zu einer angemessenen Fraktionsfinanzierung zu regeln, insbesondere unter Berücksichtigung einer sachgerechten sächlichen und personellen Mindestausstattung der Fraktionen.

Zu Nummer 18

Durch die Ergänzung des § 73 um einen Absatz 2 wird für Landräte und Beigeordnete, für letztere gilt die Regelung des § 45 über die Hinderungsgründe gemäß § 53 Absatz 1 entsprechend, eine Übergangsregelung geschaffen. Diese dürfen bis zum Ende ihrer laufenden Amtszeit als kommunale Wahlbeamte eine Geschäftsführerfunktion in einem Unternehmen des Landkreises ausüben.

Zu Artikel 3 (Änderung des Sächsischen Gesetzes über kommunale Zusammenarbeit)

Zu Nummer 1

Mit der Ergänzung des § 16 Absatz 5 Satz 2 wird eine Informationspflicht der Vertreter der Mitgliedsgemeinde gegenüber dem Gemeinderat im Gesetz verankert. Die sachgerechte Information über die Angelegenheiten des Verwaltungsverbandes von besonderer Bedeutung ist Grundlage für die Entscheidung des Gemeinderates, ob die Ausübung des Weisungsrechts für notwendig erachtet wird.

Zu Nummer 2

Mit der Ergänzung des § 52 Absatz 4 Satz 2 wird eine Informationspflicht der Vertreter des Verbandsmitglieds gegenüber dem Hauptorgan im Gesetz verankert, soweit es sich um ein Mitglied im Sinne des § 44 Absatz 1 handelt. Die sachgerechte Information über die Angelegenheiten des Zweckverbands von besonderer Bedeutung ist Grundlage für die Entscheidung des Hauptorgans, ob die Ausübung des Weisungsrechts für notwendig erachtet wird.

Zu Nummer 3

Die Änderungen des § 56 Absatz 3 Satz 2 ermöglichen die vorzeitige Abwahl des Verbandsvorsitzenden entsprechend den für die Abwahl von Beigeordneten geltenden Vorschriften der Sächsischen Gemeindeordnung.

Zu Nummer 4

Zu Buchstabe a

In Verbindung mit der Änderungsvorschrift zu § 1 Absatz 4 des Gesetzes über die öffentlich- rechtlichen Kreditinstitute im Freistaat Sachsen und die Sachsen-Finanzgruppe werden unter Berücksichtigung der besonderen Struktur und des äußerst eingeschränkten Aufgabenfeldes für Sparkassenzweckverbände rechtsaufsichtliche Erleichterungen zugelassen. Darüber hinaus wird die Rechtsaufsichtsbehörde ermächtigt, die betroffenen Sparkassenzweckverbände von den Anforderungen hinsichtlich der Auslegung und Bekanntgabe von Haushaltssatzung, Haushaltsplan sowie des Jahresabschlusses zu befreien.

Gemäß § 58 Absatz 1 Satz 1 gelten für die Wirtschaftsführung der Zweckverbände die Vorschriften über die Gemeindewirtschaft entsprechend. Dies schließt das Verbot zur Aktivierung der Trägerschaft an Sparkassen gemäß § 36 Absatz 4 Sächsische Kommunalhaushaltsverordnung ein. Aufgrund dieses Bilanzierungsverbotes können Zweckverbände, deren Zweck (allein) in der unmittelbaren Trägerschaft an Sparkassen besteht, und die diese zulässigerweise kreditfinanziert haben, bilanziell überschuldet sein. Auch dürfen aufgrund von § 48 Absatz 6 Sächsische Kommunalhaushaltsverordnung bei bestehender bilanzieller Überschuldung keine Rücklagen gebildet werden, die zur Deckung negativer Jahresergebnisse herangezogen werden könnten. Soweit eine Überschuldung und der fehlende Ausgleich des Ergebnishaushaltes allein durch das Bilanzierungsverbot verursacht sind, kann es daher sachgerecht und geboten sein, diese Zweckverbände von der Verpflichtung zur Haushaltskonsolidierung freizustellen. Die Regelung schafft hierfür die Rechtsgrundlage.

Zu Buchstabe b

Mit der Änderung des § 58 Absatz 2 Satz 1 und 2 wird klargestellt, dass der Anwendungsbereich nicht lediglich auf die Jahresabschlussprüfung beschränkt ist, sondern sich auf den Jahresabschluss in Gänze erstreckt und sich der Verweis in § 58 Absatz 2 Satz 1 bezogen auf den Jahresabschluss nicht allein auf § 32 der Sächsischen Eigenbetriebsverordnung, sondern auf die §§ 31 bis 34 im vierten Abschnitt der Eigenbetriebsverordnung bezieht.

Zu Nummer 5

Durch die Ergänzung in § 71 Absatz 2 ist es nunmehr neben den Gebietskörperschaften auch den Zweckverbänden möglich, mittels Zweckvereinbarung anderen Beteiligten Dienstkräfte zeitanteilig zur Verfügung zu stellen.

Zu Nummer 6

Die Ergänzung in § 72 Absatz 3 stellt klar, dass die Aufhebung von mandatierenden Zweckvereinbarungen keiner Genehmigung durch die Rechtsaufsichtsbehörde bedarf.

Zu Nummer 7

Zu Buchstabe a und b

Durch die Einfügung einer neuen Nummer 3 in § 79 wird das Staatsministerium des Innern ermächtigt, durch Rechtsverordnung das Nähere zum Verfahren für die Erteilung von Genehmigungen zu regeln.

Zu Artikel 4 (Änderung des Kommunalwahlgesetzes)

Zu Nummer 1

Es handelt sich um eine redaktionelle Änderung.

Zu Nummer 2

Zu Buchstabe a und b

Die bisherige Regelung in § 20 Absatz 1 Nummer 3 war zu streichen, da sie keinen Regelungsgehalt beinhaltet. Jeder Wahlberechtigte hat gemäß § 15 Absatz 1 drei Stimmen.

Bei der Verhältniswahl besteht die Möglichkeit, alle drei Stimmen einem Bewerber, der auf dem Stimmzettel steht, zuzuordnen, also anzuhäufen. Eine Überschreitung der zulässigen Häufung der Stimmen führt bereits zur Ungültigkeit des Stimmzettels nach § 19 Absatz 1 Nummer 4.

Bei der Mehrheitswahl gemäß § 15 Absatz 6 kann der Wähler jeweils nur eine Stimme einem auf dem Stimmzettel aufgeführtem Bewerber sowie einer anderen wählbaren und vom Wähler hinzugefügten Person geben. Es ist nicht möglich, von den drei Stimmen mehr als eine Stimme einem Bewerber zuordnen, also anzuhäufen, so dass die Regelung in § 20 Absatz 2 ergänzt wurde.

Zu Nummer 3

Die Änderungen führen als neues Sitzzuteilungsverfahren bei Kommunalwahlen nach dem Verhältniswahlsystem in Gemeinden mit einem Wahlkreis das Höchstzahlverfahren nach Sainte-Laguë ein.

Zu Nummer 4

Die Änderungen führen als neues Sitzzuteilungsverfahren bei Kommunalwahlen nach dem Verhältniswahlsystem in Gemeinden mit mehreren Wahlkreisen das Höchstzahlverfahren nach Sainte-Laguë ein.

Zu Nummer 5

Die Aufhebung des § 25 Absatz 1 Satz 3 führt zum Wegfall des Erfordernisses des Beitritts weiterer Wahlberechtigter zu einem Einspruch gegen das Wahlergebnis, mit dem der Einspruchsführer nicht die Verletzung eigener Rechte geltend macht.

Zu Nummer 6

Durch die Ergänzung des Erfordernisses der eigenhändigen Unterzeichnung des Wahlvorschlags eines Einzelbewerbers durch diesen erfolgt eine Angleichung an die entsprechende Regelung für Wahlvorschläge von Parteien und Wählervereinigungen. Weiter wird deutlich gemacht, dass in Abweichung von §§ 6a Absatz 5 Satz 3, 6a Absatz 1 KomWG nicht nur Vertrauenspersonen, sondern auch Einzelbewerber selbst Erklärungen zum Wahlvorschlag abgeben, entgegennehmen oder diesen ändern und zurücknehmen können.

Zu Nummer 7

Aufgrund des Wechsels des Sitzzuteilungsverfahrens bei Kommunalwahlen nach dem Verhältniswahlsystem ist eine Übergangsregelung erforderlich für gegebenenfalls nach § 34 Absatz 7 SächsGemO, § 30 Absatz 7 SächsLKrO notwendig werdende Ergänzungswahlen. Diese findet nur Anwendung, wenn die Hauptwahl vor Inkrafttretens dieses Gesetzes und damit nach dem d'Hondtschen Höchstzahlverfahren durchgeführt wurde. Dann werden auch etwaige Ergänzungswahlen nach d`Hondt durchgeführt, wodurch ein Wechsel des Sitzzuteilungsverfahrens innerhalb einer Wahlperiode desselben Gremiums vermieden wird. Über die Verweise in § 69 Absatz 1 Satz 1 sowie im geänderten § 71a Absatz 1 SächsGemO werden auch Ergänzungswahlen für Ortschaftsräte und Stadtbezirksbeiräte erfasst.

Zu Artikel 5 (Änderung des Sächsischen Beamtengesetzes)

Zu Nummer 1

Nummer 1 stellt die Ergänzung des Inhaltsverzeichnisses hinsichtlich des neu in das Sächsische Beamtengesetz einzufügenden § 155b dar.

Zu Nummer 2

Durch die Ergänzung des § 147 Absatz 1 Nummer 3 werden die Tatbestände, bei deren Vorliegen auf die Erklärung der Bereitschaft, sich einer Wiederwahl zu stellen, verzichtet wird, um den Fall der Dienstunfähigkeit und den Fall der vorausgegangenen Abwahl gemäß § 51 Absatz 7 bis 9 der Sächsischen Gemeindeordnung ergänzt. In beiden Fällen kann dem Bürgermeister nicht zugemutet werden, sich einer Wiederwahl zu stellen.

Zu Nummer 3

Die Einfügung des § 155b regelt die Gewährung eines pauschalen Ehrensoldes für ehemalige ehrenamtliche Bürgermeister.

Absatz 1 Satz 1 regelt die Höhe und die Anspruchsvoraussetzungen für die Gewährung eines Ehrensolds. Mit dem Verweis auf § 155a Absatz 1 Satz 2 in Satz 2 wird zum Ausdruck gebracht, dass der Ehrensold ebenso wie die Aufwandsentschädigung jährlich zum 1. April an die Entwicklung des vom Statistischen Landesamt ermittelten Preisindexes für Lebenshaltungskosten der privaten Haushalte im Freistaat Sachsen angepasst wird, die jeweils im abgelaufenen Kalenderjahr gegenüber dem vorangegangenen Kalenderjahr eingetreten ist.

Absatz 2 stellt klar, dass der Ehrensold von der Gemeinde oder deren Rechtsnachfolger zu tragen ist, die Dienstherr des ehemaligen ehrenamtlichen Bürgermeisters war. Ferner wird der Fall der ehemaligen sogenannten „Doppelbürgermeister“ geregelt, die gleichzeitig ehrenamtliche Bürgermeister für verschiedene Gemeinden waren. Satz 3 nennt zwei Ausnahmetatbestände, bei deren Vorliegen eine volle Amtsperiode ohne Verschulden des Amtsträgers nicht erreicht werden konnte, und es unbillig wäre, allein deshalb einen Anspruch auf Ehrensold zu versagen.

Durch die Anrechnungsregelung in Absatz 3 soll verhindert werden, dass ein ehemaliger ehrenamtlicher Bürgermeister, der auch hauptamtlich als Bürgermeister tätig war, versorgungsrechtlich bessergestellt wird, als wenn er während seiner gesamten Zeit als Bürgermeister hauptamtlich tätig gewesen wäre.

Absatz 4 regelt die Fälle, in denen ein Anspruch auf Ehrensold wegen Entlassung aus dem Ehrenbeamtenverhältnis nicht entsteht oder ein ehemaliger ehrenamtlicher Bürgermeister wegen einer Straftat seinen Anspruch auf Ehrensold verliert.

Zu Artikel 6 (Änderung des Sächsischen Besoldungsgesetzes)

Zu Nummer 1

Die Ausbringung der Besoldungsgruppe A 12 für Gemeinden bis zu 1 200 Einwohnern in § 30 Absatz 1 Nummer 2 des Sächsischen Besoldungsgesetzes trägt dem Umstand Rechnung, dass zukünftig auch kleine Gemeinden unter 1 200 Einwohnern grundsätzlich die Möglichkeit haben sollen, einen hauptamtlichen Bürgermeister zu haben.

Zu Nummer 2

Die Begrenzung für Städte mit mehr als 450 000 Einwohnern für die Ausbringung von Planstellen der Besoldungsgruppe B 2 wird durch Neufassung des Satzes 1 der Fußnote 4 zur Anlage 2 zu § 24 Absatz 1 SächsBesG aufgehoben. Vor dem Hintergrund des bundesweiten Wettbewerbs um Fachkräfte für den öffentlichen Dienst erscheint es erforderlich, hier mehr Flexibilität zu ermöglichen. Insbesondere die Städte Dresden und Leipzig befinden sich als die bevölkerungsreichsten Gemeinden im Freistaat Sachsen in einem unmittelbaren Wettbewerb mit anderen deutschen Großstädten um Fachkräfte.

Zu Artikel 7 (Änderung des Gesetzes über den Kommunalen Versorgungsverband Sachsen)

Zu Nummer 1

Das Vollzitat ist zu aktualisieren.

Zu Nummer 2

Das Vollzitat ist entbehrlich, da sich schon in § 2 Absatz 2 Satz 2 ein Vollzitat befindet.

Zu Nummer 3

Zu Buchstabe a

Es handelt sich um eine redaktionelle Änderung.

Zu Buchstabe b

Der neu geschaffene § 15 Nummer 4 ermöglicht dem Kommunalen Versorgungsverband Sachsen als freiwillige Serviceleistung seinen Mitgliedern nach § 4 Nummer 1, also den Gemeinden, die Gewährung der Aufwandsentschädigung an ihre ehrenamtlichen Bürgermeister sowie des Ehrensolds an ihre ehemaligen ehrenamtlichen Bürgermeister gegen Kostenerstattung anzubieten.

Zu Nummer 4

Es handelt sich um eine redaktionelle Änderung.

Zu Artikel 8 (Änderung des Gesetzes über die öffentlich-rechtlichen Kreditinstitute im Freistaat Sachsen und die Sachsen-Finanzgruppe)

Zu Nummer 1

Anlässlich des Änderungsvorhabens erfolgte das Hinzufügen einer Kurzbezeichnung und einer Abkürzung gemäß Ziffer I Nummer 3 Buchstabe b der Anlage zur VwV Normerlass.

Gegenstand des Gesetzes sind vor allem Sparkassen.

Zu Nummer 2

Durch diese Regelung wird klargestellt, dass auf Sparkassenzweckverbände § 58 des Sächsischen Gesetzes über kommunale Zusammenarbeit (SächsKomZG), in der jeweils geltenden Fassung, grundsätzlich keine Anwendung findet. Dies gilt jedoch nicht, soweit die Sparkassenträgerschaft durch Kredite oder kreditähnliche Rechtsgeschäfte finanziert ist.

Die Änderung verschafft den Sparkassenzweckverbänden und den Rechtsaufsichtsbehörden Rechtssicherheit über die Anwendung der gemeindewirtschaftlichen Bestimmungen auf diese Zweckverbände.

Mit der Einführung des § 1 Absatz 4 hatte der Gesetzgeber Sparkassenzweckverbände durch einen Dispens von der Anwendung der für Zweckverbände im Allgemeinen geltenden gemeindewirtschaftlichen Bestimmungen privilegiert, um zusätzlichen Verwaltungsaufwand sowie damit einhergehende Kosten zu vermeiden. Hierbei hatte sich der Gesetzgeber insbesondere von der Vorstellung leiten lassen, die Regelungen über das kommunale Haushaltsrecht seien auf die Struktur der Sparkassenzweckverbände nicht anwendbar. Zudem seien Sparkassenzweckverbänden lediglich die trägerschaftlichen Befugnisse der Kommunen übertragen worden, ohne dass diese ein Unternehmen im Sinne der §§ 95 ff. der Sächsischen Gemeindeordnung betreiben. Darüber hinaus bestünde bei Sparkassenzweckverbänden die Besonderheit, dass die Verwaltung dieser Zweckverbände durch die Sparkasse erfolge und die Kosten der Verwaltung durch die Sparkassen getragen würden. Mangels sonstiger Geschäftstätigkeit entstünden den Zweckverbänden auch keinerlei sonstige Ausgaben. Einnahmen würden ausschließlich durch die Ausschüttung der Sparkassen erzielt, die jedoch nicht beim Zweckverband verblieben, sondern an die Zweckverbandsmitglieder durchgeleitet würden.

Dabei blieb allerdings unberücksichtigt, dass im Zuge der Rückübertragung der Trägerschaft an den Sparkassen Abfindungsansprüche seitens der kommunalen Träger an die Sachsen-Finanzgruppe zu zahlen waren, für deren Finanzierung im Einzelfall entweder eine Kreditermächtigung oder eine alternative Finanzierungsform erforderlich sein konnte. In diesen Fällen besteht jedenfalls aufgrund der verfassungsrechtlichen Haushaltsgrundsätze die Notwendigkeit zur Aufstellung eines Haushaltsplans. Daher sollen von der Vergünstigung des § 1 Absatz 4 nur diejenigen Zweckverbände profitieren, die zur Erfüllung von Zahlungsverpflichtungen nicht auf Kreditermächtigungen oder alternative Finanzierungsformen angewiesen sind. Andernfalls gelten die gemeindewirtschaftlichen Bestimmungen entsprechend. Die Änderung hat keine Auswirkungen auf die bereits jetzt im Konsens mit den betroffenen Sparkassenzweckverbänden praktizierte entsprechende Anwendung der gemeindewirtschaftlichen Regelungen. Sie stellt auch keine für die Praxis relevante Ausweitung des Anwendungsbereichs dar, sondern schafft für die bereits praktizierte Anwendung eine rechtssichere Basis. Um den Besonderheiten der Sparkassenzweckverbände Rechnung zu tragen, wird mit diesem Gesetz zugleich § 58 SächsKomZG angepasst.

Zu Nummer 3

Durch diese Regelung wird der Personenkreis, der nicht Mitglied des Verwaltungsrates einer Sparkasse sein darf, auf Mitglieder des Vorstands oder stellvertretendes Mitglied des Vorstands sowie auf Beschäftigte der Sparkasse erstreckt, die vom Verwaltungsrat nach § 19 Absatz 7 Satz 1 für die Vertretung von Mitgliedern des Vorstands im Verhinderungsfall bestellt worden sind.

Zu Artikel 9 (Inkrafttreten)

Artikel 9 regelt das Inkrafttreten des Gesetzes.

C. Übersicht der Gesetzesänderungen
seit der Vorauflage

Änderungen der Sächsischen Gemeindeordnung
durch:
- Artikel 17 des Haushaltsbegleitgesetzes 2023/2024 vom 20. Dezember 2022 (SächsGVBl. S. 705)
- Artikel 5 des Gesetzes zur Gleichstellung von Frauen und Männern im öffentlichen Dienst im Freistaat Sachsen vom 19. Oktober 2023 (SächsGVBl. S. 850)
- Artikel 5 des Gesetzes zur Anpassung stiftungsrechtlicher Vorschriften vom 28. November 2023 (SächsGVBl. S. 870)
- Artikel 2 des Gesetzes zur Förderung der Integration und Teilhabe von Menschen mit Migrationshintergrund im Freistaat Sachsen vom 29. Mai 2024 (SächsGVBl. S. 500)

Änderungen der Sächsischen Landkreisordnung
durch:
- Artikel 6 des Gesetzes zur Gleichstellung von Frauen und Männern im öffentlichen Dienst im Freistaat Sachsen vom 19. Oktober 2023 (SächsGVBl. S. 850)
- Artikel 3 des Gesetzes zur Förderung der Integration und Teilhabe von Menschen mit Migrationshintergrund im Freistaat Sachsen vom 29. Mai 2024 (SächsGVBl. S. 500)

Neue Sächsische Kommunalverfassungsrechtsdurchführungsverordnung
vom 22. November 2022 (SächsGVBl. S. 634)

Änderung des Sächsischen Kommunalabgabengesetzes
durch Artikel 2 des Gesetzes zur Änderung des Verwaltungsvollstreckungsrechts und weiterer verwaltungsverfahrensrechtlicher Vorschriften im Freistaat Sachsen vom 13. Dezember 2023 (SächsGVBl. S. 876)